Java 2
Wochenend Crashkurs

Java 2 Wochenend Crashkurs

Julio Sanchez/Maria P. Canton

Übersetzung aus dem Amerikanischen von Dr. Thorsten Graf und Clemens Vargas

mitp

Die Deutsche Bibliothek –
CIP-Einheitsaufnahme

Ein Titeldatensatz für diese Publikation ist
bei Der Deutschen Bibliothek erhältlich.

ISBN 3-8266-0769-4

Übersetzung der amerikanischen Originalausgabe:
Julio Sanches/Maria P. Canton: Java 2 Weekend Crash Course

Printed in Germany

Lektorat: Sabine Schulz
Korrektorat: Christine Wöltche
Herstellung: Dieter Schulz
Druck: Media-Print, Paderborn
Satz und Layout: G&U e.Publishing Services GmbH, Flensburg

Vorwort

Dieses Buch richtet sich an alle, die die Programmierung mit Java erlernen möchten. Es werden zwar keine Erfahrungen mit Java oder anderen Programmiersprachen vorausgesetzt, jedoch sollten Sie grundlegend mit dem PC und dem Windows-Betriebssystem vertraut sein und mit der Tastatur umgehen können. Der Themenschwerpunkt des Buches liegt auf Java als einer vollständigen Programmiersprache, die zur Anwendungsentwicklung eingesetzt werden kann. Das heißt, dass es im Buch nicht darum geht, wie man mit Java Applets für das World Wide Web entwickelt. Das Buch deckt Java und Java 2D ab. Die beiliegende CD enthält den im Text vorgestellten Beispielcode sowie das Sharewareprogramm TextPad.

1.1 Für wen sich dieses Buch am besten eignet

Dieses Buch ist richtig für Sie, wenn Sie die Programmierung von Java erlernen möchten und etwas Erfahrung im Umgang mit Microsoft Windows haben. Das Buch ist ebenfalls für Sie geeignet, falls Sie Java bereits kennen gelernt haben sollten, aber eine Auffrischung und Rekapitulation Ihrer Kenntnisse benötigen.

Der *Java 2 Wochenend Crashkurs* ist mit dem Ziel entwickelt worden, Ihnen mit Hilfe einer Reihe kurzer Lektionen, die Sie innerhalb eines Wochenendes absolvieren können, die Grundlagen der Java-Programmierung beizubringen. Die erste Sitzung beginnt am Freitagabend, und die letzte Sitzung endet am Sonntagnachmittag. Es gibt 30 Sitzungen, die jeweils etwa eine halbe Stunde dauern.

1.2 Zum Thema Programmierung

Die Entwicklung von Programmierfähigkeiten beginnt damit, dass Sie die Kommunikation mit dem Computer erlernen müssen, was Ihnen gegebenenfalls eine gewisse mentale Umstellung abverlangen wird.

Der Grund liegt einfach darin, dass wir Menschen sind, die es gewohnt sind, mit Artgenossen umzugehen. In der Kommunikation mit anderen Menschen setzen wir immer ein gewisses Verständnis für allgemeine Probleme, eine gewisse Vernünftigkeit und bestimmte soziale Einstellungen voraus. Wenn wir mit einem Mitmenschen kommunizieren, teilen wir diesem nicht alle Einzelheiten mit, die wir für selbstverständlich halten. Bei Computern sieht die Sache natürlich anders aus – sie wissen nichts über die Welt und verfügen über keinerlei Vernunft oder soziale Fähigkeiten. Bei einem Menschen können Sie, falls Sie in Ihren Informationen nicht präzise genug gewesen sind, in der Regel erwarten, dass dieser weiß, was Sie gemeint haben, und in der Lage ist, die verlangte Aufgabe trotzdem auszuführen. Einem Computerprogramm müssen Sie dagegen vollständig und in allen Einzelheiten mitteilen, was es machen soll. Maschinen wissen niemals, was Sie gemeint haben könnten – sie müssen immer alles ganz genau wissen!

Im *Java 2 Wochenend Crashkurs* wird deshalb von der Voraussetzung ausgegangen, dass das Erlernen der Programmierung damit beginnt, wie ein Computer denken zu lernen. Die wichtigste Aufgabe beim Entwickeln eines Programms besteht dementsprechend oft darin, die Programmlogik ausfindig zu machen, mit der Probleme gelöst werden können.

1.3 Der Inhalt des Buches

Das Buch beginnt mit einer Vorstellung der Programmiersprache Java und einer Erläuterung ihrer Schlüsselwörter und grundlegenden Konstrukte. Hier werden Sie mehr oder weniger »nach Gefühl« vorgehen, das heißt, allzu große Details und Schwierigkeiten der Sprache werden zunächst einmal zurückgestellt. Das so genannte Paretto-Prinzip (auf die Programmierung angewendet) sagt, dass mit 20 Prozent einer Sprache 80 Prozent der Probleme gelöst werden können. In diesem Sinne werden in diesem Teil des Buches die 20 Prozent der Sprache Java präsentiert, mit denen 80 Prozent der Arbeit erledigt werden können.

Nach der Behandlung der Sprachgrundlagen werden Sie den objektorientierten Ansatz kennen lernen. Java ist eine rein objektorientierte Sprache, was bedeutet, dass die Anweisung eines Java-Programms in eine Struktur mit Klassen und Objekten eingebettet ist. Klassendiagramme und die objektorientierte Analyse führen Sie in den Stil der objektorientierten Programmierung ein. Auf dieser Stufe liegt der Fokus nun darauf, Ihnen das »Denken in Objekten« beizubringen und zu lernen, auf die konventionellen Krücken der strukturierten Programmierung zu verzichten. Dementsprechend werden Sie im Verlauf der Erörterung mehr über Dinge wie Vererbung, Kapselung, Polymorphie und dynamisches Binden erfahren. Die Verwendung des Operators `this` wird besonders hervorgehoben, um Objektreferenzen für den Programmierer immer eindeutig zu halten. Zu den leistungsfähigsten Konstrukten der objektorientierten Sprache gehören Techniken zum Kombinieren von Objekten wie etwa Objektarrays und Objekte als Parameter. Alle diese Elemente werden recht frühzeitig eingeführt und häufig wiederholt.

Java verfügt nur über einen kleinen Sprachumfang. Die für den kommerziellen Einsatz erforderliche Funktionalität wird hauptsächlich durch die Verwendung der Java-Bibliotheken bereitgestellt. Die Verwendung dieser Bibliotheken zu erlernen, ist durchaus keine simple Tätigkeit – im Gegenteil kann die schiere Anzahl der verfügbaren Bibliotheken, Klassen und Methoden geradezu überwältigend sein. Darüber hinaus basieren diese Bibliotheken auf hochentwickelten Vererbungs- und Objektkombinationskonstrukten, die sie gleichermaßen leistungsfähig und komplex machen. Das Buch wurde so entwickelt, dass es Ihnen alles nötige Hintergrundwissen und die Programmierkenntnisse verschafft, die Sie zum Verständnis und zur Anwendung der Java-Bibliotheken benötigen.

Betriebssysteme mit grafischen Oberflächen (GUI; Graphical User Interface) sind in den letzten Jahren üblich geworden – textorientierte Programme können heutzutage als Rarität angesehen werden. Trotzdem werden auch heute Programmiersprachen immer noch so unterrichtet wie in den alten DOS-Zeiten. Einer der Gründe hierfür ist, dass grafische Programmiersprachen immer schon als schwierig und kompliziert betrachtet worden sind. Java hat diese Betrachtungsweise jedoch verändert. Weil der Java-Code portabel sein musste, waren die Designer von Java gezwungen, die grafische Schnittstelle zu vereinfachen und viele Komplikationen der Programmierung in den Hintergrund zu verschieben; mit dem Ergebnis, dass wir heute sehr einfach Grafik in Java bearbeiten und GUI-Anwendungen entwickeln können. Der letzte Teil des Buches behandelt die Grafikprogrammierung in Java und die Entwicklung vollständiger GUI-Anwendungen für Windows.

1.4 Aufbau und Organisation des Buches

Das Buch ist in 30 Sitzungen aufgeteilt, die jeweils etwa 30 Minuten dauern. Die Sitzungen sind wie folgt angeordnet:

- Freitagabend, 1. bis 4. Sitzung, Arbeitszeit: 2 Stunden.
- Samstagmorgen, 5. bis 10. Sitzung, Arbeitszeit: 3 Stunden.
- Samstagnachmittag, 11. bis 16. Sitzung, Arbeitszeit: 3 Stunden.
- Samstagabend, 17. bis 20. Sitzung, Arbeitszeit: 2 Stunden.
- Sonntagmorgen, 21. bis 26. Sitzung, Arbeitszeit: 3 Stunden.
- Sonntagnachmittag, 27. bis 30. Sitzung, Arbeitszeit: 2 Stunden.

Am Ende jeder Sitzung finden Sie Fragen, die Sie bei der Überprüfung Ihres Lernerfolgs unterstützen.

Überall im Text werden Sie Symbole finden, die auf besonders bedeutsame Stellen aufmerksam machen.

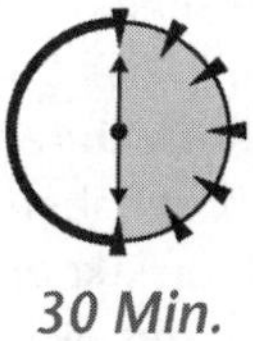

Das Symbol »Wie viele Minuten noch« zeigt die Restzeit der Sitzung an.

Das Symbol »Tipp« bietet Ratschläge und Wege an, die schneller zum Erfolg führen.

Das Symbol »Hinweis« zeigt ergänzende oder technische Informationen an, die das Vorangegangene klären und erweitern.

Das Symbol »CD-ROM« verweist auf den Inhalt der dem Buch beiliegenden CD. Über dieses Symbol finden Sie schnell die im Text erwähnten Programme und Quellcodes.

1.5 Kontakt zu den Autoren

Wir können nicht garantieren, dass dieses Buch alle Ihre Fragen zur Java-Programmierung beantworten kann. Wir können aber versprechen, dass wir uns mit Ihren Fragen befassen und versuchen werden, weiterzuhelfen. Falls Sie also einmal festsitzen sollten, können Sie uns unter den folgenden E-Mail-Adressen erreichen (Anm. d. Übersetzers: Bitte in englischer Sprache antworten).


```
julio.sanchez@mankato.msus.edu
cantom@mail.mankato.msus.edu
```


1.6 Danksagungen

Bei diesem Buchprojekt haben viele erfahrene Profis mitgeholfen. Als erstes möchten wir Greg Croy danken, der im Verlag für Neuerwerbungen zuständig ist und das Buch möglich gemacht hat. Die Projektverantwortlichen Neil Romanosky und Andy Marinkovich haben den Herausgabe- und Produktionsablauf geleitet und überwacht und viele nützliche Hinweise und Empfehlungen gegeben. David Williams als fachlich zuständiger Verantwortlicher hat verschiedene Inkonsistenzen entdeckt und bessere Wege gefunden, einige der schwierigen Themen des Buches darzustellen. Chris Jones und Richard Adin für die Druckaufbereitung haben Korrekturen und Vorschläge angebracht, die zu einem konsistenten und besser lesbaren Buch geführt haben. Wir danken außerdem auch Colleen Totz als dem Herausgeber, Joe Shines als dem Projektkoordinator und Laura Carpenter in der Medienentwicklung. Ein besseres Team hätten wir uns nicht wünschen können!

Inhalt

Freitag

Samstag

Sonntag

Freitag
Samstag
Sonntag

Freitagabend

Teil 1

Lektion 1

Einführung in Java

Lektion 2

Download und Installation von Java

Lektion 3

Das erste Java-Programm

Lektion 4

Die Datendarstellung

Einführung in Java

Lektion 1

Checkliste

- Die Sprache Java
- Portabilität – der Schlüssel zum Erfolg von Java
- Java und seine grundlegenden Eigenschaften
- Die Java-Bibliotheken
- Programme mit Flussdiagrammen entwickeln

30 Min.

Die erste Version der Programmiersprache Java wurde Ende des Jahres 1995 veröffentlicht und war augenblicklich ein Erfolg. Innerhalb nur weniger Monate avancierte Java zur bevorzugten Programmiersprache des World Wide Web und war nur wenige Jahre später eine der am häufigsten verwendeten Allzweck-Programmiersprachen, die jemals entwickelt worden sind.

Der Erfolg von Java hängt von vielen verschiedenen Faktoren ab, von denen der wahrscheinlich wichtigste die Tatsache war, dass es zur rechten Zeit auf der Bildfläche erschien. Die Sprache Java wurde gerade zu dem Zeitpunkt veröffentlicht, als das World Wide Web zunehmende Popularität gewann. Das Web stellt ein Netzwerk von grundsätzlich inkompatiblen Computern dar, in dem die verschiedensten Betriebssysteme und Softwareumgebungen sowie Modelle von Dutzenden unterschiedlicher Hersteller, die alle ihre spezifischen Hardwaremerkmale aufweisen, gang und gäbe sind. Es ist diese Welt der Verschiedenheiten und unversöhnlichen Gegensätze, in der Java mit der Verheißung der Einheitlichkeit und Kompatibilität aufgetreten ist. Javas Versprechen besteht darin, dass jedes in dieser Sprache geschriebene Programm auf jeder Java-kompatiblen Maschine ausgeführt werden kann. In der Praxis bedeutet dies, dass ein Programmierer eine kleine Anwendung, ein so genanntes Java-Applet, codiert und dieses Applet, das sich typischerweise in einer Web-Seite befindet, auf jedem Browser einer beliebigen Maschine ablaufen kann, der Java unterstützt. Auf diese Weise bietet Java einen Weg an, mit dem die Funktionen von Web-Browsern hardwareunabhängig erweitert werden können.

Hinweis

Die Sprache, mit der Webseiten und andere Internet-Dokumente erstellt werden, heißt HTML (Hypertext Markup Language). Der Java-Code kann in Form einer Kapsel namens Java-Applet in HTML-Dokumente eingebettet werden.

Mit Java können Sie eine Webseite mit Vrarbeitungsfunktionen erstellen, die über die Fähigkeiten von HTML hinausgehen. Diese Funktionen befinden sich in einem Java-Applet, das in jedem Java-fähigen Web-Browser wie etwa Mosaic, Netscape Navigator oder Internet Explorer ablaufen kann. Das Applet wird unabhängig davon, ob es auf einem PC mit Windows, einem Macintosh, einer Unix-Maschine oder einem IBM-Großrechner abläuft, immer korrekt ausgeführt. Es spielt keine Rolle, ob Sie mit dem Internet über ein Hochgeschwindigkeitsnetzwerk oder ein langsames analoges Modem verbunden sind – das Ergebnis ist immer dasselbe. Es ist diese Plattformunabhängigkeit, die Java einzigartig macht.

1.1 Zum Thema Portabilität

Anfänglich bezog sich die Portabilität von Java nur auf Applets für das Web. Schnell wurde jedoch klar, dass eine vollständige Java-Sprache die Entwicklung von Anwendungen ermöglichen würde, die auf jede Plattform portierbar wären, die Java unterstützt. Ein Java-Programmierer könnte nicht nur eine Routine entwickeln, die in HTML-Code eingebettet werden kann, sondern die Sprache darüber hinaus zur Entwicklung vollständiger Anwendungen nutzen, die maschinen- und plattformunabhängig wären.

Die Vorteile einer derartigen Maschinenunabhängigkeit reichen weit über die bekannten Probleme, die mit der Hardwareinkompatibilität zu tun haben, hinaus. In der sich rasch entwickelnden Welt der PCs lösen sich die Betriebssysteme in einem Rhythmus ab, der oftmals noch schneller als bei der Hardware verläuft. Auf ein und derselben Maschine konnte Ende der 90er Jahre ein halbes Dutzend verschiedener MS-DOS-Versionen, Windows 3.0/3.1, Windows 95, Windows 98, Windows 2000, NT 3.1, 3.5, 4.0 oder Windows CE und Linux verwendet werden! Es mussten Anwendungen entwickelt werden, die diesen Unterschieden in der Systemsoftware Rechnung trugen und kompatibel mit einer gegebenen Software- und Hardwareumgebung waren – die Beschränkung einer Anwendung auf nur eine spezielle Software- und Hardwarekonfiguration hätte einen Verzicht auf potentielle Kunden bedeutet. Als Ergebnis davon waren so viele verschiedene Faktoren bei der Programmierung des Codes zu berücksichtigen, dass diese oftmals zu einem Alptraum wurde.

Java verspricht eine Vereinfachung der Programmierung und eine Lösung der Inkompatibilitätsprobleme. Der Programmierer soll sich nicht länger um die sich ständig verändernden Hardware- und Softwareumgebungen kümmern müssen. Anstelle dessen führt Java ein neues Modell der Softwareentwicklung auf der Basis des CORA-Prinzips (CORA; Code Once, Run Anywhere, zu deutsch: Einmal kodieren, überall ablaufen lassen) ein. Darüber hinaus sorgt Java selbst für die Zukunftssicherheit des Codes, indem es garantiert, dass dieser auch auf den Maschinen und unter den Betriebssystemen der Zukunft laufen wird.

Tipp

Der folgende Abschnitt beschreibt Java als Programmiersprache. Falls Sie lieber gleich in mehr praktische Themen einsteigen möchten, können Sie diesen Abschnitt überspringen oder überfliegen.

1.2 Die Sprache Java

Ein weiterer Grund für den Erfolg von Java ist seine syntaktische Ähnlichkeit mit C und C++, was C-Programmierern den Einstieg in Java erleichtert. Aber auch denjenigen, die Java als ihre erste Programmiersprache kennen lernen, wird die spätere Aneignung von C und C++ viel leichter fallen.

Technisch gesehen ist die Programmiersprache Java *typenstreng*, was bedeutet, dass sämtliche Datentypen statisch gebunden werden – die Variablennamen werden immer mit nur einem einzigen Datentyp verknüpft, der zur Kompilierzeit bekannt ist. In einer typenstrengen Sprache werden Typfehler immer und sofort erkannt, was die missbräuchliche Verwendung von Variablen verhindert und den Code stabiler macht. C und C++ sind nicht so typenstreng wie Java, da jene Sprachen die Typüberprüfung nicht so genau nehmen.

Die Entwickler von Java haben sich zum Ziel gesetzt, verschiedene Probleme zu lösen, unter denen C und C++ immer gelitten haben, und Funktionen zu eliminieren, die als nicht wichtig erachtet wurden. Java unterscheidet sich daher von C und C++ in den folgenden Punkten:

- In Java wird jede Speicheradressierungsoperation (manchmal auch Zeigerarithmetik genannt) intern von der Sprache selbst übernommen.
- Java besitzt keinen Sprach-Präprozessor – entsprechende Präprozessordirektiven gibt es also nicht.
- Java führt keinerlei automatische Typumwandlungen durch. Dies ist einer der Gründe, der Java typenstrenger als C und C++ macht.
- Java besitzt keine globalen Funktionen oder Variablen. Jedes Java-Programmelement muss sich innerhalb einer Klasse befinden.
- Java unterstützt keinerlei Typdefinitionen über Verfahren wie etwa über den Operator `typedef`.
- Java unterstützt keine Templates.
- Java erlaubt kein explizites Überladen von Operatoren.
- Java unterstützt keine Mehrfachvererbung.

Das Ergebnis dieser Unterschiede besteht darin, das Java als Sprache kleiner und einfacher als C und C++ ist. Es ist einfacher zu erlernen und zu verwenden und zugleich stabiler.

Tipp

Beim Vergleich von Java und C++ wurden Begriffe benutzt, mit denen Sie vielleicht noch nicht vertraut sind. Auch im Verlauf dieses Abschnitts stoßen Sie eventuell auf Begriffe, auf die dasselbe zutrifft. Fürs erste können Sie diese Begriffe ignorieren, da alle mit diesen Begriffen zusammenhängenden Themen später noch erörtert werden.

Ein interessantes Merkmal der Sprache Java, das sich aus ihrer Portabilität ergibt, besteht darin, dass die Größe der Datentypen auf allen Plattformen gleich sein muss. Beispielsweise muss der elementare Datentyp `int` auf jeder Plattform, auf die Java portiert wird, in Zweierkomplementen mit vorzeichenbehafteten 32 Bit dargestellt werden. Dasselbe gilt auch für alle anderen integrierten Datentypen.

Im Gegensatz zu C und C++ räumt Java zur Laufzeit automatisch den Speicher auf. Hier ist es die Sprache und nicht der Programmierer, die Speicher wieder freigibt, der nicht länger benötigt wird. Die Codierung und das Programmdesign werden dadurch vereinfacht.

Java unterstützt außerdem das Multithreading. Ein Thread kann allgemein als ein einzelner Programmtask definiert werden. Durch Multithreading erhält eine Anwendung die Möglichkeit, simultan verschiedene Aufgaben ausführen zu können. Durch die Unterstützung von Thread-Synchronisation und Scheduling sowie die Behandlung von Deadlocks ermöglicht Java die Entwicklung von Code, der die Systemressourcen effizienter nutzt und die Leistung steigert.

Die Behandlung von Fehlerzuständen erreicht der Programmierer in Java mit so genannten Exceptions. Durch die Fernhaltung der Fehlerbehandlungsfunktionen aus dem Code wird dieser vereinfacht und gestrafft.

Zu guter Letzt soll noch gesagt werden, dass Java kostenlos ist! Die Java-Compiler, die Runtime und die Standardbibliotheken werden von Sun Microsystems völlig frei zur Verfügung gestellt. Die entsprechende Software können Sie kostenlos von der Website von Sun herunterladen und lizenzgebührenfrei benutzen.

Hinweis

Programme, die Sie mit der Java-Software entwickelt haben, können Sie völlig frei verwenden, ohne dafür Danksagungen, Haftungsausschlüsse oder andere entsprechende Hinweise auf Urheberrechte oder Ähnliches angeben zu müssen.

1.3 Die Java-Bibliotheken

20 Min.

Die Sprache Java hat nur einen geringen Umfang. Ihre Funktionalität wird durch zwei Arten von Bibliotheken vergrößert: die Kernbibliotheken, die Bestandteil des Java 2 SDK sind, und zusätzliche optionale Bibliotheken. Die Kernbibliotheken müssen in jeder Implementierung von Java vorhanden sein, während die optionalen Bibliotheken nicht zwangsläufig vorhanden sein müssen. Falls es jedoch eine Funktion einer optionalen Bibliothek geben sollte, die in einer bestimmten Implementierung unterstützt wird, muss sie auch vollständig wie eine Standardfunktion unterstützt werden.

Die Anzahl und Komplexität der Java-Bibliotheken ist beeindruckend und kann auf den Neuling in dieser Sprache erschlagend wirken. Die Version 1.3 des Java 2 SDK verfügt über 12 Kernbibliotheken mit einer Gesamtanzahl von 1391 Klassen. Die Kernbibliotheken von Java werden in der Tabelle 1.1 aufgeführt.

Tabelle 1.1: Die Java-Kernbibliotheken im Java 2 SDK Version 1.3

Name	Klassen	Beschreibung
java.lang	93	Grundlegende Laufzeitunterstützung für die Java-Sprache, Threads, Reflections und Exceptions
java.applet	4	Unterstützung für Applets
java.awt	298	Fenster- und GUI-Unterstützung
java.swing	500	Ergänzt java.awt und erweitert die GUI-Unterstützung
java.io	75	Unterstützt Ein- und Ausgaben
java.util	77	Datenstrukturen für Utilities
java.rmi	65	Remote-Methodenaufrufe
java.sql	26	Unterstützt die Java-Datenbankanbindung
java.security	106	Unterstützt die Datenverschlüsselung und -entschlüsselung
java.net	38	Unterstützung für TCP/IP, UDP, IP und andere Netzwerke
java.beans	43	Unterstützung für Komponentensoftware für schnelle Anwendungsentwicklung durch Wiederverwendung vorhandener Codebausteine
java.text	50	Unterstützung für lokalisierte Textelemente wie Datums-, Uhrzeit- und Währungsformate
java.math	2	Unterstützung für die Typen DECIMAL und NUMERIC in der SQL-Datenbank. Nicht mit der Klasse java.lang.Math zu verwechseln.
javax.accessibility	14	Unterstützt große Textformate für Sehbehinderte.

1.4 Bestandteile eines Java-Programms

10 Min.

Java ist eine interpretierte Sprache. Die Ausführung eines Java-Programms wird von einer Anwendung namens Java-Interpreter übernommen, die auf dem Hostsystem installiert wird. Der Java-Interpreter heißt *Java*. Der Interpreter liest den Code in einer Datei, die vom Java-Compiler namens *Javac* erstellt wurde. Der Compiler wiederum liest eine Quellcodedatei, die Anweisungen der Java-Programmiersprache enthält. Das Ergebnis der Kompilierung ist eine Datei, die üblicherweise der Java-Bytecode genannt wird. Die Java-Datei, die dem Compiler als Eingabe dient, hat die Endung **.java**. Die Datei mit dem Java-Bytecode, die vom Compiler generiert wurde, besitzt die Endung **.class**. Der Java-Interpreter schließlich führt die Datei mit der Endung **.class** aus.

1.5 Die Programmierlogik

Ein Programm besteht, allgemein ausgedrückt, aus einer Reihe von aufeinanderfolgenden Instruktionen, deren Zweck die Ausführung einer bestimmten Aufgabe ist. In diesem Sinne können Sie beispielsweise die einzelnen Schritte für das Starten eines Autos als das Startprogramm für dieses Fahrzeug beschreiben. Ein Computerprogramm besteht dementsprechend aus logischen Instruktionen, die den Computer zur Ausführung bestimmter Funktion veranlassen. Ein Beispiel hierfür wäre ein Computerprogramm zur Berechnung der Zinsen, die für eine von Ihnen investierte Summe innerhalb einer bestimmten Zeit aufgelaufen sind. In beiden Fällen verlangt das Konzept des Programms Instruktionen, die sequenziell ablaufen und zu einem vorhersagbaren Ergebnis führen. Willkürliche Instruktionen, die zu keinem sinnvollen Ergebnis führen, würde man nicht als ein Programm bezeichnen können.

1.5.1 Das Flussdiagramm

Die Informatiker haben verschiedene logische Hilfsmittel geschaffen, die die Entwicklung eines Computerprogramms unterstützen und unter denen das *Flussdiagramm* zu den einfachsten und nützlichsten gehört. Ein Flussdiagramm ist eine bildliche Darstellung der Funktionen und Aktionen, aus denen ein Programm besteht. Das Diagramm enthält grafische Symbole, die die verschiedenen Typen von Programmoperationen darstellen und beschreiben. Abbildung 1.1 zeigt die häufig verwendeten Symbole eines Flussdiagramms.

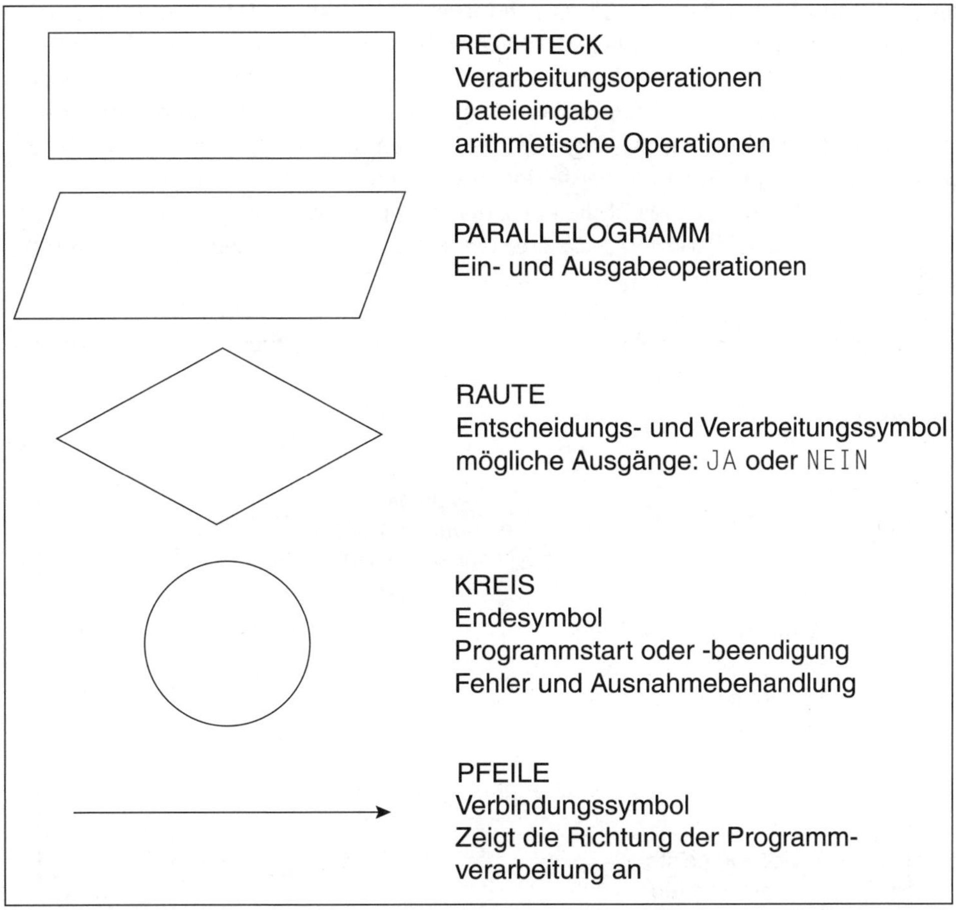

Abbildung 1.1: Symbole im Flussdiagramm

Die Verwendung eines Flussdiagramms wird am besten mit einem Beispiel demonstriert. Stellen Sie sich dazu ein Programm zum Einschalten eines Computers vor, das die Komponenten des Geräts auf dreierlei verschiedene Art und Weise mit dem Stromnetz verbinden kann:

1. Alle Komponenten werden an eine Steckerleiste angeschlossen, die wiederum an der Wandsteckdose angeschlossen ist.
2. Alle Komponenten werden direkt an Wandsteckdosen angeschlossen.
3. Einige Komponenten werden an der Steckerleiste und andere direkt an Wandsteckdosen angeschlossen.

Die Logik zum Einschalten des Systems erfordert als erstes die Untersuchung des Falles, in dem alle Komponenten an einer Steckerleiste angeschlossen sind. In diesem Fall wird das System einfach durch Einschalten der Steckerleiste eingeschaltet. Die zweite Möglichkeit besteht darin, dass sämtliche Komponenten individuell an Wandsteckdosen angeschlossen sind. Jede Komponente muss in diesem Fall einzeln eingeschaltet werden. Die dritte Möglichkeit sieht vor, dass einige Komponenten an die Steckerleiste und andere direkt an Wandsteckdosen angeschlossen sind. In diesem Fall müssen sowohl die einzelnen Komponenten als auch die Steckerleiste eingeschaltet werden. Die Abbildung 1.2 zeigt, wie diese Logik mit einem Flussdiagramm dargestellt wird.

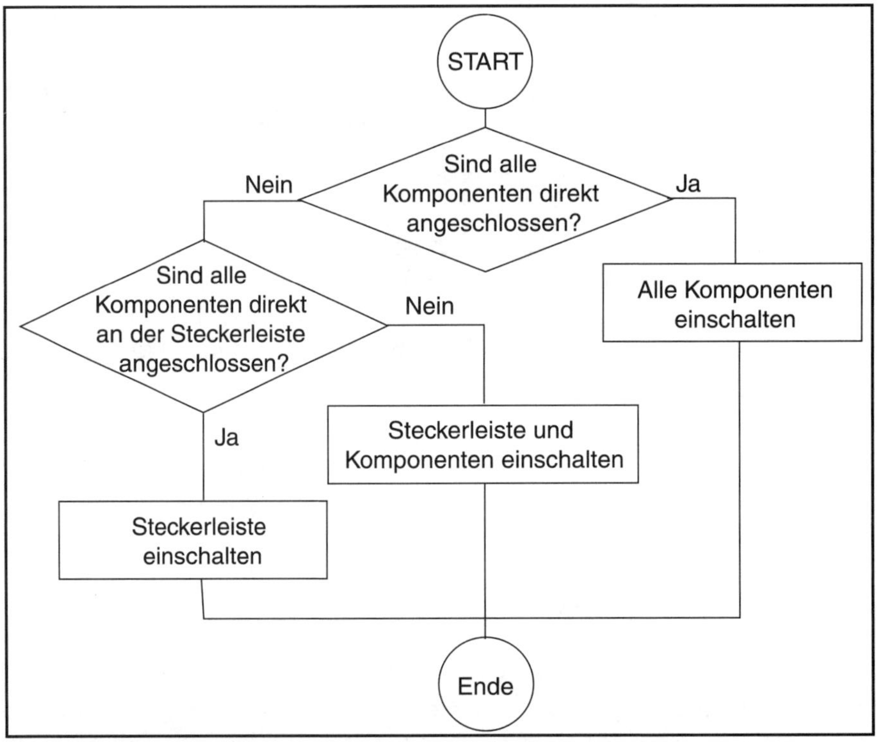

Abbildung 1.2: Flussdiagramm zum Einschalten eines Computersystems

Beachten Sie in der Abbildung 1.2, dass das Rautesymbol auf Programmentscheidungen verweist. Entscheidungen dieser Art gründen auf der Elementarlogik und erfordern zwei (und nicht mehr als zwei) Auswahlmöglichkeiten. Die möglichen Antworten werden im Flussdiagramm üblicherweise mit NEIN oder JA bezeichnet. Entscheidungen sind in der Logik ein kritischer Punkt – ein Programm, dass keine Entscheidungen oder Vergleiche benötigt, würde nur eine einfache Logik enthalten, die ein Flussdiagramm wahrscheinlich überflüssig macht.

Ein Flussdiagramm, das aus nur drei Verarbeitungsschritten (Start, Problemlösung, Ende) besteht, wäre nicht besonders nützlich!

0 Min.

Hinweis

Computer verfügen nicht über menschliche Intelligenz. Annahmen, die bei Menschen sinnvoll sind, machen daher bei Computern nicht immer Sinn. Computerprogramme brauchen immer einen definierten Abschluss und können keinerlei Mutmaßungen über vernünftiges Verhalten anstellen. Einem Computer können Sie nicht sagen: »Na ja, du weißt schon, was ich meine...!«. Sie können von ihm auch nicht erwarten, dass er ohne explizite Anweisung Operationen ausführt, die Sie als selbstverständlich betrachten. Mit einem Flussdiagramm stellen Sie sicher, dass jeder Verarbeitungsschritt klar definiert ist, und das die einzelnen Operationen in der richtigen Reihenfolge ausgeführt werden.

Zusammenfassung

Java begann als reines Web-Werkzeug und mauserte sich zu einer kompletten portablen Programmiersprache. Java kann mit C und C++ verglichen werden. Es verfügt über beträchtliche Gemeinsamkeiten mit diesen Sprachen, weist jedoch gleichwohl auch Unterschiede auf. Die eigentliche Funktionalität der Java-Sprache entsteht durch ihre Bibliotheken. Die Java-Bibliotheken können frei verwendet werden und sind einfach zu benutzen. Sun Microsystems, der Entwickler von Java, stellt für die Funktionen der Sprache eine interaktive Dokumentation zur Verfügung. Flussdiagramme sind Entwicklungswerkzeuge und helfen Ihnen bei der Definition und Beschreibung der logischen Schritte eines Programms.

Selbsttest

1. Warum war die Sprache Java ein unerwarteter Erfolg (siehe »Einführung in Java«)?
2. Worin bestand die Verheißung von Java (siehe »Zum Thema Portabilität«)?
3. Nennen Sie zwei Gemeinsamkeiten und zwei Unterschiede zwischen Java und C++ (siehe »Die Sprache Java«).

Download und Installation von Java

Lektion 2

Checkliste

Checkliste

- ☑ Das Java Software Development Kit (SDK)
- ☑ Systemanforderungen
- ☑ Download des JDK von der Java-Webseite
- ☑ Installation des JDK unter Windows
- ☑ Setzen der `PATH`-Umgebungsvariablen
- ☑ Setzen des `CLASSPATH`
- ☑ Installation des JDK unter Linux

30 Min.

In diesem Kapitel befassen wir uns mit dem Laden und der Installation des Java Software Development Kit, das von Sun Microsystems kostenlos angeboten wird. Sie müssen zuerst Java auf Ihrem System installieren, bevor Sie in Java programmieren können.

Hinweis

Die Anweisungen in diesem Abschnitt beziehen sich auf eine Installation von Java auf einem PC, der unter Windows 95, 98, ME, 2000, NT oder Linux betrieben wird. Anweisungen für die Installation auf anderen Plattformen sind auf der Webseite von Sun Microsystems erhältlich.

2.1 Java Software

Das Java-Softwareentwicklungskit (Java Software Development Kit, genannt Java 2 SDK oder ganz kurz JDK) kann auf der Java-Webseite von Sun Microsystems geladen werden:

```
http://java.sun.com
```

Die Seite enthält nützliche Informationen zur Java-Programmierung, Dokumentation zum JDK sowie Demos und Antworten auf häufig gestellte Fragen (FAQs). Die aktuelle Version des JDK zum Zeitpunkt der Drucklegung ist 1.3.

Falls sich seit der Drucklegung die Version des SDK geändert hat, beachten Sie bitte, dass Sie bei der Installation in den Angaben die neue Versionsnummer verwenden, z.B. c:\jdk_1.4.1 statt c:\jdk_1.3.1. Da eine neue Version jedoch keine Auswirkungen auf die Grundlagen von Java hat, können Sie in diesem Fall das Buch uneingeschränkt weiterverwenden.

Beachten Sie außerdem, dass die Entwicklungswerkzeuge für Windows Programme für die Kommandozeile sind. Das Programm Appletviewer ist das einzige mit einer grafischen Benutzeroberfläche. Appletviewer ist ein Teil des JDK-Pakets.

2.2 Systemanforderungen

Das Java 2 SDK gibt es für folgende Plattformen:

- Win32 Version für Windows 95, Windows 98, Windows 2000 oder Windows NT 4.0 auf Intelplattformen (oder kompatiblen). Diese Version benötigt mindestens einen 486/DX-Prozessor und 32 Megabyte RAM.
- Solaris/SPARC Version. Es werden die Versionen 2.5.1, 2.6 und 7 unterstützt. Es sind mindestens 32 Megabyte RAM erforderlich.
- Solaris/Intel Version. Es werden die Versionen 2.5.1, 2.6 and 7 unterstützt. Es werden mindestens ein 486/DX-Prozessor und 32 Megabyte RAM benötigt.
- Linux/Intel Version. Alle Versionen ab einer Kernel-Versionsnummer 2.2.12 mit glibc 2.1.2-11 oder höher werden unterstützt. Es sind mindestens ein 486/DX-Prozessor und 32 Megabyte RAM benötigt.

Hinweis

Wir beziehen uns in diesem Buch in erster Linie auf die Win32-Version des JDK.

Die Installation benötigt auf allen System ungefähr 70 Megabyte Speicherplatz auf der Festplatte. Die Dokumentation belegt weitere 120 Megabyte Speicher.

2.3 Download der Software

Der Download des Software Development Kit besteht aus drei unterschiedlichen Komponenten:

- der JDK Software
- den JDK Installationsanweisungen
- der JDK Dokumentation

Die Installationsanweisungen befinden sich auf einer anderen Webseite, daher müssen Sie diese getrennt laden. Die Adressen sind:

Win32-Installationsanweisungen:

```
http://java.sun.com/products/jdk/1.3/install-windows.html
```

Solaris-Installationsanweisungen:

```
http://java.sun.com/products/jdk/1.3/install-solaris.html
```

Linux-Installationsanweisungen:

```
http://java.sun.com/products/jdk/1.3/install-linux-sdk.html
```

Die Dokumentation für das Java 2 SDK ist online erhältlich. Sie enthält die Spezifikationen der API, Leitfäden für Entwickler, Referenzen für die Entwicklungswerkzeuge, Beispiele und Links zu anderen wichtigen Informationen. Sie können die Dokumentation auf folgender Seite laden:

```
http://java.sun.com/products/jdk/1.3/docs/
```

Tabelle 2.1 listet einige andere nützliche Adressen auf der Webseite von Sun Microsystems zum Thema Java auf.

Tabelle 2.1: Nützliche Java Webseiten

URL	Inhalt
java.sun.com/products/jdk/1.3/	JDK und Dokumentation.
java.sun.com/	Die Java-Software-Webseite. Enthält die neuesten Informationen zur Technik, Produkten und Neuigkeiten der Java-Entwicklung.
java.sun.com/products/jdk/1.3/index.html	Inhalte des Java 2 SDK und dazugehörige Downloads.
java.sun.com/docs	Dokumentation der Java-Plattform. Zugriff auf White-Papers, Schulungsunterlagen und andere Dokumente.
developer.java.sun.com/	Webseite für Java-Entwickler. (Es ist eine kostenlose Registrierung notwendig.) Enthält zusätzliche technische Informationen, Neuigkeiten und Inhalte.
java.sun.com/products/	Produkte rund um Java und die API.
www.sun.com/solaris/java/	Java Development Kit für Solaris

Sie können das Java-Softwareentwicklungskit (Software Development Kit = SDK) von der Java-Webseite als eine einzige Datei laden, die ungefähr 35 Megabyte groß ist. Die entstandene Datei ist ein selbstentpackendes Archiv, das alle Komponenten des JDK entpackt und auf Ihrem System installiert.

2.4 Installation von Java unter Windows

Die Installation des Java SDK besteht einfach aus dem Start der zuvor geladenen selbstentpackenden Archivdatei. Sie können das Installationsprogramm des Java 2 SDK aus der Kommandozeile oder im Windows Explorer durch Doppelklick auf das Symbol **j2sdk-1_3_1-win.exe** starten.

Nachdem das Installationsprogramm des Java 2 SDK die Installationsdateien entpackt hat, wird ein Dialogfenster mit einer Lizenzvereinbarung angezeigt. Wenn Sie die Vereinbarung annehmen, zeigt das Installationsprogramm eine Auswahl für das Installationsverzeichnis an, wie auch in Bild 2.1 gezeigt wird.

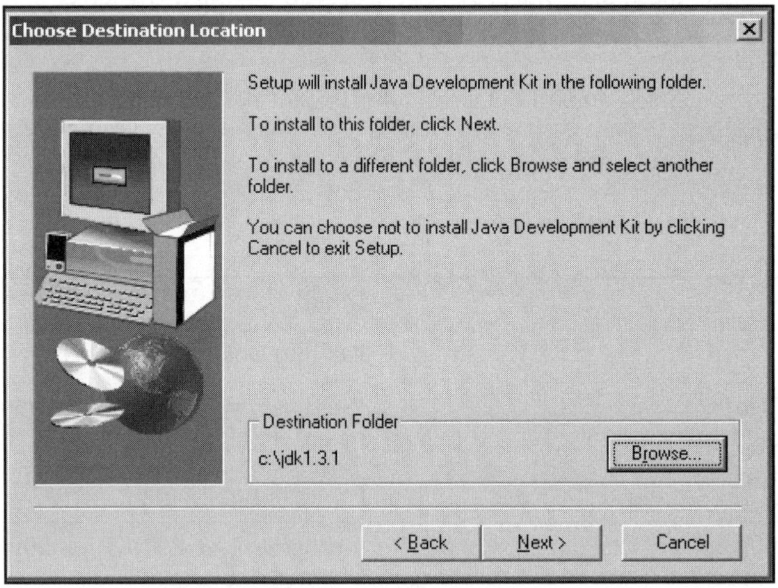

Abbildung 2.1: Auswahl des Installationspfades für das JDK

Sie können den vorgeschlagenen Pfad übernehmen oder auf den BROWSE-Button klicken, um ein anderes Verzeichnis auszuwählen. Falls Ihr System genug Speicherplatz auf dem vorgeschlagenen Laufwerk hat, wäre es gut, die Vorgabe einfach zu akzeptieren. Wenn man auf ein anderes Laufwerk oder in einen anderen Pfad wechselt, kann dies bei manchen Windows-Versionen zu Problemen führen.

Das Installationsprogramm entpackt die Dateien des JDK, erzeugt die notwendigen Verzeichnisse und kopiert die Dateien entsprechend dorthin. Abbildung 2.2 zeigt die ersten drei Ebenen des Verzeichnisbaums, wie er bei der Installation entsteht.

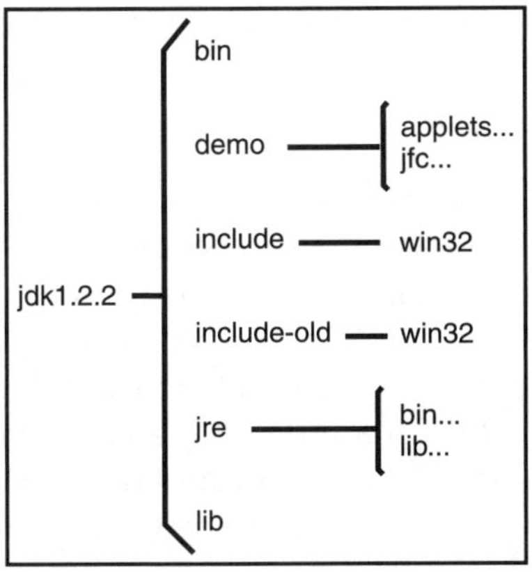

Abbildung 2.2: Verzeichnisbaum des Java SDK

2.4.1 Setzen der PATH-Umgebungsvariablen

Wenn unter Windows ein Fenster mit einer Kommandozeile geöffnet wird, wird immer zunächst das aktuelle Verzeichnis nach dem aufgerufenen Programm durchsucht. Falls das Programm oder die Batch-Datei nicht im aktuellen Verzeichnis steht, werden alle Verzeichnisse und Pfade durchsucht, die in der Systemumgebungsvariablen PATH gespeichert sind. Mit dem DOS-Kommando PATH können die zusätzlichen Laufwerke und Pfadangaben festgelegt werden.

Sie müssen die PATH-Umgebungsvariable nicht ändern, solange alle Java-Entwicklungswerkzeuge und die benötigten Dateien im aktuellen Verzeichnis liegen, oder wenn Sie in der Kommandozeile immer den vollständigen Laufwerkspfad angeben. Es ist jedoch wesentlich handlicher, den Suchpfad so zu ändern, dass das System automatisch nach der Entwicklungssoftware sucht. In diesem Fall wird die Angabe des Laufwerks und Verzeichnisses benötigt, wo sich die Programme **java.exe**, **javac.exe**, **javadoc.exe** und die anderen Entwicklungswerkzeuge befinden. Falls Sie eine Installation im vorgegebenen Laufwerk und Verzeichnis durchgeführt haben, würde der Pfad zu den Entwicklungswerkzeugen so aussehen:

```
C:\jdk1.3.1\bin
```

Ansonsten steht dort das Laufwerk und das Verzeichnis, das Sie bei der Installation angegeben haben.

Üblicherweise wird der DOS-Befehl `PATH` in der **autoexec.bat**-Datei angegeben, die während des Bootvorgangs ausgeführt wird und die Suchpfade dauerhaft festlegt. Alternativ können Sie auch in der Kommandozeile direkt den `PATH`-Befehl angeben. Die Syntax des Befehls lautet:

```
PATH=[laufwerk:][pfad];[laufwerk:][pfad]...]
```

Wenn zum Beispiele die Java-Software im vorgegebenen Verzeichnis installiert wurde, würde das Kommando so aussehen:

```
PATH=C:\jdk1.3.1\bin
```

Es kann mehr als ein Pfad angegeben werden, in diesem Fall werden die einzelnen Angaben durch Strichpunkte voneinander getrennt:

```
PATH=C:\jdk1.3.1\bin;D:\Corel8\data;
```

Unter Windows 95 und 98 kann man den Suchpfad dauerhaft durch Änderung der **autoexec.bat**-Datei festlegen, wo man den entsprechenden `PATH`-Befehl angibt. Sie können dies dadurch erreichen, dass Sie den Systemkonfigurationseditor starten. Wählen Sie im Startmenü "Start", "Ausführen...", geben Sie in der Zeile "sysedit" ein und klicken Sie auf "OK". Wenn der Editor gestartet wird, erscheinen einige Fenster auf dem Bildschirm. Wählen Sie das Fenster aus, das die Datei **autoexec.bat** enthält, und suchen Sie nach einem existierenden `PATH`-Befehl. Falls dort schon einer steht, hängen Sie den Pfad zur Java-Entwicklungssoftware an und vergewissern Sie sich, dass Sie vor dem neuen Eintrag einen Strichpunkt einfügen, zum Beispiel so:

```
PATH=C:\Windows;C:\Windows\Command;C:\jdk1.3.1\bin
```

Abbildung 2.3 zeigt den `PATH`-Befehl im entsprechenden Editorfenster..

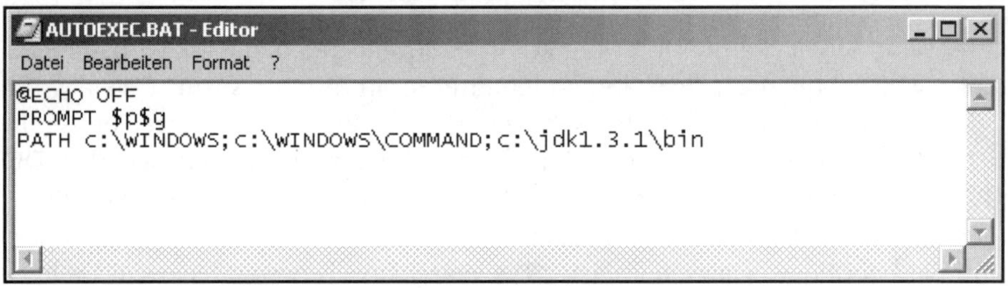

Abbildung 2.3: Setzen der PATH-Umgebungsvariablen (Windows 95/98)

Um den Pfad zu setzen, ohne dass das System neu gestartet werden muss, können Sie die Datei **autoexec.bat** von der Kommandozeile aus direkt ausführen, wie hier gezeigt wird:

```
C:> c:\autoexec.bat
```

Um sicherzustellen, dass der neue Suchpfad richtig gesetzt wurde, geben Sie in der Kommandozeile direkt den Befehl `PATH` ein:

```
C:> path
```

Sie sehen nun eine Anzeige des aktuellen Suchpfads, der auch die Laufwerks- und Verzeichnisangaben zum Installationsort der Java-Entwicklungssoftware enthalten sollte.

Unter Windows NT oder Windows 2000 müssen Sie den Pfad anders setzen. Unter NT gehen Sie in die Systemsteuerung, wählen »System«, dann »Umgebung«, danach suchen Sie in dem Fenster nach einem Eintrag »Path« in den Benutzer- und Systemvariablen. Bei Windows 2000 finden Sie diese Einstellungen unter »Systemsteuerung« – »System«, danach »Erweitert« und dort bei den Umgebungsvariablen. Sie können den Pfad auf die Java-Entwicklungssoftware einfach am Ende des »Path«-Eintrags hinzufügen. Groß- oder Kleinschreibung wird hier nicht unterschieden. Nachdem Sie den Pfad eingegeben haben, klicken Sie »Setzen«, »OK« oder

»Übernehmen«. Unter Windows 2000 müssen Sie »Bearbeiten« anwählen, damit Sie die Einstellung editieren können, danach bestätigen Sie mit »OK«. Bei Windows 2000 und NT werden die neuen Pfadeinstellungen übernommen, sobald Sie das nächste Mal die Kommandozeile öffnen.

Wenn Sie Windows ME verwenden, wird der Pfad wieder anders dauerhaft festgelegt. Wählen Sie aus dem Startmenü im Menü »Programme« – »Zubehör« unter »Systemprogramme« die »Systeminformation«. In dem Fenster mit der Bezeichnung »Microsoft Hilfe und Support« wählen Sie im »Extras«-Menü das Systemkonfigurationsprogramm. Klicken Sie dort auf das Dialogfenster »Umgebung«, wählen Sie die Umgebungsvariable Path aus und bestätigen Sie "Bearbeiten". In dem sich öffnenden Dialog geben Sie den Pfad zum JDK an, genau wie unter der Installation für NT oder Windows 2000 beschrieben.

2.4.2 Setzen von CLASSPATH

Bei der Übersetzung muss ein Java-Programm üblicherweise Zugriff auf andere Java-Klassen haben. Die Umgebungsvariable `CLASSPATH` gibt dem Compiler an, in welchem Verzeichnis er nach diesen Klassendateien suchen muss. Präziser gesagt, gibt die Umgebungsvariable `CLASSPATH` dem Java-Compiler den Ort einer speziellen Datei mit dem Namen **tools.jar** an, die den Pfad zu den Systemklassen von Java enthält. Die Umgebungsvariable `CLASSPATH` enthält den Ort, wo die Datei **tools.jar** steht. Ab der aktuellen Version des JDK ist das Setzen der Umgebungsvariablen `CLASSPATH` nicht mehr notwendig, auf Versionen vor 1.3.x war dies aber notwendig. Sie können die folgenden Schritte überspringen, falls Sie bei der Ausführung von Java-Programmen keine Probleme haben und alle Klassen automatisch gefunden werden.

Die Java-Homepage der Firma Sun Microsystems enthält zusätzliche Informationen zur Installation, Sinn und Zweck der Umgebungsvariablen `CLASSPATH`:

```
http://java.sun.com/j2se/1.3/docs/tooldocs/win32/classpath.html
```

In der aktuellen Version des Java SDK, vorausgesetzt Sie haben den vorgeschlagenen Installationspfad übernommen, befindet sich **tools.jar** in diesem Verzeichnis:

```
C:\jdk1.3.1\lib\tools.jar
```

Falls dem nicht so ist, können Sie die Datei **tools.jar** über das Kommando "Suchen nach Dateien und Ordnern" im Start-Menü finden. Wenn Sie den Ort der Datei **tools.jar** angeben wollen, müssen Sie bei einem System mit Windows 95 oder 98 ihren Ort in der Datei **autoexec.bat** als Umgebungsvariable `CLASSPATH` eintragen. Zum Beispiel so:

```
SET CLASSPATH=.;C:\jdk1.3.1\lib\tools.jar;
```

Achten Sie darauf, dass die Anweisung zum Setzen von `CLASSPATH` mit den Zeichen . ; beginnt. Damit wird sichergestellt, dass das System auch im aktuellen Verzeichnis nach Klassen sucht.

Editieren Sie die Datei **autoexec.bat**, so dass sie die Anweisung zum Setzen der Umgebungsvariable `CLASSPATH` enthält. Gehen Sie dazu genauso vor wie bei den zuvor für die Umgebungsvariable `PATH` aufgeführten Schritten. Abbildung 2.4 zeigt die Umgebungsvariable `CLASSPATH` für ein System, auf dem die Java-Entwicklungssoftware im vorgegebenen Verzeichnis installiert wurde.

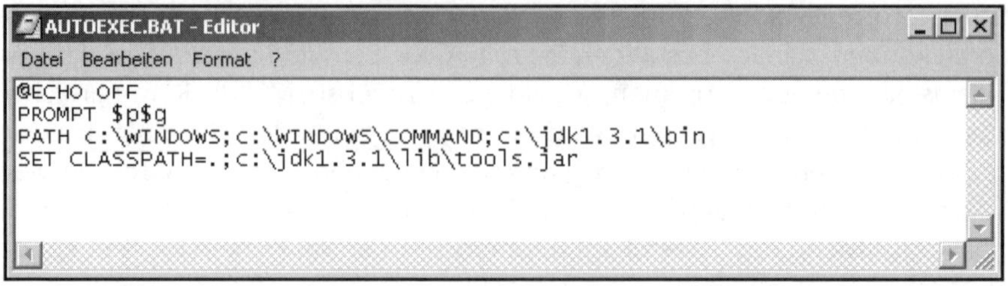

Abbildung 2.4: Setzen der Umgebungsvariable CLASSPATH (Windows 95/98)

Wie zuvor für das Setzen von `PATH` beschrieben, wird auch die Anweisung erst dann aktiv, wenn das System neu gestartet wurde oder in der Kommandozeile die Datei **autoexec.bat** von Hand wie folgt gestartet wurde:

```
C:> c:\autoexec.bat
```

Wenn Sie Windows 2000, Windows NT oder Windows ME verwenden, müssen Sie die den `CLASSPATH` dort eintragen, wo Sie auch die Umgebungsvariable `PATH` in der Systemsteuerung geändert hatten. Nur wählen Sie in dem Fenster mit der Auflistung aller Umgebungsvariablen nicht "Bearbeiten", sondern "Neu...". Legen Sie eine neue Benutzervariable mit dem Namen "CLASSPATH" an, und geben als Wert wieder den Ort der Datei **tools.jar** an. In Abbildung 2.5 sehen Sie, wie ein solcher Eintrag für das vorgegebene Installationsverzeichnis aussehen müsste. Bestätigen Sie mit "OK" und verlassen Sie danach die Systemsteuerung wieder.

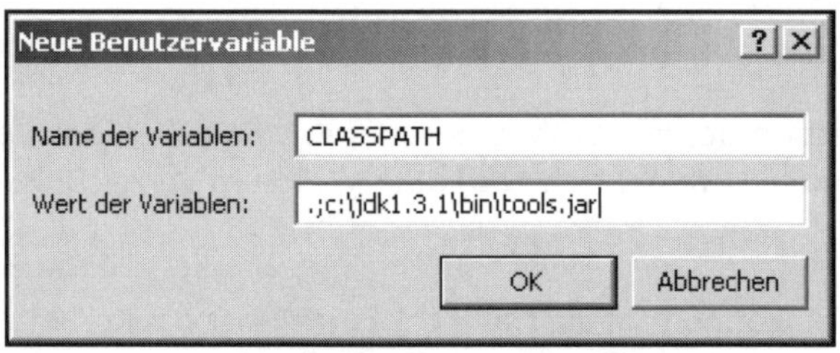

Abbildung 2.5: Setzen der Umgebungsvariable CLASSPATH (Windows 2000)

2.5 Installation von Java unter Linux

Die Installation des JDK unter Linux setzt voraus, dass Sie ein Linux mit einer Kernelversion größer als die Version 2.2.12 und ein **glibc** mit einer Version größer als 2.2.1-11 einsetzen. Sie können die Version von **glibc** prüfen, indem Sie die folgende Anweisung eingeben:

```
ls /lib/libc-*
```

Die folgenden Installationsanweisungen beziehen sich auf die selbstentpackende Binärdatei, die Sie unter dem Namen **j2sdk-1_3_1-linux-i386.bin** von der Java-Homepage geladen haben. Die Datei hat eine Größe von rund 26 Megabyte.

Kopieren Sie die Datei **j2sdk-1_3_1-linux-i386.bin** in das Verzeichnis, in dem Sie das Java 2 SDK installieren wollen, starten Sie danach in dem entsprechenden Verzeichnis die Binärdatei durch die Eingabe folgender Anweisungen:

```
chmod a+x j2sdk-1_3_1-linux-i386.bin
./j2sdk-1_3_1-linux-i386.bin
```

Genau wie bei der Version für Windows wird zunächst eine Lizenzvereinbarung angezeigt, der Sie zustimmen müssen damit eine Installation möglich ist. Sobald Sie dies getan haben, entpackt sich das Programm selbst und installiert alle notwendigen Dateien in einem Ordner mit dem Namen **jdk1.3.1** im aktuellen Verzeichnis.

Eine wichtige Anmerkung, wenn Sie das JDK systemweit für alle Benutzer installieren wollen: Sie müssen sich in diesem Fall vorher als Root anmelden, damit Sie die notwendigen Rechte dafür besitzen. Nur in diesem Fall können Sie das JDK z.B. im Verzeichnis **/usr/local** installieren. Falls Sie die notwendigen Root-Rechte nicht besitzen, installieren Sie das JDK einfach in Ihr Home-Verzeichnis oder in ein anderes Verzeichnis, für das Sie Schreibrechte besitzen.

Falls es in dem Installationsverzeichnis bereits ein Verzeichnis mit dem Namen **jdk1.3.1** gab, werden während der Installation alle gleichnamigen vorhandenen Dateien überschrieben. Wenn Sie also ein Update planen, sollten Sie zuvor wichtige Dateien aus diesem Verzeichnis sichern.

2.5.1 Installation des Java Plugin

Damit Sie mit dem Netscape Navigator für Linux in Webseiten eingebettete Java-Programme ausführen können, müssen Sie das so genannte Java-Plugin installieren. Entfernen Sie zunächst alle eventuell installierten alten Versionen des Plugin, geben Sie dazu folgende Anweisungen ein:

```
rm -fr $HOME/.netscape/java
rm $HOME/.netscape/plugins/javaplugin.so
```

Danach müssen Sie die Umgebungsvariable NPX_PLUGIN_PATH auf das Verzeichnis setzen, in dem sich die Datei **javaplugin.so** befindet. Diese Datei finden Sie im Verzeichnisbaum des Java 2 SDK im Verzeichnis **jre/plugin/i386/ns4**.

Wenn Sie die Version 6 des Netscape Navigator benutzen (und wirklich nur dann!), müssen Sie nun einen symbolischen Link im Plugin-Verzeichnis des Navigators erstellen. Gehen Sie dazu in das Plugin-Verzeichnis des Navigators mit dem Namen **plugins** und erstellen Sie dort einen Link auf die Datei **libjavaplugin_oji.so**, die sich im Java 2 SDK wiederum im Verzeichnis **jre/plugin/i386/ns600** befindet. Sie müssen dazu folgende Befehle ausführen:

```
cd ${NETSCAPE6}/plugins
ln -s §{JRE}/plugin/i386/ns600/libjavaplugin_oji.so
```

Starten Sie nun Ihren Netscape Navigator oder starten Sie ihn neu, wenn er bereits gestartet war. Und nun das gleich noch einmal: Beenden Sie den Navigator und starten Sie ihn ein zweites Mal. Dies ist notwendig, weil hier ein kleiner Programmfehler im Browser vorliegt (zumindest zum Zeitpunkt der Drucklegung dieses Buches).

Zusammenfassung

Damit Sie in Java programmieren können, müssen Sie über die Java-Entwicklungssoftware verfügen. Dieses Paket, üblicherweise als JDK oder Java 2 SDK bekannt, kann man kostenlos auf der Homepage von Sun Microsystems erhalten. In diesem Kapitel haben Sie gelernt, wie man das JDK lädt und auf einem Rechner mit einem Windows- oder Linux-Betriebssystem lauffähig macht.

Selbsttest

1. Sind Sie in der Lage, das Java Softwareentwicklungspaket (JDK) von der Sun Microsystems Seite zu laden (siehe »Download der Software«)?
2. Können Sie das JDK auf Ihrem Windows-Rechner installieren (siehe »Installation von Java unter Windows«)?
3. Haben Sie für Ihr System den Suchpfad in der Systemumgebungsvariable `PATH` gesetzt (siehe »Setzen der PATH-Umgebungsvariablen«)?
4. Können Sie die Systemumgebungsvariable `CLASSPATH` setzen, falls notwendig (siehe »Setzen des CLASSPATH«)?
5. Wenn Sie Linux verwenden, können Sie das JDK auf Ihrem System installieren (siehe »Installation von Java unter Linux«)?
6. Können Sie für den Netscape Navigator unter Linux das Java-Plugin richtig konfigurieren (siehe »Installation des Java Plugin«)?

Lektion 3

Das erste Java-Programm

Checkliste

- ☑ Editor festlegen
- ☑ Das Programm **HelloJava**
- ☑ Die Grundregeln der Sprache Java
- ☑ Programmanalyse
- ☑ Kompilieren und Starten des Beispielprogramms

30 Min.

In dieser Sitzung schreiben Sie ein einfaches Programm namens »HelloJava«. Das Programm zeigt einfach nur eine Meldung auf dem Bildschirm an, denn der Grundgedanke dieses Buches ist, dass Sie so schnell wie möglich in die Programmierung mit Java einsteigen sollen. Natürlich erfordert aber auch das einfachste Computerprogramm das Erlernen vieler neuer Konzepte. Bis jetzt haben Sie mehr oder weniger »nach Gefühl« gearbeitet und manche Details der Sprache nur teilweise oder gar nicht erläutert bekommen. In den folgenden Sitzungen werden Sie die Bestandteile eines Programms in immer höheren Detaillierungsgraden kennen lernen.

3.1 Editor festlegen

Es wird ab jetzt davon ausgegangen, dass Sie die Java-Entwicklungssoftware namens Java 2 SDK installiert und die in der 2. Sitzung beschriebenen Umgebungsvariablen PATH und CLASSPATH wie gewünscht gesetzt haben. Damit Sie Ihr erstes Java-Programm schreiben können, benötigen Sie nun noch eine zusätzliche Software, nämlich einen Texteditor zum Erstellen der Java-Quellcodedatei.

Für den PC stehen verschiedene Texteditoren zur Verfügung, unter denen *Edit* der MS-DOS-Editor, und *Editor* bzw. *WordPad* die Pendants unter Windows sind. Zwar tun es diese Programme zur Not auch, jedoch haben sie alle ihre spezifischen Nachteile. *Edit*, der MS-DOS-Editor, kann nicht mit Dateinamen umgehen, die mehr als 8 Zeichen enthalten. Dieses Programm ist daher schwierig zur Navigation in Windows-Ordnern zu verwenden, die normalerweise mehr als

8 Zeichen im Namen enthalten. Falls Sie Edit dennoch verwenden möchten, sollten Sie so vorgehen, dass Sie alle Ihre Quelldateien in einer oberen Verzeichnisebene mit einem kurzen Namen ablegen.

Editor und WordPad sind Microsoft-Editoren, die unter Windows laufen. WordPad ist von den beiden das leistungsstärkere Werkzeug. Der Haupteinwand gegen diese beiden Programme besteht darin, dass sie keine Dateien mit der Endung **.java** speichern können – WordPad und Editor fügen dem jeweiligen Dateinamen immer die Endung des ausgewählten Dateityps hinzu. Falls der ausgewählte Dateityp ein Textdokument ist, erhält beispielsweise die Datei **Demo.java** vom Editor den Namen **Demo.java.txt**. Daraus ergibt sich die Notwendigkeit, vor dem Start des Compilers immer erst den Namen der Datei ändern zu müssen. Dasselbe Problem gibt es auch bei manchen Versionen von Microsoft Word.

Beachten Sie, dass Editor und WordPad bei Verwendung von SPEICHERN UNTER und ALLE DATEIEN (*.*) beide keine Endung hinzufügen, so dass Sie an dieser Stelle ohne Notwendigkeit einer späteren Änderung **.java** eingeben können.

Eine gute Alternative ist der Editor Textpad, den Sie auf der beiliegenden CD finden. Eine Anweisung zur Installation finden Sie im Anhang B. Für Linux bietet sich der Editor Enacs an, der bei der Installation von Linux gleich mitinstalliert werden kann.

3.2 Das Programm HelloJava

In der ersten Ausgabe ihres heute als Klassiker angesehenen Buches »Programmieren in C« von Kernighan und Ritchie führen die Autoren ihre Leser in die Sprache ein, indem sie ihnen ein kleines Beispielprogramm vorstellen, das den Text »Hello World« auf dem Bildschirm anzeigt. Viele spätere Programmierbücher haben diese Idee übernommen. Die Java-Version des Programms Hello World in diesem Buch sieht wie folgt aus:

```
// Java-Version des Programms Hello World
public class HelloJava
{
  public static void main(String[] args)
  {
    System.out.println("Hello World from Java");
  }
}
```

3.2.1 Die Grundregeln der Sprache Java

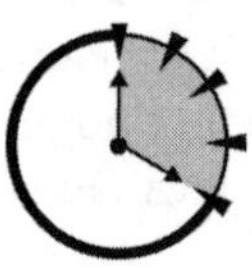

20 Min.

Bevor Sie den Code im Programm HelloJava zu verstehen versuchen, sollten Sie einige generelle Regeln der Syntax der Java-Sprache kennen lernen:

- Java ist groß- und kleinschreibungsgebunden. Bei der Eingabe von Java-Code müssen Sie darauf achten, groß oder klein zu schreibenden Code korrekt einzugeben. In der Java-Programmierung werden die Wörter *Main* und *main* also unterschiedlich behandelt.
- Textsteuerzeichen werden von Java im Allgemeinen ignoriert. Hiermit sind alle Zeichen ge-

meint, die nicht auf dem Bildschirm angezeigt werden, wie etwa Leerzeichen, Tabulatoren, Zeilenschaltungen und andere zur Formatierung verwendete Zeichen. Mit Textsteuerzeichen gestalten Sie Ihren Code übersichtlicher und lesbarer.

- Geschweifte Klammern ({}) stellen in Java Gruppierungszeichen dar, die den Beginn und das Ende eines Programmabschnitts anzeigen. Ein Java-Programm verfügt immer über eine gleiche Anzahl dieser öffnenden und schließenden Klammern. Ein *Block* ist der Abschnitt eines Java-Programms zwischen dieses Klammern. Weil Java Textsteuerzeichen ignoriert, können Sie Klammern verschiedenartig verwenden, zum Beispiel:

```
{public.static void main (...
```

oder

```
{
public.static void main (...
```

- Alle Java-Anweisungen enden mit dem Zeichen ; (Semikolon). Eine Anweisung ist ein Programmelement (ein Ausdruck), das eine Verarbeitungsfolge bewirkt. Nicht alle Java-Ausdrücke sind Anweisungen.
- Computerprogramme enthalten in der Regel *Kommentare*, also zusätzlichen Text, der zur Erläuterung oder Beschreibung des Codes dient. Damit der Compiler diese Art von Text ignoriert, muss dem Text ein bestimmtes Zeichen vorangestellt werden. Java bietet zwei Möglichkeiten zum Einfügen von Kommentaren an:

  Das Zeichen // steht vor einem Kommentar, der bis zum Ende der Zeile reicht. Beispielsweise:

```
// Dies ist ein einzeiliger Kommentar
```

  Das Zeichen kann in einer beliebigen Zeile des Programms erscheinen.

  Mit den Zeichen /* und */ werden Kommentare eingeklammert, die mehr als eine Zeile umfassen, beispielsweise:

```
/* Dies ist
 ein mehrere Zeilen
 umfassender Kommentar */
```

3.2.2 Der Programmkopf

Die meisten Programme beginnen mit mehreren Kommentarzeilen, die manchmal auch als Programmkopf bezeichnet werden. Diese Zeilen enthalten üblicherweise die folgenden Informationen:

- Programmname
- Name des Autors bzw. der Autoren
- Gegebenenfalls auf das Urheberrecht hinweisen
- Datum der Erstellung des Programms
- Beschreibung der Aufgabe und der grundlegenden Funktionen des Programms
- Geschichte der Programmänderungen und –aktualisierungen

- Liste der zur Entwicklung des Programms verwendeten Werkzeuge
- Beschreibung der Software- und Hardwareumgebung, die zum Ablauf des Programms benötigt wird

Die meisten Programmierer erstellen eigene Standardprogrammköpfe, die sie dann in alle von ihnen erstellten Quelldateien einfügen. Den nun folgenden Allzweckprogrammkopf können Sie an Ihre eigenen Zwecke anpassen und nach Belieben verwenden.

```
//*************************************************************
//*************************************************************
//  Programmname
//  (c) Copyright 200? von
//  ALLE RECHTE VORBEHALTEN
//*************************************************************
//*************************************************************
// Datum:                        Erstellt von:
// Dateiname:                     Modulname:
//                               Quelldatei:
// Programmbeschreibung:
//
//*************************************************************
// Bibliotheken und Software:
//
//*************************************************************
// Entwicklungsumgebung:
//
//*************************************************************
// Systemvoraussetzungen:
//
//*************************************************************
// Startdatum:
// Änderungen:
//           DATUM            ÄNDERUNGSBESCHREIBUNG
//
//*************************************************************
// Tests:
//  TESTPROTOKOLL         DATUM       TESTERGEBNISSE
//
//*************************************************************
// Kommentare des Programmierers:
//
```

```
//
//*************************************************************
//*************************************************************
```

Dieser Beispielprogrammkopf ist auf der beiliegenden CD im Verzeichnis Lektion 3 enthalten. Der Name dieser Datei lautet Header Template.java.

3.2.3 Programmanalyse

Das Programm **HelloJava** wird jetzt zeilenweise analysiert. Zu Ihrer Bequemlichkeit folgt hier noch einmal der Quellcode in voller Länge:

```
// Java-Version des Programms Hello World
public class HelloJava
{
  public static void main(String[] args)
  {
    System.out.println("Hello World from Java");
  }
}
```

Die erste Zeile des Programms lautet wie folgt:

```
// Java-Version des Programms Hello World
```

Diese Programmzeile stellt einen Kommentar dar. Der Compiler wird diese Zeile ignorieren – ihr einziger Zweck besteht darin, den Code zu dokumentieren und zu erläutern. Zur individuellen Kommentierung der Zeilen wurde hier das Zeichen // verwendet. Sie können den Code aber auch so kommentieren:

```
/* Java-Version des Programms Hello World
```

Die erste Zeile des Programms **HelloJava**, die kein Kommentar ist, lautet wie folgt:

```
public class HelloJava
{
```

In Programmiersprachen werden spezielle Sprachelemente verwendet, die man *Schlüsselwörter* nennt. Sie sind hinsichtlich des Gebrauchs reserviert und dürfen nicht in normalen Ausdrücken verwendet werden. Das Schlüsselwort `public`, ein so genannter Zugriffsmodifizierer, legt fest, ob andere Teile des Programms diesen Code verwenden können. Das Schlüsselwort `class` ist immer erforderlich, da jedes Element eines Java-Programms Teil einer Klasse ist.

Die erste Klasse in einem Java-Programm, die so genannte *driving class*, muss denselben Namen wie die Datei haben, in der sie gespeichert ist. Die Quelldatei muss die Endung *.java* haben. Im vorliegenden Beispiel hat die Quelldatei den Dateinamen **HelloJava.java**. Der Java-Compiler legt den daraus resultierenden Bytecode unter dem Namen **HelloWorld.class** ab.

Der Beginn der Klasse namens `HelloJava` wird im Programmlisting am Anfang dieses Abschnitts durch die öffnende geschweifte Klammer eingeleitet. Am Ende des Listings findet sich als Abschluss der Klasse `HelloJava` dann die schließende geschweifte Klammer.

Die nächste Anweisung im Programm **HelloJava** lautet wie folgt:

```
public static void main(String[] args)
    {
```

Diese Zeile erzeugt die erste Methode des Programms. Eine Methode ist eine Programmeinheit, die eine bestimmte Aktion ausführt.

Hinweis

Java-Methoden werden in der 10. Sitzung erläutert.

Jedes Java-Programm muss über eine Methode namens `main()` verfügen. Die Methode `main()` ist als `public static` und `void` deklariert. Mit `void` wird darauf hingewiesen, dass die Methode keine Werte an das Betriebssystem zurückgibt. Das Element innerhalb der runden Klammern bedeutet, dass `main()` einen String übernehmen kann, den der Anwender eingetippt hat (wird manchmal auch *command tail*, zu deutsch Befehlsanhang, genannt). In der Java-Programmierung werden Befehlsanhänge nur sehr selten verwendet. Alle Klassen können eine Methode `main()` haben. Die Programmausführung beginnt jedoch immer mit der Methode `main()` derjenigen Java-Klasse, die die Anwendung startet (*driving class*), und dies ist die Klasse, die denselben Namen wie die Quelldatei der Anwendung hat.

Hinweis

Die hier dem Namen der Methode folgenden Klammern sollen die Methode leichter identifizierbar machen (`main` wurde daher als `main()` geschrieben). Dies ist ein Programmierstil, der in vielen Programmierbüchern verwendet wird.

Die öffnende Klammer zeigt den Beginn der Methode `main()` an. Weiter unten im Listing finden Sie dann die schließende Klammer, die das Ende von `main()` angibt. Innerhalb von `main()` befindet sich die folgende Anweisung:

```
System.out.println("Hello World from Java");
```

Diese Programmzeile zeigt den Text »Hello World from Java« auf dem Bildschirm an. `System` ist eine integrierte Klasse, die Bestandteil der Standardbibliotheken von Java ist, während `out` ein Objekt dieser Klasse darstellt. Das Wort `println()` (ausgesprochen als *print line*) bezieht sich auf eine Methode des Streams `System.out`. Die Methode bewirkt das Anzeigen einer einzelnen Zeile Text auf dem Konsolengerät (dies ist normalerweise der Bildschirm) an. Der anzuzeigende Text wird in Anführungszeichen gesetzt und heißt *String-Literal*. Einen Stream können Sie sich bildlich als eine Folge von Zeichen zwischen einer Quelle (Leser) und einem Ziel (Schreiber) vorstellen. Die Methode `print()` ähnelt `println()` mit der Ausnahme, dass sie keinen Zeilenwechsel der Bildschirmzeile erzwingt.

Es folgen nun hintereinander die einzelnen Elemente der Programmzeile:

`System.out`	= Stream
`Hello World from Java`	= Parameterliste von println()
`System`	= Klasse
`out`	= Objekt
`println`	= Methode
`(`	= Anfang der Parameter
`"`	= Anfang des String
`Hello World from Java`	= String
`"`	= Ende des String
`)`	= Ende der Parameter
`;`	= Abschlusszeichen

Am Ende des Programmlistings sehen Sie zwei schließende Klammern. Die erste weist auf das Ende der Methode `main()` hin, während die zweite das Ende der Klasse `HelloJava` und damit das Ende des Programms anzeigt.

3.3 Kompilieren und Starten des Beispielprogramms

10 Min.

Durch das Kompilieren und Starten des Programms **HelloJava**, das weiter oben in diesem Kapitel abgedruckt wurde, überzeugen Sie sich davon, dass Ihre Entwicklungsumgebung richtig installiert und funktionstüchtig ist. Beginnen Sie, indem Sie Ihren Editor starten und den Code eingeben. Denken Sie daran, dass Java an die Groß- und Kleinschreibung gebunden ist – verwenden Sie also genau dieselbe Schreibweise wie im Listing. Die Abbildung 3.1 zeigt das Programm im Texteditor TextPad.

Wenn Sie dieses Programm in den Editor eingeben, müssen Sie es unter dem Namen speichern, den Sie in der *driving class* verwendet haben, also in diesem Fall *HelloJava*. Die Quelldatei ist die Textdatei, die den Programmcode enthält. In Java muss die Quelldatei die Endung *.java* haben. Speichern Sie das Programm also unter diesem Namen:

```
HelloJava.java
```

Denken Sie noch einmal daran, dass Sie dieselbe Groß- und Kleinschreibung verwenden, die auch für den Namen der Quelldatei und der *driving class* verwendet worden ist. Beachten Sie weiterhin, dass Java Steuerzeichen im Text, jedoch nicht im Dateinamen, ignoriert. **Hello Java** und **HelloJava** sind also unterschiedliche Namen.

In Windows müssen Sie die Java-Entwicklungssoftware, die im Java 2 SDK enthalten ist, über die MS-DOS-Eingabeaufforderung starten. Sofern Sie, wie in Sitzung 2 beschrieben, die Umgebungsvariablen `PATH` und `CLASSPATH` in Ihrer Datei **autoexec.bat** richtig gesetzt haben, kann das System nun ohne explizite Angabe des Pfadnamens die Entwicklungssoftware finden. Allerdings ist damit noch nicht sichergestellt, dass die Entwicklungswerkzeuge selbst die Quelldatei zum Kompilieren finden können. Aus diesem Grunde sollten Sie den Java-Compiler immer von dem Verzeichnis aus starten, in dem sich auch die Quelldateien befinden.

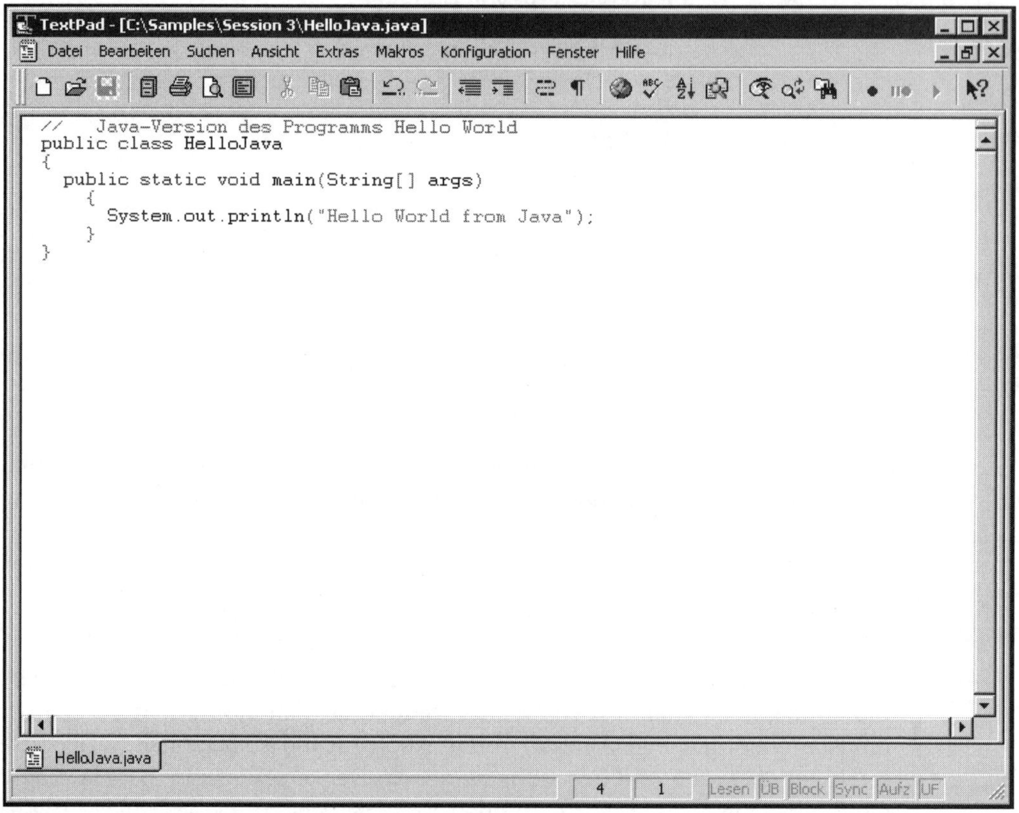

Abbildung 3.1: Eingabe des Programms HelloJava

Starten Sie den Java-Compiler mit den folgenden Schritten:

- Öffnen Sie ein Fenster mit der MS-DOS-Eingabeaufforderung. Falls es auf Ihrem Desktop kein Symbol MS-DOS geben sollte, finden Sie die MS-DOS-Eingabeaufforderung unter PROGRAMME im Startmenü.
- Wechseln Sie in das Verzeichnis, in dem sich die Quelldatei befindet, die Sie kompilieren möchten.
- Führen Sie über die MS-DOS-Eingabeaufforderung den Java-Compiler aus.

  Der Befehl für das Programm **HelloJava** lautet:

```
javac HelloJava.java
```

Javac ist der Name des Java-Compilers. Falls die Kompilierung erfolgreich war, gibt es keine Fehlermeldung – auf dem Bildschirm erscheint wieder die MS-DOS-Eingabeaufforderung. Falls das System auf einen Compilerfehler gestoßen ist, müssen Sie den Fehler im Quellcode ausfindig machen und korrigieren, bevor Sie eine erneute Kompilierung starten. Auf dieser Stufe der Java-Programmierung entstehen Fehler meistens durch Tippfehler.

Sobald das Programm ohne Fehler kompiliert worden ist, erzeugt der Compiler eine Datei mit der Endung **.class**. Diese class-Datei stellt die ausführbare Datei dar, die vom Java-Interpreter ausgeführt werden kann. Der Name des Java-Interpreters lautet **java.exe**.

Die Abbildung 3.2 zeigt das Fenster der MS-DOS-Eingabeaufforderung während der Kompilierung und Ausführung des Programms **HelloJava**.

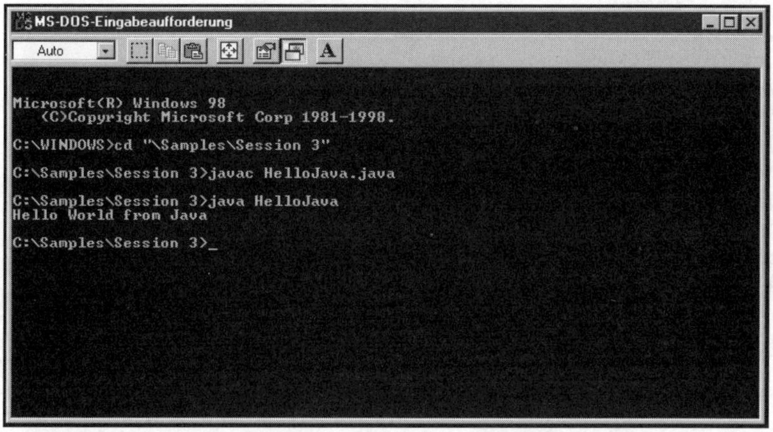

Abbildung 3.2: Kompilieren und Ausführen des Programms HelloJava

Da die Entwicklung einer Java-Anwendung von Ihnen das ständige Wechseln zwischen dem Texteditor und dem Compiler verlangt, sollten Sie den Editor und das MS-DOS-Fenster ständig auf dem Desktop zur Verfügung halten. Auf diese Weise können Sie je nach Bedarf während der Entwicklung der Anwendung und der Fehlerkorrektur zwischen den beiden Fenstern wechseln. Die Abbildung 3.3 zeigt den Windows-Desktop mit den beiden geöffneten Fenstern.

Zusammenfassung

0 Min.

In dieser Sitzung haben Sie in einfaches Java-Programm mit dem Namen **HelloJava** entwickelt. Der Zweck dieses Programms besteht darin, Sie so schnell wie möglich in die Programmierung mit Java einzuführen. Dabei wurden bislang einige Dinge unbeachtet gelassen, damit der Anfang umso leichter fällt. In den folgenden Abschnitten werden Sie die dahinterstehenden Grundlagen genauer kennen lernen und alle eventuell offenen Fragen detailliert erläutert bekommen.

Bis zu dieser Stelle haben Sie zunächst einmal einen Editor Ihrer Wahl zum Erstellen Ihres Java-

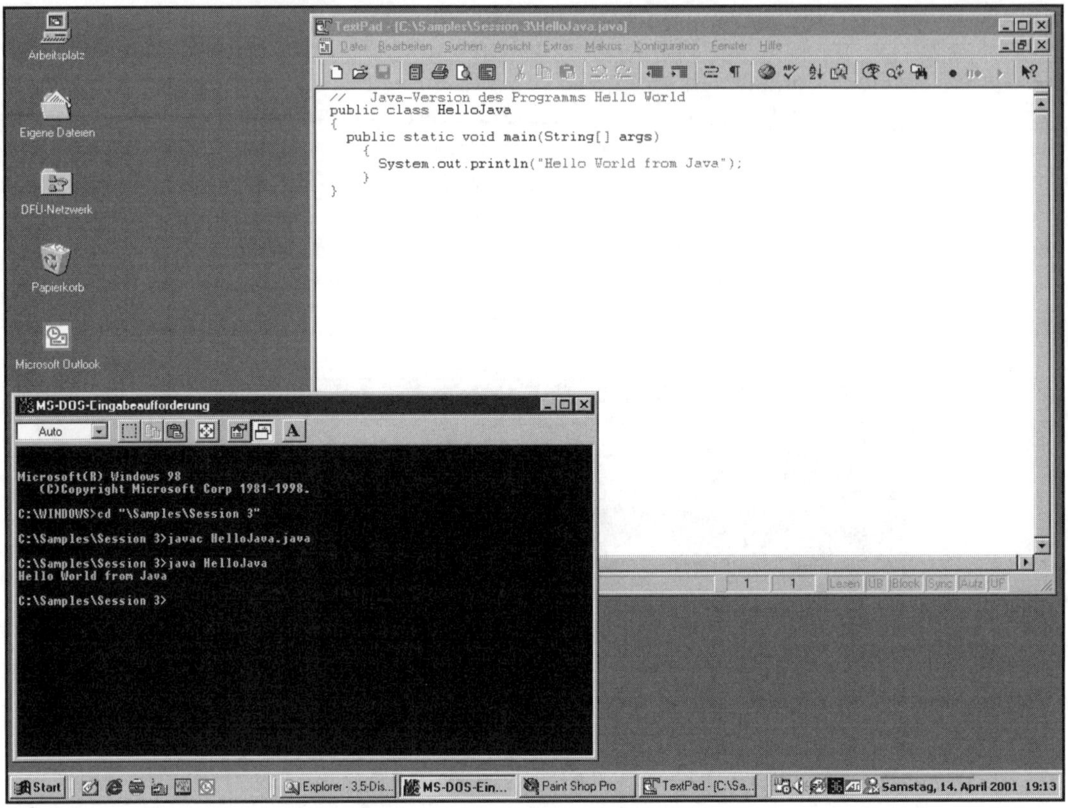

Abbildung 3.3: Der Windows-Desktop beim Entwickeln mit Java

Quellcodes festgelegt. Sie verfügen nun über eine gewisse Vertrautheit mit dem Erscheinungsbild eines Java-Programms, dem Zweck seiner einzelnen Elemente und den grundlegenden Syntaxregeln der Java-Sprache. Darüber hinaus haben Sie das Beispielprogramm erfolgreich eingetippt, kompiliert und ausgeführt und dabei gleichzeitig die Entwicklungswerkzeuge für Java kennen gelernt.

Selbsttest

1. Haben Sie sich einen Editor ausgesucht, den Sie zur Entwicklung Ihrer Java-Programme verwenden möchten, und haben Sie sich mit ihm vertraut gemacht (siehe »Editor festlegen«)?
2. Sind Sie mit dem Aufbau eines einfachen Java-Programms vertraut (siehe »Das Programm **HelloJava**«)?
3. Ist Java eine groß- und kleinschreibungsgebundene Sprache (siehe »Die Grundregeln der Sprache Java«)?

4. Wie geht Java mit Textsteuerzeichen um (siehe »Die Grundregeln der Sprache Java«)?
5. Was ist mit Zeichen zum Gruppieren, Kommentieren und zur Anweisungsbeendigung gemeint (siehe »Die Grundregeln der Sprache Java«)?
6. Sind Sie in der Lage, das Beispielprogramm namens **HelloJava** in dieser Sitzung einzutippen, zu kompilieren und auszuführen (siehe »Kompilieren und Starten des Beispielprogramms«)?

Lektion 4

Die Datendarstellung

Checkliste

- Zahlensysteme für den Computer
- Binäre und hexadezimale Zahlen
- Der Computerspeicher
- Darstellung von Zeichen und Zahlen

30 Min.

Die Arbeit eines Programmierers besteht hauptsächlich aus dem Speichern, Manipulieren und Bearbeiten von Daten. In dieser Sitzung werden Sie daher erfahren, wie Informationen in einem Computerspeicher abgelegt werden. Zuerst werden die Zahlensysteme erläutert, die in Computern verwendet werden, denn für einen Programmierer sind Grundkenntnisse binärer und hexadezimaler Zahlensysteme unverzichtbar. Anschließend werden Sie sich dem Speichern numerischer Daten und Zeichendaten im Computerspeicher zuwenden und sehen, wie die verschiedenen Zeichendatencodes in der Java-Programmierung verwendet werden.

4.1 Zahlensysteme

Ein Zahlensystem stellt eine Sammlung von Regeln und Zeichen dar, die zum Zählen und für arithmetische Operationen verwendet werden. Eines dieser Zahlensysteme, das so genannte hindu-arabische oder dezimale System, ist weltweit bekannt – mit seinen Zeichen sind wir alle vertraut:

```
0 1 2 3 4 5 6 7 8 9
```

Die Theoretiker meinen, dass das dezimale System von der Praxis herstammt, mit unseren zehn Fingern zu zählen. Nach dieser Auffassung hätten wir, falls wir nur sechs Finger besäßen, auch nur ein Zahlensystem mit sechs Zeichen!

Das Zählen stellt einen grundlegenden Gebrauch von Zahlen dar, und die Strichliste ist die einfachste Form des Zählens. In der Strichliste, zu der wir gelegentlich unsere Zuflucht nehmen müssen, zeichnen wir für jedes gezählte Element einen vertikalen Strich. Das System der Strichliste kann noch verbessert werden, indem man für je fünf gezählte Elemente einen diagonalen fünften Strich macht und damit je eine Einheit kennzeichnet. Die Strichliste kommt gänzlich ohne numerische Zeichen aus. Wahrscheinlich wurde das römische Zahlensystem aus dem Prinzip der Strichliste abgeleitet, da die vertikalen und diagonalen Striche noch gut in manchen römischen Zahlenzeichen zu erkennen sind. Die Nachteile des römischen Zahlensystems bestehen darin, dass der Stellenwert der Ziffern nicht klar ist, dass ein Zeichen für die Ziffer Null fehlt, und dass manche Ziffern mehr als ein Zeichen erforderlich machen. Es sind diese Nachteile, die die Regeln des Zählens und der Arithmetik bei Verwendung der römischen Zahlen komplizieren.

Das hindu-arabische Zahlensystem verwendet ein Zählmuster, bei dem der Wert der jeweiligen Ziffer durch ihre Spaltenposition bestimmt wird:

```
4 5 7 3
| | | |__ Einer
| | |_______ Zehner
| |____________ Hunderter
|_________________ Tausender
Den Gesamtwert erhalten wir, indem wir die Spaltenwerte jeder Position hinzu-
fügen:
4000 ----                        4 Tausender
 500 ----                        5 Hunderter
  70 ----                        7 Zehner
   3 ----                        3 Einer
------
4573
```

4.1.1 Binäre Zahlen

Die während der frühen 40er Jahre in den USA gebauten Computer benutzten zum Speichern der in arithmetischen Operationen benutzten Daten dezimale Zahlen. 1946 entdeckte John von Neumann, dass ein Computer einfacher gebaut werden und zuverlässiger funktionieren kann, wenn man die elektronischen Schaltungen auf der Grundlage zweier Zustände konstruiert, die üblicherweise mit EIN und AUS bezeichnet wurden und mit den Ziffern 1 und 0 dargestellt werden konnten. Dieses so genannte *binäre System* ist ein Zahlensystem, dass aus nur zwei Ziffern besteht. In einem binären Zahlensystem entsprechen die zwei Zustände einer elektronischen Schaltung den Ziffern 0 und 1.

Das binäre System stellt den einfachsten denkbaren Zeichenvorrat dar, der zum Zählen und zur Ausführung arithmetischer Operationen verwendet werden kann. Die hexadezimalen Zahlen, die weiter unten in diesem Kapitel vorgestellt werden, sind nichts anderes als eine Kurzform für die Darstellung von vier binären Ziffern. Die Abbildung 4.1 zeigt den Zusammenhang zwischen einer Gruppe von vier elektronischen Schaltungen und verschiedenen Zahlensystemen auf.

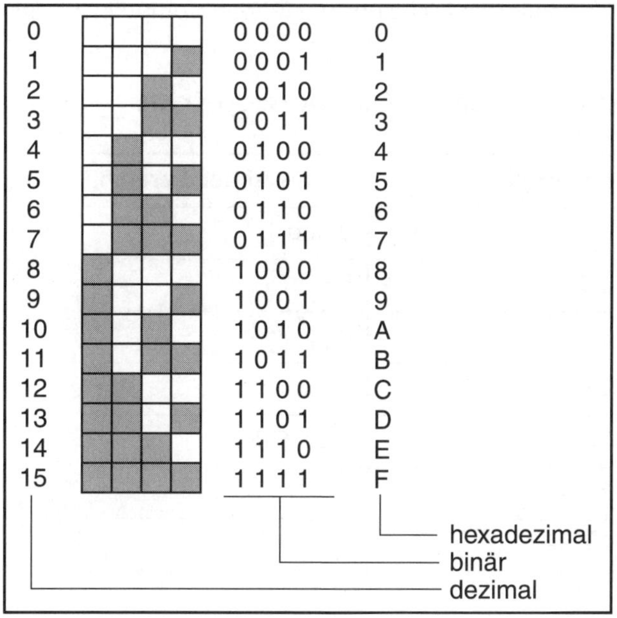

Abbildung 4.1: Dezimale, binäre und hexadezimale Zahlensysteme

Wenn Sie sich jede Schaltung als eine kleine Glühbirne vorstellen, können Sie die binäre Zahl 1 als den Zustand einer aktiven Schaltung (Glühbirne EIN) und die binäre Zahl 0 dementsprechend als den Zustand einer inaktiven Schaltung (Glühbirne AUS) darstellen. In diesem Sinne ist also ein Bit dann gesetzt, wenn sein binärer Wert 1 lautet, und nicht gesetzt (bzw. gelöscht), wenn sein binärer Wert 0 ist.

4.1.2 Hexadezimale Zahlen

Die Spalte rechts von den binären Zahlen in Abbildung 4.1 enthält die hexadezimalen oder Hex-Zahlen. Diese Gruppen von vier elektronischen Zellen stellen den Grundbaustein von Computersystemen dar. In den meisten heutigen Computern sind die Speicherzellen, Register und Datenpfade als Vielfache dieser vier binären Ziffern aufgebaut. In der Abbildung können Sie erkennen, dass alle möglichen Kombinationen von vier binären Ziffern mit einer einzigen hexadezimalen Ziffer ausgedrückt werden können.

4.2 Der Computerspeicher

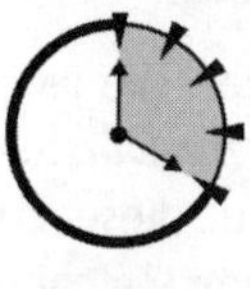

20 Min.

In der modernen Computerhardware besteht der Speicher in der Regel aus einem Wafer, der in einem rechteckigen Baustein mit einer integrierten Schaltung untergebracht ist. Jede Speicherzelle ist ein Transistor, der in der Lage ist, zwei stabile Zustände zu speichern. Das binäre Zeichen 1 repräsentiert den einen Zustand, und das binäre Zeichen 0 den anderen. Die Speicherzellen sind normalerweise in Gruppen von 8 Bit angeordnet und werden 1 Byte genannt. Das Byte ist in den meisten Maschinen die kleinste adressierbare Speichereinheit.

Tabelle 4.1 enthält die häufigsten Maßeinheiten für den Computerspeicher:

Tabelle 4.1: Maßeinheiten für Computerspeicher

Einheit	entspricht	numerischer Bereich
Bit		0 und 1
Nibble	4 Bit	0 bis 15
Byte	8 Bit	0 bis 255
	2 Nibbles	
Word	15 Bit	0 bis 65535
	2 Nibbles	
	2 Byte	
Kilobyte	1024 Byte	
Megabyte	1024 Kilobyte	
Gigabyte	1024 Megabyte	

Der Computerspeicher ist linear aufgebaut. Die so genannte *Speicheradresse* ist eine fortlaufende Nummer, die jeder Speichereinheit zugeordnet ist. Die maximale Zahl der Speichereinheiten eines bestimmten Systems hängt von dessen interner Architektur ab. Die einzelnen Speicherzellen in einem normalen Computer bestehen aus einem Datenbyte (8 Bit). Die Abbildung 4.2 zeigt die konventionelle Nummerierung einzelner Bits innerhalb eines Bytes.

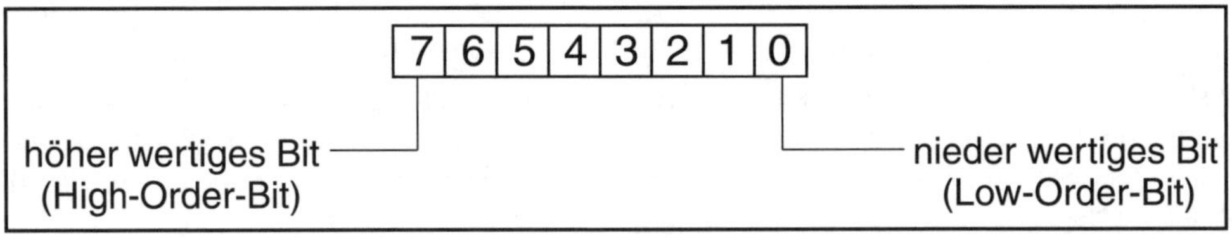

Abbildung 4.2: Das konventionelle Bit-Nummerierungsschema

4.2.1 Die Darstellung von Zeichen

Zum Speichern von Computerdaten werden Gruppen elektrischer Zellen verwendet, die jede eine binäre 1 oder 0 speichern können. Weil Muster mit Einsen und Nullen so gut zur Darstellung von Computerinformationen verwendbar sind, werden auch Zeichendaten auf diese Art und Weise abgelegt. Zum Abspeichern der Buchstaben eines Alphabets oder anderer Zeichen musste jedoch ein Referenzschema für diese Zeichen und die numerischen Werte, die sie repräsentieren, entwickelt werden. Dieses Schema kann beispielsweise schon dadurch entstehen, dass man sich darauf einigt, zur Darstellung des großgeschriebenen A eine Eins, zur Darstellung des Buchstabens B die Zwei und so weiter zu verwenden, so dass die großgeschriebenen Buchstaben von A bis Z mit den Zahlen von 1 bis 26 dargestellt werden können. Wenn man ein Schema zur Umwandlung von Buchstaben in Zahlen hat, können nun Texte anstatt mit Buchstaben mit Zahlen ausgedrückt bzw. codiert werden, so dass beispielsweise die Zahlen 1, 3 und 26 die Buchstaben ACZ darstellen.

Die Programmierer haben im Rahmen der Computertechnologie verschiedene Verfahren zum Codieren von Zeichendaten entwickelt. Früher waren beispielsweise einmal der Hollerith- und der EBCDIC-Code (EBCDIC; Extended Binary Coded Decimal Interchange Code) gängig. Heute dagegen wird weithin der ASCII-Code (ASCII; American Standard Code for Information Interchange) verwendet. Java erkennt zwar verschiedene Zeichensätze einschließlich ASCII, bevorzugt jedoch Unicode. ASCII-Zeichen werden mit 8 Bit gespeichert, während Unicode auf Werten mit 16 Bit gründet. Das breitere Format kann auch mehrsprachige Umgebungen unterstützen. Die Abbildung 4.3 zeigt die Zeichen des ASCII-Zeichensatzes und deren dezimale bzw. hexadezimale Werte.

Dezimal	→	0	16	32	48	64	80	96	112
↓	HEX	0	10	20	30	40	50	60	70
0	0			Leerzeichen	0	@	P	`	p
1	1			!	1	A	Q	a	q
2	2			"	2	B	R	b	r
3	3			#	3	C	S	c	s
4	4			$	4	D	T	d	t
5	5			%	5	E	U	e	u
6	6			&	6	F	V	f	v
7	7			`	7	G	W	g	w
8	8			(	8	H	X	h	x
9	9			)	9	I	Y	i	y
10	A			*	:	J	Z	j	z
11	B			+	;	K	[	k	{
12	C			,	<	L	\	l	|
13	D			-	=	M	]	m	}
14	E			.	>	N	^	n	~
15	F			/	?	O	_	o	

Abbildung 4.3: Der ASCII-Zeichensatz und seine dezimalen bzw. hexadezimalen Werte

Der ASCII-Zeichensatz

Die Abbildung 4.3 können Sie dazu benutzen, den Dezimal- und Hexwert jedes beliebigen ASCII-Zeichens zu ermitteln. Als erstes schauen Sie nach dem Spaltenwert des gewünschten Zeichens und addieren dann den Zeilenwert hinzu, so dass Sie beispielsweise für den Buchstaben c den dezimalen ASCII-Code 96 plus 3 = 99 erhalten. Dementsprechend ergibt sich für das ASCII-Zeichen der Zahl 6 der hexadezimale Wert 36 und der dezimale Wert 54.

Zeichen werden im Computerspeicher so gespeichert, wie es den numerischen Werte der jeweils verwendeten Zeichendarstellung entspricht. Beispielsweise erscheint in ASCII die Codierung des Namens »Jim« in der Form der dezimalen Werte 74, 105 und 109, da dies die dezimalen Werte für die Buchstaben J, i und m sind. Hexadezimal lauten die Werte 4A, 69 und 6D. Binär sehen die Werte der drei Speicherzellen mit je einem Byte wie folgt aus:

```
01001010-01101001-01101101
```

Mit Hilfe der Tabelle in der Abbildung 4.1 können Sie diese Werte überprüfen.

10 Min.

4.2.2 Die Darstellung numerischer Daten

Eine Möglichkeit zur Darstellung von Zahlen in einem Computersystem besteht in der Verwendung der korrespondierenden Zeichen des jeweiligen Zeichensatzes. So können Sie beispielsweise die Zahl 128 in drei Bytes speichern, die die dezimalen Werte 49, 50 und 56 enthalten. In diesem Fall entsprechen die Werte 49, 50 und 56 der ASCII-Codierung der Ziffern 128, wie aus der Abbildung 4.3 ersichtlich wird. Numerische Daten werden zwar oftmals in Zeichenform gespeichert, sind jedoch in dieser Form für den Computer, der arithmetische Operationen nur mit binären Zahlen ausführt, ungeeignet. Damit der Computer die Zahl 128 (in ASCII-Ziffern codiert) mit 2 (ebenfalls in ASCII-Ziffern codiert) multiplizieren kann, muss er diese zeichenbezogene Darstellung zuvor in binäre Werte umwandeln.

Ein sinnvollerer Ansatz besteht also darin, die Zahlen unmittelbar binär abzuspeichern. So können Sie beispielsweise die Zahl 128 binär wie folgt speichern:

```
1000000
```

Da die ASCII-Darstellung dieses Wertes drei Bytes beansprucht, sparen Sie durch die obige Form der Speicherung in einem einzigen Byte also viel Platz. Außerdem können Sie binäre Werte ohne Umwandlung direkt in arithmetischen Operationen verwenden.

Vorzeichenlose ganzzahlige Werte können also direkt binär dargestellt werden. Die nächste auftauchende Frage besteht darin, wie man negative und positive Zahlen repräsentieren soll.

Die übliche Lösung hierfür besteht darin, ein Bit zu dem Zweck zu verwenden, das Vorzeichen der Zahl darzustellen. Bei dieser Lösung verweist eine binäre Ziffer 0 auf eine positive Zahl, und eine Ziffer 1 auf eine negative Zahl. Normalerweise wird die Aufgabe der Codierung des Vorzeichens vom ganz links stehenden Bit, dem höher wertigen Bit, übernommen. Diese Form der Darstellung vorzeichenbehafteter Zahlen heißt *Vorzeichen-Absolutwert-Darstellung*, in der beispielsweise die dezimalen Zahlen 93 und –93 wie folgt dargestellt werden:

```
|ß------------------------- = Vorzeichenbit
|
01011101 binär = +93 dezimal
11011101 binär = -93 dezimal
```

Die Vorzeichen-Absolutwert-Darstellung ist zwar einfach und geradlinig, hat aber auch Nachteile. Einer dieser Nachteile besteht darin, dass es für 0 zwei Codierungen gibt, nämlich eine positive und eine negative: -0 zu schreiben ist normalerweise unnötig und überflüssig. Der größte Nachteil der Vorzeichen-Absolutwert-Darstellung besteht jedoch darin, dass sie die Maschinenarithmetik kompliziert. So müssen Sie beispielsweise zum Addieren zweier vorzeichenbehafteter Zahlen als erstes untersuchen, ob diese dasselbe Vorzeichen haben. Wenn ja, werden die Zahlen addiert und der Summe das entsprechende Vorzeichen mitgegeben. Haben die Zahlen unterschiedliche Vorzeichen, wird die kleinere Zahl von der größeren subtrahiert und der Differenz das Vorzeichen der größeren Zahl mitgegeben. Falls beide Zahlen 0 oder -0 sind, ist der Ergebnis der jeweils andere Operand. Sind beide Zahl -0, beträgt die Summe 0.

Beim Basis-Komplement-Verfahren wird die -0 eliminiert und die Maschinenarithmetik vereinfacht. In binären Systemen werden für die Basis-Komplement-Darstellung Zweierkomplemente verwendet. Das Zweierkomplement einer vorzeichenbehafteten Zahl erhalten Sie, indem Sie die Differenz zwischen der Zahl und der nächsten Integer-Potenz von 2, die größer als die Zahl ist, errechnen. In der Regel enthält die Hardware der Maschine die nötige Instruktionen zur Berechnung des Zweierkomplements. Der große Vorteil der Zweierkomplement-Darstellung besteht darin, dass die Subtraktion und Addition zu einer einzigen Operation zusammengefasst und arithmetische Regeln und Verarbeitungen einfacher und effizienter werden.

Codieren von Brüchen

Die binäre Codierung von Brüchen hat zusätzliches Kopfzerbrechen bereitet. Da es keine Möglichkeit dafür gibt, ein Komma binär auszudrücken, musste die Definition der Kommastelle mit Hilfe eines anderen Schemas vorgenommen werden. Hierzu stehen mehrere Schemata wie beispielsweise die Festkommadarstellung zur Verfügung, in der eine zuvor bestimmte Anzahl von binären Ziffern zu dem Zweck verwendet wird, den ganzzahligen Teil zu codieren, und eine andere ähnliche Zahl der Codierung des Bruches dient. Die Festkommadarstellung wurde in der Anfangszeit der Computer eingesetzt und wird heute als ineffizient betrachtet.

Eine alternative Codierung von Bruchzahlen verwendet ein Schema, das der wissenschaftlichen Notation nahe kommt. In der wissenschaftlichen Notation bzw. Exponenzialform wird die Zahl 310,25 wie folgt geschrieben:

```
3,1025 * 10²
--------    ----
   |        |----------- Exponent
   |------------------- Basis
```

Da 10^2 gleich 100 ist, ergibt sich also 310,25. Die Zahlen kleiner als 1 können unter Verwendung negativer Exponenten geschrieben werden. Beispielsweise wird die Zahl 0,0004256 wie folgt dargestellt:

```
4,256 * 10⁻⁴
```

Zur Vermeidung der Hochstellung wird in der Computernotation der Buchstabe E für den Exponententeil verwendet:

```
3,1025 E2
4,256 E-4
```

0 Min.

Da das Komma in Übereinstimmung mit dem Wert des Exponenten *fließt*, spricht man auch von der Fließkommadarstellung. Seit ihrer Erfindung wurde die binäre Fließkommadarstellung in Computern zur Codierung dezimaler Zahlen verwendet. Im Laufe der Jahre haben die Computerhersteller eigene Codierschemata zur Darstellung dezimaler Zahlen mit dem binären Fließkommasystem entwickelt. 1985 genehmigte das US-amerikanische Standardisierungsinstitut ANSI (American National Standards Institute) einen binären Fließkommastandard, der auf den Arbeiten des IEEE (Institute for Electric and Electronic Engineers) gründete. Dieser Standard, der offiziell als ANSI-IEEE 754 bezeichnet wird, wird heute von den Herstellern generell befolgt. Das Format ANSI-IEEE 754 wird von Java zum Speichern dezimaler Zahlen in binärer Codierung verwendet.

Zusammenfassung

Ein Zahlensystem ist ein Satz von Regeln und Zeichen, der zum Zählen und zur Durchführung arithmetischer Operationen verwendet wird. Alle heute verwendeten Zahlensysteme sind stellenwertorientiert. Das binäre System stellt das einfachste mögliche Zahlensystem dar und besteht aus den zwei Zeichen 0 und 1. Das hexadezimale System ist eine Kurzform für binäre Zahlen. Im Computerspeicher werden verschiedene binär orientierte Speichereinheiten wie Bit, Nibble, Byte, Word, Kilobyte, Megabyte und Gigabyte verwendet. Computer stellen Zeichendaten über ein numerisches Codierungsschema dar.

Java verwendet die Zeichensätze ASCII, ISO Latin 1 und Unicode. Binäre Zahlen repräsentieren ganzzahlige numerische Werte. Vorzeichenbehaftete ganzzahlige Werte werden als Vorzeichen-Absolutwert oder in Zweierkomplementen dargestellt. Dezimale Zahlen werden entsprechend dem Standard ANSII-IEEE 754 im Fließkommaformat dargestellt.

Selbsttest

1. Beschreiben Sie die Grundlagen eines stellenwertorientierten Zahlensystems (siehe »Zahlensysteme«).
2. Wandeln Sie unter Verwendung der Tabelle in Abbildung 4.1 die folgenden binären in hexadezimale Zahlen um:

   ```
   11001111
   00111100
   00001101
   ```

   (siehe »Binäre Zahlen«)
3. Beantworten Sie die folgenden Fragen:
   Wie viele Bits hat ein Byte?

Wie viele Nibbles hat ein Byte?
Wie viele Kilobyte hat ein Megabyte?
(siehe »Die Darstellung numerischer Daten«)

4. Worin bestehen die Nachteile der Vorzeichen-Absolutwert-Darstellung?
(siehe » Die Darstellung numerischer Daten«)
5. Wandeln Sie die folgenden Zahlen in die Fließkommadarstellung der wissenschaftlichen Notation um:

```
12,3344
0,0000456
12345
```

(siehe » Die Darstellung numerischer Daten«)

Freitagabend – *Wiederholung*

Teil 1

1. ***Warum war die Sprache Java ein unerwarteter Erfolg?***
2. ***Worin bestand die Verheißung von Java?***
3. ***Nennen Sie zwei Gemeinsamkeiten und zwei Unterschiede zwischen Java und C++.***
4. ***Können Sie die Java-Entwicklungssoftware (Java 2 SDK) von der Website von Sun Microsystems herunterladen?***
5. ***Sind Sie in der Lage, Java 2 SDK in Ihrem Windows-System zu installieren?***
6. ***Haben Sie die Umgebungsvariable*** `PATH` ***gesetzt?***
7. ***Haben Sie die Umgebungsvariable*** `CLASSPATH` ***gesetzt?***
8. ***Haben Sie sich einen Editor ausgesucht, den Sie zur Entwicklung Ihrer Java-Programme verwenden möchten, und haben Sie sich mit ihm vertraut gemacht?***
9. ***Sind Sie mit dem Aufbau eines einfachen Java-Programms vertraut?***
10. ***Ist Java eine groß- und kleinschreibungsgebundene Sprache?***
11. ***Wie behandelt Java Leerraumzeichen?***
12. ***Welche Zeichen verwendet Java zum Gruppieren und Kommentieren?***
13. ***Sind Sie in der Lage, das Beispielprogramm namens* HelloJava *in der 3. Sitzung einzutippen, zu kompilieren und auszuführen?***
14. ***Beschreiben Sie die Grundlagen eines stellenwertorientierten Zahlensystems.***
15. ***Wandeln Sie unter Verwendung der Tabelle in Abbildung 4.1 die folgenden binären in hexadezimale Zahlen um:***

    `11001111`

    `00111100`

    `00001101`

16. *Beantworten Sie die folgenden Fragen:*

    Wie viele Bits hat ein Byte?

    Wie viele Nibbles hat ein Byte?

    Wie viele Kilobyte hat ein Megabyte?

17. *Worin bestehen die Grenzen der Vorzeichen-Absolutwert-Darstellung?*

18. *Wandeln Sie die folgenden Zahlen in die Fließkommadarstellung der wissenschaftlichen Notation um:*

    `12,3344`

    `0,0000456`

    `12345`

19. *Wie lautet das Anweisungsbeendigungszeichen in Java?*

20. *Nennen Sie drei Elemente, die im Programmkopf erscheinen sollten.*

Freitag
Samstag
Sonntag

Samstagmorgen

Teil 2

Lektion 5

Bezeichner und Datentypen

Checkliste

- ☑ Variablen und Konstanten
- ☑ Java-Strings
- ☑ Bezeichner
- ☑ Einfache Datentypen
- ☑ Typfestlegung
- ☑ Literale

30 Min.

Sie haben bis jetzt gelernt, dass Computer als Allzweckmaschinen beschrieben werden können, die Daten mit Hilfe von Regeln verarbeiten. Ein Programm besteht aus konkreten Instruktionen, die auf Regeln gründen und zur Ausführung einer bestimmten Aufgabe entwickelt worden sind. Der Hauptzweck eines Programms besteht normalerweise in der Umwandlung von Daten. Eine der Hauptfunktionen einer Programmiersprache wie Java besteht darin, Computerdaten zu klassifizieren, manipulieren und zu speichern. In dieser Sitzung werden Sie erfahren, wie Sie mit einem Java-Programm Daten speichern.

5.1 Was sind Computerdaten?

»Daten« ist ein allgemeiner Begriff, mit dem verschiedene Typen von Objekten bezeichnet werden können. In der Informatik bezieht sich der Begriff auf skalare Datentypen, mit denen einzelne Objekte codiert werden, und auf strukturierte Datentypen, die Sammlungen individueller Objekte beschreiben. Allgemein ausgedrückt kann man in diesem Zusammenhang von numerischen, alphanumerischen oder Zeichendaten, Datums- und logischen Daten sprechen. Numerische Daten können für mathematische Operationen wie etwa Arithmetik, Exponentialrechnung oder transzendente Funktionen verwendet werden. Alphanumerische bzw. Zeichendaten sind Buchstaben und Ziffern, die als Zeichensatzsymbole dienen. In der Lektion 4 haben Sie bereits erfahren, wie numerische und Zeichendaten gespeichert werden. Mit

Datumsdaten sind konventionelle Datumsformate wie etwa der 29. Juni 2001 gemeint. Logische Daten, die weiter unten erörtert werden, definieren die Werte Wahr und Falsch.

5.1.1 Variablen und Konstanten

In der mathematischen Terminologie werden numerische Computerdaten gelegentlich auch als *Variablen* und *Konstanten* bezeichnet. In Java werden Variablen Namen zugewiesen und in einer Speicherstruktur abgelegt, die durch den Variablentyp festgelegt wird. Den Inhalt einer Variablen können Sie in Ihrem Programm ändern. Eine Variable können Sie sich am besten wie eine beschriftete Ablage vorstellen, die Sie zur Definition und Speicherung eines Datenobjekts verwenden.

Konstanten repräsentieren auf der anderen Seite Werte, die sich im Verlauf der Programmausführung niemals ändern. Beispielsweise kann ein mathematisches Programm eine Konstante zur Speicherung des Wertes von Pi definieren. Nach der Definition dieses Wertes ist das Programm in der Lage, den Wert nach Belieben wieder abzurufen.

5.1.2 Variablentypen in Java

An anderer Stelle im Buch wurde schon gesagt, dass Java eine typenstrenge Sprache ist. Damit ist gemeint, dass jede Variable über einen deklarierten Typ verfügen muss, und dass die Sprache selbst für eine strikte Typüberprüfung sorgt. Die Java-Sprache enthält acht einfache Datentypen, nämlich vier integrale bzw. ganzzahlige Typen (`byte`, `short`, `int` und `long`) und zwei Fließkommatypen (`float` und `double`) sowie einen Zeichendatentyp (`char`). Die Tabelle 5.1 führt die einfachen Datentypen in Java auf.

Tabelle 5.1: Die einfachen Datentypen in Java

Gruppen	Variablentyp	Speicherplatz	Wertebereich
Integrale	`int`	4 Byte	+/- 2 Milliarden
	`short`	2 Byte	+/- 32.767
	`long`	8 Byte	+/- 9,2 * 1018
	`byte`	1 Byte	-129 bis 127
Fließkomma	`float`	4 Byte	7 bis 8 Ziffern
	`double`	8 Byte	16 bis 17 Ziffern
Zeichen	`char`	2 Byte	65.536
Boolesche Werte	`boolean`	---	true und false

5.1.3 Deklarieren von Variablen

Alle Variablen müssen Sie in Java durch Festlegung ihres Namens und Typs deklarieren. Der Variablenname muss einen gültigen Java-Bezeichner darstellen, und der Variablentyp muss einer der in der Tabelle 5.1 enthaltenen einfachen Datentypen sein. Die Variablendeklaration informiert den Compiler über den Namen und Typ der Variable, damit er einen Speicherbereich zum Ablegen der Daten reservieren und diesen mit dem zugewiesenen Bezeichner verknüpfen kann. Es folgt nun die Deklaration einer Variable vom Typ `int`:

```
int num1:
```

Java erlaubt Ihnen die gleichzeitige Deklaration mehrerer Variablen desselben Typs, indem die Variablennamen durch Kommata getrennt werden, wie beispielsweise:

```
int num2, num3, num4;
```

Eine Variablendeklaration kann eine Initialisierung einschließen. In diesem Fall folgt der Deklaration unmittelbar das Gleichheitszeichen mit dem Wert, der der Variablen zugewiesen werden soll:

```
float radius = 1,22;
```

Sie können auch mehrere Variablen gleichzeitig deklarieren und nur einzelne von ihnen initialisieren:

```
int valA = 1, val2, val3, val4 = 77;
```

5.1.4 Die String-Klasse in Java

In Java-Programmen wird häufig eine Gruppe von Zeichen verwendet, die man *Strings* nennt. Ein Java-String ist eine Klasse, nicht etwa ein einfacher Datentyp. Die Java-Klasse `String` ist Bestandteil der Bibliothek java.lang, die Sie über jedes Java-Programm aufrufen können. Eine Anwendung kann daher ohne weiteres Objekte der Java-Klasse `String` erstellen, als ob es sich dabei um Variablen mit einem einfachen Datentyp handeln würde. Da `String` eine Klasse ist, beginnt Sie aber mit einem Großbuchstaben, während alle anderen in der Tabelle 5.1 enthaltenen einfachen Datentypen mit einem Kleinbuchstaben beginnen

Hinweis

Die Java-Klasse `String` wird so häufig in der Programmierung verwendet, dass man sie fast für einen weiteren einfachen Datentyp halten könnte. Nur die Tatsache, dass »String« mit dem Großbuchstaben S beginnt, weist darauf hin, dass es sich hierbei um eine Klasse handelt

Ein `String`-Objekt repräsentiert eine Folge von Zeichen. Im Gegensatz zu den Möglichkeiten, die Ihnen bei einfachen Datentypen zur Verfügung stehen, können Sie einen String, nachdem Sie ihn einmal erstellt haben, nicht mehr ändern. Ein `String`-Objekt deklarieren und initialisieren Sie ebenso wie irgend einen der einfachen Datentypen. Der String wird in doppelte Anführungszeichen gesetzt, wie beispielsweise:

```
String uName = "Freie Universität Berlin";
String ssn = "030/3443-990";
```

Die `String`-Klasse in Java enthält Methoden, mit denen Sie Strings manipulieren und konvertieren können, und die weiter unten vorgestellt werden.

5.1.5 Bezeichner

Mit Bezeichnern sind die Namen von Programmelementen gemeint. In Java verwenden Sie Bezeichner zum Benennen von Variablen, Konstanten, Klassen und Methoden. Gültige Zeichen für Bezeichner sind die Buchstaben und Ziffern des Unicode-Zeichensatzes sowie die Zeichen $ und _. Das Leerzeichen ist kein gültiges Zeichen für Bezeichner, weil Java über das Leerzeichen das Ende eines Namens erkennt. Java ist groß- und kleinschreibungsgebunden – die Namen `aVar` und `Avar` stellen also unterschiedliche Namen dar. Ein Bezeichner kann nicht mit einer Ziffer beginnen. Die Länge eines Bezeichners ist nahezu unbeschränkt, sollte aber aus praktischen Gesichtspunkten nicht länger als 30 Zeichen sein. Es folgen nun Beispiele für gültige Bezeichner in Java:

```
personal_name
PI
y_121
$$128
User_address_and_zipcode
```

Die folgenden Bezeichner sind ungültig:

```
1_value
User name
%%123
```

Ein Bezeichner darf keines der speziellen Schlüsselwörter sein, die von der Java-Sprache verwendet werden und üblicherweise *reservierte Wörter* genannt werden. Wie diese Bezeichnung selbst schon nahe legt, sind reservierte Wörter für Sonderzwecke in der Programmiersprache selbst vorgesehen. Die Tabelle 5.2 enthält die reservierten Wörter in Java.

Tabelle 5.2: Die reservierten Wörter in Java

abstract	boolean	break	byte
case	catch	char	class
const	continue	default	do
double	else	extends	final
finally	float	for	future
generic	goto	if	implements
import	inner	instanceof	int

Tabelle 5.2: Die reservierten Wörter in Java

interface	long	native	new
null	operator	outer	package
private	protected	public	rest
return	short	static	super
switch	synchronized	this	throw
throws	transient	try	var
void	volatile	while	

Eine Ihrer besonderen Aufgaben als Programmierer besteht in der Wahl sinnvoller Bezeichnernamen. Ein solcher Bezeichner sollte selbsterklärend und leicht einzutippen sein. Kryptische oder bedeutungslose Bezeichner führen dazu, dass der Code weniger verständlich und schwerer zu pflegen ist. Ausgedehnte oder komplizierte Bezeichner können wiederum leicht zu Tippfehlern führen. In einem Programm, das den Umfang eines Kreises berechnet, können Sie beispielsweise Bezeichner wie Radius, Umfang oder PI wählen – kryptische Bezeichner wie etwa v1, v2 und v3 sollten Sie vermeiden, da sie den Sinn des Codes verdunkeln und die Wahrscheinlichkeit von Fehlern vergrößern.

5.1.6 Der Geltungsbereich von Variablen

Bei der Deklaration einer Variablen werden gewisse Attribute vorausgesetzt, zu denen beispielsweise der Geltungsbereich der Variablen gehört. Damit ist der Teil des Programms gemeint, in dem die Variable erkannt wird. Der Geltungsbereich wird durch den Bereich bestimmt, der durch die innersten Klammern { und } eingeklammert ist und die Variable selbst enthält. Sie können die Variable nur in dem Teil des Codes verwenden, der sich innerhalb dieser Klammern befindet. Durch seine strikten Geltungsbereichsregeln schließt Java die missbräuchliche Verwendung von Variablen weitgehend aus. Natürlich müssen Sie bei der Deklaration der Variablen vorsichtig sein und darauf achten, dass innerhalb des Codes auch auf sie zugegriffen werden kann.

5.1.7 Java-Konstanten

Java-Konstanten sind Variablen, die mit den Schlüsselwörtern `final` und `static` definiert wurden. Für die Deklaration von Konstanten gibt Java strikte Regeln vor – die Sprache erlaubt es Ihnen nicht, Konstanten innerhalb einer Methode zu deklarieren. Stattdessen müssen Sie Konstanten immer auf der Klassenebene definieren, weshalb man sie auch gelegentlich Klassenkonstanten nennt. Wenn eine Anwendung eine lokale Konstante benötigt, kann sie eine Variable definieren und diese als Konstante verwenden. Mit der folgenden Anweisung wird eine Konstante deklariert:

```
static final double PI = 3,141592653589793;
```

Tipp

Viele Programmierer verwenden für die Namen von Konstanten Großbuchstaben wie im vorherigen Beispiel mit Pi. Durch diese Praxis wird die Unterscheidung von Variablen- und Konstantennamen im Code einfacher.

5.2 Einfache Datentypen in Java

20 Min.

Java klassifiziert einfache Datentypen in drei Kategorien: numerische Typen, Zeichentypen (auch alphanumerische Daten genannt) und Boolesche Typen. Jeder dieser drei Typen hat in einem Java-Programm seine eigene Aufgabe. Bevor Sie sich mit den Komplexitäten der Java-Sprache befassen können, müssen Sie sich zuvor noch das nötige Grundverständnis dieser drei Kategorien von Java-Daten und der jeweiligen spezifischen Typen aneignen.

5.2.1 Numerische Daten

Viele Java-Anwendungen führen eine gehörige Zahl von Rechenoperationen durch – Themen, die sich mit der Speicherung und Manipulation numerischer Daten befassen, sind daher wichtig. Numerische Daten verwendet man zur Ausführung mathematischer Berechnungen und Operationen. Bei numerischen Daten repräsentieren die Zahlenzeichen Mengen; eine Notation also, die die Verwendung von Zahlen zum Zweck der Kennzeichnung wie etwa bei Telefon- oder Sozialversicherungsnummern ausschließt.

Numerische Daten tauchen im Java-Code in der Form von Variablen oder Konstanten auf. Darüber hinaus können Sie innerhalb einer Eingabeoperation auch explizit numerische Daten eingeben. In der Tabelle 5.1 haben Sie numerische Daten gesehen, die in integrale und Fließkommatypen aufgeteilt worden sind. Fließkommazahlen werden manchmal auch Real-Zahlen genannt.

Jedem Datentyp entspricht eine Zahlenkategorie – beispielsweise können Sie den Datentyp Integer zur Darstellung ganzer Zahlen, und den Fließkomatyp zur Darstellung von Brüchen verwenden. Java hält für jeden Datentyp Typbezeichner bereit, die die Eigenschaften und Bereiche der darstellbaren Werte kennzeichnen (siehe dazu die Tabelle 5.1).

5.2.2 Zeichendaten

Zeichendaten (alphanumerische Daten) beziehen sich auf Elemente, die als Kennzeichner für Text dienen. Elemente dieser Art werden in der üblichen Arithmetik nicht verwendet. Als Kennzeichner werden die Buchstaben des Alphabets und andere nicht-numerische Zeichen verwendet. Auch rein numerische Zeichen sind in alphanumerischen Daten gültig, wie zum Beispiel Telefonnummern, Hausnummern, Postleitzahlen, Sozialversicherungsnummern und viele andere.

In Java gehören alphanumerische Daten entweder zum Datentyp `char` oder zur Klasse `String`. Java behandelt `char`-Daten als vorzeichenlose Ganzzahlen mit 16 Bit mit einem Wertebereich von 0 bis 65535 oder als ein einzelnes Unicode-Zeichen. Dies bedeutet, dass Sie den Datentyp `char` zur Darstellung von vorzeichenlosen Ganzzahlen im Bereich von 0 bis 65535 verwenden können, und dass dieser Typ die grundlegende Arithmetik für diese Werte unterstützt. Normalerweise dürfte es jedoch vorzuziehen sein, für diesen Zweck die numerischen Datentypen zu wählen und den Typ `char` rein alphanumerischen Zwecken vorzubehalten.

Einen Datentyp `char` deklarieren Sie mit den einfachen Anführungszeichen, wie beispielsweise:

```
char aLet = 'f';
```

Denken Sie daran, dass doppelte Anführungszeichen zur Deklaration von `String`-Objekten dienen:

```
String aCity = "Wiesbaden";
```

5.2.3 Boolesche Daten

Die dritte Klassifikation von Datentypen in der Sprache Java betrifft *boolean*, die einen einzelnen Datentyp repräsentiert, der gleichlautend `boolean` genannt wird. Der Datentyp `boolean` bezieht seinen Namen von dem britischen Logiker George Boole, der sich im 19. Jahrhundert mit den Beziehungen zwischen der Mathematik und Logik befasst hat.

Eine Boolesche Variable in Java kann zwei Werte haben: true und false. Sie müssen diese Werte in Kleinschreibweise eintippen. Boolesche Variablen repräsentieren Programmelemente, die die Gültigkeit einer Anweisung oder Aussage anzeigen. Sie deklarieren und initialisieren sie auf die gleiche Art und Weise, in der sie auch numerische oder alphanumerische Typen behandeln. Folgendes Beispiel dazu:

```
boolean switchIsOn = true;
```

5.3 Typumwandlung

10 Min.

In Java-Programmen können oft Situationen auftauchen, in denen Sie einen Datentyp in einen anderen umwandeln müssen. Nehmen Sie beispielsweise eine Anwendung, die zwei Ganzzahlen bearbeitet und deren Verhältniswert ermitteln will. Dies kann der Fall in einem Programm sein kann, das ein Steuerventil mit einem maximalen Durchsatz und verschiedenen Durchflusseinstellungen regelt:

```
int maximumFlow = 10;
int flowSetting = 5;
```

In diesem Fall erhalten Sie das Durchflussverhältnis (0,5) des Ventils durch Division des Flusseinstellungswertes durch den maximalen Flusswert. Das Problem besteht hier nun darin, dass bei der Division zweier Ganzzahlen in Java (wie in der Berechnung 5 / 10) das Ergebnis 0 und nicht 0,5 lautet. Um das gewünschte Verhältnis zu errechnen, müssen Sie also die zwei ganzzahligen Operanden in Fließkommatypen umwandeln (`float` oder `double`) und eine Fließkommaoperation durchführen.

Da Java eine typenstrenge Sprache ist, ist der Wert jeder Variablen zur Compilezeit bekannt. Die Sprache führt eine ausgedehnte Typüberprüfung durch und regelt über bestimmte Restriktionen, wie Variablentypen umgewandelt werden.

Für Typumwandlungen stehen zwei Methoden zur Verfügung: *Explizite* und *implizite* Typumwandlung. Bei der expliziten Umwandlung wird der Datentyp eines Operanden direkt durch einen Vorgang umgewandelt, der Typfestlegung (*type-casting*) genannt wird. Implizite Typumwandlungen werden von der Sprache automatisch vorgenommen.

5.3.1 Implizite Typumwandlungen

Implizite Umwandlungen von numerischen Typen führt Java nur dann durch, wenn das Ergebnis der Umwandlung nicht zu einem Verlust der Genauigkeit oder Größenordnung führt. Im Falle von Unär-Umwandlungen wandelt es Operanden des Typs `byte` und `short` automatisch in den Typ `int` um – alle anderen Typen behält Java dagegen bei. Die binäre Umwandlung wird durch folgende Regeln bestimmt:

1. Bei Operationen für Integer-Typen (sofern einer der Operanden `long` ist) wandelt Java den jeweils anderen Typ in `long` um. Anderenfalls wandelt es beide Operanden in `int` um.
2. Das Ergebnis eines Ausdrucks ist ein `int`, sofern der Wert nicht zu groß für das `int`-Format ist. In diesem Fall wandelt Java den Wert in `long` um.
3. Bei Operationen für Fließkommatypen (sofern einer der Operanden `double` ist) wandelt Java den jeweils anderen Typ in `double` um, so dass der Ergebnistyp `double` ist. Anderenfalls wandelt Java beide Operanden in `float` um – der Ergebnistyp ist dann `float`.

5.3.2 Typfestlegung

Die Typfestlegung verwenden Sie für explizite Typumwandlungen. Zu diesem Zweck stellen Sie dem Operanden, den Sie umwandeln möchten, den gewünschten Typ voran und schließen ihn in Klammern ein. Im Beispiel zu Beginn dieses Abschnitts mussten zwei Integer-Variablen in einen Fließkommatyp umgewandelt werden. Die entsprechende Typfestlegung sieht wie folgt aus:

```
int maximumFlow = 10;
int flowSetting = 5;
double flowRate;
...
flowRate = (double) maximumFlow / (double) flowSetting;
```

Die Typfestlegung in Java muss den folgenden Regeln entsprechen:

1. Sie können keine `boolean`-Typen in andere Typen umwandeln.
2. Sie können alle Integer-Typen in jeden anderen Typ außer `boolean` umwandeln. Die Umwandlung in einen Typ mit kleinerem Wertebereich kann zu einem Datenverlust führen.
3. Fließkommatypen können Sie in andere Fließkomma- oder Integer-Typen umwandeln. Diese Art der Typfestlegung kann zu einem Datenverlust führen.
4. Sie können den Typ `char` in Integer-Typen umwandeln. Da `char` 16 Bit breit ist, kann die Umwandlung in einen Typ `byte` zu einem Datenverlust oder zur Zerstörung von Zeichen führen.

5.3.3 Literale Deklarationen

Bei der Deklaration von Literalen geht Java davon aus, dass Fließkommaliterale vom Typ `double` sind. Es folgt ein Anweisungsbeispiel für diesen Fall:

```
float aVal = 12,33;
```

Diese Anweisung wird zu einem Fehler führen, da Java davon ausgeht, dass der Wert 12,33 ein `double`-Format ist, und die Umwandlung des Werts in einen `float`-Typ zu einer geringeren Genauigkeit führen wird. Eine Typfestlegung führen Sie durch, indem Sie wie nachstehend die Umwandlung des Literals in einen `float`-Typ erzwingen:


```
float aVal = 12,33f;
```

0 Min.

Die Typfestlegung wird durch den kleingeschriebenen Buchstaben nach dem Literalwert herbeigeführt.

Zusammenfassung

Computerdaten werden in Form skalarer und strukturierter Datentypen gespeichert. Numerische Daten können als Variablen oder Konstanten gespeichert werden. Java verfügt über mehrere einfache Datentypen: vier integrale Typen (`int`, `short`, `long` und `byte`), zwei Fließkommatypen (`float` und `double`), einen Booleschen Typ (`boolean`) und einen Zeichentyp (`char`). In Java ist ein String kein einfacher Datentyp, sondern das Objekt der Klasse `String`, die Bestandteil der Java-Bibliothek ist. Bezeichner sind Namen, die mit Programmelementen wie Variablen, Konstanten, Klassen und Methoden verknüpft sind. Java-Bezeichner sind groß- und kleinschreibungsgebunden und müssen mit einem Buchstaben beginnen. Leerzeichen sind in Java-Bezeichnern unzulässig. Ein Bezeichner darf kein in Java reserviertes Wort sein. Der Teil des Programms, in dem eine Variable erkannt wird, wird Geltungsbereich genannt. Typumwandlungen können implizit oder explizit sein. Explizite Typumwandlungen werden mit Hilfe der Typfestlegung vorgenommen.

Selbsttest

1. Nennen Sie die einfachen Datentypen in Java (siehe »Variablentyp in Java«).
2. Beschreiben Sie die Java-Regeln für Bezeichner (siehe »Bezeichner«).
3. Wie werden die einfachen Datentypen in Java kategorisiert (siehe »Einfache Datentypen in Java«)?
4. Schreiben Sie Java-Code, mit dem eine Variable vom Fließkommatyp in einen Integer-Typ umgewandelt wird (siehe »Typfestlegung«).

Arrays und Eingabe/ Ausgabe in Java

Lektion 6

Checkliste

- ☑ Arrays
- ☑ Die Größe eines Array
- ☑ Mehrdimensionale Arrays
- ☑ Die Ein- und Ausgabe in Java
- ☑ Escape-Zeichen
- ☑ Ein Beispielprogramm

30 Min.

In dieser Sitzung werden zwei Themen behandelt: Arrays und Ein- und Ausgabeoperationen in Java. Mit Arrays kann ein Programmierer verschiedene Datenelemente desselben Typs in einer einzelnen Struktur speichern. In der Praxis der Programmierung kommen Arrays häufig vor. Ein Gehälterprogramm beispielsweise könnte Arrays zum Speichern der Mitarbeiternamen, Sozialversicherungsnummern, Adressen, Gehälter, Abzüge und anderer personenbezogener Daten einsetzen. Abrufen und Verarbeiten können Sie diese Informationen dann, indem Sie die entsprechende Position jedes Dateneintrags im Array selektieren.

Mit Ein- und Ausgabeoperationen steht Ihnen ein Verfahren zur Kommunikation mit dem Computer zur Verfügung. Mit der Eingabe geben Sie Daten in ein Programm ein. Im vorher erwähnten Buchhaltungsprogramm beispielsweise geben Sie die Daten zu jedem einzelnen Angestellten ein. Mit Ausgabeoperationen können Sie auf die im Computer gespeicherten Daten zugreifen und sie anzeigen. Die Kommunikation eines Programms mit seinem Anwender findet über Ausgaben statt.

6.1 Arrays

Ein Array stellt eine geordnete Gruppe von Variablen desselben Typs dar. Zum Erstellen eines Array sind drei unterschiedliche Schritte erforderlich:

- Array deklarieren
- Array erstellen bzw. allokieren
- Array initialisieren bzw. ihn benutzen

Die Deklaration eines Array vom Typ `int` sieht wie folgt aus:

```
int[] studentGrades;
```

Zum Erstellen eines Array verwenden Sie das Schlüsselwort `new`:

```
studentGrades = new int[14];
```

Beide Operationen können Sie auch über eine einzige Anweisung durchführen:

```
int[] studentGrades = new int[14];
```

Dabei gilt:

```
studentGrades = Deklaration
new int[14] = Allokation
```

Sie haben jetzt einen Array mit 14 Elementen deklariert und allokiert. Das erste Element verfügt über die Indexnummer 0 und das letzte Element über die Indexnummer 13. Auf diese Elemente greifen Sie wie folgt zu:

```
studentGrades[0] = 78;
studentGrades[1] = 88;
....
studentGrades[13] = 55;
```

Es folgt nun ein besonderer Array, der den Operator new enthält und in einer einzigen Anweisung deklariert und initialisiert wird:

```
int fibNums[] = {1, 1, 2, 3, 5, 8, 13, 21, 34};
```

Hinweis

Java überprüft Arrays im Gegensatz zu C und C++ mit aller Strenge. Falls Sie auf einen nicht allokierten Array zuzugreifen versuchen, wird Java eine NullPointerException erzeugen. Wenn Sie auf ein Array-Element außerhalb der Array-Grenzen zuzugreifen versuchen, wird Java eine ArrayIndexOutOfBoundsException ausgeben. Exceptions werden ausführlich in der 19. Sitzung besprochen.

Einen `String-Array` erstellen und initialisieren Sie wie folgt:

```
String[] studentNames = {"Jim", "Jane", "Harry", "Lucy"};
```

Dabei gilt:

`String[]`	= Typ
`studentNames`	= Array-Name
`{`	= öffnende Klammer leitet die Initialisierungsliste ein
`"Jim", "Jane", "Harry", "Lucy"`	= Initialisierungsliste
`}`	= schließende Klammer

Dieser Vorgang erscheint zunächst vielleicht etwas verwirrend, da sie sowohl beim Array-Typ als auch beim Namen innerhalb der Array-Deklaration Klammern verwenden können. Sehen Sie sich dazu folgendes Beispiel an:

```
int[] Array1 = new int[12]; // Klammern für den Typ
int Array1[] = new int[12]; // Klammern für den Namen
```

6.1.1 Die Größe eines Array

Sobald Sie einen Array allokiert haben, können Sie seine Länge nicht mehr nachträglich ändern. Die Anzahl der Elemente eines Array erhalten Sie, wenn Sie den Operator `length` (der selbst keine Methode ist) verwenden, wie beispielsweise:

```
for(int x = 0; x < studentNames.length)
                        System.out.println(studentNames[x]);
```

Das folgende Programm namens **Arrays.java** demonstriert, wie Sie Arrays gleichzeitig deklarieren und initialisieren und den Operator `length verwenden.`

CD-ROM

Die Quelldatei des Programms Arrays.java finden Sie im Verzeichnis Lektion 6 auf der beiliegenden CD.

```
//   Dateiname: Arrays.java
//   Bezug: Lektion 6
//
//   Java-Programm zur Demonstration von Arrays
//   Themen:
//      1. Simultane Array-Deklaration und -initialisierung
//      2. Verwendung des Operators length
//
//   Hinweis:
//        Dieses Programm verwendet Java-Ausgabeanweisungen,
//        die erst später in dieser Sitzung erläutert werden

public class Arrays
```

```
{
   public static void main(String[] args)
   {

      int[] fibs = {1, 1, 2, 3, 5, 8, 13, 21};
      char[] lets = {'t', 'h', 'i', 's', ' ', 'i', 's'};

     for(int x = 0; x < fibs.length; x++)
        System.out.println(fibs[x]);

     for(int x = 0; x < lets.length; x++)
        System.out.print(lets[x]);

     System.out.flush();
   }
}
```

20 Min.

6.1.2 Mehrdimensionale Arrays

Ein Array kann mehr als nur eine Dimension haben. So kann beispielsweise ein zweidimensionaler Array die Einträge in einer Tabelle darstellen. In einem solchen Fall verfügt der Array über Indizes für die Zeilen und Spalten der Tabelle. Das Ergebnis können Sie sich in der Form eines Gitternetzes vorstellen, in dem die Position der einzelnen Elemente über zwei Parameter festgelegt wird:

```
// Deklarieren und Allokieren eines Byte-Array
byte[][] screenPix = new byte[10][5];
```

Mehrdimensionale Arrays sind in Java eigentlich »Arrays aus Arrays«. Aus diesem Grunde kann ein zweidimensionaler Array entweder rechteckig oder ungleichmäßig sein – rechteckige Arrays sind jedoch häufiger. Einen ungleichmäßigen Array können Sie sich wie folgt vorstellen:

```
                                SPALTEN

                                   - - - - - - - - -
                        |       X X
                        |       X X X
ZEILEN                  |       X X X X
                        |       X X X X X
                        |       X X X X X X X
```

Mit den folgenden Schritten erstellen Sie einen ungleichmäßigen Array mit 5 Zeilen und 2, 3, 4, 5 und 6 Elementen in jeder Zeile:

```
// Als erstes die 5 Zeilen allokieren
byte[][] raggedArray = new byte[5][];
// Jetzt die einzelnen Spalten allokieren
for(int x = 0; x < 5; x++)
                              raggedArray[x] = new byte[x + 2];
```

Hinweis

Bei der Initialisierung oder dem Zugriff auf einen ungleichmäßigen Array müssen Sie darauf achten, dass Sie die Array-Grenzen nicht überschreiten.

Das folgende Beispiel zeigt, wie Sie mit dem Operator `length` die Größe eines eindimensionalen Array ermitteln können:

```
byte[] anArray = new byte[25];
...
System.out.println("Die Länge beträgt: " + anArray.length);
```

Da ein mehrdimensionaler Array ein ungleichmäßiger Array sein kann, bestimmen Sie die Größe eines mehrdimensionalen Array über die Anzahl der Zeilen. Falls Sie jedoch eine Konstante zur Deklaration eines mehrdimensionalen rechteckigen Array verwendet haben, erhalten Sie die Anzahl der allokierten Spalten wie folgt:

```
//Deklarieren von Array-Konstanten
int ROWS = 10;
int COLS = 5;
// Array allokieren
byte[][] screenPix = new byte[ROWS][COLS];
// Array-Dimensionen ermitteln und speichern
rowCount = screenPix.length;
// Anzahl Zeilen
colCount = screenPix[COLS].length; // Anzahl Spalten
totalSize = rowCount * colCount; // Gesamtanzahl Elemente berechnen
```

Die folgenden Ausdrücke erzeugen Fehler:

```
screenPix[ROWS].length
screenPix[ROWS][COLS].length
```

Mehrdimensionale Arrays können Sie auf dieselbe Art und Weise wie eindimensionale Arrays initialisieren, wie beispielsweise:

```
   byte[][] smallArray = {
                           {10, 11, 12, 13},
                           {20, 21, 22, 23},
```

```
                                          {30, 31, 32, 33},
                                          {40, 41, 42, 43}
                                          };
```

Beachten Sie, dass jede Array-Zeile separat initialisiert wird. Beachten Sie weiterhin, dass sich am Ende jeder Zeile ein Komma befinden muss. Wie bei mehrdimensionalen Arrays können Sie auch einen ungleichmäßigen Array schon während seiner Deklaration initialisieren:

```
   byte[][] raggedSmall = {
                                          {10, 11, 12, 13},
                                          {20, 21, 22},
                                          {30, 31},
                                          {40}
                                          };
```

Das Beispielprogramm **MultiArray.java** demonstriert, wie Sie mehrdimensionale Arrays erstellen und bearbeiten.

CD-ROM

Die Quelldatei des Programms MultiArray.java finden Sie in Lektion 6 auf der beiliegenden CD.

```
//   Dateiname: MultiArray.java
//   Bezug: Lektion 6
//
//   Java-Programm zur Demonstration mehrdimensionaler Arrays
//   Themen:
//      1. Simultane Array-Deklaration und -initialisierung
//      2. Verwendung des Operators length zur Ermittlung der Größe
//                                  von mehrdimensionalen Arrays
//
//   Hinweis:
//        Dieses Programm verwendet Java-Ausgabeanweisungen,
//        die erst später in dieser Sitzung erläutert werden

public class MultiArray
{
   // Konstanten deklarieren
   final static int ROWS = 10;
   final static int COLS = 5;

    public static void main(String[] args)
    {
```

```
// Lokale Variablen
int rowCount;
int colCount;
int totalSize;

// Byte-Array deklarieren und allokieren
byte[][] screenPix = new byte[ROWS][COLS];

// Array-Dimensionen ermitteln und speichern
rowCount = screenPix.length;
colCount = screenPix[COLS].length;
totalSize = rowCount * colCount;
// Die folgenden Ausdrücke erzeugen einen Fehler:
// screenPix[ROWS].length
// screenPix[ROWS][COLS].length

// Um die Gesamtanzahl der Elemente eines zweidimensionalen Arrays
// zu erhalten, müssen Sie die Größe jeder Array-Dimension separat
// ermitteln. Siehe dazu das vorherige Beispiel.

// Array-Dimensionen anzeigen
System.out.println("Array row size:    " + rowCount);
System.out.println("Array column size: " + colCount);
System.out.println("Total size:        " + totalSize);

//***************************
//     ungleichmäßige Arrays
//***************************
// Als erstes die Zeilen des Array allokieren
byte[][] raggedArray = new byte[5][];

// Jetzt die Spalten allokieren
for(int x = 0; x < 5; x++)
   raggedArray[x] = new byte[x+2];

//***************************************
//    statische Array-Initialisierung
//***************************************
byte[][] smallArray = {
                         {10, 11, 12, 13},
                         {20, 21, 22, 23},
```

```
                           {30, 31, 32, 33},
                           {40, 41, 42, 43}
                          };

    // Array-Elemente ausgeben
    int i, j;
    for(i = 0; i < 4; i++)
      {
        for(j = 0; j < 4; j++)
          System.out.println(smallArray[i][j]);
      }
    }
}
```

6.2 Die Java-Ein- und Ausgabe

10 Min.

Daten können Sie in relativer Unabhängigkeit von der Hardware einer Maschine klassifizieren, speichern und initialisieren. Die Entwickler von Programmiersprachen erstellen die Datentypen und Instruktionen zur Bearbeitung der Daten auf eine Weise, die eine relativ einfache Implementierung dieser Konstrukte in jedem modernen Computer möglich macht. Bei Dateneingabe- und -ausgabeoperationen ist dies nicht gleichermaßen der Fall, da sie eng mit Hardwaregeräten wie der Tastatur, Maus, dem Bildschirm und dem Drucker zusammenhängen. Da die E/A-Operationen (engl.: I/O für Input/Output) also hardwareabhängig sind, sind sie in der Java-Architektur, deren Ziel ein hoher Grad an Hardwareunabhängigkeit ist, schwierig zu definieren und zu implementieren. Hier liegt der Grund, weshalb Ein- und Ausgabeoperationen in Java manchmal kompliziert aussehen.

6.2.1 Die Dateneingabe

Die Java-Sprache enthält keinerlei Instruktionen für die Tastatureingabe. Dies ist zwar auch in anderen populären Sprachen wie C und C++ der Fall, jedoch gibt es hier immer noch die entsprechenden Eingabefunktionen aus den Standardbibliotheken. Die Java-Eingabe hingegen geschieht auf der Stream-Ebene – um eine Zahl, einen String oder einen Fließkommawert eingeben zu können, müssen Sie eine etwas umständliche Routine entwickeln, die auf den Methoden und Unterklassen der Java-Klasse `InputStream` gründet, die wiederum zur Bibliothek java.io gehört. Alternativ dazu können Sie auch eine Eingaberoutine schreiben, die sich der Methoden der Klasse Systems bedient, die ein Teil der Bibliothek java.lang ist.

Der Code, der der Entgegennahme von Tastatureingaben dient, ist zwar nicht besonders kompliziert, jedoch nicht Gegenstand der heutigen Sitzung. Da allerdings auch in der einfachsten Form eines Demonstrationsprogramms die eine oder andere Art der Dateneingabe oft unverzichtbar ist, werden Sie eine Klasse präsentiert bekommen, die die Dateneingabe erledigt. Diese Klasse heißt `Keyin` und enthält die folgenden Methoden:

`inString ()` nimmt einen String von der Tastatur entgegen

`inInt ()` nimmt eine Integer-Zahl entgegen

`inDouble` nimmt eine Fließkommazahl im `double`-Format entgegen

Hinweis

Die Klasse* `Keyin` *wird in der Samstagnachmittag-Sitzung entwickelt.

Um diese Methoden auch benutzen zu können, muss der Code auf die Klasse `Keyin` zugreifen können. Die einfachste Möglichkeit dazu besteht darin, die Datei **Keyin.class** auf der CD des Buches in Ihr aktuelles Arbeitsverzeichnis zu kopieren. Danach wird Ihr Programm Strings, Integer- und Fließkommazahlen entgegennehmen können.

Alle Methoden in der Klasse `Keyin` sind in der Lage, eine Eingabeaufforderung anzuzeigen. Den Methoden wird diese Eingabeaufforderung als Parameter beim Aufruf mitgegeben, wie das folgende Beispiel zeigt:

```
int age1;
....
age1 = inInt("Bitte Ihr Alter eingeben");
```

Während der Ausführung der Methode `inInt()` erscheint dann die Eingabeaufforderung "Bitte Ihr Alter eingeben". Sobald Sie einen gültigen Wert eingegeben und die Eingabetaste gedrückt haben, wird der Wert der Variablen age1 zugewiesen. Die Methoden `inString()` und `inDouble()` arbeiten ähnlich .

Tipp

Den Quellcode der Klasse* `Keyin` *können Sie studieren, wenn Sie die Datei Keyin.java in Ihren Editor laden. Keyin.java befindet sich auf der dem Buch beiliegenden CD

6.2.2 Die Datenausgabe

Die Datenausgabe ist in Java glücklicherweise einfacher zu implementieren als die Dateneingabe. Zur direkten Ausgabe von Programmdaten können Sie zu diesem Zweck das Objekt out verwenden. Dieses Objekt ist ein Bestandteil der Klasse `System`, die sich wiederum in der Bibliothek java.lang befindet. Über das Objekt stehen Ihnen die Methoden `print()` und `println()` der Klasse `PrintStream` in java.io zur Verfügung. Die daraus folgenden Anweisungen sehen so aus:

```
System.out.println("Hello World from Java");
```

Die Elemente der Anweisung `println()` erklären sich folgendermaßen:

`System.out.println` = Stream

`"Hello World from Java"`	= Parameterliste
`System`	= Klasse
`out`	= Objekt
`println`	= Methode
`(`	= Beginn des Parameters
`"`	= Beginn des Strings
`Hello World from Java`	= String
`"`	= Ende des Strings
`)`	= Ende des Parameters
`;`	= Abschlusszeichen

Die Methode `println()` beendet die angezeigte Zeile automatisch. Das Ergebnis besteht darin, dass der aktuelle Textausgabecursor automatisch in die nächste Bildschirmzeile wandert. Die `print()`-Methode zeigt dagegen die Daten an der aktuellen Cursorposition des Bildschirms an, ohne in die nächste Bildschirmzeile zu wandern. Beispielsweise führen die folgenden Anweisungen:

```
System.out.print("Wert");
System.out.print("          Zahl");
System.out.print("          Code");
System.out.flush("Wert");
```

zu dieser Ausgabe:

```
Wert                Zahl                Code
```

In diesem Fall wird die Zeile mit der Methode `flush` beendet.

6.2.3 Escape-Zeichen

In den Java-Ausgabeanweisungen `print` und `println` werden zur Formatierung bzw. Begrenzung des anzuzeigenden String spezielle Zeichen verwendet. Da diese Zeichen in Anweisungen eine bestimmte Bedeutung haben, muss ihre Verwendung entsprechend geregelt werden. Beispielsweise markiert das Zeichen " den Beginn und das Ende eines auszugebenden String. Falls dieses Zeichen selbst ausgegeben werden soll, könnte die Verarbeitungslogik die Ausgabe nicht mehr korrekt formatieren. Beachten Sie beispielsweise den Fehler in dem folgenden Codefragment:

```
System.out.println("Sie sagte, ihr Name sei "Ellen"");
```

In diesem Fall interpretiert die Verarbeitungslogik das zweite Anführungszeichen als das Ende des Ausgabe-String. Der Rest der Anweisung wird daher nicht mehr richtig verstanden und erzeugt einen Compilerfehler.

Für solche Fälle verwendet Java das Zeichen \ als ein Sonderzeichen, um darauf hinzuweisen, dass das folgende Zeichen speziell interpretiert werden soll. Dieses Zeichen wird auch ein so genanntes *Escape-Zeichen* genannt. Ein Escape-Zeichen verwenden Sie zur Ausgabe von Zeichen, die Formatierungszwecken in Anweisungen dienen, und als Steuerzeichen. Die Tabelle 6.1 enthält die Escape-Zeichen der Java-Sprache.

Tabelle 6.1: Escape-Zeichen in Java

Literal	Wert	Aktion
\b	0x08	Rücktaste
\t	0x09	Tabulator
\n	0x0a	Zeilenwechsel
\f	0x0c	Seitenvorschub
\r	0x0d	Wagenrücklauf
\"		doppelte Anführungszeichen
\'		einfache Anführungszeichen
\\		Backslash

Mit Escape-Zeichen können Sie die Anweisung weiter oben wie folgt formatieren:

```
System.out.println("Sie sagte, ihr Name sei \"Ellen\"");
```

6.2.4 Ein Beispielprogramm

Das folgende Programm namens **Area.java** demonstriert einige der bis hierhin erörterten Programmelemente und –Konstrukte.

CD-ROM

Die Quelldatei des Programms Area.java finden Sie im Verzeichnis Lektion 6 auf der beiliegenden CD.

```
//    Dateiname: Area.java
//    Bezug: Lektion 6
//
//    Java-Programm zur Berechnung der Fläche eines Kreises
//    Themen:
```

```
//       1. Verwendung numerischer Variablen und Konstanten
//       2. Tastatureingaben entgegennehmen
//       3. Programmdaten ausgeben
//       4. Einfache Berechnungen ausführen
//
//    Voraussetzung:
//       1. Klasse Keyin im aktuellen Verzeichnis

public class Area
{
  // Die Konstante PI wird auf der Klassenebene definiert
  static final double PI = 3.141592653589793;

  public static void main(String[] args)
    {
      // Lokale Variablen
      double radius, area;

      // Radius über die Tastatur eingeben
      radius = Keyin.inDouble("Enter radius: ");

      // Berechnungen durchführen und Ergebnis ausgeben
      area = PI * (radius * radius);
      System.out.println("The area is: " + area);
    }
}
```

Zusammenfassung

0 Min.

Arrays sind ein wichtige Einrichtung in Programmiersprachen. Ohne Arrays wird es extrem schwierig, wenn nicht sogar unmöglich, manche kommerziellen Anwendungen zu entwickeln. Ein Array stellt eine geordnete Gruppe von Variablen desselben Typs dar. In Java werden mit Array-Operationen Deklarationen, Allokationen und Initialisierungen von Arrays vorgenommen. Der Operator `length` gibt die Anzahl der Elemente eines Array zurück. Arrays können mehr als eine Dimension haben. Mehrdimensionale Arrays können ungleichmäßig aufgebaut sein.

Java enthält keinerlei Instruktionen für die Tastatureingabe. Zur Entgegennahme von Tastatureingaben werden die Methoden der in Lektion 20 entwickelten Klasse `Keyin` benutzt. Das Escape-Zeichen in Java ist \. Die Methode `out` der Klasse System verwendet Escape-Zeichen zur Anzeige reservierter Zeichen und für Steuerfunktionen.

Selbsttest

1. Schreiben Sie ein Java-Programm, das drei Arrays erzeugt: Einen vom Typ `int`, einen vom Typ `double` und einen Array `String`. Zeigen Sie das erste Element jedes Array an (siehe »Arrays«).
2. Verwenden Sie den Operator `length` zur Ermittlung der Anzahl von Zeichen in jedem der Arrays aus den vorigen Übungen (siehe »Die Größe eines Array«).
3. Erstellen Sie einen mehrdimensionalen Array mit vier Spalten und drei Zeilen. Stellen Sie sicher, dass das Programm korrekt kompiliert wird (siehe »Mehrdimensionale Arrays«).
4. Schreiben Sie ein Java-Programm, das eine Ein- und Ausgabe von Daten des Typs `int`, `double` und des `String`-Formats vornimmt. Testen Sie das Programm, um sicherzustellen, dass es korrekt funktioniert (siehe »Die Dateneingabe«).
5. Was ist ein Escape-Zeichen in Java, und aus welchem Grund wird es benötigt (siehe »Escape-Zeichen«)?

Die Lösungen zu den Aufgaben 1, 2 und 3 finden Sie im Verzeichnis Lektion 6 auf der CD.

Java-Operatoren

Lektion 7

Checkliste

- ✓ Operatoren und ihre Verwendung
- ✓ Der Zuweisungsoperator
- ✓ lvalues und rvalues
- ✓ Arithmetische und logische Operatoren
- ✓ Bit- und Shift-Operatoren
- ✓ Zusammengesetzte Zuweisungsoperatoren
- ✓ Die Rangfolge der Operatoren

30 Min.

Ein Ausdruck in einer Programmiersprache besteht aus Operatoren und Operanden. Operatoren sind spezielle Zeichen, die auf eine spezifische Verarbeitungsform hinweisen. In dieser Sitzung werden die Operatoren der Java-Programmiersprache erläutert.

7.1 Operatoren

Operatoren sind Zeichen und Sonderzeichen, die in einer Programmiersprache zum Ändern des Wertes eines Operanden verwendet werden. Das +-Zeichen beispielsweise ist in Java der Additionsoperator. Dieser Operator wird zur Berechnung der Summe zweier Operanden verwendet, wie in dem folgenden Beispiel:

```
int val1 = 7;
int val2 = 3;
int val3 = val1 + val2;
```

Hinweis

Das +-Zeichen wird außerdem auch zum Verknüpfen von Strings verwendet. Diese Gebrauchsform des +-Zeichens wird Verknüpfungs(concatenation)-Operator genannt. Die String-Verknüpfung wird weiter unten in dieser Sitzung behandelt.

Der Wert der Integer-Variablen `val3` (10) wird durch Addition der Variablenwerte von `val1` und `val2` ermittelt. Die grundlegenden Java-Operatoren werden folgendermaßen klassifiziert:

- Einfache Zuweisungsoperatoren
- Arithmetische Operatoren
- Verknüpfungsoperator
- Inkrementierungs- und Dekrementierungsoperatoren
- Logische Operatoren
- Bit-Operator
- Operator für zusammengesetzte Zuweisung

Entsprechend der Anzahl der Operanden werden die Java-Operatoren folgendermaßen klassifiziert:

- unär
- binär
- ternär

Der ternäre Operator (`?:`) wird in Lektion 8 im Zusammenhang mit den Entscheidungskonstrukten erläutert.

7.1.1 Wie Operatoren verwendet werden

Java-Operatoren werden in Ausdrücken verwendet, die Programmaktionen bewirken. Wenn beispielsweise a, b und c Variablen sind, dann verwendet der folgende Ausdruck:

```
c = a + b;
```

die Operatoren = und + dazu, der Variable `c` den Wert zuzuweisen, der die Summe der Variablen `a` und `b` ist. Die Operatoren in diesem Ausdruck sind die Zeichen = (Zuweisung) und + (Addition).

Java-Operatoren werden immer als Bestandteile eines Ausdrucks verwendet und sind alleinstehend völlig bedeutungslos. Beispielsweise stellt der Term:

```
-a;
```

einen simplen Ausdruck dar, der den Wert einer Variable nicht ändert. Im Unterschied dazu weist der Ausdruck:

```
b = -b;
```

der Variable `b` einen negativen Wert zu.

7.1.2 Der Zuweisungsoperator

Das =-Zeichen wird in Java als einfacher Zuweisungsoperator verwendet. Das Ergebnis der Anweisung:

```
a = a + 2;
```

besteht darin, dass der Variable a der Wert zugewiesen wird, der sich aus der Addition von 2 zur Variable selbst ergibt. Es ist wichtig zu verstehen, dass diese Art der Verwendung des =-Zeichens auf die Zuweisung eines Wertes zu einer Speicherstelle beschränkt ist, die von einem Programmelement referenziert wird. Ein Ausdruck, der das =-Zeichen enthält, kann nicht algebraisch interpretiert werden. Aus der elementaren Algebra ist beispielsweise bekannt, dass eine Gleichung dadurch gelöst wird, dass die Variable auf der linken Seite des =-Zeichens wie in folgenden Beispiel isoliert wird:

```
2x = y
x = y/2
```

Die folgende Java-Anweisung jedoch würde einen Compilerfehler erzeugen:

```
2 * x = y;
```

Erklärt wird dies durch die Tatsache, dass die Programmiersprachen nicht dafür entworfen worden sind, auch nur die einfachsten algebraischen Operationen durchzuführen.

7.1.3 lvalues und rvalues

In der Theorie der Programmiersprachen spricht man von so genannten lvalues (Kurzform für left values) und rvalues (Kurzform für right values). Ein *lvalue* ist ein Ausdruck, der links vom =-Zeichen benutzt werden darf. In einer Java-Zuweisungsoperation repräsentiert der lvalue eine einzelne Speicherstelle; das heißt, das Element auf der linken Seite des =-Zeichens muss eine Variable sein. Der folgende Ausdruck wäre mit x und y als Variablen daher gültig:

```
x = 2 * y;
```

Der folgende Ausdruck:

```
y + 2 = x;
```

jedoch wäre nicht gültig, weil der lvalue keine einzelne Speicherstelle bezeichnet, sondern in sich selbst ein Ausdruck ist.

7.1.4 Arithmetische Operatoren

Einige arithmetische Operatoren in Java fallen mit bekannten mathematischen Zeichen zusammen, wie beispielsweise im Fall der Operatoren + und – für die Addition und Subtraktion. Allerdings stehen manche herkömmlichen mathematischen Zeichen nicht über die Computertastatur zur Verfügung, weil ihre Verwendung zu Doppeldeutigkeiten führen würde, wie beispielsweise das Zeichen für die Division, das kein normales Tastaturzeichen ist. Auch die Verwendung des Buchstabens x als Symbol für die Multiplikation wäre in diesem Sinne unmöglich, da die Sprache nicht zwischen dem mathematischen Operator und dem alphanumerischen Zeichen unterscheiden kann. Aus diesem Grund verwendet Java das Zeichen / als Zeichen für die Division und * als Zeichen für die Multiplikation. Die Tabelle 7.1 enthält die arithmetischen Operatoren von Java.

Tabelle 7.1: Arithmetische Operatoren in Java

Operator	Verwendung
+	Addition
-	Subtraktion
*	Multiplikation
/	Division
%	Rest einer Division

Hinweis

Der Operator % bezeichnet den Rest einer Division. Dieser Operator wird manchmal unpassenderweise auch Modulo- bzw. Modulus-Operator genannt. Er ist auf Integer-Operanden beschränkt. Der folgende Code zeigt seine Verwendung auf:

```
int val1 = 14;
int;result = val1 % 3;
```

In diesem Fall beträgt der Wert der Variable result 2, weil 2 der Restbetrag der Division von 14 geteilt durch 3 ist.

7.1.5 Der Verknüpfungsoperator

Der +-Operator für die arithmetischen Operationen kann auch zum Verknüpfen (engl. *concatenation*) von Strings verwendet werden. Der Begriff »concatenation« stammt vom lateinischen Wort »catena«, welches Kette bedeutet. Entsprechend dem Wortursprung findet beim Verknüpfen von Strings also auch eine Verkettung statt. Der folgende Code zeigt die Verwendung dieses Operators auf:

```
// Strings definieren
String str1 = "con";
String str2 = "ca";
String str3 = "ten";
String str4 = "ate";
// Neues Wort unter Verwendung der String-Verknüpfung bilden
String result = str1 + str2 + str3 + str4;
// Ergebnis = "concatenate"
```

Die Funktion des Verknüpfungsoperators kann auch als eine »Addition« von Strings bezeichnet werden. Wenn in Java zu einem String ein numerischer Wert »addiert« wird, wird der numerische Operand zuerst in einen String aus Ziffern umgewandelt und dann mit dem String-Operand verknüpft. Dazu das folgende Beispiel:

```
String strl = "Catch";   // String definieren
int value = 22;          // int definieren
result = strl + value    //String + int miteinander verknüpfen
                         // result = "Catch 22"
```

Beachten Sie, dass die Verknüpfung verlangt, dass einer der Operanden ein String ist. Falls beide Operanden numerischen Typs sind, findet eine arithmetische Addition statt.

7.1.6 Inkrementierungs- und Dekrementierungsoperatoren

In der Programmierung ist es gang und gäbe zu zählen, wie oft eine Operation oder Routine stattfindet. Zu diesem Zweck ist es praktisch, wenn man über eine simple Möglichkeit zum Addieren oder Subtrahieren des Wertes 1 vom Wert einer Variable verfügt. Java enthält Operatoren, die dies ermöglichen und deren Ursprung in der C-Sprache liegt – es handelt sich um die Operatoren zum Inkrementieren (++) und Dekrementieren (--). Die folgenden Ausdrücke addieren bzw. subtrahieren 1 vom Wert eines Operanden:

```
x = x + 1; //1 zum Wert von x addieren
y = y - 1; //1 vom Wert von y subtrahieren
```

Das gleiche Ergebnis wird einfacher durch Verwendung der Inkrementierungs- und Dekrementierungsoperatoren erzielt:

```
x++; //1 zum Wert von x addieren
y--; //1 vom Wert von y subtrahieren
```

Die Zeichen ++ und – können einem Ausdruck voran- oder nachgestellt werden. Wenn das Zeichen dem Operanden vorangestellt ist, befindet sich der Operator in der Präfix-Form. Ist das Zeichen dem Operator dagegen nachgestellt, befindet sich dieser in der Postfix-Form, wie beispielsweise:

```
PRÄFIX-FORM                     POSTFIX-FORM
z = ++x;                        z = x++;
```

In unären Anweisungen sind die Präfix- und Postfix-Anweisungen gleichwertig. In beiden Anweisungen wird die Variable x um 1 inkrementiert:

```
x++;
++x;
```

Werden die Inkrementierungs- und Dekrementierungsoperatoren dagegen in einer Zuweisungsanweisung benutzt, sind die Ergebnisse in beiden Fällen unterschiedlich. Im Fall der Präfix-Form wird zuerst der Operand inkrementiert bzw. dekrementiert und danach das Ergebnis dem lvalue des Ausdrucks zugewiesen. In der Postfix-Form wird der Operand zuerst dem lvalue zugewiesen und erst danach inkrementiert bzw. dekrementiert. Beide Fälle werden in dem folgenden Code aufgezeigt:

```
int x = 7;
int y;
….
y = ++x;                    // y = 8, x = 8
y = x++;                    // y = 7, x = 8
```

7.1.7 Relationale Operatoren

20 Min.

Relationale Operatoren stellen fest, wie ihr Name schon nahe legt, ob eine Beziehung (Relation) zwischen Operanden true oder false ist. Die Tabelle 7.2 enthält die relationalen Operatoren in Java.

Tabelle 7.2: Die relationalen Operatoren in Java

Operator	Verwendung
<	kleiner als
>	größer als
<=	kleiner-gleich als
>=	größer-gleich als
==	gleich
!=	ungleich

In den folgenden Beispielen wird der Wert einer booleschen Variable in Übereinstimmung mit dem Vergleich der numerischen Variablen x und y gesetzt. Wenn x = 4 und y = 2 ist, ist das Variablenergebnis wie in den folgenden Fällen true oder false:

```
Fall        Java-Anweisung          Variablenergebnis
1           result = x > y;         true
2           result = x < y;         false
3           result = x == 0;        false
4           result = x != 0;        true
5           result = x <= 4;        true
```

Beachten Sie im Fall 3 den Unterschied zwischen dem Zuweisungs- und dem relationalen Operator. Der Zuweisungsoperator (=) in diesem Ausdruck weist dem Variablenergebnis den booleschen Wert aus dem Vergleich von x mit 0 zu. Der Ergebnis ist deshalb false, weil der Wert der Variable x 4 ist. Ein häufiger Programmierfehler besteht darin, anstelle des relationalen Operators den Zuweisungsoperator zu verwenden. Dieser Fehler ist deshalb sehr gefährlich, weil der Ergebnisausdruck oftmals ungültig wird.

7.1.8 Logische Operatoren

Die im vorherigen Abschnitt erörterten relationalen Operatoren werden dazu verwendet, den Zustand von zwei miteinander in Beziehung stehenden Operanden auf true oder false zu überprüfen. Bedingte Ausdrücke in Java sind jedoch oft viel komplexer. Wenn Sie beispielsweise feststellen wollen, ob ein Anwender ein Jugendlicher ist, müssen Sie testen, ob die Person älter als zwölf und jünger als zwanzig Jahre ist. Mit logischen Operatoren können Sie zwei oder mehr bedingte Anweisungen in einem einzigen Ausdruck kombinieren.

Die hauptsächliche Verwendung von logischen Operatoren liegt in der Kombination von zwei oder mehr bedingten Anweisungen. Wie die relationalen Ausdrücke geben Ausdrücke, die logische Operatoren enthalten, true oder false zurück. Die Tabelle 7.3 enthält die logischen Operatoren in Java.

Tabelle 7.3: Die logischen Operatoren in Java

Operator	Verwendung
&&	AND
||	OR
!	NOT

Wenn beispielsweise x = 4, y = 2 und z = 0 sind, dann ergibt das boolesche Variablenergebnis wie in den folgenden Fällen entweder true oder false:

```
Fall    Ausdruck                         Wert von result
1       result = (x > y && z == 0)       true
2       result = (x > y && z != 0)       false
3       result = (x == 0 || Z 00 0)      true
4       result = (x < y || z != 0)       false
```

Beachten Sie im Fall 1, dass das Variablenergebnis true ist, weil beide relationalen Elemente innerhalb der Anweisung true sind. Andererseits ergibt der Fall 4 false, weil das OR verlangt, dass mindestens eines der relationalen Elemente true ist – beide sind jedoch false (x > y und z = 0).

Mit dem logischen Operator NOT wird der Wert einer booleschen Variable invertiert – `!true` wird so zu false und `!false` zu true:

```
boolean var = false;
boolean result = var = !true;
```

In diesem Fall ergibt die letzte Anweisung deshalb true, weil `!true` false ergibt und `var` false ist. Weiter unten werden Sie erfahren, wie Sie mit bedingten Ausdrücken Programmentscheidungen verarbeiten können.

7.1.9 Bit-Operatoren

Die Bit-Operatoren in Java erlauben Ihnen die Manipulation einzelner Bits eines integralen Datentyps. Die entsprechenden Operatoren sind in der Tabelle 7.4 enthalten.

Tabelle 7.4: Die Bit-Operatoren in Java

Operator	Verwendung
&	AND
|	OR
^	XOR
~	NOT
<<	Linksverschiebung
>>	Rechtsverschiebung
>>>	vorzeichenlose Rechtsverschiebung

Die ersten vier Operatoren in der Tabelle 7.4 führen logische Funktionen für die Bits des Operanden aus. Das Ergebnis dieser Funktionen kann unter der Annahme, dass eine binäre 1 als logisches true und eine binäre 0 als logisches false gilt, mit Hilfe binärer Zahlen darstellt werden. So kommt man zu folgendem Ergebnis:

```
1 OR 0 = 1
1 AND 1 = 1
1 AND 0 = 0
NOT 1 = 0
```

Manchmal ist es sinnvoll, wenn man sich binäre Zahlen, die links von einem Gleichheitszeichen stehen, als Zeichen für die An- oder Abwesenheit eines Elements und die binären Zahlen rechts vom Gleichheitszeichen als Zeichen für true oder false vorstellt. Eine sogenannte Wahrheitstabelle stellt eine Liste aller Möglichkeiten dar, die sich aus einer logischen Operation ergeben können. Die Wahrheitstabellen für die Bit-Operatoren AND, OR, XOR und NOT befinden sich in der Tabelle 7.5.

Tabelle 7.5: Wahrheitstabelle für Bit- und logische Operatoren

<table>
<tr><th>AND</th><th>OR</th><th>XOR</th><th>NOT</th></tr>
<tr><td>0 0 | 0</td><td>0 0 | 0</td><td>0 0 | 0</td><td>0 | 1</td></tr>
<tr><td>0 1 | 0</td><td>0 1 | 1</td><td>0 1 | 1</td><td>1 | 0</td></tr>
<tr><td>1 0 | 0</td><td>1 0 | 1</td><td>1 0 | 1</td><td></td></tr>
<tr><td>1 1 | 1</td><td>1 1 | 1</td><td>1 1 | 0</td><td></td></tr>
</table>

Obschon die Bit-Operatoren AND, OR und NOT ähnliche Funktionen wie ihre logischen Gegenstücke ausführen, ist es wichtig sich daran zu erinnern, dass logische Operatoren true oder false zurückgeben und nicht den Inhalt von Variablen verändern. Die Bit-Operatoren dagegen manipulieren Variablendaten. Das Ergebnis einer Bit-Operation besteht daher oftmals in einem neuen Wert. Für die nun folgenden Erörterungen sollten Sie wissen, dass die Bits in einem Operanden normalerweise von rechts nach links nummeriert werden, wobei das äußerst rechts stehende Bit die Nummer 0 hat (siehe dazu auch die Abbildung 4.2).

10 Min.

Der Operator AND

Der Bit-Operator AND (&) führt ein boolesches AND auf die Operanden aus. Daraus ergibt sich, dass ein Bit im Ergebniswert nur dann gesetzt ist, wenn auch die korrespondierenden Bits in beiden Operanden gesetzt sind. Die sich aus der AND-Operation ergebende Wahrheitstabelle ist in der Tabelle 7.5 enthalten.

Eine häufige Verwendung des bitweisen AND besteht darin, eines oder mehrere Bits ohne Beeinträchtigung der restlichen Bits zu löschen. Dies wird dadurch ermöglicht, dass die Undierung mit einem Nullbit immer zum Löschen des Ergebnisbits führt, während die Undierung mit nur einem Bit den ursprünglichen Wert des ersten Operanden beibehält. Die Programmierer bezeichnen einen der Operanden einer Bit-Operation oft als eine Maske. Die Auswirkung einer AND-Maske können Sie sich wie einen Filter vorstellen, der nur Bits durchlässt, die mit einem 1er-Bit undiert werden, und diejenigen Bits löscht, die mit einem 0-Bit undiert werden. Dies zeigt das folgende Beispiel auf:

```
                              0101 0111B
bitweises AND                 1111 0000B <- MASKE
                              ---------------
                              0101 0000B
```

Das Programm namens **AndBit7**, das auf der dem Buch beiliegenden CD verfügbar ist, nimmt einen Byte-Operanden vom Anwender entgegen und undiert diesen Wert mit einer binären Maske. Die Maske (die aus der Zahl 128 besteht) besteht aus einem gesetzten höherwertigen Bit und gelöschten restlichen Bits:

```
128 = 10000000B
```

Weil die Undierung mit einem Nullbit immer Null ergibt, ist bekannt, dass die sieben niederwertigen Bits des Ergebnisses null sein werden. Der Wert des höherwertigen Bits im Ergebnis hängt von dem Wert ab, den der Anwender eingibt. Die Operation kann wie folgt beschrieben werden:

```
                               x x x x x x x x = Anwendereingabe
AND-Operator (&)               1 0 0 0 0 0 0 = Maske
                               --------------------
                               ? 0 0 0 0 0 0 0 = Ergebnis
```

Das Ergebnis kann entweder 0 oder 128 sein. Ein Nullergebnis weist darauf hin, dass das Bit 7 der Anwendereingabe nicht gesetzt worden ist. Ein Wert von 128 weist darauf hin, dass das Bit Nummer 7 der Anwendereingabe gesetzt worden ist.

CD-ROM

Die Quelldatei des Programms* AndBit7.java *finden Sie im Verzeichnis Lektion 7 auf der beiliegenden CD.

```
//   Dateiname: AndBit7.java
//   Bezug: Lektion 7
//
//   Java-Programm zur Demonstration der Arbeitsweise
//   des Bit-Operators AND
//   Themen:
//      1. Verwenden des bitweisen AND, um den Zustand
//         eines Operandenbits zu ermitteln
//
//   Voraussetzung:
//      1. Klasse Keyin im aktuellen Verzeichnis

public class AndBit7
{
  public static void main(String[] args)
  {
    // Lokale Variablen
    int mask = 128;
    int userInput;
    int result = 0;

    // Verarbeitung
    userInput = Keyin.inInt("Wert eingeben:");
    result = userInput & mask;
```

```
        // Wenn in der Anwendereingabe Bit 7 gesetzt war, ist
        // result = 128, anderenfalls result = 0
        System.out.println("Ergebnis = " + result);
    }
}
```

Der Operator OR

Der Bit-Operator OR (|) führt ein boolesches inklusives OR auf die Operanden aus. Daraus ergibt sich, dass ein Bit im Ergebniswert dann gesetzt ist, wenn mindestens eines der korrespondierenden Bits in den Operanden ebenfalls gesetzt ist. Die sich aus der OR-Operation ergebende Wahrheitstabelle ist in Tabelle 7.5 enthalten. Da das inklusive OR ein Bit im Ergebniswert dann setzt, wenn entweder eines oder beide Bits in den Operanden gesetzt sind, besteht eine häufige Verwendung dieser Operation darin, selektiv bestimmte Bits eines Operanden »einzuschalten«. Diese Wirkung der OR-Operation kann man so beschreiben, dass eine Oder-Verknüpfung mit einem 1er-Bit immer dazu führt, dass das Ergebnisbit gesetzt wird, während die Oder-Verknüpfung mit einem 0-Bit immer den Wert des anderen Operanden beibehält. Um beispielsweise sicherzustellen, dass die Bits 5 und 6 eines Operanden gesetzt sind, brauchen Sie sie wie im folgenden Beispiel nur mit dieser Maske mit OR zu verknüpfen:

```
                          0001 0111B
bitweises OR              0110 0000B <- MASKE
                          ---------------
                          0111 0111B
```

Weil die Bits 5 und 6 in der Maske gesetzt sind, stellt die Operation mit OR sicher, dass diese Werte auch im Ergebniswert unabhängig davon gesetzt werden, wie der Wert des ersten Operanden gewesen ist.

Der Operator XOR

Der Bit-Operator XOR (^) führt ein boolesches exklusives OR (XOR) auf die Operanden aus. Dies bedeutet, dass ein Bit im Ergebniswert dann gesetzt ist, wenn die korrespondierenden Bits in den Operanden den entgegengesetzten Wert haben. Haben die Bits dagegen denselben Wert (1 oder 0), wird das Ergebnisbit gelöscht. Die sich aus der XOR-Operation ergebende Wahrheitstabelle ist in Tabelle 7.5 enthalten.

Beachten Sie, dass die XOR-Verknüpfung eines Wertes mit sich selbst immer ein Nullergebnis zur Folge hat, da alle Bits notwendigerweise denselben Wert haben. Auf der anderen Seite ergibt die XOR-Verknüpfung mit einem 1er-Bit eine Invertierung des anderen Operandenwertes, weil 0 XOR 1 = 1 und 1 XOR 1 = 0 ist (siehe die Tabelle 7.5). Durch die richtige Wahl einer XOR-Maske können Sie steuern, welche Bits des Operanden invertiert oder beibehalten werden. Um die zwei höherwertigen Bits eines Operanden zu invertieren, können Sie beispielsweise eine XOR-Verknüpfung mit einer Maske durchführen, in der diese Bits gesetzt sind. Sind die restlichen Bits der Maske gelöscht, werden die Werte dieser Bits im Ergebnis beibehalten. Dazu das folgende Beispiel:

```
                          0101 0101B
bitweises XOR          1100 0000B <- MASKE
                       ---------------
                       1001 0101B
```

Der Operator NOT

Der Bit-Operator NOT wird auf einen einzelnen Operanden angewendet und invertiert dessen sämtlichen Bits. Anders ausgedrückt: Durch die NOT-Operation werden alle 1er-Bits auf 0 und alle 0-Bits auf 1 gesetzt. Dieses Ergebnis entspricht der booleschen NOT-Funktion, wie die Tabelle 7.5 aufzeigt. Das folgende Beispiel zeigt das Ergebnis einer NOT-Operation:

```
                       0101 0101B
bitweises NOT          ---------------
                       1010 1010B
```

Die Bit-Operatoren für die Bitverschiebung

Die Java-Operatoren für die linke (<<) und rechte (>> und >>>) Verschiebung werden dazu verwendet, sämtliche Bits im Operanden nach rechts oder links zu verschieben. Die Operatoren erfordern einen zweiten Operanden, der die Bits angibt, die verschoben werden sollen. Der folgende Ausdruck beispielsweise verschiebt alle Bits der Variable `bitPattern` um zwei Bitpositionen nach links:

```
int bitPattern = 127;
bitPattern = bitPattern << 2;
```

Eine Linksverschiebung um eine Bitposition können Sie der Abbildung 7.1 entnehmen.

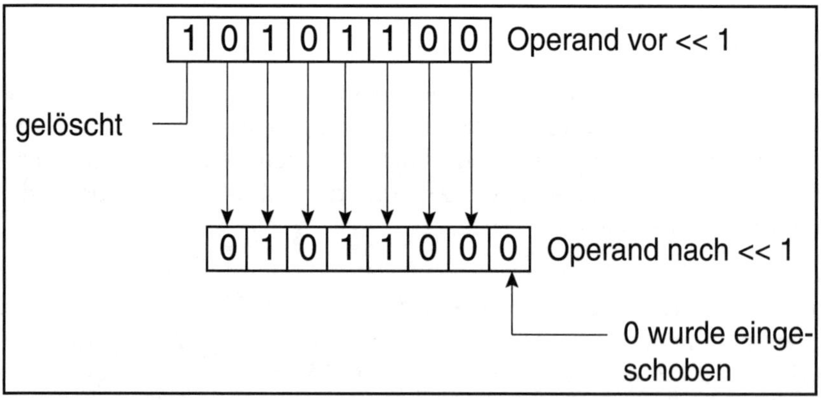

Abbildung 7.1: Linksverschiebung einer Byte-Variable um 1 Bit

Beachten Sie, dass in der Linksverschiebung das äußerste signifikante Bit im Operanden gelöscht wurde. Da das höherwertige Bit in Vorzeichenformaten das Vorzeichen der Zahl enthält, kann das Löschen dieses Bits dazu führen, dass sich positive in negative Werte und umgekehrt verwandeln. Dies gilt für alle Integer-Datentypen in Java außer für `char`, der ein vorzeichenloser Wert ist. Im Beispiel in Abbildung 7.1 ändert sich die negative Ausgangszahl (gesetztes höherwertiges Bit) in einen positiven Wert.

Der einfache Bit-Operator zur Rechtsverschiebung (>>) verschiebt den linken Operanden um die Anzahl der Bits im rechten Operanden. Dazu folgendes Beispiel:

```
int bitPattern = 127;
bitPattern = bitPattern >> 1;
```

In der Rechtsverschiebung wird das niederwertige Bit gelöscht und das höherwertige Bit in sämtliche Bits hineinkopiert, die verschoben wurden. Das Ergebnis besteht in einer Verschiebung des Vorzeichenbits in den neuen Operanden hinein. Die Abbildung 7.2 zeigt das Ergebnis einer Rechtsverschiebung um 1 Bitposition.

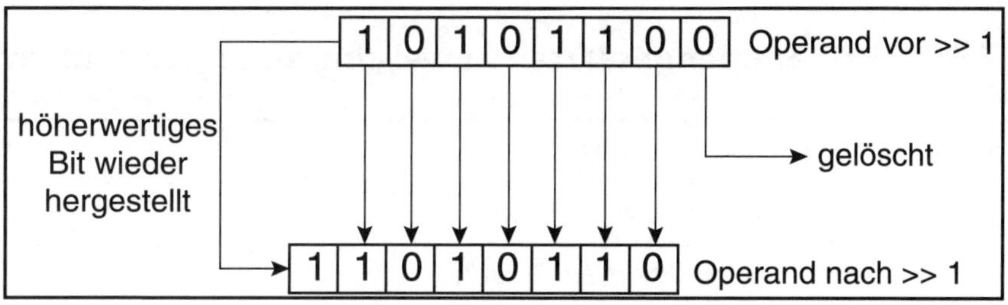

Abbildung 7.2: Rechtsverschiebung einer Byte-Variable um 1 Bit

Der vorzeichenlose Bit-Operator zur Rechtsverschiebung (>>>) führt eine ähnliche Aktion wie die konventionelle Rechtsverschiebung (>>) mit der Ausnahme durch, dass die leergewordenen Positionen links im Operanden mit Nullen gefüllt werden. Die Abbildung 7.3 zeigt eine vorzeichenlose Rechtsverschiebung um eine Bitposition.

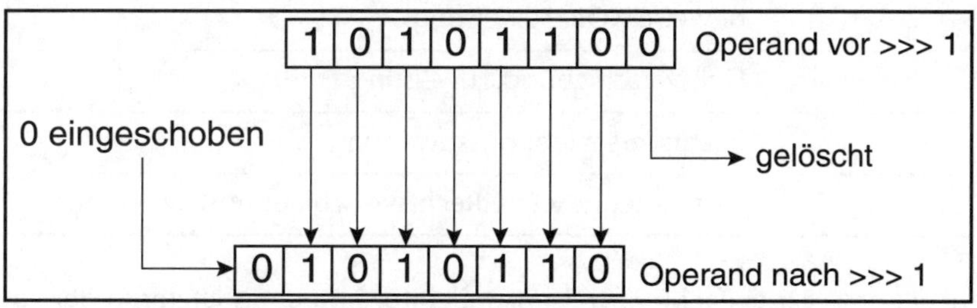

Abbildung 7.3: Vorzeichenlose Rechtsverschiebung einer byte-Variable um 1 Bit

7.1.10 Zusammengesetzte Zuweisungsoperatoren

Java bietet eine Reihe von zusammengesetzten Zuweisungsoperatoren an, mit denen kompakter Code geschrieben werden kann. Diese Operatoren bestehen aus einer Kombination des einfachen Zuweisungsoperators (=) mit einem arithmetischen bzw. Bit-Operator. Zur Addition von 4 zur Variable x können Sie beispielsweise entweder diesen Code schreiben:

```
x = x + 4;
```

oder aber den Additionsoperator (+) mit dem einfachen Zuweisungsoperator (=) kombinieren und dann Folgendes codieren:

```
x += 4;
```

In beiden Fällen ist der Wert von x der Ausgangswert plus 4, jedoch ist die letztere Form kompakter. Die zusammengesetzten Zuweisungsoperatoren sind in der Tabelle 7.6 enthalten.

Tabelle 7.6: Die zusammengesetzten Zuweisungsoperatoren in Java

Operator	Verwendung
+=	Additionszuweisung
-=	Subtraktionszuweisung
*=	Multiplikationszuweisung
/=	Divisionszuweisung
%=	Divisionsrestzuweisung
&=	bitweise AND-Zuweisung
|=	bitweise OR-Zuweisung
^=	bitweise XOR-Zuweisung
<<=	Linksverschiebungszuweisung
>>=	Rechtsverschiebungszuweisung
>>>	zusammengesetzte Rechtsverschiebungszuweisung

Beachten Sie, dass der einfache Zuweisungsoperator immer als letzter in der zusammengesetzten Form erscheint. Beachten Sie weiterhin, dass die zusammengesetzte Form nicht für die bitweisen unären NOT- oder die unären Inkrementierungs- und Dekrementierungsoperatoren (++ und --) zur Verfügung steht. Der Grund besteht darin, dass die unären (Einelement) Anweisungen keine einfachen Zuweisungen erwarten – die zusammengesetzte Form ist daher überflüssig.

7.1.11 Die Rangfolge der Operatoren

In Programmiersprachen müssen Regeln vorhanden sein, die die Reihenfolge festlegen, in der die einzelnen Elemente einer Anweisung ausgewertet werden. Der folgende Ausdruck beispielsweise:

```
boolean result = 5 - 4 < 3;
```

ergibt true (1), weil die arithmetischen Operatoren in Java den Vorrang vor relationalen Operatoren haben. Der Compiler berechnet in diesem Fall daher zuerst 5 – 4 = 1 und wertet dann 1 < 3 aus. Die Tabelle 7.7 enthält die Rangfolge der Java-Operatoren.

Tabelle 7.7: Die Rangfolge der Java-Operatoren

Operator	Rangfolge
. [] ()	höchste
+ - ~ ! ++ --	
* / %	
<< >> >>>	
< <= > >= >	
== !=	
&	
^	
|	
&&	
||	
?:	
=	niedrigste

Es ist auch möglich, dass mehrere Operatoren in demselben Ausdruck denselben Rang haben. In einem solchen Fall muss die Reihenfolge der Auswertung den Regeln der Assoziativität entsprechen. Beispielsweise legen die Regeln der Assoziativität im folgenden Beispiel:

```
z = a - b - c;
```

fest, welche Subtraktion als erste ausgeführt wird. In den meisten Programmiersprachen einschließlich von Java sieht die Grundregel der Assoziativität für arithmetische Operatoren eine Verarbeitung von links nach rechts vor. Java führt daher die Subtraktion so aus, als ob der Ausdruck `(a - b) - c` lauten würden. In Java wird die Assoziativitätsregel Von-links-nach-rechts auf alle binären Operatoren angewendet. Die unären und Zuweisungsoperatoren folgen allerdings der umgekehrten Assoziativitätsregel Von-rechts-nach-links. Der folgende Code zeigt einen Fall, in dem die Assoziativitätsregeln den Wert eines Ausdrucks festlegen, der einen Zuweisungsoperator enthält:

```
int x = 0;
int y = 3;
….
x = y = 7; // Assoziativitätsregel muss angewendet werden
```

Falls der Ausdruck x = y = 7 von links nach rechts ausgewertet werden würde, wäre der Ergebniswert der Variable x 3. Da er jedoch von rechts nach links ausgewertet wird, lautet der Wert der Variable 7. Dies ist deswegen der Fall, weil der Zuweisungsoperator der Assoziativitätsregel Von-rechts-nach-links folgt.

0 Min.

Zusammenfassung

Das Zeichen = ist der Zuweisungsoperator. Ein lvalue ist der Teil eines Zuweisungsausdrucks links vom =-Zeichen, während der rvalue der Teil auf der rechten Seite ist. Der lvalue muss eine einzelne Speicherstelle sein, die durch einen Variablennamen bezeichnet wird. Die arithmetischen Operatoren sind `+`, `-`, `*`, / und `%`. Der +-Operator wird darüber hinaus zur String-Verknüpfung benutzt. Die Inkrementierungs- und Dekrementierungsoperatoren (++ und --) stammen aus der Sprache C. Die logischen Operatoren `&&`, `||` und `!`) werden bei der Kombination von zwei oder mehr bedingten Anweisungen verwendet. Die Bit-Operatoren (`&`, `|`, `^`, `~`, `<<`, `>>` und `>>>`) werden zur Manipulation von Bits eines integralen Datentyps benutzt. Zusammengesetzte Zuweisungsoperatoren (`+=`, `-=`, `*=`, `/=`, `%=`, `&=`, `|=`, `^=`, `<<=`, `>>=` und `>>>=`) kombinieren arithmetische oder Bit-Operatoren mit dem Zuweisungsoperator, damit ein kompakter Code entsteht. Die Java-Regeln für die Rangfolge legen die Rangfolge in Ausdrücken fest, die mehrere Operatoren enthalten.

Selbsttest

1. Wie ist die Arbeitsweise des Zuweisungsoperators (siehe »Der Zuweisungsoperator«)?
2. Was kann in einem Java-Ausdruck links vom Gleichheitszeichen stehen (siehe »lvalues und rvalues«)?
3. Nennen Sie die arithmetischen Operatoren und beschreiben Sie die Arbeitsweise des Rest-Operators (`%`) (siehe» Arithmetische Operatoren«).

4. Welcher Operator führt eine String-Verknüpfung durch (siehe »Der Verknüpfungsoperator«)?
5. Schreiben Sie den einfachst möglichen Java-Ausdruck, mit dem 1 zum Wert einer Variablen addiert wird (siehe »Inkrementierungs- und Dekrementierungsoperatoren«).
6. Mit welchem Operator wird kleiner-gleich ausgedrückt (siehe »Relationale Operatoren«)?
7. Welcher Operator zeigt ein logisches AND an (siehe »Relationale Operatoren«)?
8. Schreiben Sie die Wahrheitstabelle für XOR (siehe »Bit-Operatoren«).
9. Welcher Operator zeigt eine zusammengesetzte Zuweisung in einer Division an (siehe »Zusammengesetzte Zuweisungsoperatoren«)?
10. Wenden Sie die Java-Regeln für die Rangfolge und Assoziativität an und bestimmen Sie den Wert der folgenden Ausdrücke:

```
x = 6 * 2 + 3;
x = 6 * 2 / 2;
```

(siehe »Die Rangfolge der Operatoren«).

Entscheidungs-konstrukte

Lektion 8

Checkliste

- ☑ Der Computer als Maschine für Entscheidungen
- ☑ Entscheidungen in Java
- ☑ Anweisungsblöcke
- ☑ Entscheidungsanweisungen: Die Konstrukte if, geschachteltes if, if-else und switch
- ☑ Bedingte Ausdrücke

30 Min.

In dieser Sitzung werden Sie mehr über die Elemente der Programmiersprache Java erfahren, die in Entscheidungen verwendet werden. Programme können deshalb Informationen logisch verarbeiten, weil der Computer über die Fähigkeit verfügt, Entscheidungen zu treffen. Eine der wichtigsten Aufgaben eines Programmierers besteht darin, die dafür erforderliche Verarbeitungslogik zu codieren. Diese Logik implementieren Sie mit Hilfe der Entscheidungskonstrukte der Sprache.

8.1 Der Computer als Maschine für Entscheidungen

Hinweis

Der folgende Abschnitt dient als Hintergrundinformation über Entscheidungskonstrukte in Java. Falls Sie darauf verzichten möchten, können Sie ihn überspringen und gleich mit dem Rest der Sitzung weitermachen.

Eine fundamentale Eigenschaft, die den Computer gegenüber einer reinen Rechenmaschine auszeichnet, besteht in seiner Fähigkeit, einfache Entscheidungen zu treffen und seine Verarbeitungsschritte vom Ergebnis der Entscheidung abhängig zu machen. Ohne diese Fähigkeit wäre der Computer lediglich dazu in der Lage, Programme auszuführen, die aus simplen und unveränderbaren Abfolgen von Operationen bestünden. Die Fähigkeit, Entscheidungen treffen zu können, erfordert die Implementierung von zwei grundlegende Funktionen in die Hardware der Maschine:

- Eine Einrichtung zum Vergleich zweier Operanden
- Eine Einrichtung zum Steuern der Programmausführung in Abhängigkeit von der Vergleichsoperation

Der Vergleich selbst gründet sich auf der Auswertung des Ergebnisses einer arithmetischen Subtraktion. Die Entwickler der CPU (Central Processing Unit) – im Falle eines modernen PC also des Pentium – sorgen dafür, dass die entsprechenden Hardwarekomponenten und der Mikrocode dafür vorhanden sind. Das Ergebnis einer Vergleichsoperation wird in verschiedenen 1-Bit-Speicherbausteinen in der CPU, die Flag-Register bzw. Flags heißen, gespeichert. Da die Flags 1-Bit-Register darstellen, werden sie ähnlich wie Datenbits bezeichnet – ein Flag ist also gesetzt, falls es ein Bit enthält, und ist gelöscht (bzw. zurückgesetzt), falls es kein Bit enthält. Die folgenden Flags in der CPU werden im Rahmen von Entscheidungen verwendet:

- Das Carry-Flag wird dann gesetzt, wenn der Subtrahend größer als der Minuend ist. Anders ausgedrückt dann, falls in dieser Operation:

```
x = A - B;
```

  B numerisch größer als A ist.
- Das Zero-Flag wird gesetzt, wenn das Ergebnis einer Operation Null ist.

Durch Auswertung dieser Flags nach einer Subtraktion ist es möglich, zwei Operanden miteinander vergleichen zu können. Falls beispielsweise das Zero-Flag gesetzt ist, waren beide Operanden gleich. Wurde das Carry-Flag gesetzt, war der Subtrahend (B) größer als der Minuend (A). Falls weder das Carry- noch das Zero-Flag gesetzt worden sind, war der Subtrahend kleiner als der Minuend. Beachten Sie, dass die CPU über eine spezielle Vergleichsinstruktion verfügt, die das Flag in Übereinstimmung mit einer Subtraktionsoperation setzt, ohne den Wert der Operanden zu verändern.

Das zweite Element einer Entscheidungen treffenden Maschine besteht in ihrer Fähigkeit, den Programmablauf vom Ergebnis eines Vergleichs abhängig machen zu können. Da dieses Ergebnis bereits über die Flags dargestellt wird, werden nur noch CPU-Instruktionen benötigt, die die Programmausführung entsprechend dem Status der Flags an einer bestimmten Speicherstelle fortsetzen. Diese Instruktionen werden bedingte Sprünge genannt.

Eine einfache Maschine zum Treffen von Entscheidungen lässt sich dann bauen, wenn man über eine Vergleichsinstruktion verfügt, die die Flags setzt, und Instruktionen für bedingte Sprünge hat, die den Programmablauf in Übereinstimmung mit diesen Flags steuern. Damit können Sie beispielsweise eine Routine entwickeln, die die absolute Differenz zweier Zahlen A und B berechnet. Die dafür erforderliche Logik gründet auf dem Vergleich von A mit B, der entsprechend seinem Ergebnis wie im folgenden Beispiel das Carry- und Zero-Flag setzt:

```
x = A - B
```

Der dazugehörige Code arbeitet wie folgt:

1. Falls das Carry-Flag gesetzt ist, ist `B` größer als `A`. In diesem Fall zur Routine springen, die `x = B - A` zurückgibt.

2. Falls das Zero-Flag gesetzt ist, ist B gleich A. In diesem Fall zur Routine springen, die x = 0 zurückgibt.
3. Falls weder das Zero- noch das Carry-Flag gesetzt sind, ist A größer als B. In diesem Fall x = A - B zurückgeben.

Diese Verarbeitungslogik könnte man nicht in einer Maschine implementieren, die sequenziell arbeitet und über keinerlei Entscheidungsmöglichkeiten verfügt. Das Flussdiagramm der Abbildung 8.1 zeigt die beschriebene Logik auf.

Hinweis

Die beschriebene Logik, die in der Abbildung 8.1 illustriert wird, soll die Verwendung des Carry- und Zero-Flag im Prozess der Entscheidungen aufzeigen. In der Praxis der Programmierung ist jedoch der Schritt, in dem ermittelt wird, ob beide Operanden gleich sind, unnötig. Es ist völlig normal, dass man den anfänglichen Code weiter verbessern und kompakter machen möchte. Die meisten Programme entstehen auf dem Wege einer fortschreitenden Verfeinerung, die bis zu einem befriedigenden Ergebnis fortgeführt wird.

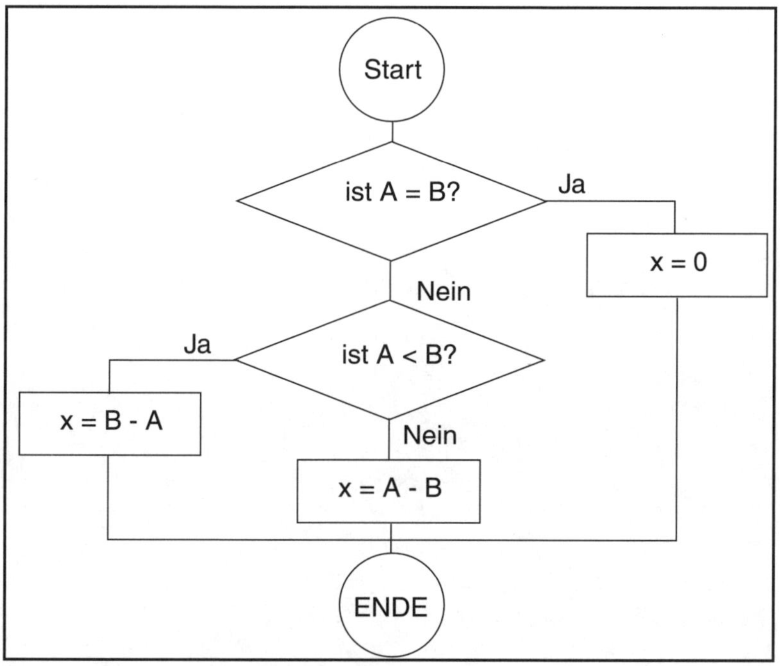

Abbildung 8.1: Berechnung der absoluten Differenz

8.2 Entscheidungen in Java

Java verfügt über verschiedene Entscheidungskonstrukte einer Hochsprache, mit der innerhalb einer Verarbeitung verschiedene Auswahlmöglichkeiten getroffen werden können. Der Hauptmechanismus dafür sind die Konstrukte `if` und `switch`. In Entscheidungen wird außerdem auch der bedingte Operator (?:) verwendet, der der einzige Java-Operator mit drei Operanden ist.

8.2.1 Das if-Konstrukt

Ein `if`-Konstrukt in Java besteht aus den folgenden drei Elementen:

1. dem Schlüsselwort `if`
2. einem Ausdruck zum Testen, der auch Bedingungsklausel genannt und in Klammern eingeschlossen wird
3. ein oder mehrere Anweisungen, die ausgeführt werden, wenn der Testausdruck logisch `true` ist

Das folgende Programm **Beeper.java** zeigt die Meldung »BEEP-BEEP« auf dem Bildschirm an, wenn Sie die Zahlen 1 oder 2 eingeben. Anderenfalls gibt es keine Meldung aus. Im Code wird über ein `if`-Konstrukt getestet, ob die Zahlen eingegeben worden sind.

CD-ROM

Die Quelldatei des Programms* Beeper.java *finden Sie im Verzeichnis Lektion 8 auf der beiliegenden CD

```
//   Dateiname: Beeper.java
//   Bezug: Lektion 8
//
//   Java-Programm zur Demonstration einer einfachen
//                         Entscheidung
//   Themen:
//      1. Verwenden des if-Konstrukts
//
//   Voraussetzung:
//      1. Klasse Keyin im aktuellen Verzeichnis

public class Beeper
{
  public static void main(String[] args)
  {
    int userInput;
```

```
    userInput = Keyin.inInt("Eingabe 1 oder 2 für Beep:");
    if(userInput == 1 || userInput == 2)
      System.out.println("BEEP-BEEP");
  }
}
```

Im aufgeführten Code wird eine einfache Form des `if`-Konstruktes von Java verwendet. Der Compiler wertet den folgenden Ausdruck in den Klammern nach dem Schlüsselwort `if` aus:

```
if(userInput == 1 || userInput == 2)
```

Der Ausdruck benutzt den logischen OR-Operator (wurde in Lektion 7 erörtert) dazu, eine zusammengesetzte Bedingung zu erstellen. In diesem Fall ergibt der eingeklammerte Ausdruck true, wenn die Variable `userInput` 1 oder 2 ist. Falls der Ausdruck true ist, wird die nachfolgende Anweisung ausgeführt. Falls der Ausdruck dagegen false ergibt, wird die mit der `if`-Klausel zusammenhängende Anweisung ignoriert. Da es im Programm **Beeper** keine weiteren Anweisungen mehr gibt, wird das Programm nach dem Test beendet.

8.2.2 Anweisungsblöcke

In seiner einfachsten Form enthält das `if`-Konstrukt eine einzige Anweisung, die dann ausgeführt wird, wenn der bedingte Ausdruck true ist, was im Beeper-Programm der Fall ist. Ein Programm verfügt allerdings in der Praxis oft über mehr als nur eine mit einer Entscheidungsanweisung verbundene Operation. Java stellt eine einfache Verfahrensweise zur Verfügung, mit der mehrere Anweisungen so zusammengefasst werden, dass der Compiler sie als eine Einheit behandelt. Diese Gruppierung wird durch die geschweiften Klammern erreicht (`{}`). Die Anweisungen innerhalb von geschweiften Klammern werden zusammengesetzte Anweisungen bzw. Anweisungsblöcke genannt.

Mit einem Anweisungsblock kann das Programm Beeper so abgeändert werden, dass mehr als eine Anweisung ausgeführt wird, sobald die Testbedingung true ergibt. Dazu das folgende Beispiel:

```
if(userInput == 1 || userInput == 2)
{
                        System.out.println("BEEP-BEEP");
                        System.out.println
                        ("Der eingegebene Wert war " + userInput);
}
```

Hier wurden mit den geschweiften Klammern (`{` und `}`) mehrere Anweisungen mit dem `if`-Konstrukt verknüpft. Daher werden, sofern die Bedingungsklausel true ergibt, beide `println`-Anweisungen ausgeführt bzw. übersprungen, falls der Ausdruck false ist.

8.2.3 Das geschachtelte if

`if`-Anweisungen können auch geschachtelt werden, so dass die Ausführung einer Anweisung bzw. einer Anweisungsgruppe von ein oder mehr bedingten Klauseln abhängig ist. Das if-Konstrukt im Beeper-Programm kann beispielsweise so abgeändert werden, dass der Code anders abläuft, falls der Anwender den Wert 2 eingibt:

```
if(userInput == 1 || userInput == 2)
{
                    System.out.println("BEEP-BEEP");
                         if(userInput == 2)
                         System.out.println("Input = 2");
}
```

In diesem Code ist die `if`-Anweisung, die auf den Wert 2 in der Anwendereingabe testet, in die `if`-Anweisung eingeschachtelt, ode. Die Abbildung 8.2 zeigt ein Flussdiagramm eines geschachtelten `if`-Konstrukts.

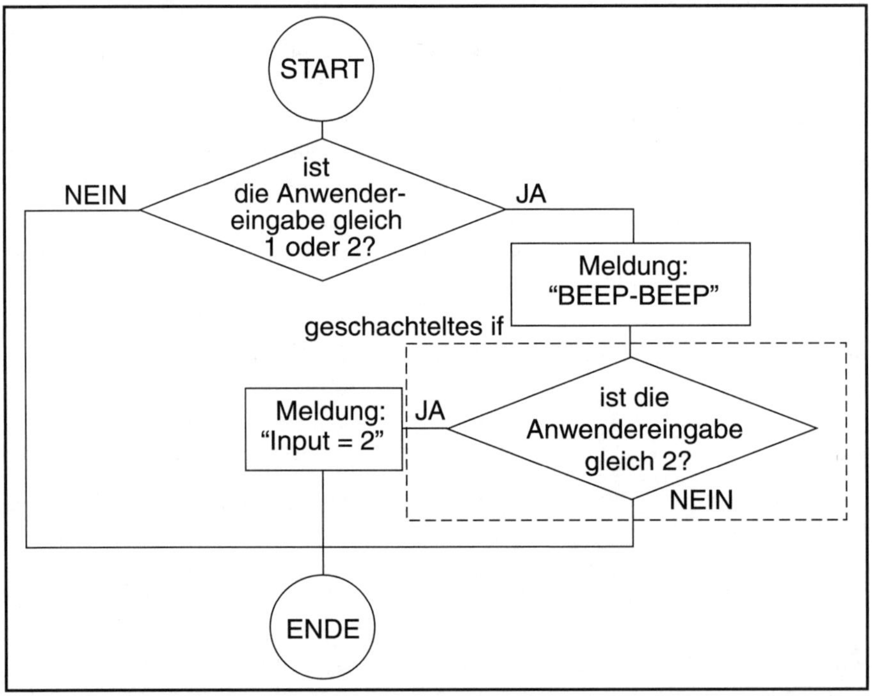

Abbildung 8.2: Flussdiagramm eines geschachtelten if-Konstrukts

8.2.4 Das else-Konstrukt

20 Min.

Das einfache `if`-Konstrukt führt eine Anweisung bzw. einen Anweisungsblock aus, wenn die Bedingungsklausel true ergibt, führt jedoch nicht zu einer alternativen Aktion, falls der Ausdruck false ist. Mit dem Konstrukt `if-else` kann Java-Code geschrieben werden, der zwei Verarbeitungsoptionen bietet: Eine für eine Bedingungsklausel mit dem Ergebnis true und eine weitere für false.

Hinweis

Das** `else`**-Konstrukt wird auch manchmal** `if-else`**-Konstrukt genannt.

Das `else`-Konstrukt in Java können Sie dazu benutzen, das **Beeper**-Programm so abzuändern, dass es je nach Eingabe der Zahlen 1 oder 2 oder anderer Zahlen unterschiedliche Meldungen ausgibt. Der folgende Code zeigt die dahinterstehende Verarbeitung:

```
if(userInput == 1 || userInput == 2)
                              System.out.println("BEEP-BEEP");
else
                              System.out.println("Invalid Input");
```

Bei der Eingabe des `else`-Konstrukts ist es üblich, die Schlüsselwörter `if` und `else` wie im Codebeispiel untereinander zu schreiben. Auch hier hilft eine Einrückung dabei, die Programmlogik besser zu erkennen.

Wie die `if`-Klausel kann auch die `else`-Klausel einen Anweisungsblock enthalten, der eingeklammert wird, falls die `else`-Verzweigung mehr als eine Anweisung ausführen soll. Abbildung 8.3 zeigt ein Flussdiagramm für das `if-else`-Konstrukt.

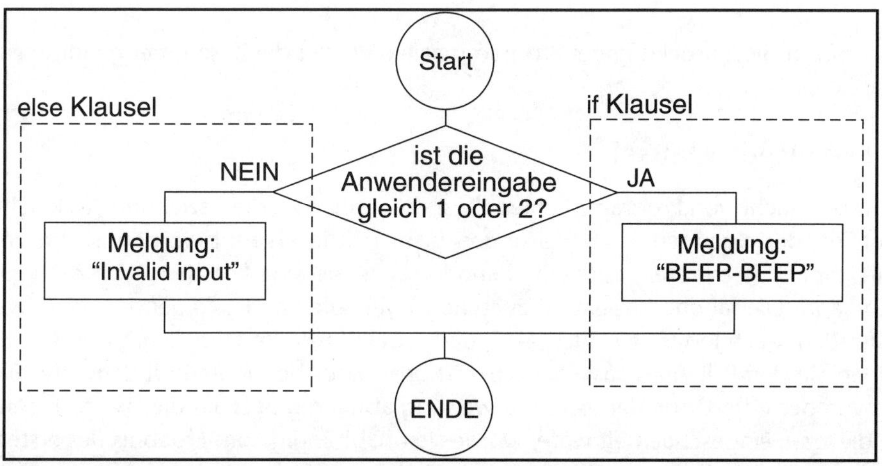

Abbildung 8.3: Flussdiagramm eines if-else-Konstrukts

8.2.5 Das Problem mit dem »hängenden« else

Da die else-Anweisung optional ist, ist es gut möglich, dass Sie mehrere geschachtelte if-Konstrukte haben, von denen nicht alle über eine else-Klausel verfügen. Diese Situation, die manchmal auch als das »hängende« else bezeichnet wird, kann zu Unklarheiten über die jeweilige Zusammengehörigkeit der einzelnen if- und else-Teile führen. Die else-Klausel im folgenden Beispiel gehört zur inneren if-Anweisung:

```
if(a != 0)
                        if(a > 1)
                          System.out.println("x is positive and non-zero");
                        else
                             System.out.println("x is zero or negative");
```

Der Compiler nimmt bei einem »hängenden« else grundsätzlich an, dass die else-Anweisung zu der innersten if-Anweisung gehört, die über kein else verfügt und sich in demselben Block befindet. Die Einrückung im Codebeispiel oben soll deutlich machen, dass die else-Anweisung mit der Anweisung if(a > 1) zusammenhängt.

Durch die Verwendung von Klammern kann eine andere Zusammengehörigkeit der Anweisungen durchgesetzt werden. Dazu das folgende Beispiel:

```
if(a != 0)
  {
        if(a > 1)
           System.out.println("x is positive and non-zero");
  }
else
    System.out.println("x must be zero");
```

In diesem Fall lautet die if-Anweisung ohne ein korrespondierendes else im selben Block if(a != 0).

Auch hier macht die Einrückung der Programmzeilen wieder die Zusammengehörigkeit des if-else deutlich.

8.2.6 Die else-if-Klausel

Eine häufige Ursache von Programmfehlern besteht darin, dass die Beziehung zwischen ein oder mehr aufeinanderfolgenden if-Anweisungen nicht richtig erkannt worden ist. Im vorherigen Abschnitt haben Sie erfahren, dass ein »hängendes« else eine falsche if-else-Zugehörigkeit bewirken kann. Die falsche Beziehung zwischen zwei aufeinander folgenden if-Anweisungen kann außerdem auch logische Fehler im Code herbeiführen. Im Flussdiagramm der Abbildung 8.2 können Sie den Fall eines kaskadierten if-Konstruktes betrachten, in dem eine zweite Anweisung von dem Wert true der ersten Anweisung abhängig ist. Falls die zweite if-Anweisung nicht in die erste eingeschachtelt wäre, würde sie unabhängig vom Ergebnis des ersten if ausgewertet werden. Das folgende Codebeispiel zeigt diesen Fall:

```
if(userInput == 1 || userInput == 2)
      System.out.println("BEEP-BEEP");
if(userInput == 2)
      System.out.println("Input = 2");
```

In diesem Codefragment hat die zweite `if`-Anweisung keine Beziehung zur ersten und wird daher immer ausgewertet.

Alternativ dazu erlaubt das `else-if`-Konstrukt die abhängige Ausführung der zweiten `if`-Anweisung, sofern die erste false ergibt. In diesem Fall muss nur das zweite `if` in die `else`-Klausel des ersten `if` eingeschachtelt werden, wie das folgende Beispiel zeigt:

```
int age;
....
if(age == 12)
  System.out.println("Du bist 12");
    else if(age == 13)
      System.out.println("Du bist 13");
        else if(age == 14)
          System.out.println("Du bist 14")
            else
               System.out.println("Du bist nicht 12, 13 oder 14");
```

Beachten Sie in diesem Codebeispiel, das die letzte `if`-Anweisung (`println`) nur dann ausgeführt wird, wenn alle vorherigen `if`-Anweisungen false ergeben haben. Falls eine dieser `if`-Anweisungen true ergeben hat, wird der gesamte Rest des Konstrukts übersprungen. In manchen Fällen kann es logische Variationen aufeinander folgender `if`-Anweisungen geben, die manchmal zum gewünschten Ergebnis führen und manchmal nicht. Der einfachste Weg, um den korrekten Ablauf der Logik zu ermitteln, besteht im Zeichnen eines Flussdiagramms.

8.2.7 Das switch-Konstrukt

10 Min.

Computerprogramme verwenden manchmal den Wert einer Integer-Variablen zu dem Zweck, die Programmausführung an eine bestimmte Verarbeitungsroutine zu übergeben. Ein typisches Szenario eines solchen Programms liegt bei einem Menü mit Auswahlmöglichkeiten vor, die durch Eingabe numerischer Werte selektiert werden:

```
*******************************
|   Programm für geometrische |
|        Berechnungen         |
*******************************
| Geometrische Figur:     |
|                         1. Kreis|
|                         2. Parallelogramm|
|                         3. Triangel|
```

```
|                          4. Ellipse|
|*******************************
|  Gewünschte Nummer eingeben |
*******************************
```

In diesem Fall wird über die Eingabe einer Integerzahl die gewünschte Menüoption ausgewählt. Eine mögliche Implementierungsform dieser Art der Verarbeitung besteht in der Verwendung mehrerer aufeinander folgender `if`-Anweisungen, die den Wert der Eingabevariable abtesten. Die Java-Sprache stellt jedoch einen einfacheren Weg zur Auswahl unter mehreren Verarbeitungsmöglichkeiten in Abhängigkeit von einem Integer-Wert zur Verfügung: das `switch`-Konstrukt. Das `switch`-Konstrukt besteht aus den folgenden Elementen:

- dem Schlüsselwort `switch`
- Einem steuernden Ausdruck vom integralen Typ, der in Klammern eingeschlossen ist (dies ist normalerweise der Name einer Variable). Die Typen `float` und `booelan` sind ungültig.
- einer oder mehrerer `case`-Anweisungen, denen eine Integer- oder Zeichenkonstante folgt (oder ein Ausdruck, der eine Konstante ergibt). Diese Anweisungen werden mit einem Doppelpunkt (:) abgeschlossen.
- einer optionalen `break`-Anweisung am Ende jedes `case`-Blocks, die ein sofortiges Verlassen der `switch`-Struktur ermöglicht.
- einer optionalen `default`-Anweisung, die dann die Kontrolle übernimmt, falls keine der vorherigen `case`-Anweisungen ausgeführt worden ist. Die `default`-Anweisung wird mit einem Doppelpunkt abgeschlossen.

Das `switch`-Konstrukt bietet eine Alternative zu einer allzu komplizierten `if`-, `else-if`- und `else`-Verkettung. Die allgemeine Form einer `switch`-Anweisung lautet wie folgt:

```
switch (Ausdruck)
{
                          case value1:
                                Anweisung;
                                Anweisung;
                          case value2:
                          Anweisung;
                                Anweisung;
                                .......
                                [break;]
                          [default:]
                                Anweisung;
                                Anweisung;
                                .......
                                [break;]
}
```

Hinweis

Das vorstehende Beispiel ist in einer nicht existierenden Programmiersprache geschrieben, was auch als Pseudocode bezeichnet wird. Mit Pseudocode kann man die grundlegende Logik eines Programmierkonstruktes beschreiben, ohne dazu die formalen Anweisungen einer bestimmten Programmiersprache benutzen zu müssen. Für Pseudocode existieren keinerlei strikte Regeln – die Syntax bleibt allein der Fantasie des Autors vorbehalten. Im dem vorstehenden Beispiel mit Pseudocode sind Elemente der Sprache Java nach Belieben mit anderen Symbolen kombiniert worden. Die Zeichen .... weisen darauf hin, dass an ihrer Stelle weitere Programmelemente stehen können. Mit den eckigen Klammern wurden optionale Komponenten angedeutet.

Im `switch`-Konstrukt wertet der in Klammern eingeschlossene Kontrollausdruck den Wert eines Integer-Typs aus. Der Kontrollausdruck ist zwar normalerweise ein Variablenname, jedoch können Sie ebenso gut auch einen Kontrollausdruck mit mehr als einer Variable haben, die literale Werte darstellen oder Integer-Arithmetik ausführen.

Das Schlüsselwort `case` gibt die Position im Code an, an der die Programmausführung fortgesetzt wird. Dem Schlüsselwort folgt eine Integer- oder Zeichenkonstante oder ein Ausdruck, der eine Integer- oder Zeichenkonstante ergibt. Falls die Kontrollanweisung vom Typ `char` sein sollte, wird die `case`-Konstante in einfache Anführungszeichen eingeschlossen. Dazu das folgende Codebeispiel:

```
char sw_var1;
.........
switch (sw_var1)

{
              case 'A':
                System.out.println("Input war A");
                break;
              case 'B':
                System.out.println("Input war B");
                break;
.........
}
```

Falls die Kontrollanweisung keinen `int`-Typ ergibt, sind Anführungszeichen bei `case` nicht erforderlich:

```
char sw_var2;
.........
switch (sw_var2)

{
```

```
                    case 1:
                      System.out.println("Input war 1");
                      break;
                    case 2:
                      System.out.println("Input war 2");
                      break;
.........
}
```

Das Schlüsselwort `break` ist zwar optional, jedoch würde im Falle seines Fehlens noch der nachfolgende `case`-Fall oder `default`-Block ausgeführt werden. Die Programmausführung in einem `switch`-Konstrukt wird in der Tat immer bis zum Schlüsselwort `break` oder dem Ende des Konstruktes fortgesetzt. Die Programmausführung springt daher unverzüglich zum Ende des `switch`-Konstrukts, sobald das Schlüsselwort `break` auftaucht. Im letzten Block (`case` oder `default`) ist eine `break`-Anweisung zwar nicht nötig, aber oft wegen der besseren Lesbarkeit des Codes vorhanden.

Sämtliche Ausführungsblöcke eines `switch`-Konstrukts müssen in Klammern stehen. Dagegen bewirken die Schlüsselwörter `case` und `default` automatisch eine Blockung der nachfolgenden Anweisungen. Innerhalb eines `case`- oder `default`-Blocks werden Klammern zur Verdeutlichung des Blockes, der gerade ausgeführt wird, daher nicht benötigt.

```
//   Dateiname: Menu.java
//   Bezug: Lektion 8
//
//   Java-Programm zur Demonstration einer Menüauswahl
//   Themen:
//      1. Verwenden des switch-Konstrukts
//
//   Voraussetzung:
//      1. Klasse Keyin im aktuellen Verzeichnis

public class Menu
{
  public static void main(String[] args)
  {
                         int userInput;

                         // Menü anzeigen
    System.out.println("============================");
    System.out.println("|   MENUE AUSWAHL DEMO     |");
    System.out.println("============================");
    System.out.println("| Optionen:                |");
    System.out.println("|        1. Zeichen        |");
```

```
    System.out.println("|         2. Malen          |");
    System.out.println("|         3. Ende           |");
    System.out.println("=============================");
    userInput = Keyin.inInt("Bitte Option wählen:");

                        // switch-Konstrukt
                        switch(userInput)
                        {
                          case 1:
                               System.out.println("Zeichnen ausgewählt");
                             break;
                          case 2:
                               System.out.println("Malen ausgewählt");
                             break;
                          case 3:
                               System.out.println("Ende ausgewählt");
                             break;
                          default:
                               System.out.println("Ungültige Auswahl");
                             break;  // Dieses break ist nicht erforder-
lich
      }
    }
}
```

CD-ROM

Das folgende im Verzeichnis Lektion 8 auf der beiliegenden CD enthaltene Programm Menu.java demonstriert die Verarbeitung, die zur Implementierung eines Menüs mit einem `switch`-Konstrukt in Java erforderlich ist.

8.2.8 Bedingte Ausdrücke

Java verfügt über einen ternären Operator, der als Argument zwei Operanden verwendet. Dieser Operator benutzt die Zeichen ?: und wird *bedingter Operator* genannt. Ein bedingter Ausdruck stellt einen Ersatz für eine `if-else`-Anweisung dar. Seine Syntax lautet folgendermaßen:

```
expl ? exp2 : exp3
```

Dies bedeutet, dass `exp2` ausgeführt wird, falls `expl` true ist. Falls dagegen `expl` false ist, wird `exp3` ausgeführt. Nehmen Sie einmal an, dass Sie einer Variablen namens `minVal` den kleineren Wert der zwei Integer-Variablen a und b zuweisen möchten. Der entsprechende Code sähe mit konventionellen Anweisungen wie folgt aus:

```
int a, b, minVal;
.......
if (a < b)
                        minVal = a;
else
                        minVal = b;
```

Mit dem bedingten Konstrukt sieht dieser Code so aus:

```
minVal = (a < b) ? a : b;
```

Dabei gilt:

```
minVal = lvalue
(a < b)                 = erster Ausdruck
a                       = zweiter Ausdruck
b                       = dritter Ausdruck
```

In dieser Anweisung bilden die Elemente rechts vom Zuweisungsoperator (=) den bedingten Ausdruck. Im bedingten Teil des Ausdrucks können Sie drei Elemente unterscheiden: Der erste Ausdruck (also `a < b`) ermittelt das logische true oder false. Falls er true ist, wird der Wert des zweiten Ausdrucks dem lvalue zugewiesen. Falls der erste Ausdruck dagegen false ergibt, wird der Wert des dritten Ausdrucks dem lvalue zugewiesen.

Hinweis

lvalues und rvalues wurden in Lektion 7 erörtert.

0 Min.

Zusammenfassung

Das wohl wichtigste Konstrukt für Entscheidungen ist die `if`-Anweisung. Mit Klammern können Sie mehrere Verarbeitungsanweisungen mit dem Ergebnis einer `if`-Klausel verknüpfen. Beim geschachtelten `if` kaskadieren Sie mehrere Anweisungen, um mehrere miteinander verknüpfte Bedingungen zu testen. Das `else`-Konstrukt stellt eine Verarbeitungsoption für den Fall dar, dass eine mit ihm verknüpfte `if`-Klausel nicht true ist. Mit dem `else-if` kann eine zweite `if`-Klausel für die Bedingungsprüfung mit einer vorhergehenden verknüpft werden, die false ergeben hat. Das `switch`-Konstrukt, das oft für den Aufbau von Menüs verwendet wird, ist eine Kurzform für eine Serie von kaskadierten `if`-Anweisungen. Der bedingte Ausdruck gründet auf einem ternären Operator, der einen kompakten Code gegenüber der einfachen `if-else`-Anweisung erlaubt.

Selbsttest

1. Was ist der fundamentale Unterschied zwischen einem Computer und einer Rechenmaschine (siehe »Der Computer als Maschine für Entscheidungen«)?
2. Schreiben Sie ein `if`-Konstrukt, das testet, ob eine Person jugendlich ist (siehe »Das `if`-Konstrukt«).
3. Wie können Sie zwei `if`-Anweisungen so miteinander verknüpfen, dass die Programmausführung nur dann stattfindet, wenn beide Anweisungen true sind (siehe »Das geschachtelte `if`«)?
4. Beschreiben Sie den Zweck der `else`-Klausel (siehe »Das `else`-Konstrukt«).
5. Welche Situation in der Programmierung erzeugt eine Bedingung, die als »hängendes `else`« bezeichnet wird (siehe »Das Problem mit dem hängenden `else`«)?
6. Schreiben Sie ein Codebeispiel, das eine `else-if`-Klausel enthält (siehe »Die `else-if`-Klausel«).
7. Schreiben Sie ein Java-Programm, das über ein `switch`-Konstrukt verschiedene Auswahlmöglichkeiten in einem Menü realisiert (siehe »Das `switch`-Konstrukt«).
8. Schreiben Sie einen bedingten Ausdruck in Java, der eine boolesche Variable namens `isSweet` auf true setzt, falls der Wert einer `int`-Variable namens `sugarContents` größer als 10 ist. Setzen Sie `isSweet` auf false, falls der Wert kleiner ist (siehe »Bedingte Ausdrücke«).

Iterationen und Flusskontrolle

Lektion 9

Checkliste

- Iterative Anweisungen in Java
- Die Programmschleife
- Die `for`-Schleife
- Zusammengesetzte Anweisungen
- Die `while`-Schleife
- Die `do-while`-Schleife
- Die passende Schleife wählen
- Die direkte Ablaufkontrolle: `break` und `continue`

30 Min.

Computerprogramme führen oft Wiederholungen bestimmter Aufgaben aus. Ein Gehälterprogramm beispielsweise muss immer wieder dieselben Berechnungen für die Gehälter und Abzüge aller Angestellten im System durchführen. Wiederholungen dieser Art werden mit Hilfe von Programmierkonstrukten realisiert, die man Iterationen oder Programmschleifen nennt. In diesem Kapitel werden drei Schleifenkonstrukte von Java erörtert: Die `for`-, `while`- und die `do-while`-Schleife. Außerdem werden noch Java-Instruktionen vorgestellt, mit denen abrupte Änderungen des Programmablaufs herbeigeführt werden können, nämlich die Anweisungen `break` und `continue`.

Ein Schleifenkonstrukt ist nichts anderes als eine Erleichterung der Programmierung. Sein Hauptvorteil besteht darin, dass es Codieraufwand und Programmierzeit erspart. Mit Schleifen werden keinerlei neue Funktionen bereitgestellt, die in der Programmiersprache nicht auch mit anderen Mitteln erzielt werden könnten. In vielen Fällen jedoch kann die Codierung einzelner Programmroutinen recht umständlich und verzwickt werden – stellen Sie sich hier wieder das Gehälterprogramm für eine Firma mit 1000 Angestellten vor, das ein und dieselbe Berechnung 1000-mal wiederholen muss.

9.1 Iterative Anweisungen in Java

Im Zusammenhang mit Schleifen und anderen Konstrukten für Wiederholungen werden oftmals die so genannten Programm*iterationen* verwendet. Eine Iteration ist nichts anderes als eine wiederholte Aktion, wobei jeder einzelne Durchgang durch die Anweisung oder eine Gruppe von Anweisungen in der Schleifenstruktur die Iteration darstellt. Wenn man von einer Programmschleife spricht, die eine Gruppe von Anweisungen dreimal wiederholt, spricht man auch von der ersten, zweiten und dritten Schleifeniteration. Beachten Sie jedoch, dass das Konzept der Iteration nicht nur für Schleifenstrukturen gilt – der Begriff »Iteration« bezeichnet jede Art von wiederholter Verarbeitung unabhängig von den logischen Mitteln, die dabei verwendet werden.

9.1.1 Elemente einer Programmschleife

In jeder Programmiersprache beinhaltet eine Schleife drei charakteristische Schritte:

1. Mit dem *Initialisierungsschritt* werden die logischen Elemente und Variablen der Schleife initialisiert und damit auf einen Anfangszustand eingestellt.
2. Der *Verarbeitungsschritt* führt die eigentliche Verarbeitung aus. Dieser Teil des Codes wird während jeder Iteration wiederholt.
3. Der *Testschritt* bewertet die Variablen oder Bedingungen, von denen die Fortdauer der Schleife abhängt. Sind die Bedingungen erfüllt, fährt die Schleifenausführung fort, anderenfalls wird die Verarbeitung beendet.

Eine einfache Schleifenstruktur kann beispielsweise eine Routine sein, die Fakultätsberechnungen durchführt. Die Fakultät ist ein Produkt aller ganzen Zahlen, die gleich oder kleiner als der Operand sind. Beispielsweise ergibt die Fakultät von 4 (geschrieben 4!) Folgendes:

```
4! = 4 * 3 * 2 * 1 = 24
```

Indem Sie eine Variable `facPro` zum Speichern des akkumulierten Produkts und eine Variable `curFac` zum Speichern des aktuellen Faktors erstellen, können Sie eine Programmschleife schreiben, die die Fakultät wie folgt berechnet:

1. Initialisieren Sie die Variable `facPro` auf den Wert, dessen Fakultät Sie berechnen möchten, und die Variable `curFac` auf diesen Wert minus 1.
2. Setzen Sie `facPro` gleich dem Produkt von `curFac` und `facPro` und subtrahieren Sie 1 von `curFac`.
3. Falls `curFac` größer als 1 ist, wiederholen Sie den Schritt 2; falls nicht, beenden Sie die Schleife.

Beachten Sie, dass der Test auf den Faktor größer 1 die Multiplikation mit 1 überflüssig macht. Am Ende der Schleife befindet sich der Wert der Fakultät in der Variable `facPro`. Die Abbildung 9.1 stellt ein Flussdiagramm der Logik dar, die in dieser Fakultätsberechnung verwendet wird.

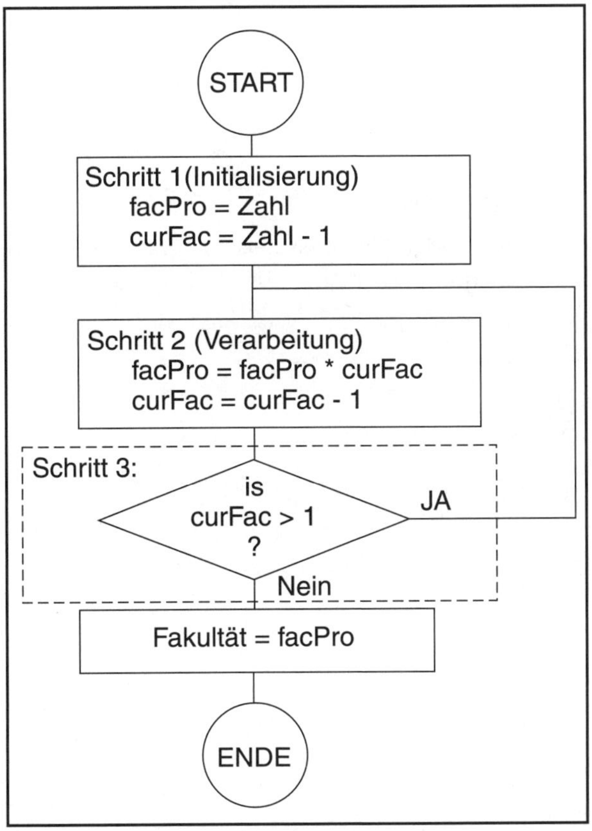

Abbildung 9.1: Flussdiagramm zur Berechnung der Fakultät

9.2 Die for-Schleife

Die `for`-Schleife ist das einfachste iterative Konstrukt in Java. Sie wiederholt die Ausführung einer Programmanweisung oder eines Anweisungsblocks für eine feste Anzahl von Malen. Die typische `for`-Schleife besteht aus denselben Schritten wie die im vorigen Abschnitt vorgestellte allgemeine Programmschleife:

1. einem Initialisierungsschritt, der einer Schleifenvariable einen Startwert zuweist
2. einer oder mehreren Verarbeitungsanweisungen, die die erforderlichen Aktionen durchführen und die Schleifenvariable aktualisieren
3. einem Ausdruck zum Testen, der die Bedingung zur Beendigung der Schleife testet

Im Falle der `for`-Schleife sind diese Schritte in gewisser Weise in der Schleifenstruktur versteckt. Die allgemeine Form der `for`-Schleifeninstruktion lautet wie folgt:

```
for(var = 0; var < 5; var++)
 {
                      // Verarbeitungsanweisungen
 }
```

Dabei gilt:

`for` = Schlüsselwort

`var = 0` = Initialisierungselement

`var < 5` = Testelement

`var++` = Aktualisierungselement

Die `for`-Schleife des nun folgenden Codebeispiels dient zur Berechnung der Fakultät in Übereinstimmung mit dem Flussdiagramm der Abbildung 9.1:

```
int number = 5; // Fakultät, die berechnet werden soll
int facPro, curFac // Lokale Variablen

// Initialisierungsschritt
facPro = number; // Initialisierung der operationalen Variable

// Schleifenverarbeitung
for (curFac = number - 1; curFac > 1; curFac--)
                                facPro = curFac * facPro;

// Erledigt
System.out.println("Fakultät ist " + facPro);
```

In diesem Codefragment enthält der Ausdruck

```
for (curFac = number - 1; curFac > 1; curFac--)
```

eine Schleife, die Elementen aus den Schritten 1, 2 und 3 beinhaltet. Die erste Anweisung innerhalb der Klammern (`curFac = number - 1`) stellt den Anfangswert der Faktorvariable ein, die zur Initialisierungsfunktion in Schritt 1 gehört. Die zweite Anweisung innerhalb der Klammern (`curFac > 1`) enthält die Testbedingung, die zur Beendigung der Schleife führt. Diese Testoperation gehört zum Schritt 3 in der allgemeinen Form. Das dritte Element innerhalb der Klammern (`curFac--`) verwendet den Dekrementierungsoperator (`--`) zum Verkleinern des Schleifenzählers um 1 in jeder Iteration. Diese Operation ist Bestandteil der Verarbeitung in Schritt Nummer 2.

Die `for`-Schleife wird nicht mit einem Semikolon beendet, enthält aber gleichwohl eingebettete Semikolons, die das Initialisierungselement vom Testelement und das Testelement vom Aktualisierungselement separieren. In jedem Element des Schleifenausdrucks können auf diese Weise wie im folgenden Beispiel mehrere Anweisungen verwendet werden:

```
unsigned int x, y;
for(x = 0, y = 5; x < 5; x++, y--)
                                System.out.println("x ist: " + x + " y ist: " + y);
```

Dabei gilt:

`x = 0, y = 5` = Initialisierung

`x < 5` = Beendigung

`x++, y--` = Aktualisierung

Beachten Sie in diesem Codebeispiel, dass das Initialisierungselement die Variable `x` auf einen Anfangswert von 0, und die Variable `y` auf einen Anfangswert von 5 setzt. Das Aktualisierungselement instruiert den Compiler, bei jeder Iteration `x` zu inkrementieren und `y` zu dekrementieren. Der Komma-Operator isoliert die einzelnen Komponenten jedes Schleifenelements voneinander.

Das zweite Element im `for`-Schleifenkonstrukt, das auch *Testelement* genannt wird, wird bei jedem Schleifendurchgang getestet. Falls das Ergebnis dieses Tests false ist, wird die Schleife sofort beendet; anderenfalls wird die Ausführung der Schleife fortgesetzt. Es ist wichtig sich daran zu erinnern, dass die Schleife für den ersten Durchgang einen Anfangswert von true haben muss. Beachten Sie, dass der Testausdruck die Bedingung festlegt, unter der die Schleife ausgeführt wird, nicht aber die Bedingung, unter der sie beendet wird. Schauen Sie sich dazu das folgende Codefragment an:

```
for(x = 0; x == 5; x++)
                        System.out.println(x);
```

Hier wird das Verarbeitungselement der Schleife überhaupt nicht ausgeführt, da der Testausdruck `x == 5` von vornherein bereits false ergibt. Im Gegensatz dazu wird die jetzt folgende Schleife endlos weiterlaufen, weil die Abbruchbedingung bei jeder Iteration auf einen neuen Anfangswert gesetzt wird:

```
for(x = 0; x = 5; x++)
                        System.out.println(x);
```

Das Testelement einer `for`-Schleife kann einen komplexen logischen Ausdruck enthalten. In einem solchen Fall wird der gesamte Ausdruck ausgewertet, um feststellen zu können, ob die Bedingung erfüllt ist. Schauen Sie sich dazu das folgende Beispiel an:

```
int x, y;
for(x = 0, y = 5; (x < 3 || y > 1); x++, y--)
```

Der Testausdruck

```
(x < 3 || y > 1);
```

ergibt in diesem Fall true, wenn entweder `x` kleiner als 3 oder `y` größer als 1 ist. Das Ende der Schleife ist dann erreicht, wenn `x = 4` oder `y = 1` ist.

Tipp

Im Beispiel oben wurden zur besseren Lesbarkeit des Codes Klammern verwendet. Der Testausdruck würde aber auch ohne diese Klammern korrekt ausgewertet werden.

9.2.1 Zusammengesetzte Anweisungen in Schleifen

20 Min.

In Java dienen die Klammern ({ und }) zum Gruppieren mehrerer Anweisungen zu einem einzigen Block. Anweisungsblöcke in Schleifenkonstrukten werden verwendet, wenn ein Code mehr als nur einen Verarbeitungsschritt ausführen soll. Das folgende Programm Factorial.java verwendet einen Anweisungsblock in einer* `for`*-Schleife dazu, das Teilprodukt der Fakultätsberechnung auszugeben.

CD-ROM

Die Quelldatei des Programms Factorial.java finden Sie im Verzeichnis Lektion 9 auf der beiliegenden CD.

```
//    Dateiname: Factorial.java
//    Bezug: Lektion 9
//
//    Java Programm zur Demonstration von Schleifen
//    Themen:
//       1. Verwendung der for-Schleife
//       2. Schleifen mit mehreren Verarbeitungsanweisungen
//
//    Voraussetzung:
//       1. Klasse Keyin im aktuellen Verzeichnis

public class Factorial
{
  public static void main(String[] args)
  {
    int number;
    int facPro;
    int curFac;

    System.out.println("Programm zur Berechnung der Fakultät");
    number = Keyin.inInt("Eingabe einer positiven ganzen Zahl: ");

    facPro = number;      // Initialisierung

    for(curFac = number - 1; curFac > 1; curFac--)
                        {
```

```
        facPro = curFac * facPro;
                                System.out.println("Teilprodukt: " +
facPro);
                                System.out.println("Aktueller Faktor:  " +
curFac);
                           }

    // Erledigt. Fakultät anzeigen
    System.out.println("\n\nFakultät ist: " + facPro);
  }
}
```

9.3 Die while-Schleife

Das Schlüsselwort `while` in Java macht einen zweiten Schleifentyp möglich. Wie das Schlüsselwort selbst nahe legt, wird die Ausführung einer Anweisung bzw. eines Anweisungsblocks in einer `while`-Schleife so lange fortgesetzt, wie eine bestimmte Bedingung true ist. Wie die `for`-Schleife enthält auch die `while`-Schleife Initialisierungs-, Verarbeitungs- und Testschritte. Während jedoch in der `for`-Schleife die Initialisierungs- und Testschritte Teil der Schleife selbst sind, befinden sich diese Schritte bei der `while`-Schleife außerhalb der Schleife. Das folgende Programm namens **Ascii.java** gibt mit Hilfe einer `while`-Schleife die ASCII-Zeichen von `0x10` bis `0x20` aus.

CD-ROM

Die Quelldatei des Programms Ascii.java finden Sie im Verzeichnis Lektion 9 auf der beiliegenden CD.

```
//  Dateiname: Ascii.java
//  Bezug: Lektion 9
//
//  Java-Programm zur Demonstration von Schleifen
//  Themen:
//     1. Verwendung der while-Schleife
//
//  Voraussetzung:
//     1. Klasse Keyin im aktuellen Verzeichnis

public class Ascii
{
  public static void main(String[] args)
```

```
  {
    char value = 0x10;
    while(value < 0x20)
    {
      System.out.println(value);
      value++;
                                }
  }
}
```

Beachten Sie im Programm **Ascii.java**, dass die Initialisierung der Schleifenvariable außerhalb des `while`-Konstrukts stattfindet. Die Schleifenvariable dagegen wird im Innern der Schleife aktualisiert. Das einzige Schleifenelement im Schleifenausdruck ist das Testelement. Es folgen nun die Elemente der `while`-Schleife:

```
loopVar = 0; // Externe Initialisierung

while(loopVar != 10) // Schleifenfortsetzungstest
{
                         System.out.println(loopVar) // Verarbeitung
                         loopVar++; // Aktualisierung
}
```

Die `while`-Schleife wertet den Testausdruck aus, bevor der Anweisungsblock der Schleife ausgeführt wird. Daher zeigt die `while`-Schleife auch sämtliche Integer-Zahlen zwischen 0 und 9 an, was gänzlich dem Sinne des Wortes »while« entspricht.

9.4 Die do-while-Schleife

Das dritte iterative Konstrukt in Java ist die `do-while`-Schleife. In der `do-while`-Schleife wird der Testausdruck nach der Ausführung der Schleife ausgewertet. Diese Form der Schleife stellt sicher, dass die Schleife immer mindestens einmal ausgeführt wird. Im Gegensatz dazu steht die `while`-Schleife, in der der Testausdruck bereits vor der Ausführung der Schleife ausgewertet wird. Die `while`-Schleife des folgenden Beispiels führt die darin enthaltenen Anweisungen nicht aus, da die Variable `x` noch vor Beginn der ersten Iteration 0 ist:

```
int x = 0;
while (x != 0)
                         System.out.println(x);
```

Mit der `do-while`-Schleife stellen Sie sicher, dass diese Schleife mindestens einmal ausgeführt wird:

```
int x = 0;
do
    System.out.println(x);
while (x != 0);
```

Nun findet die erste Iteration der Schleife in jedem Falle statt, da der Test erst nach der Ausführung der darin enthaltenen Anweisungen durchgeführt wird. Es folgen nun die Elemente der `do-while`-Schleife:

```
loopVar = 0; // Externe Initialisierung

do // Schleifenbeginn
{
                    System.out.println(loopVar) // Verarbeitung
                    loopVar++; // Aktualisierung
}
while(loopVar != 10); // Testausdruck
```

In vielen Fällen ist die Verarbeitung von `do-while`-Schleifen mit derjenigen einer `while`-Schleife identisch. Beachten Sie, dass der Testausdruck in einer `do-while`-Schleife mit einem Semikolon abgeschlossen wird.

9.5 Die passende Schleife wählen

10 Min.

Java bietet drei Konstrukte für Schleifeniterationen an: Die `for`-, `while` und die `do-while`-Schleife. Die `for`-Schleife ist eine kompakte Struktur, die die erforderlichen drei Schleifenelemente enthält: Initialisierung, Test und Verarbeitung. Die `for`-Schleife ist sinnvoll in Situationen, in denen Sie die Bedingungen der Schleife im Voraus kennen. Sie können zum Beispiel eine Routine zur Ausgabe der ASCII-Zeichen von 16 bis 128 codieren, die wie folgt eine `for`-Schleife verwendet:

```
for(char ascii = 16; ascii < 129; ascii++)
                    System.out.println(ascii);
```

Beachten Sie, dass die Schleifenvariable in diesem Codebeispiel innerhalb der `for`-Anweisung deklariert wird. Dies macht `ascii` zu einer rein lokalen Variable, deren Geltungsbereich auf die Schleife selbst beschränkt ist.

Die `while`-Schleife erzeugt auf der anderen Seite eine Iteration, die so lange abläuft, wie eine bestimmte Bedingung zutrifft. Diese Form einer Schleife macht die `while`-Schleife sinnvoll in Situationen, in denen die Abbruchbedingung nicht vorhersagbar ist.

Die `do-while`-Schleife wiederum stellt eine Alternative zur `while`-Schleife dar. Hier wird die Bedingung erst nach Ausführung der Verarbeitungsanweisungen geprüft. Dadurch wird gewährleistet, dass die Schleife immer mindestens einmal ausgeführt wird.

In vielen Fällen muss ein Programm zur Bearbeitung einer komplexen Aufgabe mehrere Schleifenkonstrukte verwenden, die oftmals auch noch ineinander verschachtelt sind. Das folgende Programm namens **Asctable.java** gibt die Tabelle der ASCII-Zeichen von `0x20` bis `0xF7` aus. Der Code enthält drei Schleifen: Die erste Schleife besteht aus zwei `for`-Anweisungen, die die Spalten der Tabelle ausgeben. Die zweite Schleife (eine `while`-Schleife) sorgt für den Aufbau der Tabellenzeilen und der führenden Leerzeichen. Die dritte Schleife ist in die zweite eingeschachtelt und zeigt eine Zeile mit je 16 ASCII-Zeichen an. Das Ergebnis des Programms ist eine beschriftete Tabelle der ASCII-Zeichencodes.

Die Quelldatei des Programms Asctable.java finden Sie im Verzeichnis Lektion 9 auf der beiliegenden CD.

```
//   Dateiname: Asctable.java
//   Bezug: Lektion 9
//
//   Java-Programm zur Demonstration von Schleifen
//   Themen:
//      1. Mehrere Schleifenkonstrukte gleichzeitig verwenden
//      2. Verschachtelte Schleifen
//
public class Asctable
{
  public static void main(String[] args)
  {
    // Lokale Variablen
    char hexLetter;                     // Für die Tabellenüberschrift
    char ascCode = 0x20;          // Erster ASCII-Code
    // Zähler für die Zeilen und Spalten
    int row = 2;
    int column;

    System.out.print("\n\n");
    System.out.print("                            ");
    System.out.println("ASCII Zeichentabelle");
    System.out.print("                           ");
    System.out.println("Zeichen 0x20 bis 0xff");
    System.out.print("\n    ");

    // ERSTE SCHLEIFE
    // Zeigt Spaltenüberschriften für die Zahlen von 0 bis F hex an.
    // Beachten Sie, dass hierfür zwei for-Schleifen benötigt werden:
    // Eine zur Anzeige der Hex-Zahlen von 0 bis 9 und eine zweite
    // für die Hex-Buchstaben von A bis F.
    for(hexLetter = '0'; hexLetter <= '9'; hexLetter ++)
      System.out.print("   " + hexLetter);
    for(hexLetter = 'A'; hexLetter <= 'F'; hexLetter ++)
      System.out.print("   " + hexLetter);

    // Leerzeile zum Trennen der Tabellenüberschrift
```

```
    // vom Tabelleninhalt
    System.out.println("\n");

    // ZWEITE SCHLEIFE
    // Solange ASCII-Codes kleiner als 0x80: Tabellenzeile
    // und führende Leerzeichen ausgeben
    //
    // DRITTE SCHLEIFE (eingeschachtelt in die zweite Schleife)
    // Zeile mit ASCII-Codes für die Spalten von 0 bis 0x0F ausgeben.
    // Am Ende jeder Zeile einen Zeilenwechsel machen
    while (ascCode < 0x80)
    {
      System.out.print("   " + row);
      for (column = 0; column < 16; column ++)
      {
        System.out.print("   " + ascCode);
        ascCode ++;
      }
      System.out.print("\n\n");
      row ++;
    }
  }
}
```

Die Abbildung 9.2 ist ein Screenshot, der das Kompilieren und die Ausführung des Programms **Asctable.java** zeigt.

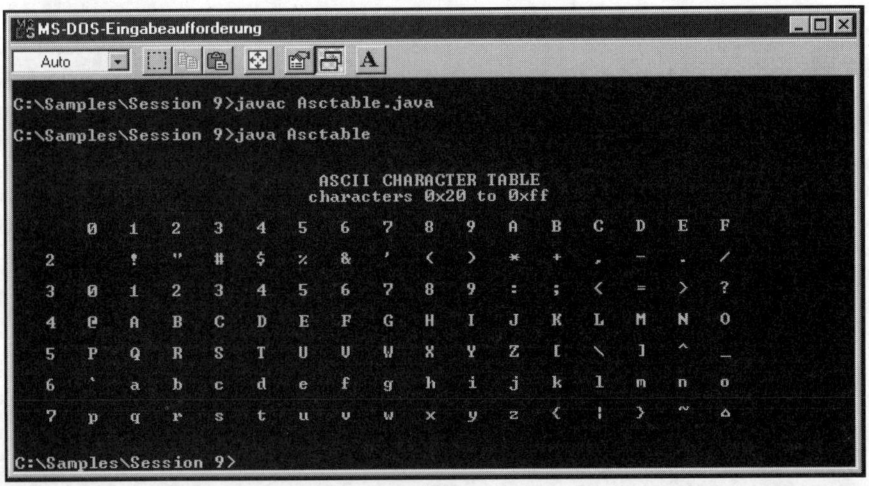

Abbildung 9.2: Screenshot des Programms Asctable.java

9.6 Die direkte Ablaufkontrolle

Die bisherigen Schleifenanweisungen dieses Kapitels wie auch die Entscheidungskonstrukte der Lektion 8 stellen Möglichkeiten zum Steuern des Programmablaufs zur Verfügung. In allen diesen Fällen wird die Programmausführung direkt vom Ergebnis einer Anweisung oder eines Ausdrucks abhängig gemacht, die true oder false ergeben. In gewisser Weise kann man sagen, dass diese Konstrukte den Programmablauf indirekt beeinflussen, insofern ihre Aktion vom Ergebnis eines logischen Ausdrucks abhängt.

Zusätzlich zu den indirekten Methoden zur Ablaufkontrolle enthält Java auch Instruktionen für eine direkte und abrupte Änderung des Programmablaufs: `break`, `continue` und `return`. Die `return`-Anweisung wird in der Lektion 10 erörtert.

Hinweis

C und C++ enthalten die zusätzliche Anweisung goto, mit der die Programmausführung bedingungslos an einer anderen Stelle fortgesetzt werden kann. goto ist zwar in Java ein reserviertes Wort, jedoch wurde die goto-Anweisung selbst nicht implementiert.

9.6.1 Die break-Anweisung

Die `break`-Anweisung in Java stellt eine Möglichkeit zum Verlassen eines `switch`-Konstrukts dar. Darüber hinaus kann eine `break`-Anweisung noch in einer `for`-, `while`- oder `do-while`-Schleife auftauchen. In einem solchen Fall wird die Programmausführung mit der nächsten Zeile nach der gerade ausgeführten Ebene der Schleife fortgesetzt.

Beachten Sie, dass die `break`-Anweisung nicht außerhalb einer `switch`- oder Schleifenstruktur verwendet werden kann. Falls `break` innerhalb einer geschachtelten Schleife verwendet wird, wird die innerste Schleife verlassen. Dies wird vom folgenden Programm namens **Break.java** demonstriert.

CD-ROM

Die Quelldatei des Programms Break.java finden Sie im Verzeichnis Lektion 9 auf der beiliegenden CD.

```
//   Dateiname: Break.java
//   Bezug: Lektion 9
//
//   Java-Program zur Demonstration der direkten Ablaufkontrolle
//   Themen:
//      1. Wirkungsweise der break-Anweisung
//

public class Break
```

```
{
  public static void main(String[] args)
  {
    int number = 1;
    char letter;

    while(number < 10)
    {
      System.out.println("Zahl ist: " + number);
      number++;
      for(letter = 'A'; letter < 'G'; letter ++)
      {
        System.out.println("  Buchstabe ist: " + letter);
        if(letter == 'C')
          break;
      }
    }
  }
}
```

Das Programm **Break.java** enthält zwei Schleifen. Die erste Schleife, eine `while`-Schleife, zeigt die Zahlen zwischen 1 und 9. Die zweite Schleife, eine innere Schleife, zeigt die Großbuchstaben von A bis F. Eine `if`-Anweisung und eine zugehörige `break`-Anweisung beenden die innere Schleife, sobald der Buchstabe C erreicht wird. Weil die `break`-Anweisung nur auf die aktuelle Schleifenebene wirkt, setzt die äußere Schleife das Zählen fort, bis der Wert 10 erreicht ist.

9.6.2 Die continue-Anweisung

Anders als die `break`-Anweisung, die wir sowohl mit einem `switch`-Konstrukt als auch mit einer Schleife verwenden können, kann die `continue`-Anweisung nur in Schleifen verwendet werden. Wir können Sie nur in einem `for`-, `while`- oder `do-while`-Konstrukt verwenden. Der Sinn von `continue` besteht darin, dass alle Anweisungen, die in der Schleife noch nicht ausgeführt wurden, übersprungen werden und sofort an den Anfang der Schleife zurückgekehrt wird.

Das folgende Programm **Continue.java** enthält eine `for`-Schleife, die die Buchstaben A bis D anzeigen soll. Eine `continue`-Anweisung in dieser Schleife sorgt dafür, dass der Buchstabe C ausgelassen und daher nicht angezeigt wird.

CD-ROM

Die Quelldatei des Programms Continue.java finden Sie im Verzeichnis Lektion 9 auf der beiliegenden CD.

```
//   Dateiname: Continue.java
//   Bezug: Lektion 9
//
//   Java-Programm zur Demonstration direkter Flusskontrolle
//   Themen:
//      1. Wirkungsweise der continue-Anweisung
//
public class Continue
{
  public static void main(String[] args)
  {
    char letter;
    for(letter = 'A'; letter < 'E'; letter++)
    {
      if(letter == 'C')
        continue;
      System.out.println("  Buchstabe ist " + letter);
    }
  }
}
```

9.6.3 Die markierte break-Anweisung

Wir können mit einer `break`-Anweisung eine Schleife verlassen; die Ausführung wird dann in der nächsten Schleifenebene fortgesetzt. Es kann jedoch sein, dass eine Anwendung das sofortige Verlassen aller Schleifenebenen verlangt. Ein solcher Fall tritt typischerweise dann ein, wenn ein Fehler aufgetreten ist. Eine mögliche Lösung für dieses Problem besteht darin, eine `if`-Anweisung in die Schleife einzubauen und eine zusätzliche Abbruchbedingung im Schleifenkopf zu platzieren. Wenn Sie jedoch mit mehrfach geschachtelten Schleifen arbeiten, sind solche zusätzlichen Bedingungen sehr unbequem.

Für diese Fälle enthalten C und C++ die `goto`-Anweisung, die zu Beginn dieser Lektion bereits erwähnt wurde. Die dazu äquivalente Java-Anweisung, die eine sofortige und bedingungslose Beendigung bewirkt, ist das *markierte break*. Die Markierung folgt der `break`-Anweisung. Die Anweisung selbst ist ein Platzhalter, der mit einem Doppelpunkt abgeschlossen wird. Die allgemeine Form eines markierten `break` sieht wie folgt aus:

```
char n;
. . .
FAST_EXIT:
while(. . .)
{
  for(. . .)
```

```
    {
      if(n == 'x')
        break FAST_EXIT;
        . . .
    }
}
```

Hinweis

Beachten Sie, dass die Markierung außerhalb der äußersten Schleife stehen muss, die Sie verlassen möchten. Beachten Sie außerdem, dass die Verwendung eines markierten break normalerweise zusätzlichen Code erfordert, der einen Abbruch der Schleife veranlasst.

Das folgende Programm **FastBreak.java** demonstriert die Verwendung eines markierten `break` zur Implementierung von Fehlerbehandlung:

CD-ROM

Die Quelldatei des Programms FastBreak.java finden Sie im Verzeichnis Lektion 9 auf der beiliegenden CD.

```
//   Dateiname: FastBreak.java
//   Bezug: Lektion 9
//
//   Java-Programm zur Demonstration von direkter Flusskontrolle
//   Themen:
//      1. Wirkungsweise der markierten break-Anweisung
//      2. Verwendung eines markierten break zur Fehlerbehandlung
//
//   Benötigt:
//      1. Klasse Keyin im aktuellen Verzeichnis

public class FastBreak
{
  public static void main(String[] args)
  {
    int number = 1;
    char letter;
```

```
    letter = Keyin.inChar("Eingabe eines Buchstaben (außer C): " );

    FAST_EXIT:
    while(number < 10)
    {
      System.out.println("Zahl ist: " + number);
      number ++;
      for(char ch = 'A'; ch < 'D'; ch++)
      {
        System.out.println("  Buchstabe ist: " + ch);
        if(letter == 'C' || letter == 'c')
          break FAST_EXIT;
      }
    }
    if(letter == 'C' || letter == 'c')
      System.out.println("Fehlerhafte Eingabe");
  }
}
```

Zusammenfassung

0 Min.

In der Programmiersprache Java verwenden wir Schleifen, um wiederholte Anweisungen auszuführen. Java enthält drei grundlegende Schleifentypen: die `for`***-Schleife, die*** `while`***-Schleife und die*** `do-while`***-Schleife. Jeder Schleifentyp besitzt seine eigene Art der Durchführung und wird für die Lösung bestimmter typischer Programmierprobleme eingesetzt. Die Anweisungen*** `break` ***und*** `continue` ***führen zu abrupten Veränderungen in der Programmausführung.***

Selbsttest

1. Schreiben Sie ein Java-Programm, das mittels einer `for`-Schleife alle ungeraden Zahlen zwischen 0 und 50 ausgibt (siehe »Die `for`-Schleife«).
2. Schreiben Sie ein Java-Programm mit einer Schleife, die eine einzelne Ziffer ausgibt, die vom Benutzer eingegeben wurde. Die Ziffer 0 beendet die Schleife (siehe »Die `while`-Schleife«).
3. Erklären Sie den Unterschied zwischen einer `while`-Schleife und einer `do-while`-Schleife (siehe »Die `do-while`-Schleife«).
4. Schreiben Sie ein Java-Programm, das alle Großbuchstaben des Alphabets ausgibt. Verwenden Sie eine `continue`-Anweisung, um die Buchstaben "J" und "W" zu überspringen. (siehe »Die `continue`-Anweisung«).

Die Lösungen zu den Aufgaben 1, 2 und 4 finden Sie im Verzeichnis Lektion 9 auf der CD.

Lektion 10

Methoden erzeugen

Checkliste

- ☑ Java-Methoden
- ☑ Modulare Programmkonstruktion
- ☑ Die Struktur einer Methode
- ☑ Die Deklaration einer Methode
- ☑ Zugriffsbezeichner, Modifier, Rückgabetyp, Name und Parameterliste
- ☑ Der Methodenaufruf
- ☑ Rückkehr aus einer Methode
- ☑ Argumente und Parameter
- ☑ Gültigkeitsbereich von Methodenargumenten
- ☑ Globale Variablen
- ☑ Übergabe als Wert und als Referenz

30 Min.

Sehr früh in der Geschichte der Softwareentwicklung haben Programmierer festgestellt, dass Code oft Bereiche enthält, die identische Operationen ausführen. In einem geometrischen Berechnungsprogramm etwa wurde der Code zur Berechnung der Kreisfläche wiederholt. Die gleiche Routine immer wieder neu zu implementieren vergeudet wertvolle Programmierzeit, macht die Programme nur größer und erhöht die Wahrscheinlichkeit für Fehler im Programm. Die Lösung dieses Problems war die Erzeugung von Unterprogrammen innerhalb des Programms. Die Routine im Unterprogramm kann so oft es nötig ist aufgerufen werden, ohne dass sie jedes Mal neu geschrieben werden muss. Zusätzlich reduzieren Unterprogramme die Größe des Codes und vereinfachen das Testen und das Beheben von Fehlern. Ein Unterprogramm z.B. für die Berechnung der Kreisfläche würde als Parameter den Radius vom Aufrufenden entgegennehmen. Es würde dann die nötigen Operationen ausführen und die Fläche des Kreises als Ergebnis zurückgeben. Diese Lektion behandelt die Verwendung von Unterprogrammen in Java.

10.1 Java-Methoden

In Java nennen wir Unterprogramme *Methoden*, und sie sind die Bausteine von Java-Applikationen. Jede Ausführung findet in einer Java-Methode statt. Außerdem sind die Methoden die ausführenden Komponenten in Java-Klassen. In dieser Lektion behandeln wir Methoden als Unterprogramme; d.h., wir betrachten die Java-Methoden als ein Teil der Programmiersprache. Später werden wir die Methoden als Klassenelemente untersuchen.

10.1.1 Modulare Programmkonstruktion

Eine fundamentale Notation in der modernen Programmierung ist die *modulare Programmkonstruktion*. Die Idee dahinter ist die, eine Aufgabe in kleinere Einheiten aufzuteilen, die leichter analysiert, codiert und gewartet werden können. Eine korrekt entwickelte Methode führt eine bestimmte und wohldefinierte Menge von Operationen aus. Jede Methode hat einen einzigen Eingang und einen einzigen Ausgangspunkt und die auszuführenden Operationen besitzen einen überschaubaren Umfang. In der Praxis überschreitet der Code einer gut konzipierten Methode kaum einige Seiten. Allgemein ist es besser, die Verarbeitung in mehrere kleine Funktionen aufzuteilen, als eine einzige große komplexe Funktion zu erzeugen.

10.1.2 Die Struktur einer Methode

Wir können eine Java-Methode als eine Sammlung von Deklarationen und Anweisungen beschreiben, die unter einem Methodennamen zusammengefasst sind und gemeinsam eine bestimmte Aufgabe erfüllen. Jede Methode enthält zwei Elemente: die *Methodendeklaration* und den *Methodenrumpf*. Die Deklaration erzeugt und definiert die Methode. Der Methodenrumpf enthält Daten und Verarbeitungsanweisungen, die zu dieser Methode gehören. Die folgende Methode **ArrayAverage.java** addiert alle `int`-Elemente eines Arrays und gibt den Rückgabewert zurück.

```
//   Dateiname: ArrayAverage.java
//   Bezug: Lektion 10
//
//   Java-Programm zur Berechnung des Mittelwerts aller
//   Elemente eines Array vom Typ int

public class ArrayAverage
{
  public static void main(String[] args)
  {
                            int[] values = {1, 3, 5, 7, 9};
                            int aveValue;

                            aveValue = arrayAverage(values);
                           System.out.println("Mittelwert ist: " + aveValue);
```

```
  }

  public static int arrayAverage(int[] intArray)
  {
    int sum = 0;          // Lokale Variable

    // Berechne die Summe aller Arrayelemente
    for(int x = 0; x < intArray.length; x++)
      sum = sum + intArray[x];

    // Berechne Mittelwert und gib diesen zurück
    return sum / intArray.length;
  }
}
```


CD-ROM

Die Quelldatei des Programms ArrayAverage.java finden Sie im Verzeichnis Lektion 10 auf der beiliegenden CD.

10.1.3 Die Methodendeklaration

Die Methodendeklaration, manchmal auch als Header bezeichnet, ist ein einzelner Ausdruck, der den Methodennamen definiert, der festlegt, was die Methode zurückgibt und die Parameter definiert, die der Aufrufende an die Methode übergibt. Die Deklaration kann Informationen wie z.B. Zugriffsbezeichner und Modifier enthalten, die die Sichtbarkeit und Wirkungsweise der Methode bestimmen. Zusätzlich kann die Methodendeklaration Informationen über die Verarbeitung von Ausnahmen enthalten. Wir behandeln dieses Thema im Zusammenhang mit Java-Ausnahmen in Lektion 19. Das folgende Diagramm zeigt die Elemente einer Methodendeklaration:

```
public static int arrayAverage(int[] intArray)
```

Hierbei sind:

`public`	=	Zugriffsbezeichner
`static`	=	Modifier
`int`	=	Rückgabetyp
`arrayAverage`	=	Methodenname
`int[] intArray`	=	Parameterliste

Beachten Sie, dass die Methodendeklaration nicht mit einem Semikolon abgeschlossen wird.

Zugriffsbezeichner

Das erste Element einer Methodendeklaration ist der optionale Zugriffsbezeichner. Wie der Name vermuten lässt, regelt der Zugriffsbezeichner den Zugriff auf diese Methode. Unabhängig vom Zugriffsbezeichner haben jedoch alle anderen Methoden der gleichen Klasse Zugriff auf alle Methoden. Es gibt die Zugriffsbezeichner `public`, `protected` und `private`. Von diesen ist `public` der am wenigsten restriktive Bezeichner. Wir behandeln die Zugriffsbezeichner von Methoden im Zusammenhang mit der objektorientierten Programmierung ab Lektion 11.

Modifier

Modifier bestimmen die Eigenschaften der Methode. Die Modifier einer Funktion sind `static`, `abstract`, `final`, `native` und `synchronized`. Weil die Modifier einer Funktion mit deren Sichtbarkeit und Attributen verbunden sind, werden sie in diesem Kontext behandelt. Methoden, die keinem Objekt zugeordnet sind, müssen mit dem Modifier `static` deklariert werden wie in der Methode `arrayAverage()`, die wir bereits gesehen haben.

Rückgabetyp

Die Deklaration einer Methode erfordert einen Rückgabetyp, nur die Konstruktormethode nicht, die wir in Lektion 12 behandeln werden. Java-Methoden können einen der acht einfachen Datentypen wie `int`, `long`, `boolean`, `float` und `double` zurückgeben oder komplexe Typen wie z.B. Objekte. Das erklärt, warum Java-Methoden Strings zurückgeben können, obwohl ein String kein primitiver Datentyp ist. Der Rückgabetyp einer Methode kann auch `void` sein. In diesem Fall gibt die Funktion nichts zurück. Außer bei der Verwendung von `void` als Rückgabetyp muss eine Funktion den in der Deklaration angegebenen Typ zurückgeben.

Die folgende Methode gibt einen Booleschen Wert zurück.

```
public static boolean isEven(int aValue)
{
  return (aValue % 2 == 0);
}
```

Methodenname

Der Name der Methode ist ein zwingender Bestandteil der Deklaration. Der Name kann jeder legale Java-Bezeichner sein. In der Java-Programmierung ist es üblich, Methodennamen mit einem kleinen Buchstaben zu beginnen und jedes andere Wort im Namen mit einem großen Buchstaben zu beginnen, wie bei den Methoden `arrayAverage()` und `isEven()` zu sehen ist.

Parameterliste

Die Parameterliste enthält die Informationen, die der Aufrufende an die Methode übergeben hat. Es gibt keine Beschränkungen für die Anzahl der Parameter, die übergeben werden können.

Sie werden wie folgt angegeben:

```
DataType VariableName, DataType VariableName, . . .
```

Wenn eine Methode keine Parameter vom Aufrufenden übernimmt, dann wird sie mit einer leeren Parameterliste deklariert:

```
public static void eraseBuffer()
```

10.1.4 Der Methodenaufruf

20 Min.

Eine Methode erhält die Kontrolle, wenn ihr Name in einer Programmanweisung angesprochen wird. Dieser Verweis, oder Funktionsaufruf, kann an einer beliebigen Stelle im Code erfolgen, wenn nur die aufzurufende Methode sichtbar ist. Schließlich erlaubt es Java, dass Methoden sich selber aufrufen können. Dieser Typ Operation, der auch als Rekursion bezeichnet wird, ist Thema von Lektion 15.

Das folgende Codefragment enthält einen Aufruf der Funktion `arrayAverage()`, die wir bereits besprochen haben:

```
public static void main(String[] args)
{
    // Lokale Variablen
    int[] values = {1, 2, 3, 4, 5, 6, 7, 12};
    int average;

    // Rufe die Funktion arrayAverage() auf
    average = arrayAverage(values);

   // Zeige Ergebnis an
   System.out.println("Mittelwert ist: " + average);
. . .
```

In diesem Fall besteht der Funktionsaufruf aus der folgenden Anweisung:

```
average = arrayAverage(values);
```

Beachten Sie, dass wir die Methode `arrayAverage()` über ihren Namen ansprechen. Der Aufruf enthält den Namen des Array als Argument. Dieses Argument ist der einzige Parameter von `arrayAverage()`.

10.1.5 Rückkehr aus einer Methode

Das Schlüsselwort `return` beendet die Ausführung einer Methode und gibt die Kontrolle an die Zeile zurück, die dem Aufruf der Methode folgt. Eine `return`-Anweisung kann einen Ausdruck enthalten, der manchmal in Klammern eingeschlossen wird, der den an den Aufrufenden zurückgegebenen Wert darstellt. Die Methode `arrayAverage()`, deren Listing wir bereits früher gesehen haben, enthält die folgende Anweisung:

```
return sum / intArray.length;
```

In jedem Fall muss der von einer Methode zurückgegebene Wert mit dem Rückgabetyp in der Deklaration übereinstimmen. Wir können optionale Klammern verwenden, um die obige Anweisung übersichtlicher zu machen, wie hier zu sehen ist:

```
return (sum / intArray.length);
```

Wenn kein Wert mit einer `return`-Anweisung verbunden ist, ist der Rückgabewert nicht definiert. So kann eine Methode, deren Rückgabetyp mit `void` angegeben wurde, die folgende Anweisung enthalten:

```
return;
```

Wenn eine Methode keine `return`-Anweisung enthält, wird die Methode beendet, wenn die schließende geschweifte Klammer (`}`) angetroffen wird. In diesem Fall sprechen wir manchmal davon, dass die Methode »herausgepurzelt« ist. Eine Methode kann auch eine Konstante an den Aufrufenden zurückgeben, wie im folgenden Beispiel zu sehen ist:

```
public static double getPi()
  {
     return 3.141592653589793;
  }
```

Die Methode `getPi()` gibt die Konstante PI an die aufrufenden Routine zurück.

Eine `return`-Anweisung kann an jeder Stelle im Methodenrumpf stehen. Eine Methode kann mehr als eine `return`-Anweisung enthalten, und jede dieser Anweisungen kann einen unterschiedlichen Wert an den Aufrufenden zurückgeben. Hier ein Beispiel:

```
if ( program_error > 0 )
   return (1);
else
   return (0);
```

Eine Java-Methode kann auch keine `return`-Anweisung enthalten. Sie wird in diesem Fall durch die schließende Klammer beendet und der Rückgabewert ist nicht definiert. Auf der anderen Seite kann eine Methode mehr als eine `return`-Anweisung enthalten. Eine `return`-Anweisung muss nicht unbedingt einen Wert an den Aufrufenden zurückgeben, wie hier zu sehen ist:

```
return;
```

Eine `return`-Anweisung kann eine Konstante enthalten, die optional in Klammern eingeschlossen werden kann:

```
return 0;
return (1);
```

Eine `return`-Anweisung kann auch einen Wert zurückgeben:

```
return (error_code);
return((r + r) * PI);
return 2 * radius;
```

Wenn eine Methode keinen Wert zurückgibt, sollten wir ihren Rückgabetyp als `void` deklarieren. In diesem Fall enthält eine `return`-Anweisung, falls eine solche vorhanden ist, keinen Ausdruck.

10.1.6 Argumente und Parameter aufeinander abstimmen

10 Min.

Die Deklaration einer Java-Methode enthält (in Klammern) eine Liste von Variablen. Der Aufrufende weist diesen Variablen Werte zu. Dieses Element der Deklaration wird als die *Parameterliste* der Methode bezeichnet. Der Aufruf der Methode enthält, ebenfalls in Klammern, die Werte der erhaltenen Argumente. Wenn wir z.B. eine Methode namens `triArea( )` haben, die die Fläche eines Dreiecks aus seiner Höhe und seiner Grundseite berechnet, so erwarten wir, dass diese Funktion diese Werte als Parameter übernehmen kann:

```
double area;
double height = 12.7;
double base = 7.9;
. . .
// Aufruf der Methode
area = triArea(base, height);
. . .
// Methode
public static double triArea(double b, double h)
{
   double result = (b * h) / 2;
   return result;
}
```

In diesem Fall enthält die Parameterliste der Methode zwei Variablen vom Typ `double`: `b` und `h`. Der Funktionsaufruf verweist auf die Argumente `base` und `height` in Klammern; diese Werte werden an `triArea()` übergeben. Beachten Sie, dass der Begriff »Argument« sich auf das Element bezieht, das im Methodenaufruf referenziert wird und »Parameter« sich auf die Elemente bezieht, die in der Methodendeklaration aufgelistet sind. In anderen Worten ist ein Wert, der an eine Methode übergeben wird, ein Argument aus der Sicht des Aufrufenden und ein Parameter aus der Sicht der Methode.

Beachten Sie, dass eine Methode Daten in der Reihenfolge erhält, wie die Argumente im Aufruf referenziert werden, und dass diese Reihenfolge mit der Reihenfolge in der Parameterliste übereinstimmen muss. Im Fall der Methode `triArea()`, deren Listing wir bereits gesehen haben, wird das erste Argument im Funktionsaufruf, die Variable `base`, zum Parameter `b`, der im Header der Funktion deklariert ist. Das zweite Argument im Aufruf, die Variable `height`, wird zur Variablen `h` in der Methode.

10.2 Gültigkeitsbereich von Methodenargumenten

Der von einer Methode zurückgegebene Wert ist an den Methodennamen gebunden, und nicht an die Variable oder Variablen, die in der `return`-Anweisung auftauchen. Aus diesem Grund kann die Variable, die in der `return`-Anweisung einer Methode angesprochen wird, einen lokalen Gültigkeitsbereich besitzen. Beachten Sie auch, dass eine Methode einen einzigen Wert an den Aufrufenden zurückgibt. Das kann unbequem sein, wenn eine Methode mehrere Ergebnisse zurückgeben muss. In den folgenden Abschnitten werden wir verschiedene Wege besprechen, wie diese Einschränkungen umgangen werden können.

10.2.1 Methoden und globale Variablen

In Lektion 5 haben wir gesehen, dass der Gültigkeitsbereich einer Java-Variable der Block ist, in der sie deklariert ist. Weil wir den Rumpf einer Methode innerhalb eines Blocks definieren, hat eine Methode, die innerhalb dieses Blocks deklariert wird, den (lokalen) Gültigkeitsbereich der Methode. Zum Beispiel:

```
public static double triArea(double b, double h)
{
   double result = (b * h) / 2;
   return result;
}
```

In diesem Fall ist der Gültigkeitsbereich der Variable `result` die Methode `triArea()`. In gleicher Weise sind alle Elemente, die außerhalb von Methoden einer Klasse deklariert sind, im (globalen) Gültigkeitsbereich der Klasse. Methoden können auf globale Daten zugreifen. Das stellt einen einfachen Mechanismus bereit, wodurch eine Methode mehr als einen Wert zurückgeben kann. Das folgende Programm namens **Circle.java** enthält zwei globale Variablen und eine globale Konstante.

Die Methode `circleData()` nimmt den Radius eines Kreises als Parameter entgegen und berechnet die Fläche und den Umfang des Kreises. Die berechneten Werte werden in globalen Variablen gespeichert; von dort aus können sie vom Aufrufenden angesprochen werden.

Die Quelldatei des Programms Circle.java finden Sie im Verzeichnis Lektion 10 auf der beiliegenden CD.

```
//    Dateiname: Circle.java
//    Bezug: Lektion 10
//
//    Java-Programm zur Demonstration von globalen
//    Variablen und ihrer Verwendung durch Methoden
//    Themen:
```

```
//      1. Globale Variablen
//      2. Sichtbarkeit von Variablen für Methoden
//      3. Methoden, die mehrere Werte in globalen
//         Variablen zurückgeben
//      4. Daten als Referenz an Methoden übergeben
//
//   Voraussetzung:
//      1. Klasse Keyin im aktuellen Verzeichnis

public class Circle
{
  // Datenelemente auf Klassenebene
  static final double PI = 3.141592653589793;
  static double area;
  static double perimeter;

  //*********************************
  //          main() Methode
  //*********************************
  public static void main(String[] args)
  {
    // Lokale Variablen
    double radius;

    // Radius über die Tastatur eingeben
    System.out.println("Kreisberechnung");
    radius = Keyin.inDouble("Radius eingeben:");

    // Methode aufrufen
    circleData(radius);

    // Zeige global gespeicherte Daten
    System.out.println("Radius: " + radius);
    System.out.println("Fläche: " + area);
    System.out.println("Umfang: " + perimeter);
  }

  //*****************************
  //      circleData() Methode
  //*****************************
  public static void circleData(double radius)
```

```
  {
    area = PI * (radius * radius);
    perimeter = PI * (2 * radius);
    radius = 0;  // Das ist nutzlos!
    return;
  }
}
```

Tipp

Beachten Sie, dass wir die Methode circleData() mit dem Rückgabetyp void definiert haben. Weil wir die Werte mittels globaler Variablen zurückgeben, verwendet die Methode ein einfaches return, um die Ausführung der Methode zu beenden.

10.2.2 Als Werte oder als Referenz übergeben

Programmiersprachen können Daten auf zwei verschieden Weisen an Methoden übergeben: als Wert oder als Referenz. Wir übergeben Daten als Wert, wenn die Methode eine Kopie der Daten erhält, die im Aufruf angegeben werden. In diesem Fall hat die Methode keinen Zugriff auf die Werte, die in diesen Variablen gespeichert sind. Auf der anderen Seite erhält eine Methode die Adressen der übergebenen Variablen als Argumente, wenn wir die Daten als Referenz übergeben. Jede Änderung an den Daten, die von der Funktion durchgeführt wird, wird faktisch an den in den Variablen gespeicherten Werten vollzogen.

Wenn wir einen primitiven Datentyp an eine Java-Methode übergeben, geschieht dies immer als Wert. Im Programm **Circle.java** sehen wir, dass die Methode `circleData()` den Radius des Kreises als einen Parameter vom Aufrufenden erhält. Die Methode versucht, den Wert mit der folgenden Anweisung zu verändern:

```
radius = 0;  // Das ist nutzlos!
```

Hinweis

In diesem Fall ist das Zuweisen eines Wertes an die Variable radius nutzlos. Die erste println-Anweisung im aufrufenden Code zeigt, dass der Wert der Variable unverändert bleibt.

Zusammenfassung

0 Min.

Methoden sind Unterprogramme in Java. Die Verwendung von Methoden ermöglicht einen modularen Aufbau von Programmen. Eine Methode beginnt mit ihrer Deklaration. Die Deklaration enthält den Namen der Methode, den Zugriffsbezeichner, möglicherweise einen Modifier, den Rückgabetyp und eine Liste von Parametern, die der Aufrufende an die Methode übergibt. Wenn die Verarbeitung beendet ist, kehrt die Methode zur Stelle des Aufrufs zurück, wobei möglicherweise ein Rückgabewert an den Namen der Methode gebunden ist. Variablen, die innerhalb einer Methode deklariert werden, haben einen lokalen Gültigkeitsbereich. Methoden haben Zugriff auf globale Variablen. Dies stellt einen einfachen Mechanismus bereit, wodurch eine Methode mehr als einen Wert an den Aufrufenden zurückgeben kann.

Selbsttest

1. Schreiben Sie die Deklaration einer Java-Methode, die den Mittelwert von vier Variablen vom Typ `double` berechnet und diesen Wert in einem `float`-Datentyp zurückgibt. (siehe »Die Methodendeklaration«).
2. Beschreiben Sie den Sinn eines Modifier in einer Methodendeklaration (siehe »Modifier«).
3. Kann eine Java-Methode einen String zurückgeben (siehe »Rückgabetyp«)?
4. Was passiert, wenn eine Methode keine `return`-Anweisung enthält (siehe »Rückkehr aus einer Methode«)?
5. Kann eine Methode mehr als ein Ergebnis zurückgeben (siehe »Methoden und globale Variablen«)?
6. Werden die primitiven Datentypen von Java als Wert oder als Referenz übergeben (siehe »Als Wert oder als Referenz übergeben«)?

Teil 2

Samstagmorgen – Zusammenfassung

1. ***Nennen Sie die primitiven Datentypen von Java.***
2. ***Beschreiben Sie die Regeln von Java für Bezeichner.***
3. ***Wie sind die primitiven Datentypen von Java klassifiziert?***
4. ***Schreiben sie Java-Code, um eine Gleitkommavariable in einen Integertyp zu verwandeln.***
5. ***Schreiben Sie ein Java-Programm, um die folgenden drei Arrays zu erzeugen: ein Array vom Typ*** `int`***, ein Array vom Typ*** `double` ***und ein Array vom Typ*** `String`***. Zeigen Sie jeweils das erste Element jedes Arrays an.***
6. ***Verwenden Sie den Operator*** `length`***, um die Anzahl der Elemente in jedem der drei obigen Arrays zu bestimmen.***
7. ***Legen Sie ein mehrdimensionales Array an, das aus vier Spalten und drei Reihen besteht. Stellen Sie sicher, dass das Programm korrekt kompiliert werden kann.***
8. ***Wie funktioniert der Zuweisungsoperator?***
9. ***Was kann in einem Java-Ausdruck auf der linken Seite des Gleichheitszeichen stehen?***
10. ***Nennen Sie die arithmetischen Operationen und beschreiben Sie die Wirkungsweise des Restoperators (***`%`***).***
11. ***Welcher Operator fügt Strings zusammen?***
12. ***Schreiben Sie den einfachsten Java-Ausdruck, der eins zum Wert einer Variable addiert.***
13. ***Was ist der grundlegende Unterschied zwischen einen Computer und einem Taschenrechner?***
14. ***Schreiben Sie eine*** `if`***-Konstruktion die testet, ob eine Person ein Teenager ist.***
15. ***Wie können Sie zwei*** `if`***-Anweisungen miteinander verknüpfen, so dass die Ausführung nur dann erfolgt, wenn beide Anweisungen true sind?***
16. ***Erklären Sie den Sinn des*** `else`***-Zweiges.***
17. ***Erklären Sie den Unterschied zwischen einer*** `while`***-Schleife und einer*** `do-while`***-Schleife.***

18. *Schreiben Sie die Deklaration einer Java-Methode, die den Mittelwert von vier Variablen vom Typ* `double` *berechnet und das Ergebnis als* `float` *zurückgibt.*

19. *Erklären Sie den Sinn des Modifiers in der Methodendeklaration.*

20. *Kann eine Java-Methode einen String zurückgeben?*

Samstag-nachmittag

Teil 3

Lektion 11

Objektorientiertes Java

Lektion 12

Programmieren mit Klassen

Lektion 13

Klassenvererbung einsetzen

Lektion 14

Bilden von Objekten

Lektion 15

Rekursion verwenden

Lektion 16

Abstrakte Datentypen

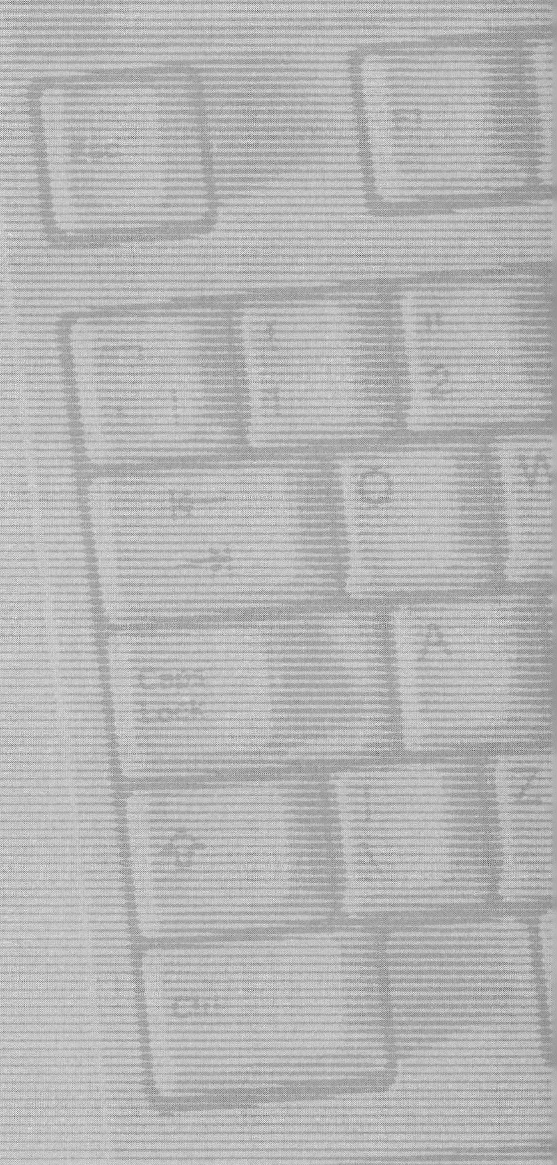

Lektion 11

Objekt-orientiertes Java

Checkliste

- ☑ Objektorientierte Programmierung in Java
- ☑ Grundprinzip der Objektorientierung
- ☑ Klassen und Objekte
- ☑ Fundamentale Prinzipien: Kapselung und Vererbung
- ☑ Objektorientiertes Modellieren
- ☑ Polymorphie und abstrakte Klassen

30 Min.

Java ist eine objektorientierte Sprache. Jede Anweisung und jedes Konstrukt eines Java-Programms existiert in einer Klasse von Objekten. Die Java-Bibliotheken sind als Klassen definiert. Das bedeutet, dass Sie die Grundlagen der objektorientierten Programmierung verstehen müssen, um Java verstehen und einsetzen zu können. Diese Lektion behandelt die Objektorientierung und ihre grundlegenden Elemente: Klassen und Objekte.

Tipp

Der folgende Abschnitt gibt einen kurzen Überblick über die Geschichte der objektorientierten Programmierung und die Entwicklung objektorientierter Sprachen. Dieser Abschnitt kann übersprungen werden, ohne dass Sie dabei den roten Faden verlieren.

11.1 Kurzer historischer Überblick

Der objektorientierte Ansatz tauchte in den frühen achtziger Jahren auf, obwohl seine ersten Anfänge in den sechziger Jahren zu finden sind. Java implementiert die Objektorientierung mit Hilfe von zwei Programmierkonstrukten: Klassen und Objekten. Allgemein finden sich drei konzeptionelle Elemente in objektorientierten Systemen: *Datenabstraktion*, *Vererbung* und *dynamische Bindung*.

Die erste Notation für Datenabstraktion stammt aus den Arbeiten von Kristen Nygaard und Ole-Johan Dahl am Norwegian Computing Center in den siebziger Jahren. Nyaard und Dahl entwickelten eine Computersprache namens SIMUALA I, die für den Einsatz in Simulationen und Operations Research gedacht war. Einige Jahre später folgte SIMULA 67. Obwohl diese Sprache nur sehr wenig Einfluss auf die Programmierung hatte, ist sie wegen der Einführung des Klassenkonstrukts historisch bedeutsam.

Hinweis

Die Abkürzung OO wird oft im Zusammenhang mit Objektorientierung genannt. Wir sprechen daher manchmal von OO-Sprachen und OO-Programmierung.

Die grundlegende Idee einer Klasse ist eine Schablone, die Daten und Bearbeitungsroutinen zusammenfasst. Beachten Sie, dass diese Definition einer Klasse als Schablone impliziert, dass eine Klasse ein formales Konstrukt ist und kein konkretes Ding. Der Programmierer erzeugt nach Bedarf Instanzen einer Klasse. In Java werden die Instanzen einer Klasse als Objekte bezeichnet.

Historisch gesehen war Alan Kay der erste, der eine voll funktionsfähige objektorientierte Sprache beschrieben hat. Kay hatte die Vision, dass Computer mit Megabytes an Speicher sehr schnell werden würden und damit in der Lage sein würden, einige Millionen Instruktionen pro Sekunde auszuführen. Kay argumentierte, dass eine Benutzeroberfläche die wenig komfortable Terminaleingabe und den damaligen Batchbetrieb ablösen werden muss, weil diese Computer in der Mehrzahl von Nichtprogrammierern genutzt werden würden. Kays Lösung für ein freundliches und einfach zu bedienendes Interface war ein Informationssystem namens Dynabook.

Dynabook bestand aus der Visualisierung eines Schreibtischs auf dem einige Dokumente sichtbar und andere teilweise verdeckt waren. Ein Benutzer wählte Dokumente mit Hilfe der Tastatur aus. Ein berührungssensitiver Monitor erlaubte es den Benutzern, Dokumente auf dem Schreibtisch zu bewegen. Das Ergebnis war den heutigen fensterbasierten Systemen sehr ähnlich. Die Verarbeitung wurde in der Programmiersprache Flex durchgeführt, an deren Entwicklung Kay mitgewirkt hatte. Flex baute auf SIMULA 67 auf. Kay wechselte schließlich ans Xerox Palo Alto Research Center (PARC), wo diese Ideen in Richtung einer mausbasierten Oberfläche weiterentwickelt wurden. Ergebnis dieser Entwicklung war die Programmiersprache Smalltalk, die als erste voll funktionsfähige Programmiersprache angesehen werden kann. Angeführt von Adele Goldberg machte die Arbeit des Smalltalk-Entwicklerteams am Xerox PARC die Sprache Smalltalk zum De-Facto-Standard für die objektorientierte Programmierung. Seit dieser Zeit wurden verschiedene objektorientierte Sprachen entwickelt, wobei Eiffel, CLOS, ADA 95, C++ und Java die bekanntesten sind.

11.2 Objektorientierte Grundlagen

Die objektorientierten Sprachen implementieren das Paradigma mit unterschiedlichem konzeptionellem Reinheitsgrad auf ihre eigene Art und Weise. In den letzten Jahren wurde die Entwicklung und die Vermarktung objektorientierter Produkte eines der großen kommerziellen Wagnisse. Zu den natürlichen Unsicherheiten eines komplizierten und raffinierten Konzeptes kommt zusätzlich der Hype von Unternehmern und Gründern.

Hinweis

Das Ergebnis der Kommerzialisierung objektorientierter Produkte ist eine Mischung aus richtigen Behauptungen und ungerechtfertigtem Lob; einiges davon spiegelt wahre Tugenden eines neuen und nützlichen Paradigmas wieder, anderes davon entspringt nur dem Unternehmergeist.

11.2.1 Problemmenge und Lösungsmenge

Ein Computerprogramm, ob es nun ein Betriebssystem ist oder eine kleine Anwendung, ist die Lösung eines Problems in der realen Welt in Maschinencode. Am Anfang jedes Programmierprojekts steht eine Problemmenge, und am Ende steht eine Gruppe von Instruktionen, die auf einem Computer ausgeführt werden können. Die Kunst und die Wissenschaft der Programmierung ermöglicht es, vom Problem in der realen Welt zu der Lösung des Problems im Maschinencode zu kommen. So gesehen enthält die Programmierung die Phasen der Analyse, des Designs, des Kodierens und des Testens des Softwareproduktes.

Es wurden viele Methoden entwickelt, um von einem Problem in der realen Welt zu einer Lösung zu kommen, die aus Maschineninstruktionen besteht. Assembler, höhere Programmiersprachen, CASE-Werkzeuge, Analyse- und Design-Methoden, formale Spezifikationen und wissenschaftliche Methoden zum Testen von Programmen sind Anstrengungen in diese Richtung. Die signifikantesten Vereinfachungen sind die, die auf allgemeiner Abstraktion basieren. Strukturierte Programmierung war der erste Schritt, die Entwicklung von Programmen einfacher und verlässlicher zu machen. In diesem Sinne wird strukturierte Programmierung oft als eine Abstraktion angesehen, die sich auf die Lösungsmenge konzentriert. Im Gegensatz dazu betrachtet der objektorientierte Ansatz mehr die Problemmenge. Ein Projekt, das mit strukturierter Programmierung durchgeführt wird, basiert auf einem Modell der Lösungsmenge, während ein Projekt, das nach der objektorientierten Methode analysiert und entwickelt wird, der Problemmenge mehr Beachtung schenkt.

11.2.2 Grundlagen der Objektorientierung

Die Verfechter des objektorientierten Ansatzes stellen die folgenden Behauptungen auf:

- Objektorientierte Analyse- und Design-Methoden unterstützen die Kommunikation mit Kunden und Benutzern, weil das Modell kein technisches Wissen über Programmierung voraussetzt.
- Viele Probleme in der realen Welt sind objektorientiert einfacher zu modellieren als mit strukturierten Analyse- und Design-Methoden.
- Objektorientierte Programmiersprachen fördern und unterstützen die Wiederverwendung von Code, was zu einer erhöhten Produktivität des Programmierens führt.
- Objektorientierte Programme haben interne Mechanismen, durch die sie flexibel auf Änderungen reagieren können; sie können sich daher besser der natürlichen Unbeständigkeit der Problemstellung anpassen.

Hinweis

Obwohl manchmal gefragt wird, ob diese Vorteile die zusätzliche Komplexität rechtfertigen, ist es eine Tatsache, dass sich die heutige Programmierung auf den objektorientierten Ansatz stützt.

11.2.3 Klassen und Objekte

Ein Objekt ist eine Abstraktion, kein Ding der realen Welt. Es ist ein konzeptionelles Ding, das mit der Problemstellung verbunden ist. Ein üblicher Trugschluss besteht darin zu glauben, dass ein Objekt im Kontext der objektorientierten Programmierung äquivalent ist zu einem Objekt in der realen Welt. Dieses Missverständnis kann zu einem Haupthindernis beim Verständnis der Objektorientierung werden. In Wirklichkeit ist ein Objekt in der objektorientierten Programmierung eine Mischung aus einem gewöhnlichen Objekt und einem Konstrukt im Computer. Statt einer formalen Definition eines Objekts beginnen wir mit einer vereinfachten Liste seiner Eigenschaften:

- Jedes Objekt gehört zu einer Objektklasse. Ein Objekt kann nicht ohne eine Klasse existieren, die es definiert. In diesem Sinne sagen wir, dass ein Objekt eine *Instanz* einer Klasse ist. Wir können uns die Klasse als einen Plätzchenausstecher vorstellen und die Objekte sind die Plätzchen.
- Ein Objekt (und die Klasse, die das Objekt enthält) ist eine Kapselung, die Daten und die dafür zur Verfügung stehenden Operationen enthält.
- Die Attribute eines Objekts speichern und erhalten den Zustand eines Objekts. Sie bestimmen, welche Informationen über ein Objekt erhalten bleiben. Die Methoden eines Objekts sind der einzige Weg, um auf die Daten oder den Zustand des Objekts zuzugreifen. Das wird dadurch erreicht, dass dem Objekt eine entsprechende Nachricht geschickt wird.

11.3 Grundlegende Prinzipien der Objektorientierung

Die grundlegenden Konzepte, auf denen objektorientierte Systeme aufbauen, sind Kapselung und Vererbung. Weitere Merkmale solcher Systeme, die davon abgeleitet werden können, sind Datenabstraktion, Nachrichtenübermittlung, Polymorphie und dynamische Bindung. Wir beginnen mit den Elementen Kapselung und Vererbung.

11.3.1 Kapselung

Objektorientiert gesprochen hat Kapselung etwas mit dem Verstecken von Informationen zu tun. Nicht-objektorientierte Systeme basieren auf Routinen und Unterprogrammen, die sich globale Daten teilen oder die Daten vom Aufrufenden entgegennehmen. Der objektorientierte Ansatz hingegen fordert, dass Daten und Funktionen gemeinsam gekapselt werden sollen. Dazu dient das Konstrukt der Klasse. Ein Klasse besteht aus Datenelementen und aus ausführenden Elementen. Die Datenelemente einer Klasse werden auch als Attribute und die verarbeitenden Elemente als Methoden bezeichnet. Attribute und Methoden sind die Elemente der Klasse: Die Attribute sind die Datenelemente und die Methoden sind die Elementfunktionen.

Der Sinn der Kapselung ist es, die Details der Implementierung zu verbergen und gleichzeitig das Interface hervorzuheben. Es ist das Ziel, eine Abstraktion zu erzeugen, die den Programmierer zu konzeptionellem Denken zwingt. Typischerweise sind die Datenelemente einer Klasse für den Benutzer unsichtbar. Wenn ein Datenelement für den Benutzer einer Klasse zugreifbar sein muss, dann stellt die Klasse eine Methode bereit, die das Datenelement auswertet und den Wert zurückgibt. Wenn eine Klasse ihre Datenelemente offenlegt, so bricht sie damit die Kapselung.

11.3.2 Vererbung

In der Informatik stammt die Notation der Vererbung aus dem Bereich der Wissensdarstellung. Sie bezieht sich auf die Vererbung von Eigenschaften einer Klasse auf höherem Level auf abgeleitete Klassen, was ein grundlegender Mechanismus in wissenschaftlicher Klassifizierung ist. Die Regel besagt, dass Wissen basierend auf Klassenbeziehungen hierarchisch organisiert werden kann. Wir sagen also, dass ein Individuum die Eigenschaften der Klasse erbt, zu der es gehört. Tiere z.B. atmen, bewegen sich und pflanzen sich fort. Wenn die Unterklasse VOGEL zu der Superklasse TIER gehört, dann können wir ableiten, dass Elemente der Klasse VOGEL atmen, sich bewegen und sich fortpflanzen, weil diese Eigenschaften von der Basisklasse geerbt werden. Abbildung 11.1 zeigt ein Vererbungsdiagramm einiger Tierklassen.

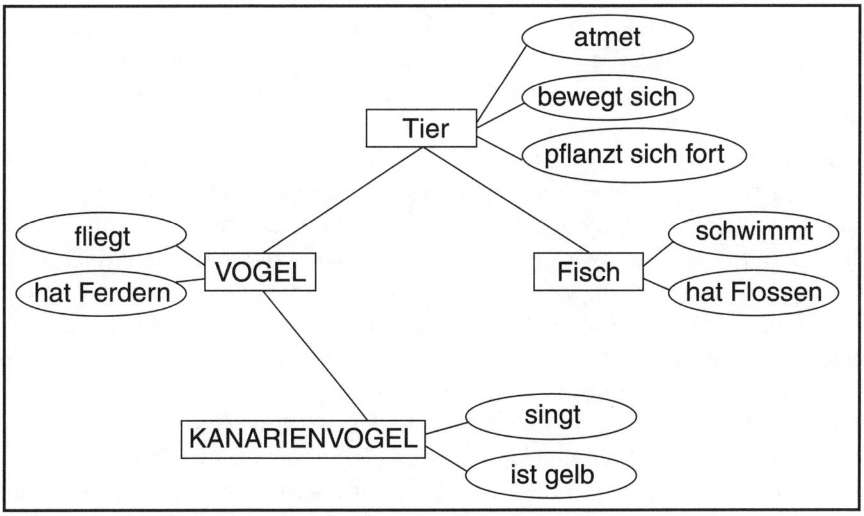

Abbildung 11.1: Ein Vererbungsdiagramm

Vererbungssysteme werden in Wissensdatenbanken verwendet, um eine höchstmögliche Abstraktion sicherzustellen. Eine Wissensdatenbank über Vögel beispielsweise definiert die Eigenschaften, die für alle Vögel gleich sind (sie fliegen und sie haben Federn) und die Eigenschaften der speziellen Spezies (ein Kanarienvogel singt und ist gelb). Auf diese Weise erbt Kanarienvogel die Eigenschaften der Superklasse Vogel, die wiederum die Eigenschaften ihrer Superklasse Tier erbt. Das reduziert die Größe der Wissensdatenbank, weil gemeinsame Eigenschaften nur einmal angelegt werden müssen. Vererbung trägt auch dazu bei, die Konsistenz der Wissensdatenbank sicherzustellen.

In objektorientierten Systemen bezieht sich Vererbung auf die Möglichkeit, dass abgeleitete Klassen die öffentlichen Elemente der Superklasse zu erwerben. Klassenvererbung ermöglicht maximale Abstraktion und vereinfacht die Wissensbasis. Sie gestattet die Erzeugung einer Klassenhierarchie, die von der allgemeinsten Klasse bis hin zur speziellsten Klasse geht. Wir sagen, dass in Abbildung 11.1 TIER eine Basisklasse ist, und dass VOGEL, FISCH und KANARIENVOGEL abgeleitete Klassen sind. Eine abgeleitete Klasse enthält alle Eigenschaften der Basisklasse und kann selber weitere Features hinzufügen. Eine abgeleitete Klasse hat außerdem Zugriff auf die öffentlichen Elemente der Basisklasse. Die Begriffe Eltern, Kinder und Geschwister werden manchmal gebraucht, um den Vererbungsgrad von Klassen zu beschreiben. Wie in biologischen Systemen erben Geschwisterklassen nicht voneinander; daher werden die Eigenschaften der Klasse FISCH (in Abbildung 11.1) nicht von der Geschwisterklasse VOGEL geerbt.

11.4 Objektorientiertes Modellieren

Ein Modell ist eine Vereinfachung, die zu einem besseren Verständnis eines komplexen Systems führen soll. Ein Architekt erzeugt ein Modell eines Gebäudes, um es dem Kunden zu zeigen. Ein Ingenieur zeichnet ein Modell einer mechanischen Komponente, die für die Produktion dieses Teils verwendet werden kann. Ein Flugzeugdesigner erzeugt ein Modell eines Flugzeugs, das im Windkanal getestet werden kann. Je ausgefeilter oder komplexer ein System ist, desto nützlicher ist ein Modell dieses Systems.

Ein objektorientiertes Softwaresystem ist oft komplex. Es kann aus vielen Subsystemen von Objektklassen bestehen, die miteinander verbunden sind und miteinander kommunizieren. Die Klassen und die Objekte innerhalb jedes Subsystems erben Eigenschaften von ihren Eltern und kommunizieren mit ihren Geschwistern. In diesem Fall kann der Systemdesigner auf einem hohen Abstraktionsniveau arbeiten, indem er ein Modell verwendet, das die Interaktionen zwischen den Komponenten beschreibt. Für einen Programmierer ist es genauso aussichtslos, bei einem neuen Softwaresystem mit dem Schreiben von Code zu beginnen, wie für einen Ingenieur, beim Bau eines neuen Autos mit dem Zusammensetzen einiger Teile zu beginnen. In beiden Fällen bedeutet Entwicklung Design und Design bedeutet Modellieren.

Über die Jahre hinweg hat die objektorientierte Gemeinschaft mehrere erfolgreiche Modellierwerkzeuge entwickelt. Das grundlegende Element dieser Werkzeuge ist eine Notation für Klassen, Objekte und für ihre Beziehungen. Ein populäres Modell stammt aus den Arbeiten von Coad und Yourdon. Später entwickelten Booch, Jacobson und Rumbaugh die Unified Modeling Language (UML), die eine Notation verwendet, die der von Coad und Yourdan vorgeschlagenen Notation sehr ähnlich ist. Diese Notationen bestehen aus Diagrammen, die Beziehungen zwischen Klassen beschreiben. Abbildung 11.2 zeigt das Diagramm einer Klasse.

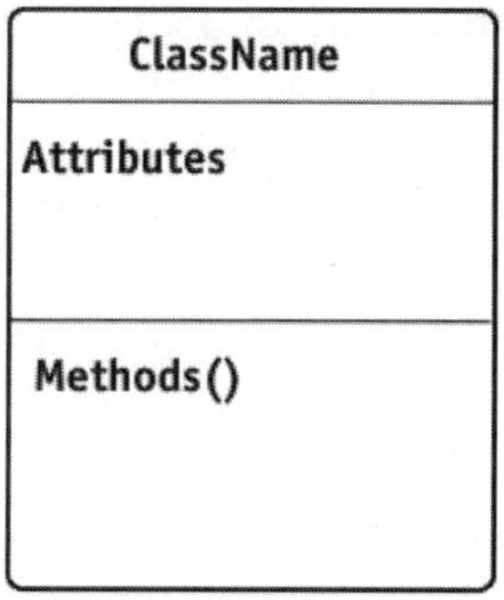

Abbildung 11.2: Klassendiagramm

Nehmen wir an, wir möchten eine Klasse `Dog` (Hund) erzeugen, in der jedes Objekt dieser Klasse einen Namen, ein Gewicht und eine Farbe besitzt. Nehmen Sie weiter an, dass die Klasse `Dog` die Fähigkeiten zum Bellen und zum Springen haben soll. Unter Verwendung des Klassendiagramms können wir die Klasse `Dog` wie in Abbildung 11.3 modellieren.

Abbildung 11.3: Die Klasse Dog

Die Notation zum Modellieren muss Symbole enthalten, um Beziehungen zwischen Klassen und Objekte darzustellen. Es gibt zwei grundlegende Typen von Klassenbeziehungen: die Unterklasse ist eine Art-von oder ein Teil-von der Superklasse. Diese Beziehung wird als Generalisierung-Spezialisierung bezeichnet (oder kurz auch als Gen-Spec-Beziehung). In einer Klassifizierung, in der Fahrzeug eine Basisklasse ist, könnten Automobil und Flugzeug Spezialisierungen sein. In diesem Fall sind Automobil und Flugzeug eine Art Fahrzeug. Auf der anderen Seite kann eine Klassifizierung auf einer Klasse aufbauen, die Teil einer anderen Klasse ist. In diesem Fall ist die Unterklasse eine Komponente der Elternklasse und wir sprechen von einer Teil-von-Beziehung.

Ein Modell einer Gen-Spec-Beziehung, in dem die Unterklasse eine Art der Superklasse ist, wird als Halbkreis gezeichnet, der die Unterklassen und die Elternklasse miteinander verbindet. Die Teil-von-Beziehung, in der die Unterklasse ein Teil der Elternklasse ist, wird durch ein Dreieck dargestellt, das die Unterklassen und die Elternklasse miteinander verbindet. Die Notation finden Sie in Abbildung 11.4 dargestellt.

Abbildung 11.4 zeigt eine Klassifizierung, in der Fahrzeug die Basisklasse ist und Auto und Flugzeug Spezialisierungen der Basisklasse sind. In diesem Fall sind Auto und Flugzeug eine Art von Fahrzeug. Auf der rechten Seite sehen Sie eine Klassifizierung, die auf der Teil-von-Beziehung basiert. In diesem Fall sind Fahrgestell und Motor Teile der Klasse Auto.

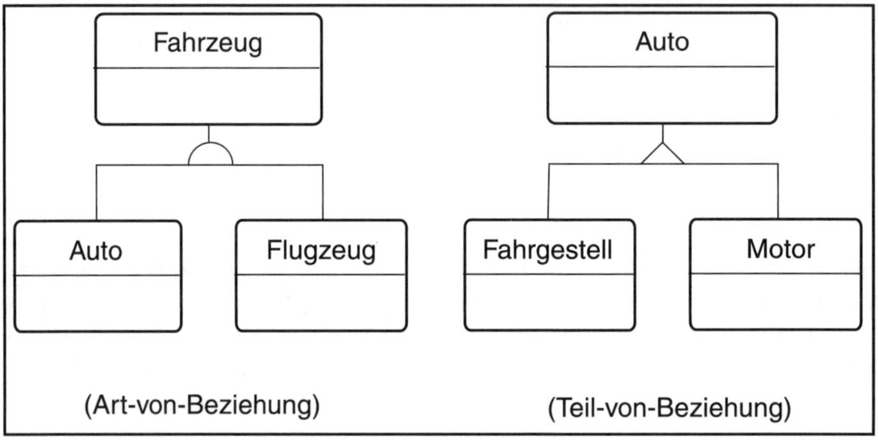

Abbildung 11.4: Notation für Klassenvererbung

Objektorientierte Systeme unterstützen die Notation einer Klasse, die zur Definition eines Interface dient, die aber selber keine Implementierung enthält. In Java wird dies durch die Verwendung abstrakter Klassen und einen speziellen Typ Methode, die *abstrakte Methode*, ermöglicht. Eine abstrakte Methode ist eine Methode, die ein Interface definiert, aber keine Implementierung enthält. Eine abstrakte Klasse ist eine Klasse, die mindestens eine abstrakte Methode enthält. Der grundlegende Sinn von abstrakten Klassen besteht in der größeren Generalisierung. Die abstrakte Klasse dient als Rahmen für andere Klassen weiter unten in der Hierarchie. Die Details einer Implementierung werden diesen unteren Klassen überlassen. In diesem Sinne dient die leere Methode als Schablone für das Interface einer Familie von Funktionen, die den gleichen Namen besitzen.

Das Konzept der abstrakten Klassen hängt eng mit der Notation der Polymorphie zusammen. *Polymorphie* bedeutet so viel wie »viele Formen«. Objektorientiert ausgedrückt meint Polymorphie mehrere Methoden, die den gleichen Namen besitzen. Die häufigste Implementierung abstrakter Klassen basiert auf mehreren Methoden mit dem gleichen Namen, die alle in verschiedenen Klassen angesiedelt sind. Die Methode, die in der Hierarchie am höchsten steht, ist eine abstrakte Methode. Diese abstrakte Methode definiert das Interface für alle polymorphen Verwandten, definiert aber selber keine Implementierung. In Klassendiagrammen werden abstrakte Klassen oft durch gestrichelte Rechtecke dargestellt.

11.5 Beispiel einer Klassifizierung

Stellen Sie sich vor, wir sollten ein grafisches System entwerfen und implementieren, das verschiedene Typen geometrischer Figuren an jeder beliebigen Position auf dem Bildschirm anzeigen kann. Die Figuren sind gerade Linien, Rechtecke, Kreise, Ellipsen und Parabeln. Bei der Analyse des Projekts könnten wir damit beginnen festzustellen, dass Kreis, Ellipse und Parabel zu der Familie von Kurven gehören, die durch Schnitte durch einen Doppelkegel erzeugt werden können, wie in Abbildung 11.5 zu sehen ist.

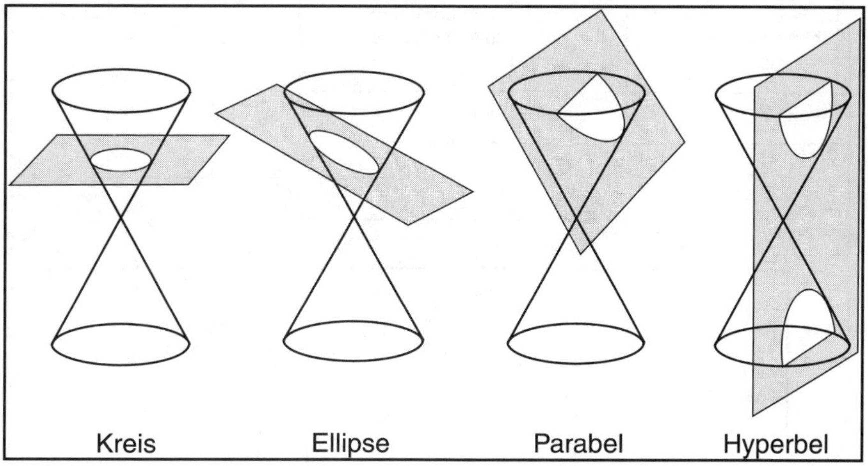

Abbildung 11.5: Visualisierung der Schnitte

Teil 3 – Samstagnachmittag
Lektion 11

Wir können mit dem Modellieren des Grafikprogramms fortfahren wie in der Klassenhierarchie in Abbildung 11.6 zu sehen ist.

In der Klassifizierung in Abbildung 11.6 beginnen wir mit der Definition der abstrakten Klassen `GeometricalFigure`. Weil eine geometrische Figur eine Abstraktion ist, besitzt sie keine Attribute. Es ist nicht möglich, eine geometrische Figur zu zeichnen bis definiert ist, ob die Figur eine Linie, ein Rechteck, ein Kreis u.s.w. ist. `Line` und `Rectangle` sind jedoch konkrete Klassen. Diese Klassen können Attribute und konkrete Methoden besitzen. `Circle`, `Ellipse` und `Parabola` sind konkrete Klassen, die von der Klasse `ConicSection` abgeleitet sind. `ConicSection` ist eine weitere Abstraktion und ist eine von `GeometricalFigure` abgeleitete Klasse.

Hinweis

Virtuelle Funktionen in abstrakten und konkreten Klassen werden auch kursiv gesetzt.

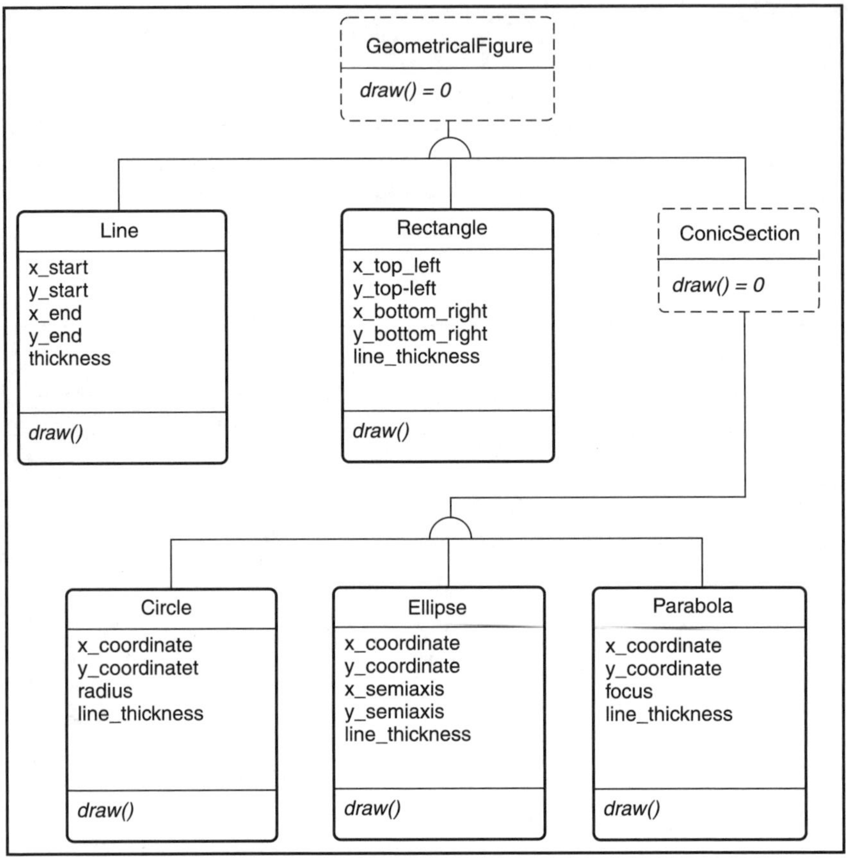

Abbildung 11.6: Klassifizierung für ein Grafikprogramm

Zusammenfassung

0 Min.

Das Interface der Zeichenapplikation, das die Methode `draw()` ist, wird in den abstrakten Klassen `GeometricalFigure` und `ConicSection` definiert. Die Methode wird jedoch nur in den konkreten Klassen implementiert. Wir verwenden die Konvention, der abstrakten Methode null zuzuweisen um anzuzeigen, dass es sich um eine *rein virtuelle Methode* handelt, für die keine Implementierung vorhanden ist.

Java ist eine rein objektorientierte Sprache. Jede Anweisung und jedes Konstrukt eines Java-Programms existiert innerhalb einer Klasse von Objekten. Die Geschichte der objektorientierten Programmierung begann 1967 im Norwegian Computing Center mit den Arbeiten von Nygaard und Dahl. Alan Kay beschrieb 1970 die erste objektorientierte Programmiersprache und Adele Goldberg implementierte diese Sprache in Smalltalk. Das grundlegende Ziel objektorientierter Sprachen ist es, einen leichten Übergang von der Problemmenge zur Lösungsmenge einer Programmieraufgabe zu ermöglichen. Objektorientierte Sprachen unterstützen das Modellieren, die Kommunikation mit dem Kunden und die Wiederverwendung von Code. OO-Programme können leichter modifiziert werden.

Eine Klasse kann als eine Klassifizierung beschrieben werden. Die Klasse kann mit dem Plätzchenausstecher verglichen werden und die Objekte sind hierbei die Plätzchen. Kapselung und Vererbung sind die grundlegenden Prinzipien der Objektorientierung. Klassendiagramme werden oft verwendet, um Beziehungen zwischen Klassen und Objekten darzustellen. Abstrakte Klassen stellen ein Interface bereit, aber keine Implementierung. In der OO-Programmierung bezieht sich Polymorphie auf Methoden mit dem gleichen Namen, die normalerweise in unterschiedlichen Klassen platziert sind.

Selbsttest

1. Woher kommt OO (siehe »Kurzer historischer Überblick«)?
2. Wie unterstützt eine objektorientierte Sprache in einem Programmierprojekt den Übergang von der Problemmenge zur Lösungsmenge (siehe »Problemmenge und Lösungsmenge«)?
3. Warum unterstützen OO-Sprachen die Kommunikation zwischen Kunden und Experten (siehe »Grundlegende Prinzipen der Objektorientierung«)?
4. Kann ein Objekt ohne eine Klasse existieren, die es enthält (siehe »Klassen und Objekte«)?
5. Was sind Datenelemente einer Klasse (siehe »Kapselung«)?
6. Welche OO-Mechanismen erlauben es einer abgeleiteten Klasse, die öffentlichen Elemente der Superklasse anzusprechen (siehe »Vererbung«)?

Lektion 12

Programmieren mit Klassen

Checkliste

- ☑ Java-Klassen in Programmen verwenden
- ☑ Klassen und Objekte
- ☑ Instanzen erzeugen
- ☑ Feld- und Methodenvariablen
- ☑ Konstruktoren: Der Defaultkonstruktor und überladene Konstruktoren
- ☑ Modellieren mit Klassen

30 Min.

Bis jetzt haben wir in Java programmiert, indem wir kleine Anwendungen geschrieben haben, die eine einzige Klasse mit statischen Variablen und Methoden enthielten. Mit anderen Worten haben wir bisher die objektorientierten Features der Programmiersprache Java ignoriert. Mit den in Lektion 11 dargestellten Inhalten als Hintergrund sind wir in der Lage, objektorientierten Code zu erzeugen.

Hinweis

Sie müssen objektorientiert programmieren, um die Sprache Java voll ausschöpfen zu können.

12.1 Klassen und Objekte

Klassen sind die erzeugenden Blöcke eines Java-Programms. Eine Klasse definiert die Attribute und das Verhalten von Objekten, die sie erzeugt. Sie dient als eine Schablone, mit der Objekte erzeugt werden können. In diesem Sinne sind Klassen der Plätzchenausstecher, während die Objekte den Plätzchen entsprechen. Betrachten Sie das folgende Java-Programm **DogAction.java**:

Die Quelldatei des Programms DogAction.java finden Sie im Verzeichnis Lektion 12 auf der beiliegenden CD.

```
//   Dateiname: DogAction.java
//   Bezug: Lektion 12
//
//   Java-Programm zur Demonstration von Klassen und Objekten
//   Themen:
//      1. Java-Anwendung mit mehreren Klassen
//      2. Instanzen erzeugen
//
//   Hinweis:
//      1. Nur eine Klasse in einer Datei kann public
//         sein. Diese öffentliche Klasse muss den
//         gleichen Namen tragen wie die Datei.
//      2. Der Operator »this« bezeichnet das
//         aktuelle Objekt.
//      3. Klassenvariablen werden üblicherweise als
//         privat deklariert, um die Kapselung
//         zu erhalten.

//***********************************
//          Klasse Dog (Hund)
//***********************************
class Dog
{
  // Klassenvariablen
  private int dogNum;
  private String dogName;

  //***********************
  //    setInfo()
  //***********************
  public void setInfo(int aNum, String aName)
  {
    this.dogNum = aNum;
    this.dogName = aName;
  }
```

```
  //************************
  //    Methode bark() (bellen)
  //************************
  public void bark()
  {
    System.out.println("Wuff, wuff!");
  }

  //************************
  //  method sayInfo()
  //************************
  public void sayInfo()
  {
    System.out.println("Name:" + this.dogName);
    System.out.println("Nummer: " + this.dogNum);
  }
}

//**********************************
//       Klasse DogAction
//**********************************
public class DogAction
{
  public static void main(String[] args)
  {
    // Deklariere Objekte aus Klasse Dog (Hund)
    Dog myDog = new Dog();  // Erstes Objekt ist myDog
    Dog MSUDog = new Dog(); // Zweites Objekt ist MSUDog

    // Weise den Hunden mit setName() Namen zu
    myDog.setInfo(1, "Fido");        // myDog's Name
    MSUDog.setInfo(2, "Maverik");    // MSUDog's Name

    // Rufe Methoden aus der Klasse Dog für
    // die Objekte auf
    myDog.bark();         // myDog bellt
    myDog.sayInfo();      // myDog gibt seinen Namen aus
    MSUDog.sayInfo();     // ... usw.
    MSUDog.bark();
  }
}
```

12.1.1 Objektinstanzen erzeugen

Das vorangegangene Programm **DogAction.java** enthält zwei Klassen in derselben Java-Datei. Die Klasse `DogAction` wird als *treibende Klasse* bezeichnet. Jedes Java-Programm muss eine treibende Klasse enthalten, und die treibende Klasse muss die Methode `main()` enthalten. Die Klasse `Dog` ist eine Hilfsklasse. In **DogAction.java** enthält `Dog` ein einziges Attribut (den String `dogName`). Sie enthält darüber hinaus die Methoden `setName()`, `bark()` und `sayName()`.

Um eine Klasse zu verwenden, müssen Sie erst eine Instanz aus dieser Klasse erzeugen. In **DogAction.java** werden die Objekte wie folgt erzeugt:

```
// Deklariere Objekte aus Klasse Dog
Dog myDog = new Dog();  // Erstes Objekt ist myDog
Dog MSUDog = new Dog(); // Zweites Objekt ist MSUDog
```

Die Methode einer Klasse wird angesprochen, indem einem Objekt eine Nachricht gesendet wird. Jedes Objekt speichert Informationen über seinen Zustand. Um den Zustand eines Objekts zu verändern senden Sie den entsprechenden Methoden eine Nachricht.

Tipp

Ein Objekt, dessen Zustand von außen verändert werden kann, bricht die Kapselung.

Jedes Objekt besitzt:

- ein Verhalten (definiert durch seine Methoden)
- einen Zustand (definiert durch seine Felder)
- eine Identität, die es von allen anderen Objekten aus dieser gleichen Klasse unterscheidbar macht

In den meisten Fällen haben Objekte verschiedene Zustände, aber zwei Objekte aus der gleichen Klasse sind einzigartig und voneinander verschieden, selbst dann, wenn Sie im gleichen Zustand sind. Hier ein Beispiel: Ein Objekt `GasGauge` (Tankanzeige) zeigt die Menge Benzin in einem Tank an. Ein Tanklaster mit zwei verschiedenen Tanks kann zwei `GasGauge`-Objekte besitzen. Diese Objekte sind voneinander verschieden, selbst wenn sie den gleichen Wert anzeigen.

Hinweis

Selbst wenn zwei Objekte im gleichen Zustand sind, besitzen Sie dennoch beide Ihre eigene Identität.

12.1.2 Feld- und Methodenvariablen

Variablen können in Bezug auf Ihren Platz innerhalb einer Klasse zwei verschiedene Typen besitzen. Variablen, die außerhalb der Methoden einer Klasse deklariert sind, normalerweise bevor alle Methoden der Klasse deklariert werden, werden als *Feldvariablen*, oder einfach *Felder*, bezeichnet. Feldvariablen können von allen Methoden in der Klasse angesprochen werden. Variablen, die innerhalb einer Methode deklariert sind, werden als *lokale* Variablen oder *Methodenvariablen* bezeichnet. Die Lebensdauer lokaler Variablen ist auf die Dauer der Methode beschränkt. In anderen Worten, existiert eine lokale Variable und ist auch nur so lange ansprechbar, so lange die sie enthaltende Methode ausgeführt wird. Aus diesem Grund können lokale Variablen von anderen Methoden oder anderen Klassen nicht angesprochen werden. Das erklärt auch, weshalb Sie lokale Variablen nicht mit einem Zugriffsbezeichner versehen können.

In **DogAction.java** enthält die Klasse `Dog` zwei Datenelemente: Ein Element ist vom Typ `int`, das zweite Element ist ein String. Beide werden mit dem privaten Zugriffsbezeichner definiert, um Kapselung zu gewährleisten. Die Klasse `Dog` stellt die Methode `setInfo()` bereit, die einem Objekt der Klasse einen Namen und eine Nummer zuweist. Später, im Abschnitt »Konstruktoren« lernen wir, dass der spezielle Typ Methode, der als Konstruktor bezeichnet wird, oft für die Initialisierung eines Objektes verwendet wird, wenn dieses erzeugt wird.

12.1.3 Objekt- und Klassenvariablen

Klassenvariablen, die ohne das Schlüsselwort `static` deklariert sind, werden jedem Objekt der Klasse zugeordnet. Die Variablen `dogNum` und `dogName` z.B. in der Klasse `Dog` in **DogAction.java** sind *Objektvariablen*. Objektvariablen sind mit jedem Objekt in der Klasse verknüpft.

Ein anderer Typ Klassenvariable wird mit dem `static`-Attribut deklariert. In diesem Fall bezieht sich die Variable direkt auf die Klasse und nicht auf die Objekte aus dieser Klasse. Die Verwendung von Klassenvariablen wird später im Abschnitt »Modellieren mit Klassen« besprochen.

12.2 Konstruktoren

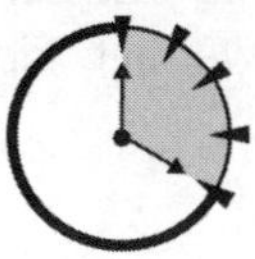

20 Min.

Ein Konstruktor ist eine spezielle Methode, die den gleichen Namen wie die Klasse trägt, in der sie definiert ist. Wenn Sie nicht explizit einen Konstruktor implementieren, stellt Java automatisch einen Konstruktor bereit, der auch als *Defaultkonstruktor* bezeichnet wird. Der Defaultkonstruktor tut nichts, aber er weist allen Variablen, die nicht in ihrer Deklaration initialisiert werden, die folgenden Defaultwerte zu:

- Numerische Variablen werden auf 0 gesetzt.
- Strings werden auf `null` gesetzt.
- Boolesche Variablen werden auf false gesetzt.

Ein Konstruktor hat keinen Rückgabetyp. Obwohl ein Konstruktor `public`, `private` oder `protected` deklariert werden kann, sind die meisten Konstruktoren `public`, d.h. öffentlich. Ein privater Konstruktor erlaubt es anderen Klassen nicht, Objekte aus der Klasse zu erzeugen. Daher sind in diesem Fall nur die statischen Methoden der Klasse ansprechbar.

Tipp

Programmierer verwenden private Konstruktoren, wenn Sie verhindern möchten, dass andere Klassen Instanzen ihrer Klasse anlegen, aber der Zugriff auf die statischen Methoden gewährt werden soll.

12.2.1 Aufruf des Defaultkonstruktors

Die Konstruktormethode wird aufgerufen, wenn ein Objekt aus der Klasse erzeugt wird. Im Fall des Programms **DogAction.java** wird der Defaultkonstruktor aufgerufen, wenn die Objekte erzeugt werden wie in der folgenden Anweisung:

```
// Deklariere Objekte aus Klasse Dog
    Dog myDog = new Dog();  // Erstes Objekt ist myDog
//                -----
//                  |_________ Aufruf Konstruktor
```

Der Defaultkonstruktor erzeugt das Objekt und setzt die Feldvariablen, die in ihrer Deklaration nicht initialisiert werden, auf die oben erwähnten Defaultwerte. Im Fall unseres Beispielprogramms **DogAction.java** setzt der Defaultkonstruktor die Variable `dogNum` auf Null und den String `dogName` auf `null`.

12.2.2 Überladene Konstruktoren

Eine Klasse kann mehr als einen Konstruktor enthalten, aber jeder Konstruktor muss eine eindeutige Signatur besitzen. Erinnern Sie sich daran, dass die Signatur einer Methode ihre eindeutige Parameterliste ist. Keine zwei Konstruktoren in der gleichen Klasse können die gleiche Signatur besitzen. Wenn eine Klasse mehr als einen Konstruktor besitzt, dann sagen wir, dass der Konstruktor überladen ist. Das bedeutet, dass es mehrere Methoden mit dem gleichen Namen aber unterschiedlichen Signaturen gibt. Überladene Konstruktoren unterstützen die Erzeugung von Objekten auf verschiedene Weisen. Java bestimmt den zu verwendenden Konstruktor anhand der Parameter. Nachdem Sie einen Konstruktor definiert haben, wird unabhängig von dessen Signatur der Defaultkonstruktor nicht weiter für die Erzeugung von Objekten verwendet. Ein Konstruktor kann einen anderen Konstruktor aufrufen.

Das folgende Programm **Payroll.java** demonstriert überladene Konstruktoren.

CD-ROM

Die Quelldatei des Programms Payroll.java finden Sie im Verzeichnis Lektion 12 auf der beiliegenden CD.

```
//   Dateiname: Payroll.java
//   Bezug: Lektion 12
//
// Themen:
//     1. Eine Klasse mit Objekt- und Klassen-
//        Attributen und Objekt- und Klassen-
//        Methoden
//     2. Konstruktoren erzeugen und verwenden
//     3. Polymorphie bei überladenen Konstruktoren

//*******************************************
// Klasse Employee (Angestellter)
//*******************************************
class Employee
{
  //*********************************
  //       Attribute
  //*********************************
  // Feldvariablen (z.T. mit Defaultwerten)
  private String name = "kein Name";
  private String address;
  private String ssn = "xxx"; /* Sozialversicherungsnummer */
  private int dependants = 1;
  private int empNum;

  // Klassenattribute (static)
  private static int consecNum = 0;

  //**********************************
  // Methoden - Konstruktoren
  //**********************************
  // Konstruktor mit Parametern
  public Employee(String n, String a, String s, int x)
  {
     this.name = n;
     this.address = a;
     this.ssn = s;
     this.dependants = x;
     this.empNum = ++consecNum;
```

```
  }

  // Konstruktor ohne Parameter weist nur die
  // Angestelltennummer zu
  public Employee()
  {
     this.empNum = ++consecNum;
  }

  // Konstruktor mit einem Parameter setzt
  // Name und Angestelltennummer
  public Employee(String n)
  {
     this.name = n;
     this.empNum = ++consecNum;
  }

  //********************************
  // Methoden - andere Methoden
  //********************************
  public void showData()
  {
     System.out.print("Nummer: " + this.empNum);
     System.out.print("\tName: " + this.name);
     System.out.print("\tAdresse: " + this.address);
     System.out.print("\nSozialversicherung: " + this.ssn);
     System.out.print("\tAbhängige: " +
                      this.dependants +
                      "\n\n");
     System.out.flush();
  }

  // Klassenmethode wird für Zugriff auf
  // Klassenvariable ohne Objektreferenz verwendet
  public static void showTotal()
  {
    System.out.println("Anzahl Beschäftigte: " +
                       consecNum);
    System.out.println();
  }
} // Ende der Klasse Employee
```

```
//*****************************************
//            Treibende Klasse
//*****************************************
public class Payroll
{
  public static void main(String[] args)
  {
    // Zwei Objekte aus der Klasse Employee mit
    // parametrisiertem Konstruktor erzeugen
    Employee emp1 = new Employee("Julia", "Juliastr. 12",
                                 "263", 2);
    Employee emp2 = new Employee("Jim", "Jimgasse 14", "261",
                                 6);

    // Drittes Objekt mit Konstruktor ohne
    // Parameter erzeugen
    Employee emp3 = new Employee();

    // Viertes Objekt mit Konstruktor mit einem
    // Parameter erzeugen
    Employee emp4 = new Employee("Maria");

    //****************************
    //         WARNUNG
    //****************************
    // Wenn Sie schreiben:
    // Employee emp5 = new Employee("Tobias", "Kreuzbergstr. 19");
    // kann ihr Programm nicht kompiliert werden,
    // weil der Compiler melden wird, dass eine
    // falsche Anzahl Parameter verwendet wird.

    // Daten über Zugriffsmethode darstellen
    emp1.showData();
    emp2.showData();
    emp3.showData();
    emp4.showData();

    // Gesamtanzahl der Beschäftigten mit
    // Klassenmethode darstellen
    Employee.showTotal();
  }
}
```

Die Klasse `Employee` im Programm **Payroll.java** enthält drei Konstruktoren, die wie folgt deklariert sind:

```
public Employee(String n, String a, String s, int x)
public Employee()
public Employee(String n)
```

Der erste Konstruktor erhält vier Parameter: drei Parameter vom Typ `String` und einen Parameter vom Typ `int`. Der zweite Konstruktor besitzt keine Parameter. Dieser Konstruktor überschreibt den Defaultkonstruktor, der dann nicht mehr verwendet wird. Der dritte Konstruktor erhält ein einzelnes Argument vom Typ `String`.

Tipp

Weil ihre Signaturen eindeutig sind, können diese drei Konstruktoren nebeneinander in der gleichen Klasse existieren.

Die Datenelemente der Klasse `Employee` in **Payroll.java** sind wie folgt deklariert:

```
// Feldvariablen (z.T. mit Defaultwerten)
  private String name = "no name";
  private String address;
  private String ssn = "xxx";
  private int dependants = 1;
  private int empNum;
// Klassenattribute (static)
  private static int consecNum = 0;
```

Die Klasse enthält fünf Felder und eine Klassenvariable. Die Feldvariablen sind mit den Objekten der Klasse verbunden. Die Klasse `Employee` enthält die Klassenvariable namens `consecNum`. Java erzeugt eine einzelne Kopie einer Klassenvariable. Die Klassenvariable ist mit der Klasse verbunden und nicht mit den Objekten. In diesem Fall zählt die Klassenvariable die fortlaufenden Nummern der `Employee`-Objekte.

12.3 Modellieren mit Klassen

10 Min.

Das folgende Programm namens **ThrottleDemo.java** verwendet eine Klasse, um Objekte mit ähnlichen Merkmalen zu erzeugen. In diesem Sinne kann eine Klasse als Fabrik für Objekte angesehen werden. Die Klasse `Throttle` (Regler) in **ThrottleDemo.java** erzeugt das Objekt `throttle`. Jedes `throttle` hat eine maximale Position, die durch den Bereich festgelegt wird, und eine aktuelle Position, die den momentanen Zustand widerspiegelt. Abbildung 12.1 zeigt den Regler und die Klasse, die den Regler modelliert.

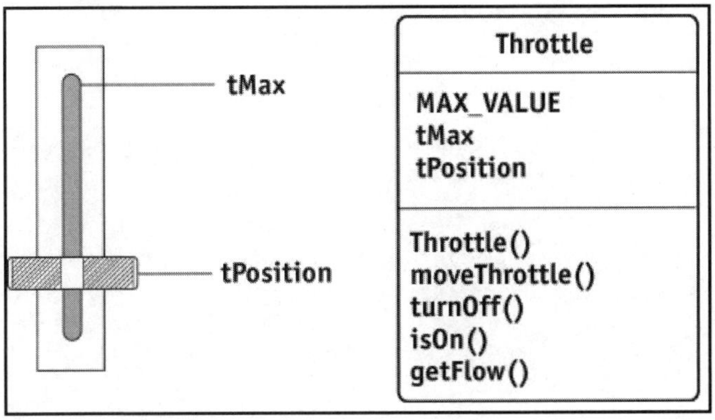

Abbildung 12.1: Modellieren eines Reglers

Im Folgenden finden Sie das Listing des Programms **ThrottleDemo.java**.

Die Quelldatei des Programms ThrottleDemo.java finden Sie im Verzeichnis Lektion 12 auf der beiliegenden CD.

```
//   Dateiname: ThrottleDemo.java
//   Bezug: Lektion 12
//
// Themen:
//     1. Modellieren eines Regler-Objekts
//     2. Eine Klasse als Objektfabrik

//*******************************************
//             Klasse Throttle
//*******************************************
class Throttle
{
  //********************************
  //      Attribute
  //********************************
  // Konstanten
  private static final int MAX_VALUE = 100;   // Maximum

  // Feldvariablen
  private int tMax;       // Maximale Reglerposition
  private int tPosition; // Aktuelle Reglerposition
```

```
// Klassenvariablen
private static int tCounter = 0;  // Zählt Objekte

//********************************
// Methoden - Konstruktor
//********************************
public Throttle(int x)
{
  if(x > MAX_VALUE)
                              x = MAX_VALUE;

  this.tMax = x;         // Maximum für diesen Regler
  this.tPosition = 0;    // Regler ist initial ausgeschaltet
  Throttle.tCounter++;   // Objekte zählen
}

//********************************
// Methoden - andere Methoden
//********************************
// Methoden für vorwärts und rückwärts
public void moveThrottle(int ammount)
{
  if(ammount > this.tMax - this.tPosition)
    this.tPosition = MAX_VALUE;
  else if (this.tPosition + ammount < 0)
    this.tPosition = 0;
  else
    this.tPosition += ammount;
}

// Methode zum Ausschalten des Reglers
public void turnOff()
{
  this.tPosition = 0;
}

// Methode zum Prüfen des Reglers
public boolean isOn()
{
  return (this.tPosition > 0);
```

```
  }

  // Methode zur Berechnung des Durchflusses
  public double getFlow()
  {
    return ((double) this.tPosition / (double) this.tMax);
  }
} // Ende der Klasse Throttle

//*******************************************
//            Treibende Klasse
//*******************************************
public class ThrottleDemo
{
  public static void main(String[] args)
  {
    // Deklariere throttle-Objekte
    Throttle t1 = new Throttle(50);     // t1 hat Bereich 0 bis 50;
    Throttle t2 = new Throttle(100);    // t2 hat Bereich 0 bis 100
    Throttle t3 = new Throttle(10);     // t3 hat Bereich 0 bis 10

    t1.moveThrottle(10);                // t1 auf 1/5 throttle
    t2.moveThrottle(50);                // t2 auf 1/2 throttle
    t3.moveThrottle(1);                 // t3 auf 1/10 throttle

    // Überprüfe, dass Regler t3 nicht ausgeschaltet ist
    if(t3.isOn())
      System.out.println("Regler t3 ist angeschaltet");

    // Schalte t2 AUS
    t2.turnOff();
    // Überprüfe, dass t2 ausgeschaltet ist
    if(!t2.isOn())
      System.out.println("Regler t2 ist jetzt ausgeschaltet");

    // Durchfluss für t1 zeigen
    double gasFlow;
    gasFlow = t1.getFlow();
    System.out.println("Durchfluss von t1 ist " + gasFlow);
  }
}
```

Zusammenfassung

Die Blöcke, aus denen OO-Systeme gebaut werden, sind Klassen und Objekte. Objekte werden mit dem Operator `new` initialisiert. Zusätzlich zu seinem Namen hat jedes Objekt ein Verhalten, einen Zustand und eine Identität. Feldvariablen sind mit den Objekten aus einer Klasse verbunden. Sie werden außerhalb der Methoden deklariert. Lokale Variablen, deren Lebensdauer und Sichtbarkeit begrenzt sind, werden innerhalb von Methoden deklariert. Klassenvariablen beziehen sich auf die Klasse selbst und nicht auf die Objekte aus dieser Klasse. Klassenvariablen werden mit dem Schlüsselwort `static` deklariert.

Konstruktoren sind spezielle Methoden, die den gleichen Namen tragen wie die Klasse. Wenn Sie in der Klasse keinen Konstruktor angeben, erzeugt Java automatisch einen Defaultkonstruktor. Konstruktoren werden verwendet, um Objekte aus einer Klasse zu erzeugen. Der Konstruktor kann überladen werden.

Selbsttest

1. In welcher Klasse muss die Methode `main()` stehen (siehe »Objektinstanzen erzeugen«)?
2. Wodurch wird der Zustand eines Objekts bestimmt (siehe »Objektinstanzen erzeugen «)?
3. Woran erkennen Sie, ob ein Datenelement eine Feldvariable oder eine Methodenvariable ist (siehe »Feld- und Methodenvariablen«)?
4. Auf welche Werte setzt der Defaultkonstruktor Variablen (numerische, String, Boolesche), für die keine Initialisierung angegeben wird (siehe »Konstruktoren«)?
5. Schreiben Sie Java-Code, der einen parametrisierten Konstruktor aufruft, um ein Objekt zu erzeugen (siehe »Überladene Konstruktoren«).
6. Schreiben Sie ein Java-Programm, das Klassen und Objekte verwendet, um ein Problem in der realen Welt zu modellieren (siehe »Modellieren mit Klassen«).

Klassenvererbung einsetzen

Lektion 13

Checkliste

- Vererbung in Java
- Funktionalität erweitern
- Überschreiben
- Abstrakte Klassen und Methoden
- Eine abstrakte Klasse implementieren

30 Min.

In Lektion 11 haben wir Vererbung unter dem Aspekt betrachtet, Wissen in Hierarchien zu organisieren. Vererbung wird in Java in Form einer Klassenhierarchie implementiert, in der eine Klasse, die als *abgeleitete Klasse* bezeichnet wird, die Funktionalität einer anderen Klasse erbt, die *Basisklasse* genannt wird.

Die Begriffe *Superklasse* und *Unterklasse* werden auch in diesem Zusammenhang gebraucht. Wie bei der biologischen Vererbung enthält ein Objekt einer Klasse die Attribute und Eigenschaften der Klasse, zu der es gehört, sowie aller Superklassen. In dieser Lektion lernen wir, wie Vererbung in Java implementiert werden kann und wie Vererbung eingesetzt werden kann, um eine höhere Abstraktion zu erreichen, was zum Modellieren führt und die Programmierung insgesamt vereinfacht.

13.1 Vererbung in Java

Die Idee hinter Vererbung ist die, dass eine Klasse ihre Funktionalität auf eine andere Klasse ausdehnen kann, wodurch das Codieren einfacher wird und der Code leichter wiederverwendet werden kann. In Java wird Vererbung dadurch erreicht, dass eine Klasse eine andere Klasse erweitert. Hier ein Beispiel:

```
class Circle extends GeometricalFigure
{
  ...
}
```

In diesem Fall erbt die Unterklasse `Circle` alle Methoden der Superklasse `GemetricalFigure`. Zusätzlich kann die Unterklasse selber Methoden und Attribute definieren.

Sie können Vererbung dadurch unterbinden, dass Sie eine Klasse `final`, d.h. endgültig, machen:

```
final class Rectangle
{
   . . .
}
```

In diesem Fall kann keine weitere Klasse von `Rectangle` abgeleitet werden. Wenn eine bestimmte Methode in einer Klasse als `final` deklariert ist, kann diese Methode in den Unterklassen nicht überschrieben werden.

13.1.1 Funktionalität erweitern

Vererbung stellt ein ausdrucksstarkes Mittel dar, um Klassen zu modellieren, die in einer Art-von-Beziehung stehen (Gen-Spec), und um die Funktionalität von Unterklassen zu erweitern. Vererbung ist nicht geeignet, um die Beziehung von Klassen zu modellieren, wenn sie in einer Teil-von-Beziehung zueinander stehen. Das Schlüsselwort `super` wird in einer Unterklasse verwendet, um auf die Methoden der Superklasse zu verweisen. Es ist nützlich beim Aufruf von Konstruktoren der Superklasse und bei der Spezifikation polymorpher Methoden.

Ein Vorteil von Vererbung ist der, dass sie die Neudefinition einer Methode in einer Unterklasse erlaubt, ohne dass die entsprechende Operation in der Superklasse geändert werden muss. Wenn eine Methode nicht in einer Unterklasse implementiert ist, sucht Java in der Hierarchie nach oben nach der ersten polymorphen Methode. Wenn keine solche Methode gefunden wird, erzeugt der Compiler einen Fehler.

13.1.2 Überschreiben

20 Min.

Überladen generiert statische Polymorphie, weil die zu benutzende Methode zur Compilezeit bestimmt werden kann. Lektion 12 zeigte, wie Konstruktoren mit verschiedenen Signaturen überladen werden können. Bei Vererbungshierarchien können zwei oder mehr Methoden mit der gleichen Signatur in ein und derselben Klassenhierarchie vorkommen.

Hinweis

Beim Überschreiben haben die Methoden die gleichen Signaturen, beim Überladen von Methoden sind deren Signaturen voneinander verschieden.

Wie bezeichnen die Auswahl von zwei oder mehr Methoden mit der gleichen Signatur als *Überschreiben*. In diesem Fall hängt es von der Position der Methode in der Hierarchie ab, welche

Methode an das Objekt gelinkt wird. Betrachten Sie eine Hierarchie, die aus drei Klassen `Class1`, `Class2` und `Class3` besteht. Nehmen Sie weiterhin an, dass diese drei Klassen eine polymorphe Methode `methodA()` besitzen. Abbildung 13.1 zeigt das Klassendiagramm.

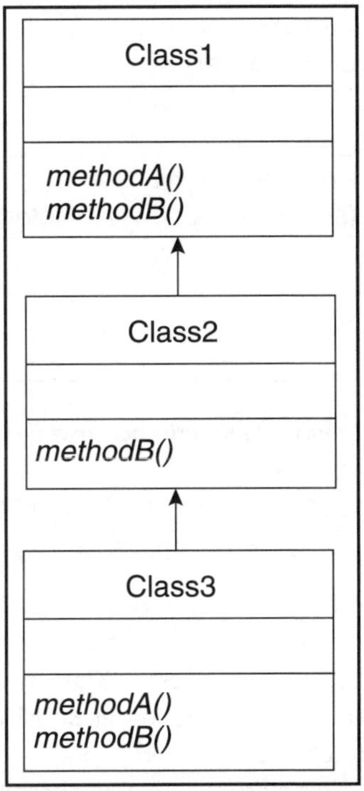

Abbildung 13.1: Polymorphe Methoden in einer Vererbungsstruktur

Wenn ein Objekt die Methode `methodA()` aufruft, hängt es vom Objekt ab, welche polymorphe Implementierung verwendet wird. Wenn das Objekt zur Klasse `Class1` gehört, dann wird die Implementierung von `methodA()` in `Class1` verwendet. Weil `Class2` keine eigene Methode `methodA()` besitzt, wird die Implementierung von `Class1` verwendet, wenn ein Objekt aus `Class2` diese Methode aufruft. Allgemein sucht Java in der Hierarchie nach oben nach der nächsten polymorphen Methode. Wenn ein Objekt aus `Class3` die Methode `methodA()` aufruft, wird die in Class3 definierte `methodA()` verwendet.

CD-ROM

Das Programm Inheritance.java zeigt einfache Vererbung und die Auswahl von Methoden durch Überschreiben. Das Programm basiert auf dem in Abbildung 13.2 gezeigten Klassendiagramm. Die Quelldatei des Programms Inheritance.java finden Sie im Verzeichnis Lektion 13 auf der beiliegenden CD.

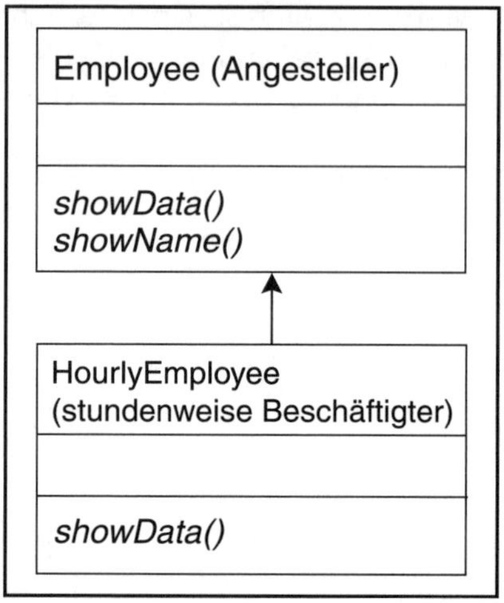

Abbildung 13.2: Klassenstruktur im Programm Inheritance.java

13.2 Abstrakte Klassen und Methoden

10 Min.

Eine abstrakte Methode ist eine Methode, deren Rumpf leer ist und die daher keine Operationen ausführt. Die abstrakte Methode definiert eine Signatur, die von allen polymorphen Methoden in erweiterten Klassen verwendet werden muss. Eine abstrakte Klasse definiert ein Interface in der Basisklasse und überlässt die Implementierung den abgeleiteten Klassen.

In Lektion 12 haben Sie gelernt, dass eine abstrakte Klasse eine Klasse ist, die mindestens eine abstrakte Methode enthält. In Java wird eine abstrakte Klasse mittels des Schlüsselworts `abstract` deklariert. Eine abstrakte Klasse kann nicht instanziiert werden; sie kann jedoch erweitert werden. Eine abstrakte Klasse kann konkrete Daten enthalten und Methoden, die sich normal verhalten. Eine abstrakte Klasse kann auch Konstruktoren besitzen.

13.2.1 Eine abstrakte Klasse erzeugen

Nehmen Sie an, wir haben ein Zeichenprogramm, mit dem verschiedene geometrische Figuren manipuliert werden können, wie z.B. Ellipsen, Rechtecke, Dreiecke usw. Nehmen Sie weiterhin an, dass allen geometrischen Figuren gemein ist, dass Sie ein umschließendes Rechteck besitzen, in dem sie enthalten sind. Wir können dieses System mit einer abstrakten Klasse `GeoFigure` modellieren mit einer abstrakten Methode `draw()`, die als Argumente die Position auf dem Bildschirm erhält, an der die Figur dargestellt werden soll, und die Größe des umschließenden Rechtecks. Die erweiterten Klassen `Ellipse`, `Triangle` und `Rectangle` implementieren die Methode `draw()` für jede konkrete Figur. Natürlich kann die abstrakte Klasse nicht instanziiert und die abstrakte Methode `draw()` kann nicht angesprochen werden, weil es keine Möglichkeit gibt, ein Objekt aus der Klasse `GeoFigure` zu erzeugen. Die abstrakte Methode definiert jedoch ein Interface für alle polymorphen Implementierungen von `draw()`. Abbildung 13.3 zeigt das entsprechende Klassendiagramm.

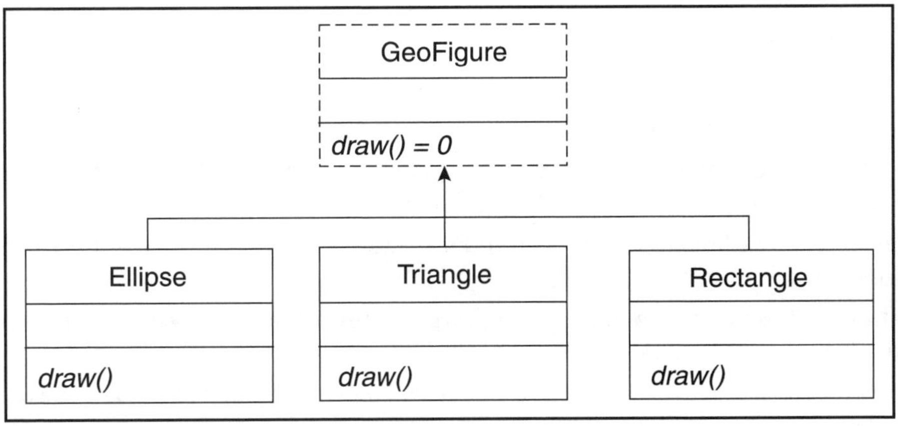

Abbildung 13.3: System mit einer abstrakten Klasse

Tipp

Es ist ein Fehler zu glauben, dass eine abstrakte Klasse nur abstrakte Methoden enthalten darf. Es ist immer besser, möglichst viel Funktionalität in die Superklasse zu verlagern, unabhängig davon, ob es eine abstrakte Klasse ist oder nicht. Feldvariablen und nicht abstrakte Methoden sollten immer in der Superklasse sein. Nur Operationen, die nicht in der Superklasse implementiert werden können, sollten in den Unterklassen auftauchen.

CD-ROM

Das Programm DrawFigure.java implementiert die abstrakten Klassen in Abbildung 13.3. Weil wir das Thema Grafik in Java noch nicht behandelt haben, zeigt das Programm nur Textmeldungen, die Rückschlüsse auf die Programmausführung zulassen. Die Quelldatei DrawFigure.java finden Sie im Verzeichnis Lektion 13 auf der beiliegenden CD.

Zusammenfassung

0 Min.

In Java wird Vererbung als Klassenhierarchie implementiert. Bei der Vererbung erbt eine Klasse – die als abgeleitete Klasse oder Unterklasse bezeichnet wird – die Funktionalität einer anderen Klasse – die als Basisklasse oder Superklasse bezeichnet wird. Vererbung ermöglicht eine höhere Abstraktion und dient dazu, die Funktionalität von Klassen in eine Art-von-Beziehung zu erweitern. Das Schlüsselwort `extends` wird verwendet, um Vererbung in Unterklassen zu implementieren. Wenn zwei Methoden mit der gleichen Signatur in einer Klassenhierarchie existieren, die mittels Vererbung miteinander verbunden sind, dann wird die zu verwendende Methode durch das Überschreiben bestimmt, indem die Methode verwendet wird, die dem Objekt in der Hierarchie am nächsten ist. Eine abstrakte Klasse ist eine Klasse, die ein Interface definiert, die aber selber keine Implementierung enthalten muss. Abstrakte Klassen werden mit den Schlüsselwort `abstract` erzeugt. Abstrakte Klassen können abstrakte Methoden und nicht abstrakte Methoden enthalten.

Selbsttest

1. Schreiben Sie Java-Code, der eine Hierarchie erzeugt, in der eine Klasse eine andere Klasse erweitert (siehe »Vererbung in Java«).
2. Worin besteht der Unterschied zwischen Überladen und Überschreiben als Mechanismen zur Auswahl von Methoden (siehe »Funktionalität erweitern«)?
3. Wann werden Methoden in einer Vererbungshierarchie polymorph genannt (siehe »Überschreiben«)?
4. Welches Schlüsselwort wird zur Erzeugung einer abstrakten Klasse verwendet (siehe »Abstrakte Klassen und Methoden«)?
5. Kann eine abstrakte Klasse eine nicht abstrakte Methode enthalten (siehe »Abstrakte Klassen und Methoden«)?
6. Schreiben Sie ein Java-Programm, das eine Vererbungshierarchie mit einer abstrakten Basisklasse und zwei nicht abstrakten abgeleiteten Klassen enthält (siehe »Eine abstrakte Klasse erzeugen«).

Bilden von Objekten

Lektion 14

Checkliste

- ✓ Objekte bilden
- ✓ Die verwendet-Beziehung und Aggregation
- ✓ Objekte als Parameter
- ✓ Rückgabe eines Objekts
- ✓ Bekanntschaftsbeziehung
- ✓ Vererbung und Objektbildung kombinieren
- ✓ Arrays von Objekten
- ✓ Dynamisches Binden

30 Min.

In dieser Lektion besprechen wir eine Alternative zu Vererbung als ein Weg, Code wiederzuverwenden. Diese Methode wird *Objekterzeugung/Objektkomposition* genannt. Bei Vererbung wurde die Wiederverwendbarkeit des Codes durch die Erweiterung einer Superklasse erreicht. Bei der Objektkomposition verwendet eine Klasse einfach eine Funktionalität, indem sie ein Objekt aus der entsprechenden Klasse speichert und dieses Objekt verwendet. Der Hauptvorteil von Objektkomposition besteht darin, dass die Wiederverwendbarkeit auf eine einfachere Weise und ohne die Erweiterung der Klassenstruktur erreicht wird.

Hinweis

Allgemein ist die Objektkomposition ein befriedigenderer Ansatz zur Wiederverwendung von Klassen, als es die Vererbung ist.

14.1 Grundlagen der Objektkomposition

Lektion 13 zeigt, dass eine Klasse eine andere Klasse erweitern kann, um die Methoden dieser Klasse verwenden zu können. Dieser Mechanismus, der als Vererbung bezeichnet wird, ist besonders dann nützlich, wenn eine Klasse eine Art der anderen Klasse ist. Wir treffen jedoch häufig den Fall an, dass sich die Klasse, die wir wiederverwenden möchten, nicht in einer solchen Beziehung zu unserer Klasse befindet. Ein einfacher alternativer Ansatz besteht darin, ein Objekt aus der Klasse zu erzeugen, die wir wiederverwenden möchten, weil die öffentlichen Methoden einer Klasse immer über Objekte angesprochen werden können. In einem solchen Fall reden wir davon, dass die Wiederverwendbarkeit durch Objektkomposition erreicht wird. Objektkomposition basiert auf den folgenden Gegebenheiten in der Sprache Java:

- Eine Klasse kann die öffentlichen Elemente einer anderen Klasse ansprechen.
- Ein Objekt kann Element einer Klasse sein.
- Eine Klasse kann ein Objekt einer anderen Klasse instanziieren.

Objektkomposition erfordert eine etwas andere Art der Sichtweise hinsichtlich der Beziehungen zwischen Klassen. Im Fall der Vererbung sprechen wir davon, dass eine Klasse eine andere Klasse erweitert, um ihre Methoden wiederzuverwenden. Bei der Objektkomposition erreicht eine Klasse das gleiche Ziel, indem sie ein Objekt aus dieser Klasse erzeugt und speichert.

14.1.1 Die Verwendet-Beziehung

Nehmen Sie an, es gibt eine Klasse `Rectangle` mit einer Methode `area()`, die die Fläche eines Rechtecks berechnet. Nehmen Sie weiterhin an, dass es eine Klasse `Window` gibt, die rechteckig dargestellt wird. Die Klasse `Window` kann die Methode `area()` der Klasse `Rectangle` verwenden, indem sie die Klasse `Rectangle` erweitert. Weil `Rectangle` die Superklasse und `Window` die abgeleitete Klasse ist, kann ein `Window`-Objekt die Methode `area()` in der Klasse `Rectangle` ansprechen. Diese Wiederverwendung durch Vererbung basiert darauf, dass ein Fenster eine Art Rechteck ist, was so nicht möglich ist, wenn `Window` auch kreisförmig oder elliptisch sein könnte.

Alternativ kann die Klasse `Window` die Methode `area()` von `Rectangle` verwenden, ohne dass Vererbung eingesetzt werden muss. Diese Alternative besteht darin, dass `Window` ein `Rectangle`-Objekt erzeugt und speichert. In diesem Fall sprechen wir davon, dass `Window` die Klasse `Rectangle` »verwendet«. Das ist eine treffendere Beschreibung der Klassenbeziehung. Das `Rectangle`-Objekt ist ein Element der Klasse `Window`.

14.1.2 Aggregation

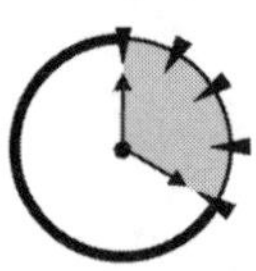

20 Min.

Wir sprechen von Klassenaggregation, wenn eine Klasse ein Objekt aus der Klasse enthält, deren Methoden sie verwenden möchte. In vielen der Beispielprogrammen in den vorangegangenen Lektionen erzeugte die treibende Klasse Objekte aus anderen Klassen, um deren Methoden zu verwenden. In der Tat ist Aggregation der einfachste und am häufigsten verwendete Weg, um die öffentlichen Elemente einer anderen Klasse anzusprechen.

Aber die Tatsache, dass eine Aggregationsbeziehung einfach und üblich ist, macht sie deshalb nicht weniger wertvoll. In vielen Fällen ist eine einfache Aggregation eine Alternative zu komplizierteren Beziehungen, die auf Klassenvererbung basieren. Aggregation wird in Klassendiagrammen durch einen Pfeil dargestellt , der auf die Klasse zeigt, deren Funktionalität verwendet wird. Dies ist in Abbildung 14.1 zu sehen.

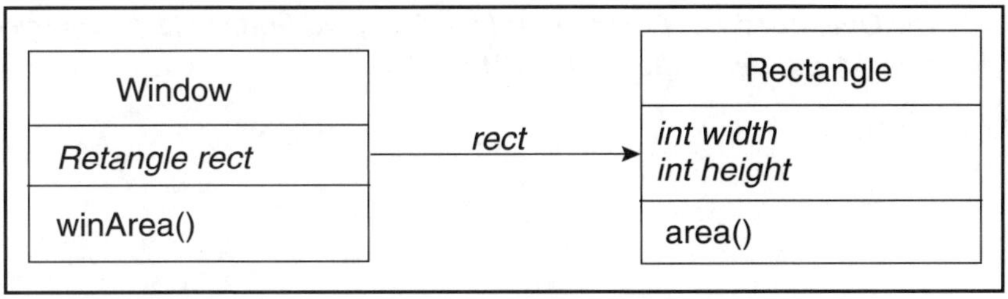

Abbildung 14.1: Modellieren einer Aggregationsbeziehung

Tipp

Manchmal werden Sie den Namen des Objekts über den Pfeil schreiben, das zu der Aggregationsbeziehung gehört.

CD-ROM

Das Programm Aggregation.java implementiert das Klassendiagramm in Abbildung 14.1 unter Verwendung von Objektkomposition mittels Aggregation. Die Quelldatei zu Aggregation.java finden Sie im Verzeichnis Lektion 14 auf der beiliegenden CD.

14.2 Objekte als Parameter

Jede Variable – z.B. ein `int`, ein `double` oder ein String – kann als Argument an eine Methode übergeben werden. Ein Objekt, was nichts anderes ist als eine Variable mit abstraktem Datentyp, kann auch als Argument übergeben werden. Wie bei primitiven Typen kann die Methode, die das Parameterobjekt erhält, dieses Objekt über einen möglicherweise anderen Namen ansprechen. Der Unterschied ist der, dass es nur eine Kopie des Objektes gibt und dass alle Änderungen, die an diesem Objekt durchgeführt werden, das Objekt selbst betreffen. Anders gesagt werden primitive Datentypen immer als Wert und Objekte immer als Referenzen übergeben.

14.2.1 Ein Objekt zurückgeben

Eine Methode kann ein Objekt zurückgeben. In diesem Fall muss die Deklaration der Methode die Klasse des Objekts als Rückgabetyp angeben. Typischerweise wird das zurückgegebene Objekt in der Methode mittels `new`-Operator erzeugt. Methoden, die Objekte als Parameter erhalten oder Objekte zurückgeben, sind oft statisch. Das folgende Programm namens **PixelOps.java** demonstriert, wie Objekte als Argumente und als Parameter an eine Funktion übergeben werden.

Die Quelldatei des Programms PixelOps.java finden Sie im Verzeichnis Lektion 14 auf der beiliegenden CD.

```
//   Dateiname: PixelOps.java
//   Bezug: Lektion 14
//
// Themen:
//     1. Objekt als Argument an Funktion übergeben
//     2. Methode gibt Objekt zurück

//*******************************************
//              Klasse Pixel
//*******************************************
class Pixel
{
  // Attribute
  private int x;
  private int y;

  // Konstruktor
  public Pixel(int pixX, int pixY)
  {
    this.x = pixX;
    this.y = pixY;
  }

  // Methode erhält Pixel als Parameter
  public static Pixel midPix(Pixel p1, Pixel p2)
  {
```

```
    int midX = (p1.x/2) + (p2.x/2);
    int midY = (p1.y/2) + (p2.y/2);
    Pixel midOne = new Pixel(midX, midY);
    return midOne;
  }

  // Zeige den Ort des Pixels
  public void pixLocation()
  {
    System.out.print("Pixel x : " + this.x + "  ");
    System.out.print("Pixel y : " + this.y + "\n\n");
    System.out.flush();
  }
}

//******************************************
//              Treibende Klasse
//******************************************
public class PixelOps
{
  public static void main(String[] args)
  {
    // Erzeuge Objekte aus Klasse Pixel
    Pixel pix1 = new Pixel(10, 50);
    Pixel pix2 = new Pixel(90, 200);

    // Weil Methode midPix statisch ist, wird
    // sie mit Klassenreferenz aufgerufen
    Pixel pix3 = Pixel.midPix(pix1, pix2);

    // Zeige Ort der drei Pixel
    pix1.pixLocation();
    pix2.pixLocation();
    pix3.pixLocation();
  }
}
```

14.2.2 Bekanntschaft

10 Min.

Diese Lektion begann damit, dass wir den Fall betrachtet haben, dass eine Klasse ein Objekt aus einer anderen Klasse enthält, was eine Aggregationsbeziehung ist. Im Programm **PixelOps.java** jedoch sehen wir eine Klasse, die ein Objekt als Parameter erhält, das verwendet wird, um die Methoden der anderen Klasse anzusprechen. Weil in diesem Fall das Objekt nicht in der Klasse enthalten ist, sprechen wir von Objektkomposition durch *Bekanntschaft*. In der Bekanntschaftsbeziehung ist die Bindung lockerer als in der Objektkomposition weil im Falle der Bekanntschaft das Objekt bis zur Laufzeit nicht definiert sein muss.

Hinweis

Es ist diese lockerere Bindung in der Bekanntschaftsbeziehung, die es ermöglicht, sie zur Implementierung von dynamischer Bindung zu verwenden.

Nehmen Sie an, es gibt eine Anwendung, in der es zwei Methoden gibt, um eine Fläche zu berechnen. Beide Methoden sollen den Namen `area()` tragen. Eine dieser Methoden befindet sich in der Klasse `Rectangle` und berechnet die Fläche eines Rechtecks. Eine weitere Methode `area()` befindet sich in der Klasse `Circle` und berechnet die Fläche eines Kreises. Nehmen Sie nun an, wir codieren eine Klasse `Window`, die entweder eine kreisförmige oder eine rechteckige Form haben kann. Wir möchten die Methoden in den Klassen `Rectangle` und `Circle` verwenden, um die Fläche zu berechnen. Ein möglicher Ansatz besteht darin, zwei Methoden `winArea()` in der Klasse `Window` zu codieren. Eine nimmt ein `Rectangle-Objekt` als Parameter entgegen und die andere Methode erwartet ein `Circle`-Objekt. Weil diese Methoden `winArea()` unterschiedliche Signaturen besitzen, sind sie nicht polymorph. Welche Methode aufgerufen wird, hängt von dem Objekt ab, das als Parameter übergeben wird. Das Klassendiagramm in Abbildung 14.2 zeigt die Klassenstruktur dieses Beispiels.

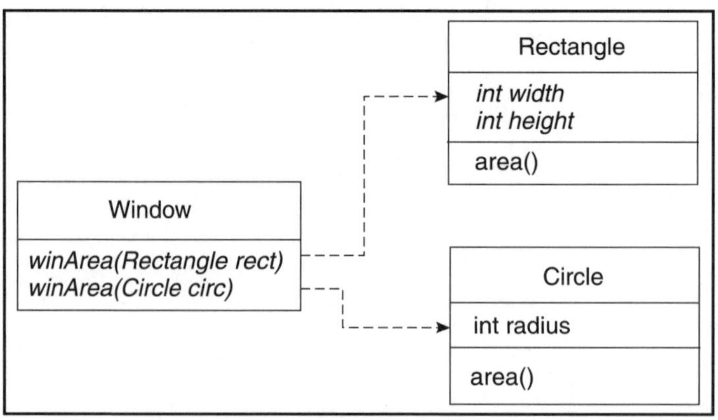

Abbildung 14.2: Modellieren einer Bekanntschaftsbeziehung

Hinweis

Denken Sie daran, bei Aggregation eine durchgezogene Linie zu verwenden. Um die Objektkomposition durch Bekanntschaft davon zu unterscheiden wird für diese Beziehung eine gestrichelte Linie verwendet, wie in Abbildung 14.2 zu sehen ist.

CD-ROM

Das Programm Acquaintance.java implementiert das Klassendiagramm aus Abbildung 14.2. Die Quelldatei von Acquaintance.java finden Sie im Verzeichnis Lektion 14 auf der CD.

14.3 Vererbung und Objektkomposition kombinieren

Ein Objekt ist eine Instanz einer Klasse und eine Klasse ist eine Sammlung von Daten und Methoden, die als Einheit zusammenarbeiten. Der Operator `new` wird in Java verwendet, um ein Objekt aus einer Klasse zu erzeugen. Eine Klasse kann als abstrakter Datentyp definiert werden. Weil es möglich ist, für einen primitiven Datentyp ein Array zu erzeugen, ist es auch möglich, ein Array eines ADT zu erzeugen (ADT = abstrakter Datentyp).

14.3.1 Arrays von Objekten

Wenn wir ein Array für eine Klasse erzeugen, dann ist das Ergebnis ein Array von Objekten dieser Klasse. Nehmen Sie an, es existiert eine Klasse `Employee` dann erzeugen wir ein Array von `Employee`-Objekten in der gleichen Weise, wie wir ein Array von `int` erzeugen:

```
int[] intArray = new int[14];
Employee[] empArray = new Employee[10];
```

Nachdem das Array mit Typ `Employee` erzeugt ist, können wir 10 Objekte aus der Klasse `Employee` darin speichern. Eine interessante Variation von Objektarrays ist es, dass wir Objekte aus abgeleiteten Klassen in einem Array für eine Superklasse speichern können. Wenn `HourlyEmployee` die Klasse `Employee` erweitert und `emp4` ein Objekt aus dieser abgeleiteten Klasse ist, können wir in dieser Weise die folgende Zuweisung ausführen:

```
empArray[9] = emp4;
```

Beachten Sie, dass sich dies nicht umkehren lässt: Ein Array einer Unterklasse kann keine Elemente aus der Superklasse speichern, außer wenn explizit gecastet wird.

14.3.2 Dynamisches Binden

0 Min.

Arrays können Objekte mit unterschiedlichem Typ speichern, d.h. Objekte aus der Basisklasse und allen abgeleiteten Klassen. Das ermöglicht es, ein Array von Objekten aus der Superklasse zu definieren und dieses Array zur Laufzeit mit Objekten zu füllen, die aus einer beliebigen Klasse innerhalb der gültigen Hierarchie stammen. Weil die Objekte zur Laufzeit des Programms erzeugt werden, ist es klar, dass die Bindung zwischen den Objekten und den Methoden zur Laufzeit erfolgt, was echter Polymorphie entspricht.

Das Programm ObjectArray.java verwendet die Klassen* `Employee` *und* `HourlyEmployee` *zur Demonstration des dynamischen Bindens bei Objektarrays. Während der Programmausführung wählt der Benutzer ein Objekt einer der Klassen aus, das dann in das Array eingefügt wird. Die Bindung ist dynamisch, weil diese Objekte vor der Laufzeit des Programms nicht bekannt sind. Die Quelldatei von ObjectArray.java finden Sie im Verzeichnis Lektion 14 auf der CD.

Zusammenfassung

Objektkomposition stellt eine Alternative für die Wiederverwendung von Klassenfunktionalität dar. In diesem Fall basiert die Wiederverwendung darauf, dass eine Klasse ein Objekt aus einer anderen Klasse deklariert oder als Parameter übergeben bekommt. Eine Aggregation findet statt, wenn die Klasse ein Objekt aus einer anderen Klasse enthält. Eine Methode kann ein Objekt als Parameter erhalten und ein Objekt an den Aufrufenden zurückgeben. In Bekanntschaftsbeziehungen erhält ein Objekt ein anderes Objekt als Parameter und greift über dieses Objekt auf die Funktionalität der anderen Klasse zu. Bekanntschaft bindet lockerer als Aggregation. Objekte können in Arrays gespeichert werden. Ein Array von Objekten aus einer Superklasse kann auch Objekte aus Unterklassen speichern. Wir können dynamische Bindung implementieren, indem wir Vererbung und Objektkomposition miteinander kombinieren.

Selbsttest

1. Nennen Sie die drei Grundlagen der Programmiersprache Java, auf denen die Objektkomposition basiert (siehe »Grundlagen der Objektkomposition«).
2. Welcher Typ Klassenverknüpfung wird als Verwendet-Beziehung bezeichnet (siehe »Die Verwendet-Beziehung«)?
3. Implementieren Sie eine Java-Methode, die ein Objekt als Parameter erhält (siehe »Objekte als Parameter«).
4. Kann eine Methode ein Objekt an den Aufrufenden zurückgeben (siehe »Ein Objekt zurückgeben«)?
5. Zeichnen Sie ein Klassendiagramm, das Objektkomposition durch Aggregation und Bekanntschaft darstellt (siehe »Bekanntschaft«).
6. Schreiben Sie ein Java-Programm, das dynamische Bindung implementiert (siehe »Vererbung und Objektkomposition kombinieren«).

Rekursion verwenden

Lektion 15

Checkliste

- ☑ Rekursion in Java
- ☑ Rekursion verstehen
- ☑ Rekursive Lösungen

30 Min.

Rekursion ist der Prozess, etwas mit sich selbst zu definieren. Außerhalb der Mathematik und der Informatik ist Rekursion oft nicht vorstellbar. Stellen Sie sich z.B. ein Wörterbuch vor, in dem ein Quadrat als eine Art Rechteck und ein Rechteck als eine Art Quadrat definiert werden. Diese ringförmige Definition wäre für den Benutzer des Wörterbuchs unbrauchbar. In der Programmierung besteht eine rekursive Lösung eines Problems darin, dass Teilprobleme gelöst und zu einer Gesamtlösung verknüpft werden. Java unterstützt Rekursion so wie es die meisten Programmiersprachen tun, die nach Lisp und Algol implementiert wurden. Diese Lektion stellt Rekursion als eine Technik dar, um Probleme zu lösen. Rekursion ist eine wichtige Programmiermethodik, weil einige Algorithmen rekursiver leichter ausgedrückt werden können.

15.1 Rekursion in Java

Die Notation von Rekursion existiert in der Mathematik und in der Informatik. In der Informatik ist eine rekursive Routine eine Routine, die sich selbst aufruft, um Berechnungen durchzuführen. Obwohl Rekursion eine natürliche Folge von Unterprogrammen ist, müssen Programmiersprachen speziell entworfen sein, um Rekursion zu unterstützen. Lisp war die erste Programmiersprache, die Rekursion automatisch unterstützte. Ada, Algol, Prolog, Pascal, C, Snobol, PL/I und Java, um nur einige Programmiersprachen zu nennen, unterstützen ebenfalls Rekursion.

Eine rekursive mathematische Definition ist eine Definition, die eine Berechnung durch sich selbst ausdrückt; z.B. kann die Berechnung der Fakultät n! einer Zahl n wie folgt ausgedrückt werden:

```
0! = 1
n! = n * (n - 1)!
```

In Java kann die rekursive Berechnung der Fakultät wie folgt codiert werden:

```
public static int factorial(int n)
{
   if(n == 0)
     return 1;                         // Anhalten
   else
     return n * factorial(n - 1); // Rekursion
}
```

Eine rekursive Methode enthält einen Aufruf von sich selbst. In der Methode `factorial()` sehen wir eine Programmzeile, in der die Methode `factorial()` die Methode `factorial()` aufruft. Damit eine rekursive Funktion korrekt funktioniert, muss es einen Fall geben, in dem die Rekursion beendet wird. In der Funktion `factorial()` ist dies der Fall, wenn `n==1`. Das ist der Fall, in dem die Rekursion gestoppt wird, oder der Basisfall der Rekursion.

Rekursion basiert auf der Tatsache, dass jeder Aufruf einer Methode mit einer neuen Kopie der Argumente und der lokalen Variablen ausgeführt wird. Diese Kopie der Daten wird als *Aktivierungsliste* einer Methode bezeichnet. Eine rekursive Methode kann wie ein Yo-Yo visualisiert werden, das rauf und runter geht.

Hinweis

Die meisten rekursiven Funktionen führen die Berechnungen bei Rückkehr der Funktionsaufrufe durch.

15.2 Rekursion verstehen

20 Min.

Wir müssen Rekursion verstehen, um uns vorstellen zu können, dass ein bestimmtes Problem eine rekursive Lösung haben könnte. Wir benötigen ein tieferes Verständnis von Rekursion, um einen rekursiven Algorithmus für ein Problem entwickeln und diesen in Java implementieren zu können.

Um Rekursion zu verstehen, müssen wir uns den Mechanismus von Aufruf und Rücksprung in Programmiersprachen ansehen, mit dem Unterprogramme behandelt werden. In Java bedeutet dies, darzustellen, wie Methoden angesprochen werden und wie die Ausführung aus der Methode zum aufrufenden Code zurückkehrt. In der folgenden Beschreibung verwenden wir die Begriffe *Client* und *Client-Code*, um auf die Routine zu verweisen, die den Aufruf ausführt.

Der Mechanismus des Aufrufens kann einfach verfolgt werden, wenn der Client-Code eine Methode aus der gleichen Klasse oder aus einer Klasse, auf die er Zugriff hat, aufruft. In diesem Fall referenziert der Client die Parameter der Methode im Aufruf und erhält einen optionalen Rückgabewert, wenn die Ausführung der Methode beendet ist. Es ist aber nicht so offensichtlich, dass der aufrufende Code auch die Adresse an die Methode übergeben muss, an die sie zurückkehren soll. Eine Rückkehr ist aber ohne Kenntnis der Speicheradresse nicht möglich. Abbildung 15.1 zeigt den Mechanismus des Aufrufs.

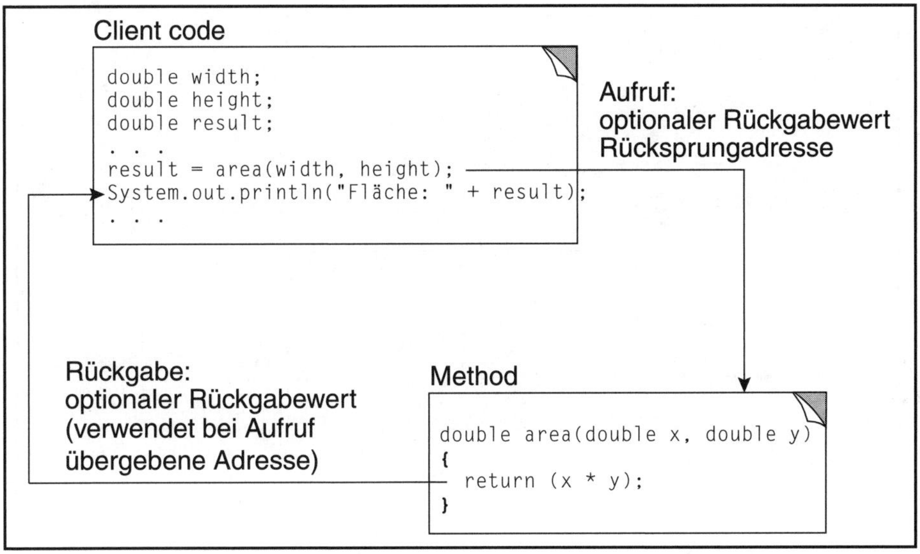

Abbildung 15.1: Elemente des Aufrufmechanismus

Die Parameter und die Rücksprungadresse, die beim Aufruf an die Methode übergeben werden, werden als *Aktivierungsliste* bezeichnet. Rekursion ist dann in einer Programmiersprache möglich, wenn die Sprache für jede Iteration einer Methode eine eindeutige Aktivierungsliste speichert. Sie können sich das so vorstellen, dass die Sprache eine Kopie des Codes erzeugt und die entsprechenden Argumente und die Rücksprungadresse, d.h. die Aktivierungsliste, daran bindet.

Betrachten Sie z.B. den Fall, dass die bereits besprochene rekursive Funktion zur Berechnung der Fakultät mit einem Anfangswert von 3 aufgerufen wird. In diesem Fall übergibt der Client-Code die Rücksprungadresse und den initialen Wert n = 3 als Aktivierungsliste für die erste Iteration der Methode `factorial()`. Die Methode dekrementiert dann den Wert von n (n = 2) und ruft `factorial()` rekursiv auf. In diesem Fall enthält die Aktivierungsliste der zweiten Iteration von `factorial()` die Rücksprungadresse und den Wert n = 2. Dann wird der Wert von n erneut dekrementiert (n = 1) und `factorial()` wird ein weiteres Mal aufgerufen. Die Aktivierungsliste für diesen Aufruf enthält die Rücksprungadresse und den Wert n = 1. In diesem dritten Aufruf von `factorial()` wird der Wert von n erneut dekrementiert und die Funktion wird ein viertes Mal aufgerufen. In der vierten Iteration der Rekursion ist der Wert von n gleich 0. Es wird die Bedingung für den Abbruch der Rekursion erfüllt und es folgen keine weiteren rekursiven Aufrufe. Die Rekursion beginnt dann mit dem Abwickeln, beginnend bei der am tiefsten geschachtelten Rekursion. Während dieses Prozesses des Abwickelns werden die Berechnungen ausgeführt. Der Prozess ist in Abbildung 15.2 dargestellt.

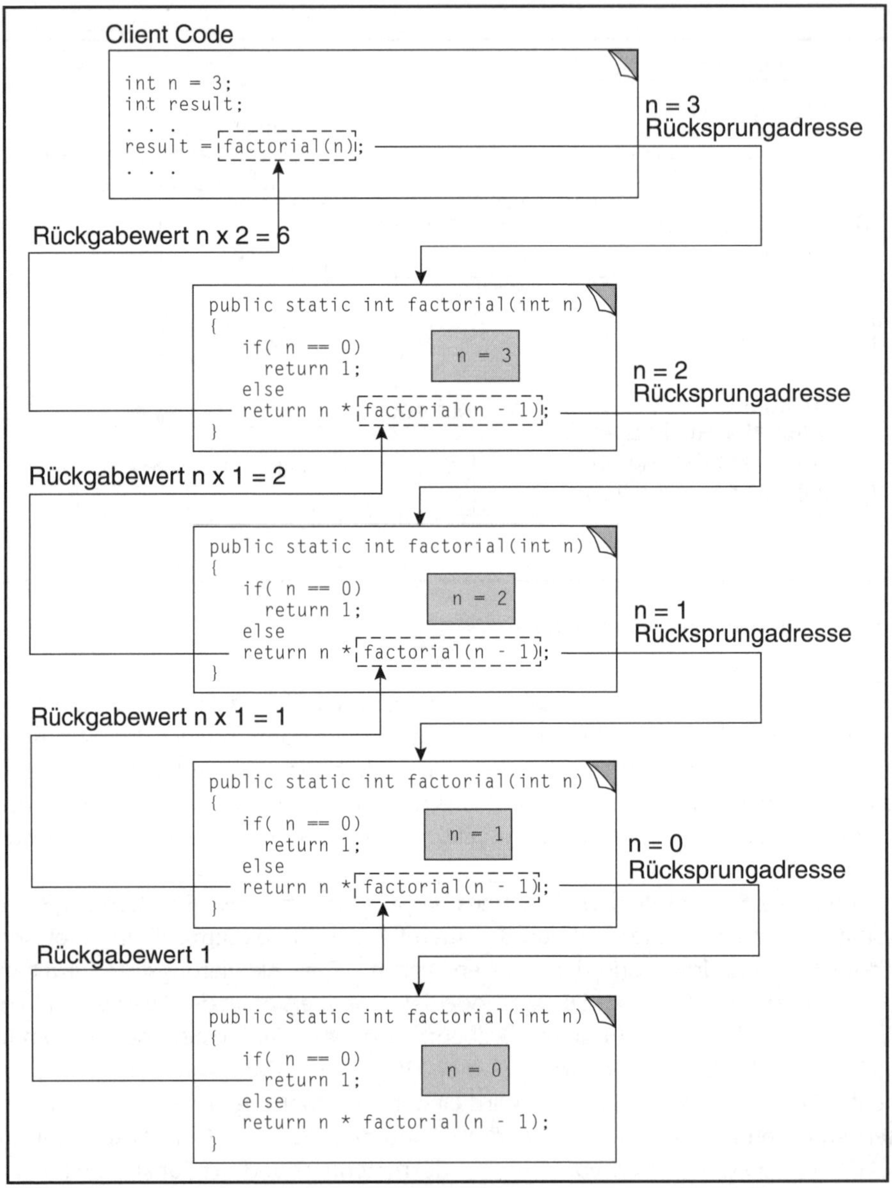

Abbildung 15.2: Rekursive Berechnung von 3!

15.3 Rekursive Lösungen

10 Min.

Viele Probleme in der Mathematik, wie in der symbolischen Verarbeitung allgemein, können rekursiv ausgedrückt werden. Der allgemeine Ausdruck z.B. für die Exponentialfunktion kann als Rekursion geschrieben werden:

```
if y = 0 then x^y = 1
x^y = x * x^(y-1)
```

Andere häufiger vorkommende Programmierprobleme können oftmals mittels Rekursion gelöst werden. Betrachten Sie die Aufgabe, die einzelnen Ziffern einer Integerzahl in Form eines vertikalen Stapels anzuzeigen. Die Zahl 13579 würde dann wie folgt dargestellt:

```
1
3
5
7
9
```

Das folgende Programm **StackDigits.java** zeigt die Ziffern einer Integerzahl in Form eines vertikalen Stapels an.

CD-ROM

Die Quelldatei des Programms StackDigits.java finden Sie im Verzeichnis Lektion 15 auf der beiliegenden CD.

```
//   Dateiname: StackDigits.java
//   Bezug: Lektion 15
//
// Themen:
//     1. Programm zur vertikalen Anzeige von Ziffern
//        mittels Rekursion
//
// Voraussetzung:
//     1. Klasse Keyin im aktuellen Verzeichnis

//*****************************************
//             Treibende Klasse
//*****************************************
public class StackDigits
```

```
{
  public static void main(String[] args)
  {
    // Benutzer gibt Integer ein
    int aNumber;
    aNumber = Keyin.inInt("Integer eingeben: ");
    stackDigits(aNumber);
    return;
  }
  //******************************
  //      Rekursive Methode
  //******************************
  public static void stackDigits(int x)
  {
    if(x == 0)
      return;
    else
    {
      stackDigits(x / 10);     // Rekursion
      System.out.println(x % 10);
    }
  }
}
```

Rekursive Routinen führen im Allgemeinen nicht zu einer Verkleinerung der Codegröße oder zu einer Verbesserung des Speicherverbrauchs. Rekursive Versionen der meisten Algorithmen laufen langsamer als ihre iterativen Gegenstücke. Der Hauptvorteil in der Rekursion liegt darin, dass sie ein gutes Werkzeug zum Lösen von Problemen ist.

Hinweis

Einige Sortieralgorithmen sind ohne Rekursion schwer zu beschreiben und zu implementieren.

Komplexe Entscheidungsprobleme, die in der künstlichen Intelligenz auftreten, stützen sich auf rekursive Lösungen. PROLOG ist eine Programmiersprache, die Rekursion als primären Kontrollmechanismus verwendet. Rekursion wird oft bei der Verarbeitung von Listen verwendet. Eine Liste ist definiert als eine geordnete Abfolge von Werten. Betrachten Sie das folgende Beispiel:

```
[1, 3, 4, 5, 8, 1, 5]  = list A
```

Hierbei ist:

```
1                 = Kopf der Liste
3, 4, 5, 8, 1, 5 = Rest der Liste
```

Wir können Rekursion verwenden, um zu testen, ob x in der Liste A enthalten ist:
Funktion `IF_MEMBER`:

- Wenn die Liste leer ist, dann NEIN
- Wenn x gleich dem Kopf der Liste ist, dann JA
- Rufe `IF_MEMBER` mit den Rest der Liste als Argument auf.

Das folgende Programm **TwoToTheY.java** berechnet eine Potenz von 2 unter Einsatz einer Rekursion.

CD-ROM

Die Quelldatei des Programms TwoToTheY.java finden Sie im Verzeichnis Lektion 15 auf der beiliegenden CD.

```
//   Dateiname: TwoToTheY.java
//   Bezug: Lektion 15
//
// Themen:
//     1. Programm berechnet 2 hoch y mit Rekursion
//
// Voraussetzung:
//     1. Klasse Keyin im aktuellen Verzeichnis

//*****************************************
//            Treibende Klasse
//*****************************************
public class TwoToTheY
{
  public static void main(String[] args)
  {
    // Eingabe Integer durch Benutzer
    int power, result;

    System.out.println("Berechnet 2 hoch y");
    power = Keyin.inInt("Eingabe Integer y:");

    result = powerOf2(power);
    System.out.println(result);
```

```
    return;
  }

  //****************************
  //        Rekursive Methode
  //****************************
  public static int powerOf2(int exponent)
  {
    if(exponent == 0)
      return 1;
    else
      return (2 * powerOf2(exponent - 1));
  }
}
```

Zusammenfassung

0 Min.

In der Programmierung ist eine rekursive Routine eine Routine, die Berechnungen ausführt, indem sie sich selbst aufruft. Viele Programmierprobleme können rekursiv formuliert und gelöst werden. Zum Verständnis von Rekursion hilft eine Darstellung des Mechanismus von Aufruf und Rücksprung, der von den Programmiersprachen verwendet wird. Rekursion wird möglich, wenn die Programmiersprache eine so genannte Aktivierungsliste aus Daten und Rücksprungadresse für jeden Aufruf der Routine verwaltet.

Hinweis

Rekursive Lösungen sind elegant, aber sie benötigen oft mehr Ausführungszeit und mehr Code als ihre iterativen Gegenstücke.

Selbsttest

1. Nennen Sie drei Programmiersprachen, die Rekursion unterstützen (siehe »Rekursion in Java«).
2. Wie nennt man die Kopie der lokalen Variablen, die beim Aufruf an eine Methode übergeben werden (siehe »Rekursion in Java«)?
3. Beschreiben Sie symbolisch den Prozess, der die Exponentialfunktion rekursiv berechnet (siehe »Rekursive Lösungen«).
4. Schreiben Sie ein Java-Programm, das Rekursion verwendet, um die Ziffern von Integerzahlen in der umgekehrten Reihenfolge vertikal untereinander zu schreiben. Die Zahl 1 357 sollte wie folgt dargestellt werden
   7
   5
   3
   1
   (siehe »Rekursive Lösungen«).

Abstrakte Datentypen

Lektion 16

Checkliste

- ☑ Nochmals Arrays: Alias, Clonen und Arrays als Parameter
- ☑ Abstrakte Datentypen (ADT)
- ☑ ADT für eine Menge Integerzahlen
- ☑ Invarianten eines ADT
- ☑ Ein Element aus einer Menge entfernen
- ☑ Den Konstruktor verfeinern
- ☑ Die Kapazität einer Menge manipulieren

30 Min.

Eine Stärke von objektorientierten Systemen liegt in der Verwendung von Klassenstrukturen, um eigenen Datentypen zu erzeugen. Wir sind bereits mit diesem Konzept vertraut, weil wir die Klasse `String` als Datentyp verwendet haben. In dieser Lektion behandeln wir den Mechanismus und die Strukturen der Sprache, die verwendet werden, um Abstrakte Datentypen (ADT) zu erzeugen. Wir schreiben außerdem Java-Code, um einen ADT namens Menge zu implementieren. Weitere ADTs werden in den folgenden Lektionen besprochen. Weil ADTs oft unter der Verwendung von Arrays implementiert werden, beginnen wir mit einer Wiederholung der Java-Arrays.

16.1 Nochmals Arrays

Die Implementierung von ADTs in Java erfordert oft den Einsatz von Arrays. Wir beginnen mit einer Wiederholung dessen, was wir in Lektion 6 bezüglich Arrays besprochen haben, und führen weitere neue Konzepte ein.

Ein Array ist eine geordnete Gruppe von Variablen des gleichen Typs. Ein Array vom Typ `int` wird wie folgt deklariert:

```
int[] grades;
```

Das Array wir mit Hilfe des Operators `new` erzeugt:

```
grades = new int[14];
```

Sie können ein Array auch in einer Anweisung deklarieren und erzeugen:

```
int[] grades = new int[14];
```

Die Länge eines Array ist die Anzahl der Elemente, die in ihm enthalten sind. Nachdem ein Array erzeugt wurde, kann seine Länge nicht mehr verändert werden. Der Operator `length` kann verwendet werden, um über den Namen des Array die Anzahl Elemente im Array zu bestimmen. Hier ein Beispiel:

```
System.out.println("Array grades hat" +
                        grades.length + " Elemente");
```

16.1.1 Array Alias

Wenn einer Array-Variablen ein existierendes Array zugewiesen wird, zeigen beide Variablen auf das gleiche Array. Z.B.:

```
int[] exams;
exams = grades;
```

Jetzt ist `exams` ein Alias für das Array namens `grades`.

16.1.2 Clonen eines Array

Um eine neue Kopie eines Array zu erzeugen, müssen Sie die eingebaute Java-Methode `clone()` der Klasse `Object` verwenden. Die Verwendung von `clone()` erfordert den Einsatz eines Casts, wie im Folgenden zu sehen ist:

```
scores = (int[]) exams.clone();
```

Jetzt gibt es zwei verschiedene Arrays: Ein Array `scores[]` und ein zweites Array `exams[]`. Anfänglich enthalten `scores[]` und `exams[]` die gleichen Elemente, aber Änderungen in einem der beiden Arrays haben keinen Effekt auf das andere Array.

16.1.3 Arrays als Parameter

Ein Array kann als Parameter an eine Funktion übergeben werden. Beim Aufruf der Methode wird der Array-Parameter zu einem Alias für das Array, das als Argument übergeben wird, es findet also klein Clonen statt. Die Methode greift also auf die gleiche Datenstruktur zu, oftmals über einen anderen Namen. Die folgende Methode z.B. initialisiert alle Elemente eines Array vom Typ `int` mit null:

```
public static void clearAll(int[] anArray)
{
  for(int x = 0; x < anArray.length; x++)
     anArray[x] = 0;
}
```

Die Methode kann jetzt mit einem Array als Argument aufgerufen werden:

```
clearAll(scores);
```

16.2 ADT für eine Menge von Integerzahlen

20 Min.

Der Programmierer erzeugt einen ADT in Form einer Klasse. Der String ist ein ADT in Java. Ein weiterer einfacher Datentyp, der als ADT implementiert werden kann, ist die *Menge*. Eine Menge ist eine Ansammlung von Elementen des gleichen Typs, die in beliebiger Reihenfolge aufgenommen werden können. Eine Menge kann Elemente mehrfach enthalten. Hier sehen Sie ein Beispiel für eine Menge:

```
[8, 2, 8, 8, 7, 6, 2]
```

Die Elemente in einer Menge stehen in keiner bestimmten Reihenfolge.

16.2.1 Invarianten eines ADT

Java gestattet die Implementierung einer Menge von Integerzahlen als ADT unter Verwendung eines Array mit Basistyp `int`. Wir können zusätzlich eine Instanzvariable verwenden, um die Anzahl der in der Menge gespeicherten Elemente darzustellen. Die Regeln, die festlegen, wie die Instanzvariablen eines ADT verwaltet und verwendet werden, heißen die *Invarianten* des ADT. Die Bestimmung der Invarianten ist ein wichtiger Punkt bei der Implementierung eines ADT. Jede Methode, die den ADT manipuliert (mit Ausnahme des Konstruktors) nimmt an, dass die Invarianten gültig sind. Die Methoden sind dafür verantwortlich, sicherzustellen, dass die Invarianten wieder gültig sind, wenn die Methoden beendet werden.

Hinweis

Invarianten sind das Ergebnis einer modernen Programmierrichtung, die als formale und semiformale Spezifikation bezeichnet wird. Dieser Ansatz unterstützt eine strengere Definition einer Programmspezifikation, um die Qualität sicherzustellen und die Entwicklung zu unterstützen.

CD-ROM

Das Programm BagOfInt.java implementiert einen ADT, der eine Menge von Integerzahlen darstellt. Die Quelldatei des Programms finden Sie im Verzeichnis Lektion 16 auf der beiliegenden CD.

16.2.2 Ein Element aus der Menge entfernen

10 Min.

Per Definition stehen die Elemente in einer Menge nicht in einer bestimmten Reihenfolge. Um ein Element aus einer Menge zu entfernen, suchen wir nach dem ersten Vorkommen des Elements. Wenn das Element gefunden wird, entfernen wir es, indem wir das letzte Element in der Menge nehmen und es an die Stelle des gefundenen Elements setzen. Diese Operation reduziert die Anzahl der Elemente in der Menge um eins. Abbildung 16.1 zeigt grafisch den Prozess, der das Element 33 aus einer Menge entfernt, die sieben Elemente enthält.

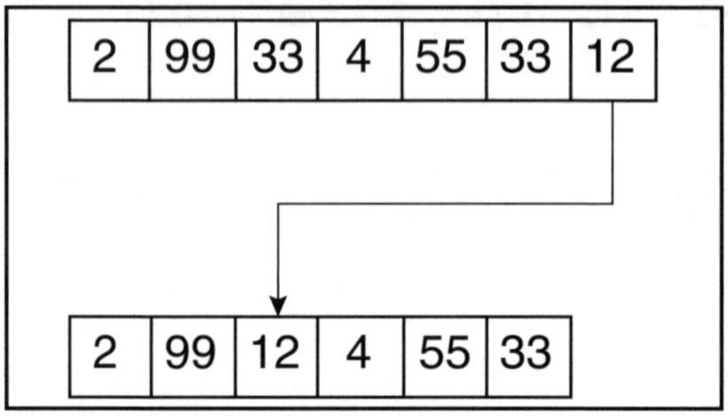

Abbildung 16.1: Ein Element aus der Menge entfernen

Der folgende Code entfernt ein Element aus der Menge:

```
//****************************************
// Methode zum Entfernen eines Elements
// aus einer Menge
//****************************************
// Entfernt das erste Vorkommen eines Elements aus
// der aktuellen Menge.
// Gibt true zurück, wenn das Element gefunden und
// entfernt werden konnte. Gibt false zurück, wenn
// die Menge leer ist oder das Element nicht
// gefunden werden konnte.
public boolean removeElement(int target)
{
  // Überprüfen, ob Menge leer ist
  if(this.itemsInBag == 0)
    return false;

  // Wenn Menge nicht leer ist, versuche Element
  // in Menge zu finden
  for(int x = 0; x < this.itemsInBag; x++)
  {
    // Element gefunden?
    if(this.data[x] == target)
    {
      // Kopiere letztes Element hier hin
      this.data[x] = this.data[itemsInBag-1];
      this.itemsInBag--;
      return true;
    }
  }
```

```
  // Element nicht gefunden
  return false;
}
```

Tipp

Die Methode gibt true zurück, wenn das Element in der Menge gefunden werden konnte. Ansonsten gibt die Methode false zurück. Client-Code kann den Rückgabewert untersuchen und entsprechend darauf reagieren.

Der oben gezeigt Code funktioniert auch dann, wenn das zu entfernende Element das einzige Element der Menge ist. In diesem Fall ist die Anzahl der Elemente in der Menge gleich eins. Das gefundene Element wird zwar an die gleiche Position kopiert, aber dann wird die Anzahl der Elemente in der Menge um eins reduziert, wodurch die Menge leer wird.

16.2.3 Verfeinern des Konstruktors

Der Konstruktor des ADT `IntArrayBag` (siehe Programm **BagOfInt.java** im Verzeichnis Lektion 16 auf der CD) sollte so verfeinert werden, dass nie eine Null-Menge erzeugt wird. Das wird dadurch erreicht, dass der Größenparameter überprüft wird. Wenn die Größe kleiner ist als 10, dann wird durch den Code eine Menge mit 10 Elementen erzeugt. Wir stellen auch einen Konstruktor ohne Parameter bereit, der eine Menge mit 10 Elementen erzeugt. Den Code sehen Sie hier:

```
//******************************
//       Neue Konstruktoren
//******************************
// Konstruktor mit Parameter gestattet die Angabe
// der initialen Mengengröße. Eine minimale Größe
// von 10 wird verwendet, wenn der Wert unter
// 10 liegt.
public IntArrayBag(int initialSize)
{
  // Erzeuge Menge mit mindestens 10 Elementen
  if(initialSize < 10)
    data = new int[10];
  else
    data = new int[initialSize]; // Größe der Menge

  // Initial ist die Menge leer
  this.itemsInBag = 0; // Menge enthält keine Elemente
}

// Konstruktor ohne Parameter erzeugt Menge mit
```

```
// 10 Elementen
public IntArrayBag()
{
  data = new int[10];
  this.itemsInBag = 0;          // Menge ist leer
}
```

16.2.4 Manipulieren der Mengenkapazität

Mengenoperationen sollten nicht davon ausgeben, dass es genügend freie Plätze gibt, um neue Elemente aufzunehmen. Code sollte erst überprüfen, ob ausreichend viel Platz zur Verfügung steht, bevor neue Elemente eingefügt werden. Wenn die Kapazität der Menge ausgeschöpft ist, kann die Menge vor dem Einfügen entsprechend erweitert werden.

Die Klasse `System` im Standardpaket von Java enthält eine Methode namens `arraycopy()`, die ein Array in ein zweites Array kopiert. Die Signatur der Methode sieht wie folgt aus:

```
arraycopy( source,                 // Quellarray
           int sourceOffset,       // Offset in Quelle
           destination,            // Zielarray
           int destinationOffset,       // Offset in Zielarray
           int count)              // Anzahl zu kopierender Elemente
```

Es werden `count` viele Elemente von `source`, beginnend ab der Stelle `sourceOffset`, ins Array `destination` kopiert, beginnend an der Stelle `destinationOffset`. Dies finden Sie in Abbildung 16.2 dargestellt.

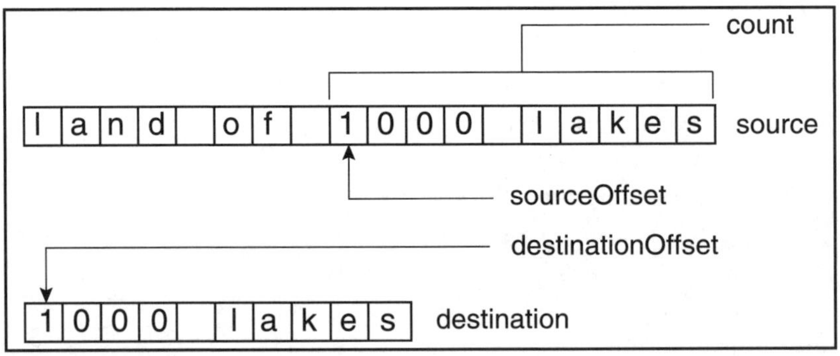

Abbildung 16.2: Aktion der Methode `arraycopy()` ***der Klasse*** `System`

Wenn `source` und `destination` die gleichen Arrays sind, dann erzeugt die Methode zuerst temporären Speicher, in den die Elemente kopiert werden. Dadurch kann `arraycopy()` verwendet werden, um Lücken zu schließen, indem eine überlappende Kopieroperation mit einem einzigen Array ausgeführt wird. Diesen Prozess finden Sie in Abbildung 16.3 dargestellt.

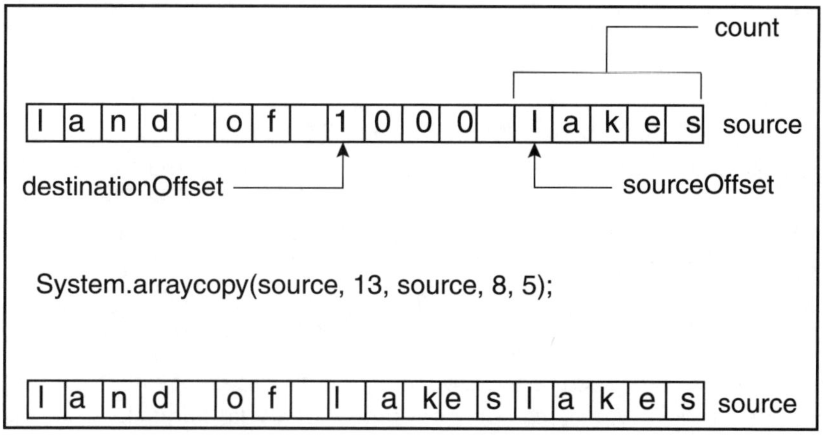

Abbildung 16.3: Verwenden von* `arraycopy()` *um Lücken zu schließen

Beachten Sie, dass die Anwendung von `arraycopy()` auf das gleiche Array die Länge des Arrays nicht verändert. Das folgende Programm **ArrayOps.java** demonstriert die Verwendung der Methode `arraycopy()`.

```
//   Dateiname: ArrayOps.java
//   Bezug: Lektion 16
//
// Themen:
//     1. Operationen auf Arrays mit der Methode
//        arraycopy() der Klasse System

//*******************************************
//              Treibende Klasse
//*******************************************
public class ArrayOps
{
  public static void main(String[] args)
  {
    // Deklarationen von Arrays
    char[] minn = {'l','a','n','d',' ','o','f',
                   ' ','1','0','0','0',' ',
                   'l','a','k','e','s'};

    char[] newMinn = new char[10];

    // Zeige ursprünglichen Inhalt
```

```
    System.out.println(minn);

    // Kopiere in anderes Array
    System.arraycopy(minn, 8, newMinn, 0, 10);
    System.out.println(newMinn);

    System.arraycopy(minn, 13, minn, 8, 5);
    System.out.println(minn);
  }
}
```

Wir können `arraycopy()` auch dazu verwenden, um die Kapazität einer Menge zu erweitern. Wir können dazu ein lokales Array erzeugen, das größer ist als das originale Array, kopieren dann die Elemente des alten Array in das neue Array und weisen dann das neue Array der Datenvariable des Objekts zu. Die folgende Methode `expandBag()` addiert vier Elemente zu einem existierenden Array:

```
//******************************
// Methode zum Erweitern der
// Mengenkapazität um vier
//******************************
public void expandBag()
{
  // Erzeuge Array mit 4 Elementen mehr als das
  // alte Array
  int biggerBag[] = new int[this.data.length + 4];

  // Kopiere das alte Array in das neue Array
  System.arraycopy(this.data, 0, biggerBag, 0, this.itemsInBag);

  // Weise Objekt das neue Array zu
  this.data = biggerBag;
}
```

Wir können die Methode `expandBag()` verwenden, um `addElements()` so zu verändern, dass die Größe der Menge nach Bedarf erweitert wird:

```
//******************************
// Methode zum Hinzufügen von
// Elementen in eine Menge
//******************************
// Diese Implementierung überprüft, ob im Array
// genügend Platz ist für neue Elemente. Wenn nicht,
// wird das Array um vier Elemente erweitert.
```

```
public void addElement(int element)
{
  // Ist die Menge voll?
  if(this.itemsInBag == this.data.length)
    expandBag();

  this.data[itemsInBag] = element;
  this.itemsInBag++;  // ein Element mehr
}
```

0 Min.

Das Programm BagADT.java demonstriert die oben beschriebenen Operationen auf Mengen. Die Quelldatei für BagADT.java finden Sie im Verzeichnis Lektion 16 auf der beiliegenden CD.

Zusammenfassung

Ein Array ist eine geordnete Gruppe von Variablen des gleichen Typs. Arrays werden mit Hilfe des Operators `new` erzeugt. Das Zuweisen eines existierenden Array an einen anderen Namen erzeugt einen Alias für das Array. Clonen eines Array erzeugt ein unabhängiges Array. ADTs werden in Java normalerweise durch Klassen dargestellt. ADTs für Mengen werden oft unter Verwendung von Arrays implementiert. Die Regeln, die bestimmen, wie Instanzvariablen eines ADT verwaltet werden, nennt man die Invarianten. Eine minimale Implementierung eines ADT für eine Menge enthält Methoden für die Erzeugung (Konstruktor), für das Einfügen und Löschen von Elementen sowie für das Anzeigen des Mengeninhalts.

Selbsttest

1. Können Variablen unterschiedlichen Typs in einem Array dargestellt werden (siehe »Nochmals Arrays«)?
2. Welchen Java-Operator würden Sie verwenden, um ein Array zu clonen (siehe »Clonen eines Array«)?
3. Was sind die Invarianten eines ADT (siehe »Invarianten eines ADT«)?
4. In welcher Reihenfolge sind die Elemente in einer Menge gespeichert (siehe »Ein Element aus der Menge entfernen«)?
5. Welche Methode der Klasse `System` kann beim Erweitern der Kapazität einer Menge verwendet werden (siehe »Manipulieren der Mengenkapazität«)?

Samstagnachmittag – Zusammenfassung

Teil 3

1. Woher kommt die Abkürzung OO und was bedeutet sie?
2. Kann ein Objekt ohne eine Klasse existieren, die es enthält?
3. Was sind die Datenelemente einer Klasse?
4. Welcher OO-Mechanismus erlaubt es einer Unterklasse, die öffentlichen Elemente einer Superklasse anzusprechen?
5. In welcher Klasse muss die Methode `main()` stehen?
6. Wie erkennen Sie, ob ein Datenelement eine Feld- oder eine Methodenvariable ist?
7. Auf welche Werte setzt der Defaultkonstruktur nicht initialisierte numerische und Boolesche Variablen und Strings?
8. Was ist der Unterschied zwischen dem Überladen einer Methode und dem Überschreiben einer Methode?
9. Wann sind zwei Methoden polymorph in einer Vererbungshierarchie?
10. Welches Java-Schlüsselwort verwenden Sie, um eine abstrakte Klasse zu erzeugen?
11. Kann eine abstrakte Klasse eine nicht abstrakte Methode enthalten?
12. Nennen Sie die drei Grundlagen der Sprache Java, auf denen die Objektkomposition basiert.
13. Welcher Typ Klassenverbindung bezeichnen wir als eine verwendet-Beziehung?
14. Kann eine Methode ein Objekt an den Aufrufenden zurückgeben?
15. Nennen Sie drei Programmiersprachen, die Rekursion unterstützen.
16. Wie nennen wir Kopien lokaler Variablen, die beim Aufruf an eine Methode übergeben werden?
17. Verwenden Sie Rekursion um zu beschreiben, wie die Exponentialfunktion berechnet wird.
18. Können wir Variablen mit unterschiedlichem Typ in einem Array speichern?
19. Welchen Java-Operator verwenden wir, um ein Array zu clonen?
20. Was sind die Invarianten eines ADT?

Samstagabend

Teil 4

Lektion 17

Der ADT Verkettete Liste

Lektion 18

Stapel, Warteschlangen und Bäume

Lektion 19

Fehler und Ausnahmen

Lektion 20

Eingabe und Ausgabe

Lektion 17

Der ADT Verkettete Liste

Checkliste

- ☑ Verkettete Listen in Java
- ☑ Entwickeln der Klasse `IntNode` und ihrer Methoden
- ☑ Entwickeln der Klasse `IntList`
- ☑ Manipulieren und Traversieren einer verketteten Liste
- ☑ Elemente einer Liste einfügen und entfernen
- ☑ Den ADT Verkettete Liste implementieren
- ☑ Mehrfach verkettete Listen

30 Min.

Eine verkette Liste ist eine primitive Datenstruktur, die einen alternativen Mechanismus zu Arrays darstellt, mit dem abstrakte Datentypen (ADTs) implementiert werden können. Die verkettete Liste ist dynamisch in dem Sinne, dass sie während der Programmausführung wächst und schrumpft. Im Gegensatz zur Menge sind die Elemente in einer verketteten Liste in einer bestimmten Reihenfolge angeordnet. Jedes Element ist über einen Zeiger mit einem anderen Element verbunden.

17.1 Verkettete Listen in Java

Verkettete Listen werden oft durch individuelle Objekte implementiert, die *Knoten* genannt werden. Jeder Knoten enthält den Wert des Elements und einen Verweis auf das nächste Element in der Liste. Wenn ein Zeiger einen Null-Zeiger enthält, dann gibt es kein nächstes Element in der Liste. Jede Liste enthält einen speziellen Knoten, der als *Kopfknoten* bezeichnet wird, der immer das erste Element in der Liste ist. Der letzte Knoten in der Liste wird oft als der *Schwanzknoten* bezeichnet. Abbildung 17.1 zeigt eine mögliche Visualisierung einer verketteten Liste.

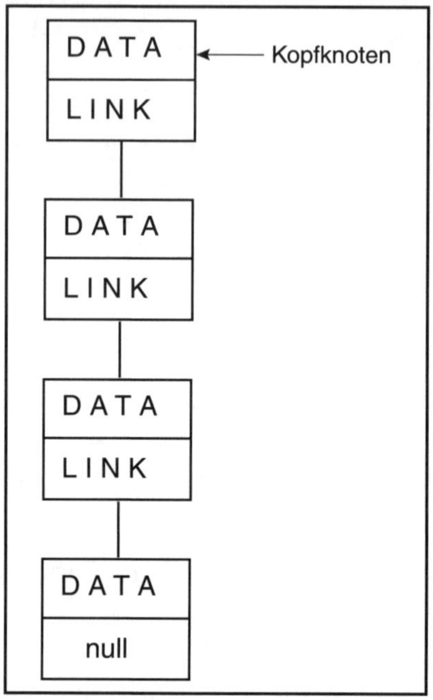

Abbildung 17.1: Visualisierung einer verketteten Liste

Verkettete Listen sind leichter zu visualisieren in Programmiersprachen, die explizite Zeiger kennen, wie C und C++, wo das verbindende Element eines Knotens ein Zeiger auf das nächste Element in der Liste ist. In Java ist der Name eines Objekts gleich mit dessen Adresse; daher bezeichnet der Verweis in jedem Knoten das nächste Element in der Liste. Das bedeutet, dass jeder Knoten mit Ausnahme des letzten Knotens einen Verweis auf einen anderen Knoten besitzt.

17.1.1 Entwickeln der Klasse IntNode

Wir können eine Klasse entwerfen, die die Knoten einer verketteten Liste erzeugt und manipuliert. Eine Klasse `IntNode` kann z.B. verwendet werden, um die Knoten einer Liste von Integerwerten darzustellen. Jeder Knoten enthält ein Datenelement und einen Verweis. Die Klasse kann wie folgt codiert werden:

```
class IntNode
{
  // Invarianten:
  //   1. Die Integervariable speichert das Datenelement.
  //   2. Der Verweis ist null für den letzten Knoten,
  //      ansonsten zeigt er auf den nächsten Knoten.

  private int data;
  private IntNode link;
```

```
  //****************************
  //         Konstruktor
  //****************************
  public IntNode(int initialData, IntNode initialLink)
  {
    this.data = initialData;
    this.link = initialLink;
  }
}
```

Die Methoden von IntNode

Beachten Sie, dass die Klasse `IntNode` zwei Instanzvariablen besitzt. Eine ist von Typ `int` (`data`) und die andere (`link`) ist ein Objekt aus der Klasse `IntNode`. Die Notation einer Klasse, die Objekte aus sich selbst enthält, scheint auf den ersten Blick verrückt zu sein, aber in Java ist dies die einzige Möglichkeit, wie eine Referenz auf ein anderes Objekt gespeichert werden kann.

Die Klasse `IntNode` muss auch Manipulationsmethoden und Zugriffsmethoden für die Instanzvariablen enthalten. Für jede der beiden Variablen muss es solche Methoden geben. Diese vier Methoden finden sie im Folgenden:

```
  //**************************************
  // Zugriffs- und Manipulationsmethoden
  // für die Instanzvariablen von IntNode
  //**************************************
  public int getData()
  {
    return this.data;
  }

  public void setData(int newData)
  {
    this.data = newData;
  }

  public IntNode getLink()
  {
    return this.link;
  }

  public void setLink(IntNode newLink)
  {
    this.link = newLink;
  }
```

17.1.2 Entwickeln der Klasse IntList

Basierend auf der primitiven Funktionalität der Klasse `IntNode` erzeugen wir die Klasse `IntList`, die eine verkette Liste von Integerzahlen implementiert. Weil `IntList` Objekte aus der Klasse `IntNode` enthält, sagen wir, dass `IntList` ein Container-ADT ist. Das Array ist der einzige primitive Containertyp in Java. In gewisser Hinsicht ist auch `IntNode` ein Container, aber dieser Container enthält nur eigene Objekte. Tatsächlich werden die in `IntNode` gespeicherten Objekte jedoch nur verwendet, um auf die anderen Knoten zuzugreifen.

Für den Zugriff auf eine Liste muss ihr Kopf bekannt sein. Die Klasse `IntList` führt eine Instanzvariable `head` vom Typ `IntNode` für jede Liste. Diese Variable stellt den Zugriff auf das erste Element der Liste bereit. Weil jeder Knoten einen Verweis auf den nächsten Knoten in der Liste enthält, kann die gesamte Liste über den Kopfknoten angesprochen werden. Die Klasse `IntList` kann wie folgt implementiert werden:

```
//*******************************************
//    Klasse für verkettete Liste von int
//*******************************************
class IntList
{
  // IntList ist ein Container zum Speichern von
  // Objekten aus der Klasse IntNode.
  // Invarianten:
  //    1. IntNode head speichert Adresse des ersten
  //       Knotens in der Liste.
  //    2. numNodes speichert aus Effizienzgründen
  //       die Anzahl der Knoten, damit sie nicht
  //       immer durch eine Traversierung der Liste
  //       bestimmt werden muss.
  // Instanzvariablen
  int numNodes;        // Anzahl Knoten in Liste
  IntNode head;        // Erster Knoten in Liste

  // Konstruktor
  public IntList()
  {
    this.head = null;
    this.numNodes = 0;
  }
}
```

Zusätzlich zum Konstruktor kann die Klasse `IntList` Methoden enthalten, um die Liste zu manipulieren, wie z.B. Methoden zum Einfügen und zum Entfernen von Elementen, oder auch Methoden, um die Liste zu traversieren. Die Traversierung einer Liste basiert darauf, dass beginnend mit dem Kopf der Liste die Verweise in den Knoten so lange verfolgt werden, bis null erreicht wird. Dieser letzte Knoten ist der Schwanzknoten der Liste. Das kann wie folgt kodiert werden:

```
// Erzeuge eine Variable für die Traversierung.
// Diese Variable ist von Typ IntNode und wird mit
// dem Kopf der Liste initialisiert

  IntNode aNode = this.head;

  while(aNode != null)
  {
    . . . Verarbeitung der Listeneinträge
    // Nächster Knoten in der Liste
    aNode = aNode.getLink();
  }
```

CD-ROM

Das Programm IntListOps.java demonstriert die Verwendung der Klassen `IntNode` ***und*** `IntList`***. Mit einigen kleinen Veränderungen können die Klassen für andere primitive Datentypen angepasst werden. Die Quelldatei IntListOps.java finden Sie im Verzeichnis Lektion 17 auf der beiliegenden CD.***

17.2 Manipulieren der Verketteten Liste

Zusätzlich zu den Konstruktoren und den Klassen zum Speichern der Datenelemente enthält ein ADT Verkettete Liste mehrere Methoden, um die Liste zu manipulieren. Eine minimale Menge solcher Funktionen enthält die folgende Funktionalität:

20 Min.

- Traversieren der Liste und Bearbeitung jedes Elements
- Einfügen eines Elements in die Liste
- Entfernen eines Elements aus der Liste

17.2.1 Traversieren einer verketteten Liste

Code zur Verarbeitung einer Liste muss oftmals die Elemente in der Liste untersuchen, ein Element nach dem anderen. Diese Operation wird als Traversieren der Liste bezeichnet. Die folgende Methode traversiert eine Liste in Form einer Schleife. Die Datenvariable jedes Knotens wird angezeigt, wenn der Knoten traversiert wird. Die Routine verwendet eine Variable namens `aNode`, um durch die Liste zu gehen.

```
// Traversiere Liste und zeige alle Elemente
public void showList()
{
```

```
  // Zeige Anzahl Knoten in Liste
  System.out.println("Anzahl Knoten: " + this.numNodes);

  // Erzeuge eine Variable für die Traversierung.
  // Diese Variable ist von Typ IntNode und wird mit
  // dem Kopf der Liste initialisiert.
  IntNode aNode = this.head;
  while(aNode != null)
  {
    System.out.print(aNode.getData() + "  ");
    // nächster Knoten
    aNode = aNode.getLink();
  }
  System.out.println();
}
```

17.2.2 Ein Element in eine verkettete Liste einfügen

Eine neue Liste enthält keine Elemente. Um ein neues Element in eine Liste einzufügen, erzeugen wir ein neues Knotenobjekt und setzen Verweise in anderen Knoten in der Liste neu. Es ist am einfachsten, den Knoten am Kopf der Liste einzufügen. In diesem Fall setzen wir den Kopf der Liste auf den neuen Knoten wie hier zu sehen ist:

```
// Einfügen eines Elements am Kopf der Liste
public void insertAtHead(int item)
{
  // Erzeuge neuen Knoten
  IntNode aNode = new IntNode(item, this.head);

  this.numNodes++;        // Anzahl Knoten updaten
  this.head = aNode;      // Kopf auf neuen Knoten setzen
}
```

Das Einfügen hinter einem bestimmten Element in der Liste erfordert das Traversieren der Liste, um den Ort des Zielelements herauszufinden und die Verweise entsprechend zu setzen:

```
// Methode zum Einfügen hinter einem bestimmten
// Element.
public boolean insertAfter(int target, int newValue)
{
  // Überprüfe, ob Liste leer ist.
  if(this.numNodes == 0)
    return false;
  // Wenn nicht, dann Variable zum
  // Traversieren der Liste anlegen.
```

```
  IntNode aNode = this.head;

  while(aNode != null)
  {
    // Ist das der Zielwert?
    if(aNode.getData() == target)
    {
      // Ort gefunden. Erzeuge neuen Knoten
      // und setze Verweis auf nächsten Knoten.
      IntNode inNode = new IntNode(newValue,
                                   aNode.getLink());
      // Setze Verweis von Zielknoten
      // auf neuen Knoten.
      aNode.setLink(inNode);
      // Knotenzähler einen weiter
      this.numNodes++;
      return true;
    }
    aNode = aNode.getLink();
  }
  // Zielelement nicht in Liste gefunden.
  return false;
}
```

17.2.3 Entfernen eines Elements aus der Liste

Um das Element im Kopf der Liste zu entfernen, muss lediglich der Kopfzeiger auf den nächsten Knoten gesetzt werden:

```
// Methode zum Entfernen des Elements im Kopf der
// Liste. Gibt true zurück, wenn das Element entfernt
// werden konnte und sonst false.
public boolean removeFromHead()
{
  // Überprüfe, ob Liste leer ist.
  if(this.numNodes == 0)
    return false;

  // Entferne Kopfelement durch Umsetzen von head.
  this.head = this.head.getLink();
  this.numNodes--;
  return true;
}
```

Das Entfernen eines bestimmten Elements aus der verketteten Liste erfordert das Traversieren der Liste, um das Zielelement zu finden und dann die entsprechenden Verweise neu zu setzen. In diesem Fall muss sich der Code den vorhergehenden Knoten merken, damit der Zielknoten korrekt aus der Liste entfernt werden kann:

```
// Methode zum Entfernen von Knoten aus der Liste.
public boolean deleteElement(int target)
{
  // Überprüfe, ob Liste leer ist
  if(this.numNodes == 0)
    return false;
  // Wenn nicht, erzeuge zwei Variablen zum
  // Traversieren der Liste. Eine speichert das
  // aktuelle Element, die zweite Variable das
  // vorhergehende Element.
  IntNode nextNode = this.head.getLink();
  IntNode currNode = this.head;

  // Behandle den Fall einer Liste mit einem Knoten.
  if(nextNode == null)
    this.head = null;

  // Traversiere Liste, suche Zielknoten.
  while(nextNode != null)
  {
    // Ist das der Zielknoten?
    if(nextNode.getData() == target)
    {
      // Zielknoten gefunden. Überspringe diesen
      // Knoten.
      currNode.setLink(nextNode.getLink());
      // Ein Knoten weniger in der Liste
      this.numNodes--;
      return true;
    }
    currNode = currNode.getLink();
    nextNode = nextNode.getLink();
  }
  // Zielelement wurde nicht in Liste gefunden.
  return false;
}
```

Das Programm LinkedListADT.java demonstriert das Einfügen und Entfernen von Integerwerten in eine verkettete Liste. Den Quellcode von LinkedListADT.java finden Sie im Verzeichnis Lektion 17 auf der beiliegenden CD.

17.3 Mehrfach verkettete Listen

Das Entfernen eines bestimmten Elements der Liste erfordert, dass wir uns den Knoten merken, der in der Liste vor dem zu entfernenden Knoten steht. Dieser Knoten wird manchmal als Vorgängerknoten bezeichnet. Das liegt daran, dass jeder Knote in der Liste eine Referenz auf den nachfolgenden Knoten besitzt, aber keine Referenz auf den Vorgängerknoten. Die Laufzeit kann verbessert werden, indem die verkettete Liste sowohl Nachfolgeknoten als auch Vorgängerknoten speichert. Einige Implementierungen von verketteten Listen speichern zusätzlich den Schwanzknoten der Liste und weitere Knoten, die mit der aktuellen Operation zu tun haben. Der Nachteil an Listen mit mehrfachen Referenzen ist der, dass sie für jeden Knoten mehr Speicher benötigen. Bei der Entscheidung, ob einfach verkettete oder mehrfach verkettete Listen verwendet werden sollen, müssen Sie den zusätzlichen Speicherbedarf gegen den Geschwindigkeitsgewinn und die Vereinfachung der Implementierung abwägen.

Eine zirkuläre Liste ist eine Liste, in der der letzte Knoten der Liste auf den ersten Knoten der Liste verweist. Zirkuläre Listen werden oft verwendet, um Eingabe- und Ausgabepuffer zu implementieren, wie sie z.B. für den Tastaturpuffer verwendet werden.

0 Min.

Zusammenfassung

Die verkettete Liste ist eine dynamische Datenstruktur, die bei der Implementierung von ADTs alternativ für Arrays verwendet werden kann. Die verketteten Objekte in der Liste werden Knoten genannt. Jeder Knoten enthält einen Wert und einen Verweis auf das nächste Element in der Liste. Ein Knoten mit einem Null-Verweis markiert das Ende der Liste. Die Implementierung einer knotenbasierten verketteten Liste erfordert Manipulations- und Zugriffsmethoden für die Daten und die Verweise in den Knoten. Die Klasse `IntList` stellt die Funktionalität bereit, um eine verkettete Liste von Integerzahlen zu verwalten. Die Objekte der Klasse `IntList` speichern die Anzahl der Knoten in der Liste und den ersten Knoten der Liste. Der erste Knoten der Liste wird üblicherweise als Kopf der Liste bezeichnet. Methoden zum Manipulieren der Liste umfassen Methoden zum Einfügen von Elementen in die Liste, zum Entfernen von Elementen aus der Liste und zum Traversieren der Liste, wobei jedes traversierte Element behandelt werden kann. Mehrfach verkettete Listen speichern benachbarte Knoten, wie z.B. den Vorgängerknoten. Mehrfach verkettete Listen haben eine höhere Performanz, benötigen jedoch mehr Speicher pro Knoten.

Selbsttest

1. Beschreiben Sie den Hauptunterschied zwischen einem ADT, der als Array implementiert wird und einem ADT, der mit einer verketteten Liste implementiert wird (siehe »Verkettete Listen in Java«).
2. Nennen Sie die Invarianten der Klasse `IntNode` (siehe »Entwickeln der Klasse `IntNode`«).
3. Welche Zugriffs- und Manipulationsmethoden werden für die Daten und die Verweise der Klasse `IntNode` benötigt (siehe »Die Methoden von `IntNode`«)?
4. Nennen Sie die Invarianten, die für die Implementierung einer Klasse `IntList` benötigt werden, die die Anzahl der Knoten in der Liste und den ersten Knoten in der Liste speichert (siehe »Entwickeln der Klasse `IntList`«).
5. Nennen Sie die drei fundamentalen Methoden, die für die Manipulation einer Liste verwendet werden (siehe »Manipulieren der verketteten Liste«).

Stapel, Warteschlangen und Bäume

Lektion 18

Checkliste

- Der Stapel: `push()` und `pop()` implementieren
- Die Warteschlange: die Methoden `enqueue()` und `deqeue()`
- Bäume: Binärbäume und allgemeine Bäume
- Implementierung von Binärbäumen mit Arrays

30 Min.

Mengen und verkettete Listen sind nicht die einzigen ADTs, die oft von Anwendungen benötigt werden. Weitere ADTs sind Stapel, Warteschlangen und Bäume. Einige Programmiersprachen verfügen über eine eingebaute Unterstützung einiger dieser Typen. Wir implementieren Stapel, Warteschlangen und Bäume als ADTs. Stapel und Warteschlange sind einfache Strukturen, die wir oft für temporäre Strukturen zur Speicherung von Programmdaten einsetzen. Ein Baum ist eine nicht lineare Struktur mit komplexer Verknüpfung ihrer Elemente.

18.1 Der Stapel

Ein Stapel, der auch manchmal *Ablagespeicher* genannt wird, ist eine einfache Datenstruktur, in der die Elemente so angeordnet sind, wie sie eingefügt werden. Ein wichtiges Merkmal des Stapels ist, dass wir nur Zugriff auf das zuletzt eingefügte Element haben. Daher müssen wir die Elemente auf dem Stapel in der umgekehrten Reihenfolge vom Stapel herunternehmen, in der sie auf dem Stapel abgelegt wurden. Der Begriff LIFO (Last-In-First-Out) wird manchmal von Programmierern verwendet, um die Operation eines Stapels zu beschreiben.

Traditionell verbinden wir zwei Operationen mit dem Stapel: `push()` und `pop()`. Die Methode `push()` legt ein Element oben auf dem Stapel ab; die Methode `pop()` gibt das Element oben auf dem Stapel zurück und entfernt dieses Element aus dem Stapel. Abbildung 18.1 zeigt die Arbeitsweise des Stapels:

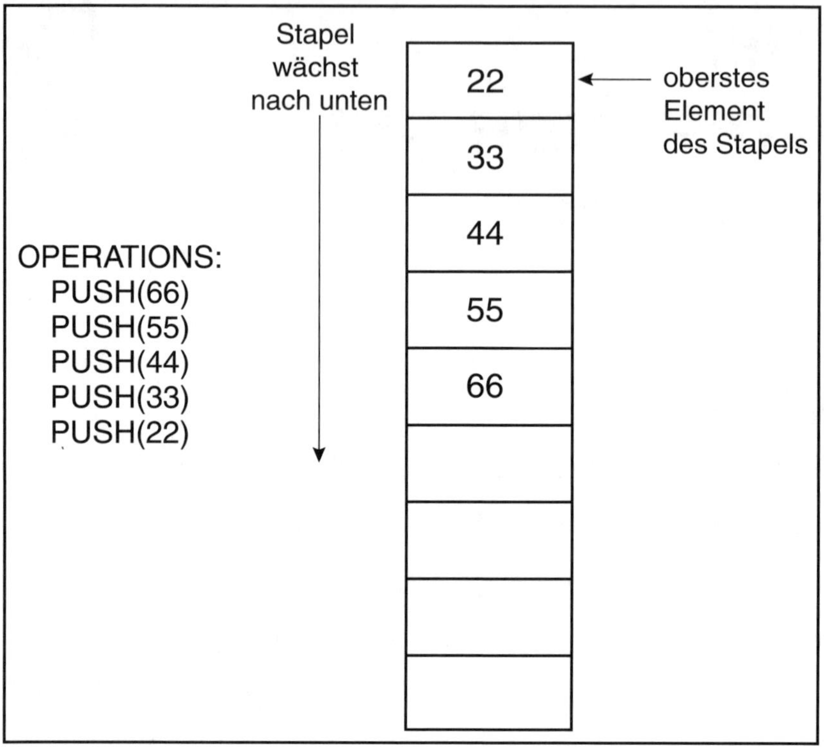

Abbildung 18.1: Operation des Stapels

Abbildung 18.1 zeigt einen Stapel, nachdem fünf Elemente auf dem Stapel abgelegt wurden. Der zuletzt abgelegte Wert (22) befindet sich oben auf dem Stapel. Wenn die Methode `pop()` des Stapels ausgeführt wird, wird dieses Element zurückgegeben.

Wir können einen Stapel als verkettete Liste implementieren. Wir können die Klasse `IntNode`, die wir in Lektion 17 entwickelt haben, wiederverwenden, um den Stapel zu implementieren. Es kann hilfreich sein, eine Instanzvariable zu definieren, die die Anzahl der Elemente im Stapel speichert. Diese Variable verhindert, dass `pop()` auf einen leeren Stapel angewendet wird. Wir können die Klasse wie folgt implementieren:

```
class IntStack
{
  // IntStack ist ein Container, der Objekte aus
  // der Klasse IntNode speichert.
  // Invarianten:
  //    1. IntNode top speichert die Adresse des
  //       ersten Knotens (Invariante).
  //    2. stackSize speichert die Anzahl der
  //       Elemente im Stapel (Invariante).

  // Instanzvariablen
```

```
  int stackSize;        // Anzahl Elemente in Stapel
  IntNode top;          // oberstes Element

  // Konstruktor
  public IntStack()
  {
    this.top = null;
    this.stackSize = 0;
  }
}
```

18.1.1 Implementierung von push()

Die Methode `push()` speichert ein Element oben auf dem Stapel und inkrementiert die Variable `stackSize`. Wir können die Methode wie folgt implementieren:

```
public void push(int value)
{
  // Erzeuge einen neuen Knoten.
  IntNode aNode = new IntNode(value, this.top);

  this.stackSize++;     // Knotenanzahl setzen
  this.top = aNode;     // neuen Kopf setzen
}
```

18.1.2 Implementierung von pop()

Die Methode `pop()` gibt das oberste Element des Stapels zurück, wenn der Stapel nicht leer ist. Sie entfernt dieses Element vom Stapel und dekrementiert gegebenenfalls die Variable `stackSize`. Wir können die Methode wie folgt implementieren:

```
public int pop()
{
  int element = 0;

  // Überprüfe, ob Liste leer ist.
  if(this.stackSize == 0)
  {
    System.out.println("Stapel ist leer ...");
    return element;
  }
```

```
    // Wenn nicht, dann hole oberstes Element.
    element = this.top.getData();
    // Entferne Knoten durch Setzen von head.
    this.top = this.top.getLink();
    this.stackSize--;
    return element;
}
```

CD-ROM

Das Beispielprogramm IntStackADT.java implementiert einen Integer-Stapel. Die Quelldatei finden Sie im Verzeichnis Lektion 18 auf der beiliegenden CD.

18.2 Die Warteschlange

20 Min.

Eine Warteschlange ist eine einfache Datenstruktur, in der die Elemente in der gleichen Reihenfolge zurückgegeben werden, in der sie eingefügt wurden. Während der Stapel als LIFO (Last-In-First-Out) bezeichnet wird, ist die Warteschlange eine FIFO (First-In-First-Out). Wir verwenden Warteschlangen, wenn wir mit Devices zu tun haben, die mit unterschiedlichen Geschwindigkeiten arbeiten. Ein Computer verwendet z.B. beim Senden von Dateien an relativ langsame Drucker einen Spooler, der auf einer Warteschlange basiert, der die Zeichen so lange speichert, bis sie verarbeitet werden können. Eingabepuffer werden oft durch Warteschlangen realisiert.

18.2.1 Die Methoden enqueue() und dequeue()

Zum Arbeiten mit der Warteschlange benötigen wir eine Methode, um Elemente in die Warteschlange einzufügen (`enqueue()`) und eine Methode, um Elemente wieder aus der Warteschlange zu entnehmen (`dequeue()`). Wie beim Stapel können wir die Warteschlange mit einer verketteten Liste implementieren. In dieser Implementierung können wir zwei verschiedene Ansätze wählen:

- Füge Elemente am Kopf der Warteschlange ein und entferne sie aus dem Schwanz der Warteschlange.
- Füge Elemente am Schwanz der Warteschlange ein und entferne sie aus dem Kopf der Warteschlange.

Die Implementierung der Warteschlange ist oft einfacher, wenn wir die Elemente am Ende der Warteschlange einfügen und sie am Kopf aus der Warteschlange entfernen.

Tipp

Sie können jetzt eine Warteschlange implementieren, indem Sie das Programm IntStackADT.java verwenden, das Sie auf der beiliegenden CD finden.

18.3 Bäume

Ein Baum ist eine nicht lineare Datenstruktur. Die Elemente in einem Baum bilden keine Sequenz der Form erster Knoten, zweiter Knoten, dritter Knoten usw. Stattdessen sind sie auf eine komplexere Weise miteinander verbunden. Die Tatsache, dass die Struktur von Bäumen nicht linear ist, macht sie für die Implementierung von Sammelklassen brauchbar. Üblicherweise wird das Primärelement eines Baums als *Knoten* bezeichnet.

18.3.1 Binärbäume

Ein Binärbaum ist eine endliche Menge von Knoten mit den folgenden Regeln:

- Es gibt einen einzigen ausgezeichneten Knoten, der als *Wurzel* bezeichnet wird.
- Jeder Knoten besitzt nicht mehr als zwei ihm zugeordnete Knoten: das *linke Kind* und das *rechte Kind* des Knotens.
- Jeder Knoten, mit Ausnahme der Wurzel, besitzt genau einen Elternknoten.
- Wenn Sie von einem beliebigen Knoten beginnend immer zum Elternknoten wechseln, kommen sie an der Wurzel des Baumes an.

Im Folgenden finden Sie einige übliche Definitionen im Zusammenhang mit Bäumen:

- Der Elternknoten eines Knotens ist der nach oben verkettete Knoten im Baum.
- Geschwisterknoten besitzen den gleichen Elternknoten.
- Der Elternknoten eines Knotens ist der erste Vorgänger, der Elternknoten des Elternknotens ist der zweite Vorgänger usw. bis wir schließlich die Wurzel erreichen.
- Die Kinder eines Knotens sind seine Nachfolger.
- Ein Knoten ohne Kinder ist ein *Blatt*.
- Die Tiefe eines Knotens ist die Anzahl der Schritte, die man benötigt, um von der Wurzel zu dem Knoten zu gelangen.
- Die Tiefe eines Baums ist die maximale Tiefe der Blätter.

Weiterhin ist es wichtig, die Konzepte des vollen und des vollständigen Binärbaumes zu kennen. In einem vollen Binärbaum hat jedes Blatt die gleiche Tiefe. Ein vollständiger Binärbaum ist ein Binärbaum, in dem jeder Level mit Ausnahme des tiefsten Levels, die maximale Anzahl Knoten enthält, und die Knoten im tiefsten Level so weit links wie möglich stehen. Abbildung 18.2 zeigt diese Konzepte grafisch.

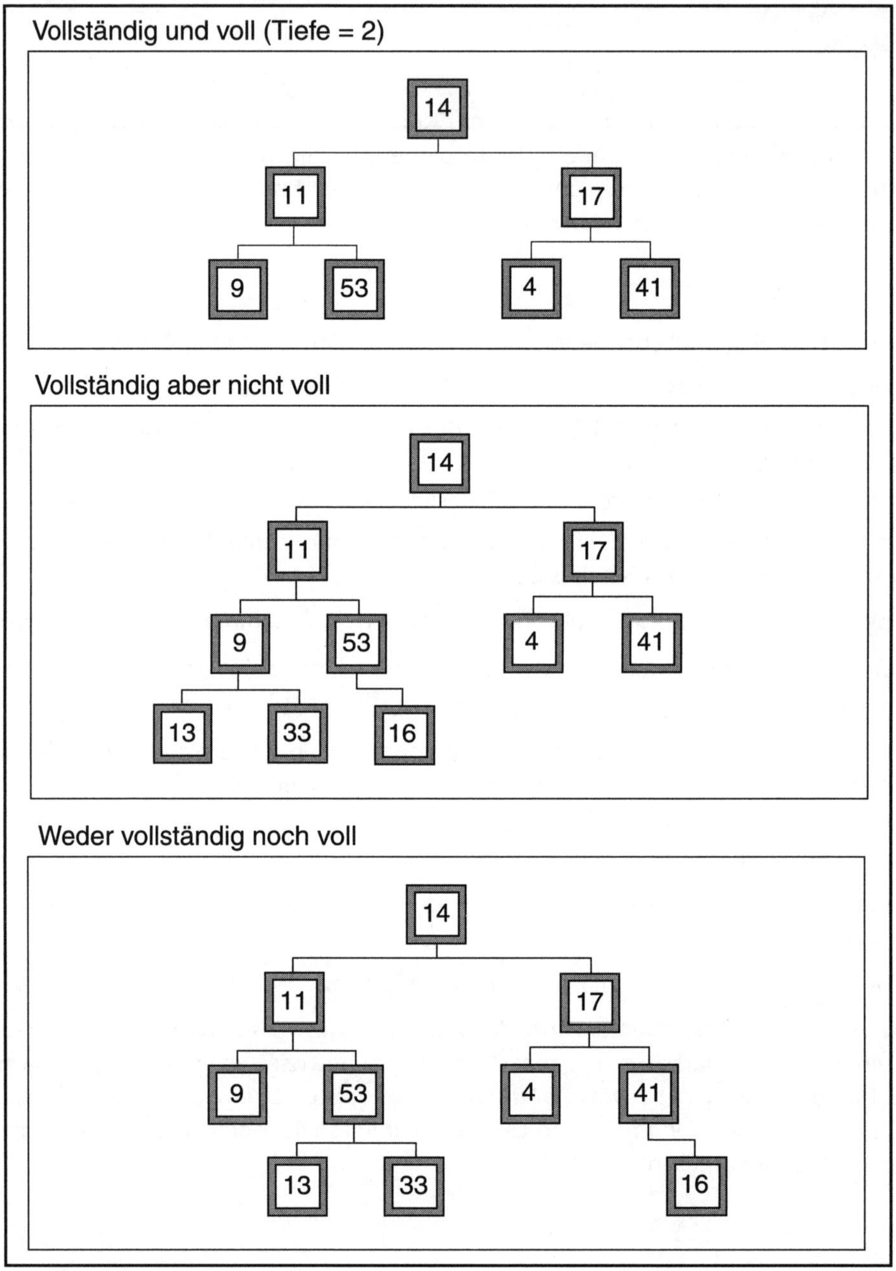

Abbildung 18.2: Binärbäume

18.3.2 Allgemeine Bäume

10 Min.

Jeder Knoten in einem Binärbaum hat höchstens zwei Kinder, wir können jedoch die Baumnotation so erweitern, dass jeder Knoten eine beliebige Anzahl von Kindern besitzen kann. In diesem Fall sprechen wir von einem allgemeinen Baum, der die folgenden Eigenschaften besitzt:

- Es gibt einen ausgezeichneten Knoten, der als Wurzel bezeichnet wird.
- Wir können jedem Knoten einen oder mehrere Knoten als Kinder zuordnen.
- Jeder Knoten, mit Ausnahme der Wurzel, besitzt genau einen Elternknoten.
- Wenn Sie von einem beliebigen Knoten beginnend immer zum Elternknoten wechseln, kommen sie an der Wurzel des Baums an.

Abbildung 18.3 zeigt die verallgemeinerte Notation einer Baumstruktur.

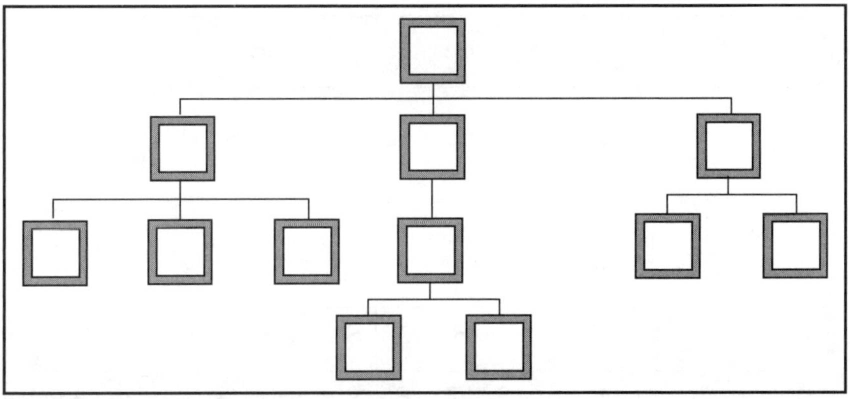

Abbildung 18.3: Ein allgemeiner Baum

18.3.3 Implementieren von Binärbäumen mit Arrays

Wir können vollständige Binärbäume mit Arrays implementieren. Erinnern Sie sich daran, dass ein vollständiger Baum ein Binärbaum ist, in dem alle Level (möglicherweise mit Ausnahme des tiefsten Levels) voll sind, so dass die Knoten im tiefsten Level möglichst weit links angeordnet sind. Abbildung 18.4 ist eine klassische Repräsentation eines Binärbaumes, der die Zeichen des Wortes BINÄRBÄUME speichert.

Der untere Teil von Abbildung 18.4 zeigt die zehn Zeichen des Binärbaums, die das Wort BINÄRBÄUME in einem Array speichern. Beginnend bei der Wurzel schreiben wir die Zeichen in das Array. Jeweils von links nach rechts besuchen wir alle Level des Baums. Eine solche Darstellung eines Binärbaums in Form eines Array gehorcht den folgenden Regeln:

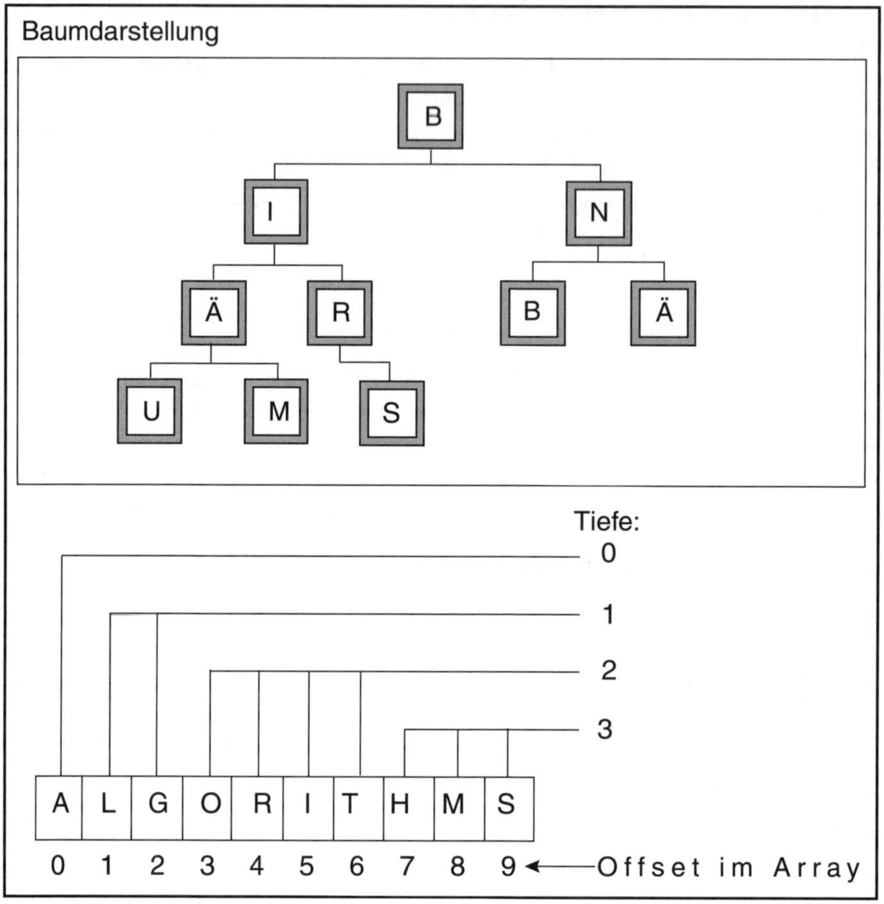

Abbildung 18.4: Arraydarstellung eines Binärbaumes

- Die Wurzel wird bei Index `0` gespeichert.
- Wenn wir einen Knoten ungleich der Wurzel an der Stelle `[i]` speichern, dann speichern wir den Elternknoten an der Stelle `[(i-1)/2]`.
- Wenn wir einen Knoten an der Stelle `[i]` speichern und ein linker Kindknoten existiert, dann wird dieser Knoten an der Stelle `[2i+1]` gespeichert; wenn ein rechter Kindknoten existiert so wird dieser an der Stelle `[2i+2]` gespeichert.

18.3.4 Ein Binärbaum unter Verwendung der Klasse Node

In ähnlicher Weise wie bei der verketteten Liste verwenden wir eine Klasse `Node` zur Darstellung des Binärbaums. Wir speichern jeden Knoten als ein Objekt aus der Klasse `Node`. Jeder Knoten benötigt die vier folgenden Instanzvariablen:

- Knotendaten
- Knotenlevel

- Eine Referenz auf das linke Kind des Knotens.
- Eine Referenz auf das rechte Kind des Knotens.

Die Knotendaten können einen beliebigen Datentyp besitzen. Die folgende Klasse stellt eine `Node`-basierte Implementierung eines Binärbaums vom Typ `int` dar:

```
//*****************************************
//    Klasse für einen Binärbaum von int
//*****************************************
class BTNode
{
// Invarianten:
//   1. Die Variable char data speichert die Daten.
//   2. Die Variable level speichert das Level,
//      die Wurzel besitzt Level 0.
//   3. leftChild speichert das linke Kind.
//   4. rightChild speichert das rechte Kind.

  private char data;
  private int level;
  private BTNode leftChild;
  private BTNode rightChild;

  //***************************
  //    Konstruktor
  //***************************
  public BTNode(char initialData, int nodeLevel,
                BTNode lChild, BTNode rChild)
  {
    this.data = initialData;
    this.level = nodeLevel;
    this.leftChild = lChild;
    this.rightChild = rChild;
  }

  //***********************************
  // Zugriff und Manipulation der
  // Instanzvariablen
  //***********************************
  public int getData()
  {
    return this.data;
```

```
  }

  public void setData(char newData)
  {
    this.data = newData;
  }

  public BTNode getLeft()
  {
    return this.leftChild;
  }

  public void setLeft(BTNode child)
  {
    this.leftChild  = child;
  }

  public BTNode getRight()
  {
    return this.rightChild;
  }

  public void setRight(BTNode child)
  {
    this.rightChild  = child;
  }

  public boolean isLeaf()
  {
    return ((this.leftChild == null) &&
            (this.rightChild == null));
  }
}
```

Zusammenfassung

0 Min.

Ein Stapel ist eine einfache Datenstruktur, die manchmal als Ablagespeicher bezeichnet wird. In einem Stapel sind die Elemente in der Reihenfolge geordnet, in der sie eingegeben wurden. Weil wir die Elemente in der umgekehrten Reihenfolge aus dem Stapel entfernen, in der sie in den Stapel eingefügt wurden, nennen wir den Stapel eine LIFO-Struktur (Last-In-First-Out). Die Methode `push()` wird verwendet, um ein Element auf dem Stapel abzulegen. Die Operation `pop()` gibt das oberste Elemente auf dem Stapel zurück und entfernt dieses Element vom Stapel. In der Warteschlange geben wir die Elemente in der gleichen Reihenfolge zurück, in der wir sie eingegeben haben. Aus diesem Grund wird die Warteschlange als FIFO-Struktur bezeichnet (First-In-First-Out). Die Operationen zum Einfügen und Entfernen von Elementen sind `enqueue()` und `dequeue()`.

Bäume sind nicht-lineare Datenstrukturen, in denen die Elemente keine bestimmte Ordnung besitzen. Die Elemente eines Baums werden als Knoten bezeichnet. Der Baum besitzt einen ausgezeichneten Knoten, der Wurzel genannt wird. Ein Knoten ohne Nachfolger ist ein Blattknoten. In einem Binärbaum kann ein Knoten nicht mehr als zwei Nachfolgeknoten besitzen; diese Knoten werden als linker und rechter Kindknoten bezeichnet. In einem allgemeinen Baum kann jeder Knoten beliebig viele Kindknoten besitzen.

Selbsttest

1. Wie heißen die fundamentalen Operationen eines Stapels (siehe »Der Stapel«)?
2. Wofür steht die Abkürzung LIFO (siehe »Der Stapel«)?
3. Nennen Sie die Invarianten des ADT »Stapel«, die wir im Text entwickelt haben (siehe »Der Stapel«).
4. Stellen Sie sich vor, Sie implementieren einen Binärbaum mit Hilfe eines Array. Welche Formel können Sie verwenden, um den rechten Kindknoten und den linken Kindknoten zu finden (siehe »Implementieren von Binärbäumen mit Arrays«)?

Fehler und Ausnahmen

Lektion 19

Checkliste

- ☑ Fehler durch Hardware, Software und durch Algorithmen
- ☑ Ausnahmen: Ausnahmebehandlung in Java, Ausnahmeklassen, Ausnahmen anbieten
- ☑ Ausnahmen programmieren
- ☑ Ausnahmen auslösen, abfangen und werfen

30 Min.

Fehler scheinen in der Natur von Computersystemen zu liegen. Die logische Komplexität von Programmen und die Unterschiedlichkeit der Hardware lassen Programmfehler wahrscheinlich werden. Die Möglichkeit, Fehler zu ignorieren führt zu einer Haltung bei der Programmierung, die auf das Beste hofft, die aber sowohl unnatürlich als auch gefährlich ist. Diese Lektion befasst sich mit der Behandlung von Programmfehlern.

19.1 Fehlertypen

Programmfehler können von der Hardware, der Software, oder durch algorithmische oder logische Fehler verursacht werden. Die möglichen Lösungen und die am besten passende Fehlerbehandlung ist in jedem der Fälle verschieden.

19.1.1 Fehler durch Hardware und Software

Ein Programmfehler kann durch die Hardware verursacht werden. Z.B. kann eine Anwendung versuchen, eine Datei zu öffnen, die nicht existiert, Zeichen an einen Drucker zu senden, der ausgeschaltet ist, oder mit einer seriellen Schnittstelle zu kommunizieren, die nicht antwortet. Andere Fehler haben mit der Software zu tun. So z.B. wenn der Code versucht, ein Element eines Array anzusprechen, das außerhalb der gültigen Grenzen liegt oder einen Wert zu speichern, der die Kapazität des Datenformats übersteigt.

Hardwarefehler werden normalerweise vom System erkannt und gemeldet. Softwarefehler müssen jedoch vom Code entdeckt werden. Andere Fehler können entweder von der Software oder von der Hardware oder von beiden entdeckt werden. Eine Anwendung untersucht z.B. den Divisor, um sicherzustellen, dass keine Division durch null versucht wird. Wenn jedoch eine Division durch null durchgeführt wird, erzeugen die meisten Computersysteme eine Fehlermeldung.

19.1.2 Algorithmische Fehler

Ein weiterer Typ Fehler, der manchmal algorithmischer Fehler genannt wird, stammt von den natürlichen Begrenzungen, die beim Modellieren der realen Welt durch einen Computer gegeben sind. Ein Beispiel hierfür ist die Approximation, die bei der Konvertierung von Dezimalzahlen ins Binärformat stattfindet. Einige Dezimalbrüche haben eine exakte binäre Darstellung wie z.B. die Werte 0.5, 0.25, 0.125, 0.0625 usw. Andere Dezimalbrüche hingegen haben kein exaktes binäres Äquivalent und der Computer verwendet die beste binäre Approximation. Diese Approximation enthält einen Rundungsfehler, der sich in Berechnungen fortsetzen und zu fehlerhaften Ergebnissen führen kann.

Numerische Analyse ist die Disziplin, die sich mit Rundungsfehlern und Fehlern beim Abschneiden numerischer Werte in unterschiedlichen Algorithmen befasst. Der Programmierer muss sich des algorithmischen Fehlerpotenzials bewusst sein und diese Kenntnis zum Aufdecken fehlerhafter Ergebnisse einsetzen, um die Inkonsistenz von Daten zu vermeiden. Gerade die algorithmischen Fehler werden oft von Programmierern ignoriert.

19.2 Ausnahmen

Der Begriff Ausnahme (engl.: Exception) wird für Fehler durch Hardware, Software oder algorithmische Fehler verwendet. Somit kann eine Ausnahme allgemein als ein unnatürliches Ereignis angesehen werden, das eine besondere Behandlung erforderlich macht. Ausnahmebehandlung meint die besonderen Operationen, die ausgeführt werden, wenn eine Ausnahme auftritt. Das Auslösen einer Ausnahme meint die Aktionen, die die Ausnahme erzeugen. Der gesamte Prozess sieht wie folgt aus:

- Es tritt ein Fehler in der Hardware, in der Software oder in den Algorithmen auf.
- Der Fehler wird erkannt und die Ausnahme wird ausgelöst.
- Ein Ausnahmehandler bearbeitet die Ausnahme.

Das Erkennen einer Fehlerbedingung kann in der Hardware oder in der Software erfolgen. Die Ausnahme selber ist jedoch immer ein Prozess in der Software. Der Handler für die Ausnahmebehandlung kann auf verschiedene Weisen auf die Ausnahme reagieren. Hier einige Beispiele für mögliche Reaktionen:

- Die Fehlerbedingung wird ignoriert und die Ausnahme wird quittiert.
- Der Ausnahmehandler löst keine bestimmte Aktion aus und gibt die Fehlerbedingung an einen anderen Handler in der Hierarchie weiter.
- Der Ausnahmehandler reagiert auf die Ausnahme und gibt die Fehlerbedingung an einen anderen Handler in der Hierarchie für eine weitere Bearbeitung weiter.
- Der Ausnahmehandler bearbeitet die Ausnahme und beendet die Ausnahmebehandlung.

19.2.1 Ausnahmebehandlung durch die Sprache

Programmiersprachen unterscheiden sich sehr darin, wie sie von sich aus Fehler behandeln können. Einige Sprachen stellen überhaupt keine Ausnahmebehandlung bereit, während andere ausgefeilte Mechanismen bereitstellen, um auf Fehler reagieren und diese angemessen behandeln zu können.

Bei den Programmiersprachen, die über eingebaute Ausnahmehandler verfügen, zu denen Java auch zählt, gibt es verschiedene Punkte beim Design und bei der Implementierung zu beachten, von denen hier einige genannt werden:

- Unterstützt das Laufzeitsystem der Sprache Defaultaktionen für einige oder für alle Ausnahmen?
- Kann eigener Code Ausnahmen auslösen?
- Werden Fehler, die von der Hardware erkannt wurden, als Ausnahmen behandelt?
- Kann der Ausnahmemechanismus der Sprache zeitweise oder auch permanent abgeschaltet werden?
- Wo wird die Ausführung fortgesetzt, wenn die Behandlung einer Ausnahme abgeschlossen ist?

PL/I war die erste Programmiersprache, die eine Ausnahmebehandlung bereitstellte. Die Ausnahmebehandlung von PL/I ist umfangreich und flexibel; den meisten Programmierern war der Mechanismus allerdings zu komplex. Das am häufigsten genannte Problem besteht darin, dass Ausnahmen dynamisch an Handler gebunden werden. Ein besseres Modell stellt statisch gebundene Ausnahmehandler bereit. Die statisch gebundenen Handler wurden in der Sprache Ada eingesetzt, die auch einen Mechanismus bereitstellt, um unbehandelte Ausnahmen an andere Programmteile weiterzugeben.

19.2.2 Der Ansatz in Java

Der Ansatz in Java zur Behandlung von Ausnahmen basiert auf einem Modell, das 1990 vom ANSI-Standardisierungskomitee für C++ vorgeschlagen wurde. Dieses Modell wiederum basiert auf der Forschungssprache ML (Meta Language), die in den Bell Labs entwickelt wurden. Die meisten modernen C++-Compiler implementieren diesen Ansatz der Ausnahmebehandlung.

Die Ausnahmebehandlung von Java basiert auf drei Konstrukten namens `throw`, `try` und `catch`. Das Schlüsselwort `throw` wird für das (erneute) Auslösen einer Ausnahme verwendet. Die `try`- und `catch`-Blöcke implementieren den Ausnahmehandler. Ein zusätzlicher optionaler Block, der mit `finally` eingeleitet wird, kommt bei Ausnahmehandlern zum Einsatz, um eine alternative Bearbeitung bereitzustellen.

Die Ausnahmen in Java werden je nach ihrer Ursache in zwei Klassen eingeteilt: die *impliziten* Ausnahmen und die *expliziten* Ausnahmen. Implizite Ausnahmen treten dann auf, wenn das Programm eine illegale Operation ausführt wie z.B. die Division durch null oder den Zugriff auf ein Element außerhalb des gültigen Indexbereichs. Der Code kann sich von dieser Art Ausnahme nicht ohne weiteres erholen, obwohl die Verursachung des Fehlers vermieden werden kann. Explizite Ausnahmen werden von der Anwendung in Form einer `throw`-Anweisung erzeugt, um bestimmte Bedingungen behandeln zu können. Implizite Ausnahmen werden in der Java-Literatur als Laufzeitausnahmen bezeichnet, während explizite Ausnahmen vom Benutzer definiert werden. Der Begriff Laufzeitausnahme deutet darauf hin, dass das Laufzeitsystem von Java implizite Ausnahmen auslöst. In der Realität werden alle Ausnahmen zur Laufzeit ausgelöst.

19.2.3 Die Ausnahmeklassen von Java

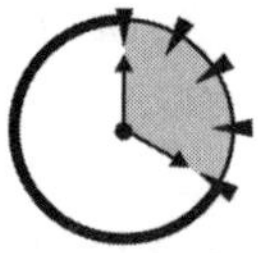

20 Min.

Java enthält mehrere Klassen, die mit Ausnahmen zu tun haben. Die Klassenhierarchie finden Sie in Abbildung 19.1

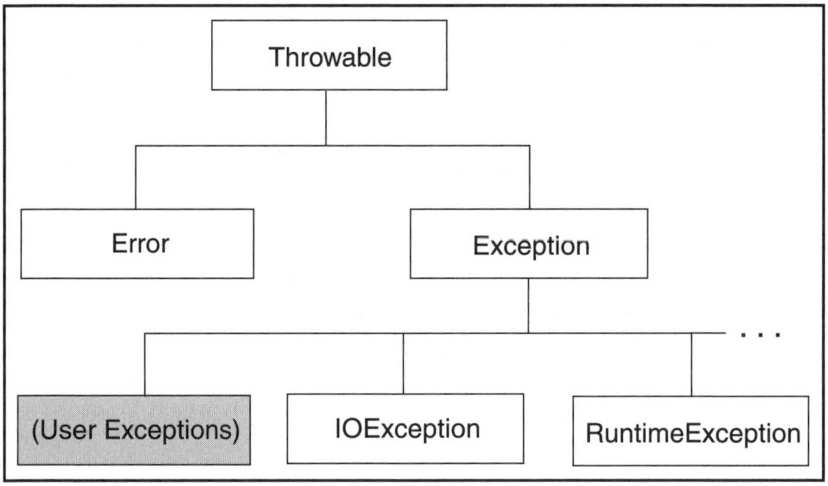

Abbildung 19.1: Klassenhierarchie für Ausnahmen in Java

Die Klasse `Throwable` steht an der Spitze der Ausnahmehierarchie. `Throwable` wird von `Error` und `Exception` erweitert. Die Elemente von `Error` sind Fehler auf der Systemebene und werden von der virtuellen Maschine in Java ausgelöst. Solche Fehler auf der Systemebene sind selten, und es empfiehlt sich, die Behandlung dieser Fehler dem System zu überlassen, obwohl prinzipiell auch eine Anwendung diese Ausnahmen abfangen und behandeln könnte. Eine Anwendung kann jedoch nur wenig tun, wenn kein Speicher mehr zur Verfügung steht oder eine andere Bedingung erkannt wird, die zur Beendigung des Programms führt.

Der wichtigste Teil der Hierarchie beginnend bei `Throwable` ist der Zweig von `Exception`. Es gibt viele Klassen, die `Exception` erweitern. Abbildung 19.1 zeigt die wichtigen Klassen `IOException` und `RuntimeException`, die beide `Exception` erweitern. Tabelle 19.1 listet Klassen auf, die `IOException` und `RuntimeException` erweitern.

Zusätzlich kann ein Anwendungscode die Java-Klasse `Exception` erweitern, um eigene Fehlerbedingungen bereitzustellen. Dies wird in Abbildung 19.1 durch das graue Rechteck angedeutet. Die Bereitstellung eigener Ausnahmehandler ist das Hauptthema im Rest dieser Lektion.

Tabelle 19.1: Eingebaute Unterklassen von Exception

IOException	**RuntimeException**
`ChangedCharSetException`	`ArithmeticException`
`CharConversionException`	`ArrayStoreException`
`EOFException`	`CannotRedoException`
`FileNotFoundException`	`CannotUndoException`
`InterruptedIOException`	`ClassCastException`
`MalformedURLException`	`CMMException`
`ObjectStreamException`	`CurrentModificationException`
`ProtocolException`	`EmptyStackException`
`RemoteException`	`IllegalArgumentException`
`SocketException`	`IllegalStateException`
`SyncFailedException`	`ImaginingOpException`
`UnknownHostException`	`IndexOutOfBoundsException`
`UnknownServiceException`	`MissingResourceException`
`UnsupportedEncodingException`	`NegativeArraySizeException`
`UTFDataFormatException`	`NoSuchElementException`

`ZipException`	`NullPointerException`
	`ProfileDataException`
	`ProviderException`
	`RasterFormatException`
	`SecurityException`
	`SystemException`
	`UnsupportedOperationException`

19.2.4 Ausnahmen bekanntmachen

Die Spezifikation von Java legt fest, dass Ausnahmen, die von `Error` oder von `RuntimeException` abgeleitet werden, *unkontrollierte* Ausnahmen sind. Alle anderen Ausnahmen sind *kontrolliert*. Unkontrollierte Ausnahmen entziehen sich entweder der Programmkontrolle, wie die von `Error` abgeleiteten Klassen, oder beziehen sich auf Bedingungen, in denen das Programm nichts ausrichten kann, wie im Fall der Bereichsüberschreitung bei Arrays. Code muss sich mit den kontrollierten Ausnahmen befassen.

Eine Java-Methode teilt dem Benutzer in ihrem Header mit, dass sie möglicherweise eine Ausnahme auslösen wird. Eine Methode `writeToFile()`, die eine Ausnahme namens `NameErrorException` auslösen kann, wird z.B. wie folgt deklariert:

```
public void WriteTo File()
  throws NameErrorException
```

In diesem Fall wird das Schlüsselwort `throws` verwendet, um eine Ausnahme anzukündigen, die von der Methode ausgelöst werden kann. Die allgemeine Regel ist die, dass eine Methode alle kontrollierten Ausnahmen, die sie auslösen kann, auch deklarieren muss, aber nicht die unkontrollierten Ausnahmen.

Das bedeutet, dass alle Java-Ausnahmen, die von den Klassen `Error` und `RuntimeException` abgeleitet sind, nicht angekündigt werden.

19.3 Programmieren von Ausnahmen

10 Min.

Das Grundprinzip hinter der Ausnahmebehandlung, wie sie durch Java vorgenommen wird, basiert auf zwei Annahmen:

1. Der Compiler sollte sicherstellen, dass alle Fehlerbedingungen vom Code angemessen behandelt werden.
2. Fehler sollten bevorzugt getrennt von der Hauptaufgabe des Programms verarbeitet werden.

James Slack erwähnt in seinem Buch *Programming and Problem Solving with Java* (Brooks/Cole, 2000), dass die ausgefeilte Ausnahmebehandlung in Java von den Anfängen als eine Programmierumgebung für elektronische Konsumgüter herrührt; solche Geräte müssen unerwartete Fehler verarbeiten können. Die Sprache stellt daher sicher, dass Routinen für die Fehlerbehandlung einfach entwickelt werden können.

Die Ausnahmebehandlung einer Java-Anwendung sollte die folgenden Punkte berücksichtigen:

- Mögliche zusätzliche Reaktionen auf Systemfehler. Code sollte nicht die Systemhandler unterbrechen, kann aber zusätzliche Diagnose zur Verfügung stellen. So kann eine Anwendung bei Eintreten einer Situation, die zum Abbruch des Programms führt, wie z.B. dem Aufbrauchen des gesamten Speichers, eine Meldung ausgeben, die darauf hinweist, dass Daten verloren gehen können.
- Entwerfen und Modifizieren von Anwendungscode, um Ausnahmen zu verhindern, die von den Klassen `IOException` und `RuntimeException` abgeleitet sind. Stellen Sie z.B. sicher, dass ein Fehler durch das Teilen durch null gar nicht erst auftritt, indem Sie den Divisor vor der Division überprüfen.
- Behandlung von Ausnahmen, die von Bedingungen in den eingebauten Java-Klassen stammen, die aber nicht zum Programmende führen. Stellen Sie z.B. Code bereit, um das Fehlen einer Datei zu behandeln.

- Bereitstellung von anwendungsdefinierten Ausnahmehandlern für lokale Fehlerbedingungen. Eine vom Benutzer definierte Methode zum Berechnen des Mittelwerts aller Werte in einem Integerarray erzeugt eine Ausnahme, wenn der Benutzer ein Null-Array als Argument übergibt.
- Entscheiden, welcher Teil des Codes eine Ausnahme behandeln soll. Das bedeutet zu bestimmen, ob eine bestimmte Ausnahme innerhalb der Methode behandelt werden soll, in der sie auftritt, oder ob sie entlang der Programmhierarchie propagiert werden soll, um von einem anderen Ausnahmehandler behandelt zu werden.

Der erste Punkt bedarf keiner weiteren Diskussion. Die übrigen vier Punkte werden später in dieser Lektion besprochen.

19.3.1 Java Ausnahmeverarbeitung

Die Verarbeitung von Ausnahmebedingungen in Java-Code besteht aus drei grundlegenden Operationen:

1. Auslösen von benutzerdefinierten Ausnahmen mittels des `throw`-Zweiges. Hierfür ist es im Allgemeinen nötig, die Klasse `Exception` zu erweitern, um eine dem Fehler entsprechende Ausnahme bereitzustellen.
2. Behandlung von Ausnahmen, die von System generiert wurden (implizit) oder vom Benutzer definiert wurden (explizit). Die Ausnahmebehandlung basiert auf der Codierung der entsprechenden `try`-, `catch`- und `finally`-Zweige.
3. Propagieren der Ausname in die Methodenhierarchie der Anwendung mit Hilfe des `throws`-Zweiges.

Beachten Sie, dass das Schlüsselwort `throw` verwendet wird, um eine Ausnahme auszulösen, und das Schlüsselwort `throws` verwendet wird, um eine Ausnahme nach außen zu propagieren. Unglücklicherweise waren die Designer der Sprache Java nicht in der Lage, bessere Bezeichnungen für zwei Funktionen zu finden, die so unterschiedliche Aufgaben besitzen. In diesem Buch versuchen wir, mögliche Verwirrung zu verhindern, indem wir bei `throw` vom *Auslösen einer Ausnahme* sprechen und bei `throws` vom *Werfen einer Ausnahme* sprechen.

Ausnahmen auslösen

Code kann seine eigenen Ausnahmeklassen verwenden, um bestimmte Fehlerbedingungen darzustellen. Das kann durch die Definition von Unterklassen von `Exception` geschehen, oder anders gesagt durch die Erweiterung der Klasse `Exception`. Die Java-Klasse `Exception` stellt zwei Konstruktoren bereit, die wie folgt definiert sind:

```
Exception()
Exception(String s)
```

Der einfachste Weg, einen Ausnahmehandler zu erzeugen, besteht darin, die Klasse `Exception` zu erweitern und ihren parametrisierten Konstruktor aufzurufen. Die folgende Methode z.B. stellt einen Ausnahmehandler für die Division durch null bereit; die folgende Klasse erweitert die Klasse `Exception` und stellt einen einfachen Handler für die Division durch null bereit:

```
class DivByZeroException extends Exception
{
  // Konstruktor mit Parameter
  public DivByZeroException(String message)
  {
    super(message);
  }
}
```

Die Methode, die den Handler in `DivByZeroException` verwenden möchte, muss deklarieren, dass sie möglicherweise `DivByZeroException` auslösen wird. Nachdem das getan ist, gibt ein `throw`-Zweig Zugriff auf den Code des Ausnahmehandlers, wie in folgendem Codefragment zu sehen ist:

```
public class DivByZeroDemo
{
  public static void main(String[] args)
    throws DivByZeroException // Ausnahme deklarieren
  {
    int dividend = 100;
    int divisor, result;

    divisor = Keyin.inInt("Divisor eingeben: ");
    if(divisor != 0)
    {
      result = dividend / divisor;
      System.out.println("result = " + result);
    }
    else
      throw new DivByZeroException("Ungültiger Divisor");
  }
}
```

Beachten Sie, dass der `throws`-Zweig in der Signatur der Methode `main()` verwendet wird, um zu deklarieren, dass diese Methode eine Ausnahme `DivByZeroException` auslösen kann. Weil `DivByZeroException` eine kontrollierte Ausnahme ist, führt ein Fehlen der Deklaration zu einem Compilerfehler.

Ausnahmen behandeln

Code kann Ausnahmen behandeln, die in anderen Methoden ausgelöst wurden, unabhängig davon, ob es sich um lokale Methoden oder um Methoden in den Java-Bibliotheken handelt. Der Versuch z.B., eine nicht existierende Datei zu öffnen, führt zum Auslösen einer `FileNot-`

FoundException, die von IOException abgeleitet ist (siehe Tabelle 19.1). Ihr Code kann so entwickelt werden, dass er die Fehlerbehandlung von Java unterbricht und eine alternative Behandlung des Fehlers bereitstellt. Ein möglicher Vorteil in der Unterbrechung der Kette zur Fehlerbehandlung besteht darin, dass Fehler vermieden werden können, die zur Beendigung der Programmausführung führen können.

Drei Schlüsselwörter werden beim Codieren von Ausnahmehandlern in Java verwendet: try, catch und finally. Der try-Block enthält die Verarbeitungsoperationen, deren Ausführung so lange fortgesetzt wird, bis eine Ausnahme ausgelöst wird. Der catch-Block enthält die Aktion, die ausgeführt werden sollen, wenn eine Ausnahme ausgelöst wurde. Der catch-Block wird übersprungen, wenn im zugehörigen try-Block keine Ausnahme ausgelöst wurde. Der abschließende finally-Block, der optional ist, wird immer ausgeführt, ob nun eine Ausnahme ausgelöst wurde oder nicht. Die finally-Anweisung wird oft für die Freigabe lokaler Ressourcen verwendet. Das folgende Codefragment zeigt einen Ausnahmehandler, der die Behandlung eines Fehlers aufgrund von Division durch null selber vornimmt.

Das folgende Programm namens **CatchDBZ.java** unterbricht die Reaktion des Java-Systems auf eine ArithmeticException, die bei der Division durch null ausgelöst wird. Weil ArithmeticException unkontrolliert ist, muss diese Ausnahme im Header der Methode main() nicht deklariert werden.

CD-ROM

Die Quelldatei des Programms CatchDBZ.java finden Sie im Verzeichnis Lektion 19 auf der beiliegenden CD.

```
//   Dateiname: CatchDBZ.java
//   Bezug: Lektion 19
//
//   Themen:
//      1. Abfangen von ArithmeticException
//         bei Division durch null.
//
//   Voraussetzung:
//      1. Klasse Keyin im aktuellen Verzeichnis

public class CatchDBZ
{
  public static void main(String[] args)
  {
    int dividend = 100;
    int divisor, result;
```

```
    while(true)
    {
      divisor = Keyin.inInt("Divisor eingeben (100 = Ende): ");

      if(divisor == 100)
        break;

      try
      {
        result = dividend / divisor;  // kann Ausnahme auslösen
        System.out.println("result = " + result);
      }
      catch(ArithmeticException msgText)
      {
        System.out.println("Fehler ist : " + msgText);
      }
    }
  }
}
```

Das Programm erlaubt es dem Benutzer, den Divisor einer Integerdivision anzugeben. Der spezielle Wert 100 wird verwendet, um die Programmausführung zu beenden. Die Signatur der Methode `main()` enthält einen `throws`-Zweig für die Klasse `ArithmeticException`. Der `try`-Zweig enthält die Divisionsoperation. Wenn eine Ausnahme `ArithmeticException` erzeugt wird, wird die Ausführung im `catch`-Zweig fortgesetzt, wodurch eine Meldung gefolgt von dem String des `ArithmeticException`-Handlers ausgegeben wird. In diesem Fall erholt sich das Programm von der Division von null und der Benutzer wird zu einer erneuten Eingabe eines Divisors aufgefordert.

Ausnahmen werfen

Die grundlegende Regel in der Behandlung von Fehlern in Java ist die, dass eine Ausnahme entweder in der Methode behandelt werden muss, in der sie ausgelöst wurde, oder entlang der Kette von Aufrufen an eine andere Methode zur Behandlung weitergegeben werden muss. Wenn sie weitergegeben wird, sprechen wir davon, dass die Ausnahme entlang der Aufrufhierarchie propagiert wurde. Das Prinzip ist dieses: Eine Java-Methode muss alle Ausnahmen entweder behandeln oder deklarieren.

Die Deklaration einer Ausnahme bezieht sich auf den `throws`-Zweig, der Teil der Signatur der Methode ist. Das bedeutet, dass Code die Behandlung einer möglichen Ausnahme ablehnen kann, die von der aufgerufenen Methode ausgelöst wird. Stellen Sie sich eine Aufrufkette vor, in der `methodA()` die Methode `methodB()` aufruft, die ihrerseits `methodC()` aufruft. Nehmen Sie an, dass `methodC()` eine `Exception1` auslöst. In diesem Fall kann `methodC()` entweder `Exception1` behandeln oder die Ausnahme entlang der Aufrufkette an `methodB()` übergeben.

Wenn `methodB()` diese Ausnahme nicht behandelt, sucht Java weiter entlang der Kette nach einem Handler, in diesem Fall in `methodA()`. Wenn schließlich kein Handler gefunden werden kann, übernimmt Java die Ausnahme und beendet die Ausführung.

CD-ROM

Das Programm Handler.java demonstriert das Propagieren und das Behandeln von Ausnahmen. Die Quelldatei von Handler.java finden Sie im Verzeichnis Lektion 19 auf der beiliegenden CD.

Handler.java enthält zwei Klassen. Die treibende Klasse (`Handler`) enthält die Methoden `main()`, `perDivide()` und `divide()`. Die Klasse `DivisionException` erweitert `Exception` und stellt einen Handler für die Division durch null bereit.

0 Min.

Die Ausnahme wegen durch Division durch null wird in der Methode `divide()` ausgelöst, wird aber in dieser Methode nicht behandelt. Beachten Sie, dass die Methode `divide()`, die keinen `try`-Block enthält, die Ausnahme `DivisionException` wirft, wie es in ihrer Signatur deklariert ist. Auch die Methode `preDivide()` behandelt die Ausnahme nicht. Wieder wird die Ausnahme entlang der Aufrufkette propagiert, wie es in der Signatur der Methode deklariert ist. Die Methode `main()` behandelt schließlich die Ausnahme, die in der Methode `divide()` ausgelöst wurde. Aus diesem Grund enthält `main()` einen `try`-Block mit einem entsprechenden `catch`-Zweig. Die Ausnahmebehandlung endet in diesem Fall in `main()`.

Zusammenfassung

Durch die Komplexität der Software und die Grenzen der Computerhardware müssen unsere Programme mit der Möglichkeit von Fehlern rechnen. Fehler können durch die Hardware oder die Software verursacht werden. Algorithmische Fehler haben etwas mit den Grenzen zu tun, die dem Modellieren der realen Welt in einem Computer gesetzt sind. Der Begriff Ausnahme bezieht sich auf Fehler durch Hardware, Software oder Algorithmen. Java enthält Ausnahmehandler, die eine automatische Reaktion auf Fehler bereitstellen. Die Behandlung von Fehlern wird unter Verwendung von `throw`, `try` und `catch` implementiert. Die Ausnahmen von Java sind entweder implizit oder explizit. Die Klasse `Throwable` ist die Wurzel der Ausnahmehierarchie. Die Hauptunterklassen sind `IOException` und `RuntimeException`. Unkontrollierte Ausnahmen entziehen sich der Kontrolle des Programms. Kontrollierte Ausnahmen werden durch das Schlüsselwort `throws` deklariert. Die Programmierung von Ausnahmen besteht aus dem Auslösen, dem Behandeln und dem Propagieren von Ausnahmen.

Selbsttest

1. Nennen Sie die fundamentalen Fehlertypen (siehe »Fehlertypen«).
2. Geben Sie ein Beispiel für einen algorithmischen Fehler (siehe »Algorithmische Fehler«).

3. Nennen Sie die drei Schritte zum Auslösen einer Ausnahme (siehe »Ausnahmen«).
4. Was sind die grundlegenden Konstrukte auf denen die Ausnahmebehandlung in Java aufbaut (siehe »Der Ansatz in Java«)?
5. Welche Schlüsselwort wird verwendet, um eine Ausnahme anzukündigen (siehe »Ausnahmen bekanntmachen«)?

Eingabe und Ausgabe

Lektion 20

Checkliste

- Eingabe und Ausgabe in Java: Zeichendaten und das Paket java.io
- Die Klassen InputStream und OutputStream
- Standardstreams
- Entwickeln der Klasse Keyin
- Leeren eines Eingabestream
- Lesen von Zeichendaten und numerischen Daten

30 Min.

Verglichen mit den Vorgängersprachen C und C++ enthält Java wenig Unterstützung für Eingabe- und Ausgabeoperationen. Der Grund für diesen Mangel liegt nicht in einem mangelhaften Design der Sprache oder in Fehlern bei ihrer Implementierung. Der Grund dafür ist der, dass Java auf einem anderen Modell basiert. Vielleicht weil C und C++ von Unix herkommen, nehmen sie an, dass das Computerinterface aus einer textbasierten Konsole besteht und einer Tastatur mit westeuropäischem Alphabet. Java macht jedoch keine Annahmen über Zeicheneingabe oder Eingabegeräte und enthält auch nur sehr wenig Unterstützung für textbasierte Konsolen und Kommandointerfaces.

20.1 Eingabe und Ausgabe

Die am häufigsten erwähnten Begrenzungen von Java hinsichtlich Eingabe und Ausgabe sind die Schwierigkeiten bei der Eingabe alphanumerischer Werte über die Tastatur und bei der Formatierung von Ausgabe für Konsolendevices. Wir haben eine bisher nicht erklärte Klasse `Keyin` verwendet, die Eingaben über die Tastatur ermöglicht. In dieser Lektion untersuchen wir die Eingabemöglichkeiten von Java und entwickeln Routinen, um alphanumerische Daten über die Tastatur eingeben zu können. Die Funktionen zur Verarbeitung von Tastatureingaben, die Sie vielleicht aus anderen Programmiersprachen kennen, gibt es in Java allerdings nicht. Die am meisten vermissten Funktionen sind die Funktionen, mit denen der Tastatur Leben verliehen werden kann, weil es in Java keine Primitive gibt, um einen einzelnen Tastendruck zu erkennen.

Hinweis

Eine weitere Begrenzung ist die alphanumerische Ausgabeformatierung, die es in Java ebenfalls nicht gibt.

Die Erklärung für diese offensichtliche Begrenzungen liegt darin, dass in Java die textbasierten Interfaces, die wir in unseren Programmen verwenden, als überholt angesehen werden. Die Sprache geht davon aus, dass moderne Anwendungen mit einer grafischen Benutzeroberfläche (GUI) ausgestattet werden, was von Java sehr gut unterstützt wird; wir werden dies in Lektion 24 besprechen. Die Unterstützung von textbasierten Konsolen durch Java ist mit Absicht minimal gehalten.

20.1.1 Java Zeichendaten

Java Eingabe/Ausgabe (I/O) bezieht sich oft auf Text, und Text besteht aus Zeichen. Weil Daten im Speicher des Computers als binäre Werte gespeichert sind, wird eine konventionelle numerische Codierung für Zeichen verwendet. In ASCII wird der Buchstabe A auf die Zahl 65, der Buchstabe B auf die Zahl 66, das Leerzeichen auf die Zahl 32 und die Ziffer 1 auf die Zahl 49 abgebildet.

Der Code muss wissen, ob ein gespeicherter Wert eine binäre Zahl darstellt, einen Teil einer binären Zahl oder ein alphanumerisches Zeichen. Einige I/O-Devices sind so entworfen, dass Daten immer eine bestimmte Zeichencodierung darstellen. Wenn wir z.B. den Wert 66 an das Konsolendevice senden, dann weiß das Device, dass die Bitmap zur Darstellung des Buchstaben B angezeigt werden soll.

Über viele Jahre hinweg wurde in der Computertechnologie angenommen, dass Zeichendaten aus den zehn Dezimalziffern, den Groß- und Kleinbuchstaben des englischen Alphabets und einer Reihe zusätzlicher Symbole wie z.B. Satzzeichen bestehen. Einige Systeme haben später einige weitere Zeichen hinzugefügt, weil das für einige europäische Sprachen und in mathematischen Ausdrücken nötig war. Diese Zeichensätze erlauben es jedoch nicht, Zeichen in Arabisch, Japanisch, Chinesisch, Russisch, Griechisch und in vielen anderen Sprachen darzustellen.

Java wurde jedoch als eine universelle Sprache entwickelt und sie unterstützt ein Dutzend verschiedener Zeichensätze wie z.B. ASCII, ISO Latin-1 und Unicode.

Der einfachste und am meisten begrenzte Java-Zeichensatz wurde von dem American Standard Code for Information Interchange, kurz ASCII, definiert. Wir haben diesen Zeichensatz in Lektion 4 besprochen. Dieser Zeichensatz enthält 128 Zeichen im Bereich von 0 bis 127. Einige dieser Zeichen sind Steuerzeichen; der Wert 10 beispielsweise wird interpretiert als das Ende der Zeile, der Wert 13 stellt einen Zeilenumbruch dar und der Wert 8 repräsentiert einen Tabulator. Die Ziffern 0 bis 9 werden von den Werten 48 bis 57 dargestellt. Die Großbuchstaben A bis Z des englischen Alphabets sind in den Werten 65 bis 90 codiert. Die Kleinbuchstaben sind gleich den Werten von 97 bis 122. Der Wert 32 stellt ein Leerzeichen dar. Die verbleibenden Werte werden für Symbole verwendet wie !"#$%&'()*+,-./:;<=>?{|} und ~.

CD-ROM

Das Programm AsciiSet.java zeigt die Zeichen des ASCII-Zeichensatzes auf dem Bildschirm an. Sie finden die Quelldatei zu AsciiSet.java im Verzeichnis Lektion 20 auf der beiliegenden CD.

Ein zweiter Zeichensatz, der von Java unterstützt wird, ist durch den Standard International Standards Institute Latin-1, der auch als ISO Latin-1 bezeichnet wird, definiert. Dieser Zeichensatz besteht aus Byte-Werten im Bereich von 0 bis 255. Die ersten 128 Zeichen sind gleich mit dem ASCII-Zeichensatz. Die restlichen Zeichen, also die Zeichen im Bereich von 128 bis 255, werden für andere Sprachen als Englisch verwendet, so z.B. für Französisch, Spanisch, Italienisch und Deutsch. Aber auch Symbole, die griechischen Buchstaben, die oft in der Mathematik verwendet werden, weitere mathematische Symbole, das Zeichen für Copyright und Warenzeichen und häufig verwendete Brüche befinden sich in diesem Bereich des Zeichensatzes.

CD-ROM

Das Programm LatinSet.java im Verzeichnis Lektion 20 auf der beiliegenden CD zeigt die Zeichen des ISO Latin-1 Zeichensatzes an.

Hinweis

Weil DOS-basierte Konsolen die ersten 32 Zeichen von ISO Latin-1 nicht unterstützen, entspricht das erste Zeichen dem Wert 160.

Der dritte und umfangreichste Zeichensatz, der von Java unterstützt wird, ist Unicode. Die Zeichen von Unicode sind mit 16 Bits codiert, wodurch Werte im Bereich von 0 bis 65535 dargestellt werden können. Das ist der gleiche Bereich, den der primitive Datentyp `char` in Java besitzt. Unicode ermöglicht die Darstellung der Zeichen der meisten modernen Sprachen wie Kyrillisch, Griechisch, Arabisch, Hebräisch, Persisch, Chinesisch und Japanisch. Die ersten 256 Zeichen von Unicode stimmen mit ISO Latin-1 überein.

Die Tatsachen, dass Zeichen in Unicode durch zwei Bytes codiert werden, kann zu Problemen führen, wenn streambasierte Lese- und Schreiboperationen verwendet werden. Streams nehmen traditionell an, dass alphanumerische Daten aus einzelnen Bytes bestehen. Um Unicode-Zeichen aus einem Stream zu lesen, liest der Code das erste Byte, shiftet es um acht Positionen nach links, liest das zweite Byte und verknüpft das geshiftete Byte und das zweite Byte durch AND miteinander. Im Ergebnis stehen die Bytes nebeneinander, wobei das zuerst gelesene Byte links vom zweiten Byte steht. Das gleiche Ergebnis kann erzielt werden, indem das erste Byte mit 256 multipliziert wird und das zweite Byte addiert wird. Ein Risiko beim Lesen von 16-Bit-Daten in 8-Bit-Blöcken besteht darin, dass der Code »aus dem Tritt kommt« und das zweite Byte eines Zeichens mit dem ersten Byte des nächsten Zeichens verbindet.

Die Lese- und Schreibobjekte von Java sind so entworfen worden, dass sie jeden der unterstützten Zeichensätze verarbeiten können. Wenn das System auf ANSII oder ISO Latin-1 basiert, arbeiten die Lese- und Schreibobjekte byteweise. Wenn das System Unicode verwendet, dann werden jeweils zwei Bytes aus dem Stream gelesen. Weil Streams nicht für zeichenbasierte Daten gedacht sind, unterstützen sie auch keine Stringoperationen. In dieser Lektion verwenden wir Schreiber und Leser, um Eingaben und Ausgaben mit Dateien durchzuführen.

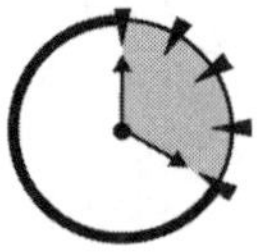

20 Min.

20.1.2 Das Paket java.io

Eingabe- und Ausgabeoperationen, kurz I/O, sind das Thema der Bibliothek java.io. Diese Bibliothek ist Teil des Anwendungs-Programmier-Interfaces (API) von Java, das die Pakete java.io, java.lang, java.math, java.net, java.text und java.util umfasst. Obwohl der meiste Teil der Java I/O sich in java.io befindet, ist ein kleiner Teil der I/O in anderen Paketen zu finden.

Java I/O lässt sich in zwei allgemeine Typen aufteilen: Bytebasierte I/O und zeichenbasierte I/O. Eingabe- und Ausgabestreams in Java befassen sich mit bytebasierter I/O, Leser und Schreiber behandeln die zeichenbasierte I/O. In beiden Fällen ist der allgemeine Ansatz, die Datenquelle und das Datenziel möglichst stark zu abstrahieren. Dadurch wird es möglich, die gleichen Methoden zum Lesen und Schreiben einer Datei, einer textbasierten Konsole oder einen Netzwerkverbindung zu verwenden. In anderen Worten, der Java-Code muss sich nicht darum kümmern, wo die Daten herkommen und wohin die Daten gesendet werden. Wenn der I/O-Stream erst einmal definiert ist, können Daten automatisch empfangen, gesendet, formatiert, gefiltert, komprimiert und verschlüsselt werden.

20.1.3 Streams

Das fundamentale Element der Java I/O ist der Stream. Das Konzept des Stream ist eine Metapher für einen Strom aus Wasser. Ein Datenstrom wird definiert als eine geordnete Folge von Bytes mit unbestimmter Länge. Ein Eingabestream bekommt Bytes aus einer externen Quelle und ein Ausgabestream bewegt Bytes an einen externen Ort.

Das Paket java.io enthält zwei streambasierte abstrakte Klassen: `InputStream` und `OutputStream`. Tabelle 20.1 zeigt die davon abgeleiteten Klassen.

Tabelle 20.1: Abstrakte Klassen in java.io und Unterklassen

InputStream	OutputStream
ByteArrayInputStream	ByteArrayOutputStream
FileInputStream	FileOutputStream
FilterInputStream	FilterOutputStream
InputStream	OutputStream
ObjectInputStream	ObjectOutputStream

Tabelle 20.1: Abstrakte Klassen in java.io und Unterklassen

PipedInputStream	PipedOutputStream
SequenceInputStream	
StringBufferInputStream	

Hinweis

Andere Klassen, die ebenfalls mit Streams zu tun haben, sind von den in Tabelle 20.1 dargestellten Klassen abgeleitet.

Erinnern Sie sich daran, dass Streams für die Arbeit mit numerischen Daten gedacht sind und dass die Dateneinheit des Stream das Byte ist. Das Byte ist einer der integralen Integerdatentypen von Java und wird als 8-Bit-Zahl im Zweierkomplement definiert mit einem Wertebereich von –128 bis 127. Die größte positive Zahl, die durch ein Byte dargestellt werden kann, ist 127. Die Werte 128 bis 255 sind daher keine für Bytes gültigen Werte.

Hinweis

Die Darstellung im Zweierkomplement ist eine Codierung für binäre Integerzahlen mit Vorzeichen, die Maschinenarithmetik unterstützt. Der Wert des Zweierkomplements ist die Differenz zwischen der Zahl und der nächsten Zweierpotenz, die größer als die Zahl ist. Ein einfacher Weg, um das Zweierkomplement einer Binärzahl zu berechnen, besteht darin, alle Bits zu negieren und zu dem Ergebnis eins zu addieren. Ein weiterer Vorteil der Zweierkomplementdarstellung besteht darin, dass es keine Darstellung von »minus null« gibt.

Eine Schwierigkeit beim Umgang mit Streamoperationen in Java besteht darin, dass Bytedaten nicht sehr angenehm in der Handhabung sind. Obwohl viele der Methoden in den Streamklassen nach ihrer Dokumentation Bytes entgegennehmen und zurückgeben, arbeiten sie jedoch in Wirklichkeit auf `int`. Der Hauptgrund hierfür liegt darin, dass es in Java keine Bytebuchstaben gibt, obwohl der Compiler manchmal automatische Konvertierungen bei Zuweisungen vornimmt. Hier einige Beispiele:

```
byte val1 = 22;            // Gültige Zuweisung
byte val2 = 44;            // Gültige Zuweisung
```

Die folgenden Zuweisungen sind jedoch nicht gültig:

```
byte val3 = val1 + val2;   // Ungültig - Cast erforderlich
byte val4 = 1 = 3;         // Ungültig - Cast erforderlich
```

Der kleine Bereich von Bytedaten erklärt, warum sie in Berechnungen oft nach int konvertiert werden. Nach der Berechnung werden die Werte wieder nach byte gecastet. Das bedeutet, dass ein Stream zwar für die Operation auf Bytedaten definiert sein kann, die interne Verarbeitung numerischer Daten durch stringbasierte Klassen aber oft auf dem Datentyp int ausgeführt wird.

20.1.4 Die Klasse InputStream

Die Klasse InputStream, die sich im Paket java.io befindet, ist eine abstrakte Klasse, auf der alle Eingabestreams aufbauen. Die Klasse enthält mehrere Methoden für Eingabestreams, so z.B. Methoden für das Lesen von Daten aus dem Stream, das Schließen und Leeren des Streams und das Überprüfen, wie viele Daten aus dem Stream gelesen werden können. Tabelle 20.2 zeigt die Methoden der Klasse InputStream.

Tabelle 20.2: Methoden der Klasse java.io.InputStream

Rückgabetyp	Name	Beschreibung
int	available()	gibt die Anzahl Bytes zurück, die ohne Blockieren gelesen (oder übersprungen) werden können
void	close()	schließt den Eingabestream
void	mark (intreadlimit)	markiert die aktuelle Position
boolean	markSupported()	überprüft, ob der Eingabestream die Methoden mark und reset unterstützt
int	read()	liest das nächste Datenbyte vom Eingabestream
int	read(byte[] b)	liest eine Anzahl Bytes vom Eingabestream und speichert sie in einem größeren Array b
int	read(byte[] b, int o, int l)	liest bis zu l Bytes aus dem Eingabestream in das Array b bei Offset o
void	reset()	positioniert den Stream an die Position des letzten Aufrufs der Methode mark
long	skip(long n)	überspringt n Bytes in diesem Eingabestream

Die Methode read() ist dafür gedacht, Daten aus einem Eingabestream zu erhalten. Tabelle 20.2 zeigt, dass die Methode read() dreifach überladen ist: read(), read(byte[] b), und read(byte[] b, int off, int len). Die erste Implementierung von read() besitzt die folgende Signatur:

```
public abstract int read()
  throws IOException
```

Diese Version liest das nächste Datenbyte aus dem Eingabestream. Die Methode wartet so lange, bis ein Datenbyte verfügbar ist oder das Ende des Streams erreicht ist oder eine Ausnahme ausgelöst wird. Der Wert wird als `int` im Bereich zwischen 0 und 255 zurückgegeben. Der Wert –1 wird zurückgegeben, wenn das Ende des Streams erreicht wurde. Das ist eine abstrakte Methode, die keine Implementierung besitzt.

Die zweite Implementierung von `read()` besitzt die folgende Signatur:

```
public int read(byte[] b)
  throws IOException
```

Diese Version liest eine Anzahl Bytes aus dem Eingabestream und speichert sie in einem Array vom Typ `byte`. Der Rückgabewert gibt die Anzahl der tatsächlich gelesenen Bytes an. Diese Methode wartet so lange, bis Daten verfügbar sind, das Ende des Stream erreicht wurde oder eine Ausnahme ausgelöst wurde. Wenn das übergebene Array null ist, wird eine `NullPointerException` ausgelöst. Wenn die Länge des Array null ist, werden keine Bytes gelesen und null wird zurückgegeben. Wenn keine Bytes verfügbar sind, weil das Ende des Stream erreicht wurde, wird der Wert –1 zurückgegeben. Die Bytes werden in dem Array gespeichert, das als Parameter übergeben wurde.

Die dritte Version von `read()` besitzt die folgende Signatur:

```
public int read(byte[] b, int o, int l)
  throws IOException
```

Die Methode liest bis zu `l` Bytes aus dem Eingabestream. Die Daten werden bei Offset o im Array b gespeichert, das im Aufruf übergeben wurde. Die Methode versucht, `l` Bytes zu lesen, aber es kann sein, dass weniger oder sogar keine Bytes gelesen werden. Der Rückgabewert ist vom Typ `int` und gibt die Anzahl der tatsächlich gelesenen Bytes an. Diese Methode wartet, bis Daten verfügbar sind, das Ende des Stream erreicht ist oder eine Ausnahme ausgelöst wurde.

20.1.5 Die Klasse OutputStream

Die Klasse `OutputStream`, die sich auch im Paket java.io befindet, ist die abstrakte Klasse, auf denen alle Ausgabestreams aufbauen. Die Klasse enthält mehrere Methoden, die mit Ausgabestreams zu tun haben, insbesondere Methoden zum Schreiben in einen Stream und zum Schließen und Entleeren eines Stream. Tabelle 20.3 zeigt die Methoden der Klasse `OutputStream`.

Tabelle 20.3: Methoden von `java.io.OutputStream`

Rückgabetyp	Name	Beschreibung
void	close()	Schließt den Ausgabestream.
void	flush()	Leert den Ausgabestream. Dies veranlasst, dass alle gepufferten Bytes geschrieben werden.
void	write(int b)	Schreibt das angegebene Byte in den Stream.

Tabelle 20.3: Methoden von `java.io.OutputStream`

void	write(byte[] b)	Schreibt `b.length` Bytes des angegeben Array in den Stream.
void	write(byte[] b, int o, int l)	Schreibt `l` Byte aus dem angegeben Array b in den Stream, beginnend bei Index o.

`OutputStream` ist eine abstrakte Klasse. Tabelle 20.3 zeigt, dass die Methode `write()` dreifach überladen ist. Zwei dieser Methoden sind konkret und eine der Methoden ist abstrakt. Die erste Implementierung von `write()` besitzt den folgenden Prototyp.

```
public abstract void write(int b)
   throws IOException
```

Die Methode schreibt das angegebene Byte in den aktuellen Stream. Das zu schreibende Byte wird durch die acht untersten Bits des Arguments b gegeben, das vom Typ `int` ist. Die 24 höherwertigen Bits von b werden ignoriert. Unterklassen von `OutputStream` stellen die Implementierung dieser Methode bereit. Es wird eine `IOException` `ausgelöst`, wenn ein I/O-Fehler auftritt oder der Ausgabestream geschlossen wurde.

Die zweite Implementierung von `write()` besitzt den folgenden Prototyp:

```
public void write(byte[] b)
   throws IOException
```

Diese Methode schreibt `b.length` Bytes des Array, das als Argument an die Funktion übergeben wurde, in den aktuellen Ausgabestream. Die Methode löst eine `IOException` aus, wenn ein I/O-Fehler auftritt.

Die dritte Implementierung von `write()` besitzt den folgenden Prototyp:

```
public void write(byte[] b, int o, int l),
  throws IOException
```

Diese Methode schreibt `l` Byte aus dem angegebenen Array, beginnend bei Offset o in den aktuellen Ausgabestream. Diese Variante der Methode `write()` ruft die erste Methode `write()` mit jedem einzelnen zu schreibenden Byte auf. Unterklassen überschreiben diese Methode und stellen effizientere Implementierungen bereit. Wenn das übergebene Array null ist, wird eine `NullPointerException` ausgelöst. Wenn o negativ ist, `l` negativ ist, oder `o+l` größer als die Länge des Array b ist, wird eine `IndexOutOfBoundsException` erzeugt. Eine `IOException` wird ausgelöst, wenn ein I/O-Fehler auftritt oder der Ausgabestream geschlossen wurde.

20.1.6 Standard-Streams

Anwendungen verwenden oft die Tastatur als Eingabestream und den Bildschirm als Ausgabestream. In diesem Fall nennen wir die Tastatur das Standard-Device für die Konsoleneingabe und der Bildschirm ist das Standard-Device für die Konsolenausgabe. Zusätzlich wird ein Stream für

Fehlermeldungen bereitgestellt, in den beim Debuggen Fehlermeldungen ausgegeben werden können. Die Klasse `System` im Paket java.lang enthält drei Felder, die mit Standard-Streams zu tun haben:

```
public static final InputStream in;   // Standardeingabe
public static final PrintStream out;  // Standardausgabe
public static final PrintStream err;  // Standardfehlerausgabe
```

`PrintStream` erweitert die Klasse `FileOutputStream`, die ihrerseits von `OutputStream` abgeleitet ist. `PrintStream` fügt weitere Funktionalität hinzu, indem Daten mit unterschiedlichen Typen dargestellt werden können. Die Klasse `PrintStream` enthält auch die Methode `println()`, die wir in den bisherigen Lektionen schon oft verwendet haben. Diese Methode fügt einen Zeilenumbruch (`\n`) an das Ende des String oder des Array an und leert automatisch den Puffer des Stream.

Die Standard-Streams sind immer offen und bereit, verwendet zu werden. Dadurch können sie in Java-Anwendungen bequem verwendet werden, die auf der Konsole arbeiten, so wie die Anwendungen, die wir bisher in diesem Buch entwickelt haben.

20.2 Codieren der Klasse Keyin

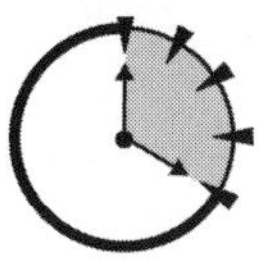

20 Min.

Bis jetzt haben wir eine Klasse namens `Keyin` verwendet, um Eingaben von Zeichen und numerischen Typen über die Tastatur auszuführen.
Die Klasse `Keyin` enthält sechs statische Methoden:

1. `inString()` erlaubt die Eingabe einer Zeichenkette ohne Prompt. Diese Methode wird intern in der Klasse verwendet, um die einzelnen Zeichen einer Variable vom Typ int oder double einzulesen.
2. `inputFlush()` stellt sicher, dass keine weiteren Daten im Eingabestream anstehen. Wenn Daten gefunden werden, wird die Methode `read()` aufgerufen, um die Daten zu entfernen. Die Methode `inputFlush()` wird von den Methoden der Klasse Keyin aufgerufen, die Daten einlesen.
3. `inString(String prompt)` wird verwendet, um einen String vom Benutzer zu übernehmen. Der als Argument übergebene String wird als Prompt ausgegeben.
4. `inInt(String prompt)` erlaubt die Eingabe von Werten vom Typ int. Der als Argument übergebene String wird als Prompt ausgegeben.
5. `inChar(String prompt)` erlaubt es dem Benutzer, einen einzelnen Wert von Typ char einzugeben. Der als Argument übergebene String wird als Prompt ausgegeben.
6. `inDouble(String prompt)` erlaubt es dem Benutzer, eine Gleitkommazahl einzugeben und gibt diesen Wert als double zurück. Der als Argument übergebene String wird als Prompt ausgegeben.

Alle Methoden in der Klasse `Keyin` fangen einige der von der Methode `read()` in der Klasse `InputStream` ausgelösten Ausnahmen ab. Die Methoden, die Zeichendaten einlesen (`inString` und `inChar`) fangen `IOException` ab. Die Methoden, die Zahlen vom Typ `int` oder `double` einlesen, fangen `NumberFormatException` ab.

20.2.1 Den Eingabestream leeren

Die Klasse `OutputStream` enthält eine Methode, um den Stream zu leeren, aber es gibt in `InputStream` keine Methode `flush()`. Das bedeutet, dass Code bei Aufruf der Methode `read()` möglicherweise auf Zeichen trifft, die noch nicht aus dem Stream entfernt wurden. Das ist recht wahrscheinlich, wenn wir ein einzelnes Zeichen aus dem Stream entfernen möchten, so wie wir es beim Zugriff auf ein einzelnes Zeichen im Stream tun. Die Methode `inputFlush()` der Klasse `Keyin` kümmert sich um dieses mögliche Problem, indem sie sicherstellt, dass keine Daten im Eingabestream mehr anstehen.

Die Methode `inputFlush()` verwendet die Methode `available()` in der Klasse `InputStream`. Diese Methode gibt die Anzahl Bytes zurück, die ohne Blockieren gelesen werden können. Die Methode gibt null zurück, wenn keine Daten aus dem Eingabestream gelesen werden können. Das kann so interpretiert werden, dass der Stream leer ist und dass der nächste Aufruf der Funktion blockieren wird. Der Code der Methode `inputFlush()` sieht wie folgt aus:

```
public static void inputFlush()
{
  int dummy;
  int bAvail;

  try
  {
  while((System.in.available()) != 0)
     dummy = System.in.read();
  }
  catch(java.io.IOException e)
  {
    System.out.println("Eingabefehler");
  }
}
```

Die Methode `inputFlush()` enthält eine `while`-Schleife, die so lange wiederholt wird, bis der Eingabestream leer ist. In jeder Iteration wird ein Byte aus dem Eingabestream in die Variable `dummy` eingelesen und verworfen. Wenn die Methode zurückkehrt, kann der Code davon ausgehen, dass der Eingabestream keine Restdaten mehr enthält.

20.2.2 Zeichendaten lesen

Zwei Methoden der Klasse `Keyin` lesen Zeichendaten. Eine Methode liest eine Zeichenkette und gibt sie zurück, die andere Methode liest ein `char` und gibt es zurück. Die Methode `inChar()` wird verwendet, um einzelne Zeichen einzulesen.

```
public static char inChar(String prompt)
{
  int aChar = 0;
```

```
  inputFlush();
  printPrompt(prompt);

  try
  {
    aChar = System.in.read();
  }

  catch(java.io.IOException e)
  {
    System.out.println("Eingabefehler");
  }
  inputFlush();
  return (char) aChar;
}
```

Weil es in Java keinen Modus gibt, in dem Zeichen einfach über die Konsole eingegeben werden können, liest die Methode jeweils ein Zeichen, bis der Benutzer eine Taste drückt, die die Eingabe beendet, also <Enter> oder <Return>. Tatsächlich gibt `inChar()` das erste getippte Zeichen zurück, kann den Benutzer aber nicht daran hindern, mehr als dieses Zeichen einzugeben. Aus diesem Grund wird vor Beendigung die Methode `inputFlush()` aufgerufen. Beachten Sie außerdem, dass die Eingabe, die vom Typ `int` ist, in der return-Anweisung nach `char` gecastet wird.

Die Eingabe einer Zeichenkette erfordert ein wenig mehr Verarbeitung. Die Methode `inString()`, die Sie im Folgenden sehen, führt diese Verarbeitungen durch:

```
public static String inString()
{
  int aChar;
  String s = "";
  boolean finished = false;

  while(!finished)
  {
    try
    {
      aChar = System.in.read();
      if(aChar < 0 || (char)aChar == '\n') {
        finished = true;
      }
```

```
      else if ((char)aChar != '\r') {



    }
    catch(java.io.IOException e)
    {
      System.out.println("Eingabefehler");
      finished = true;
    }
  }
  return s;
}
```

Die Methode inString() enthält eine while-Schleife, die so lange durchlaufen wird, bis der Benutzer die Eingabe beendet oder die Methode read() den Rückgabewert –1 liefert. Wenn nicht die Taste <Return> gedrückt wurde, dann wird das Zeichen nach char gecastet und an den lokalen String angehängt. Dieser String wird an den Aufrufenden zurückgegeben, wenn die Methode beendet wird.

Eine überladene Version der Methode inString() leert den Eingabestream, zeigt den Prompt und ruft dann inString() auf, um die Eingabe auszuführen.

20.2.3 Numerische Daten lesen

Numerische Daten werden von der Tastatur in zwei Schritten gelesen. Zuerst müssen wir den String der nummerischen Zeichen lesen, die der Benutzer eingibt. Üblicherweise ist diese Zeichenkette im ASCII-Format. Dann müssen wir den String der ASCII-Zeichen in die gewünschte Java-Primitive konvertieren. Der erste Schritt bereitet keine Schwierigkeiten. Wir können die Methode inString() verwenden, die wir bereits entwickelt haben, um den String der Ziffern zu erhalten. Das Parsen einer Zeichenkette von Ziffern in einen binären Wert ist ein anderes Problem.

Ein Ansatz besteht darin, die Konvertierung direkt durchzuführen. Im Fall eines dezimalen Integerstring können wir jede Ziffer isolieren, indem wir den String von links nach rechts durchlaufen. Jeder ASCII-Wert wird in das binäre Äquivalent konvertiert, indem wir 0x30 subtrahieren. Dann multiplizieren wir die Ziffer mit der Zehnerpotenz, die ihrer Position in der Zahl entspricht und summieren die einzelnen Werte auf. Die Verarbeitung einer Integerzahl ist unmittelbar klar und kann in wenigen Zeilen Code realisiert werden. Komplizierter ist die Konvertierung von Dezimalzahlen im Gleitkommaformat. In diesem Fall müssen wir mit der binären Codierung im Standard ANSI-IEEE 754 vertraut sein, der von Java verwendet wird. Diese Formate wurden unter dem Gesichtspunkt der Effizienz entwickelt. Sie sind daher weder einfach noch intuitiv.

Glücklicherweise kann das Parsen von Strings in binäre Formate durch Methoden durchgeführt werden, die von der Bibliothek java.lang bereitgestellt werden. In dieser Verarbeitung verwenden wir die Methode inString(), die wir im vorangegangenen Abschnitt entwickelt haben, um den String einzugeben. Der Ausdruck, um den String zu erhalten und ihn in ein Integerformat zu konvertieren, sieht wie folgt aus:

```
int aValue = Integer.valueOf
            (inString().trim()).intValue();
```

In diesem Fall verwenden wir die Methode `trim()` um Leerraum an den Enden des Strings zu entfernen, der möglicherweise in dem durch `inString()` erhaltenen String vorhanden ist. Das Parsen wird von der Methode `valueOf()` der Klasse `Integer` (die sich im Paket java.lang befindet) ausgeführt; die Methode gibt ein Objekt vom Typ Integer zurück. Die Methode `intValue()` der Klasse `Integer` gibt den int-Wert des Objekts zurück.

Ein ähnlicher Prozess kann verwendet werden, um andere numerische Typen zu konvertieren. Wir können z.B. die folgende Anweisung für die Konvertierung nach `double` verwenden:

```
double aValue = Double.valueOf
            (inString().trim()).doubleValue();
```

Die Funktionen `inInt()` und `inDouble()` der Klasse `Keyin` führen Eingaben für diese Typen aus.

0 Min.

CD-ROM

Das Programm Keyin.java finden Sie im Verzeichnis Lektion 20 auf der beiliegenden CD.

Zusammenfassung

Die Programmiersprache Java enthält nur sehr wenig direkte Unterstützung für Eingaben und Ausgaben. Die Programmierung von Eingabe und Ausgabe erfordert die Verwendung der Java-Bibliotheken. Java unterstützt verschiedene Zeichensätze, u.a. ASCII, ISO Latin-1 und Unicode. Ein Stream ist eine Sequenz von Bytes unbestimmter Länge. Die Streamoperationen werden in Java hauptsächlich durch die Klassen `InputStream` und `OutputStream` unterstützt, die sich im Paket java.io befinden. Die Klasse `PrintStream` wird für Fehlerausgaben verwendet.

Die Klasse `Keyin` führt elementare Eingaben für Zeichen und numerische Typen durch. Sie enthält sechs statische Methoden: `inputFlush()`, `inInt()`, `inChar()`, `inDouble()` und zwei Versionen der Methode `inString()`.

Selbsttest

1. Nennen Sie vier Sprachen, die vom Zeichensatz ISO Latin-1 unterstützt werden (siehe »Java Zeichendaten«).
2. Was ist der Unterschied zwischen zeichenbasierter und bytebasierter I/O (siehe »Das Paket java.io«)?
3. Was sind die grundlegenden Typen von Streams (siehe »Streams«)?
4. Was tut die Methode `read()` in der Klasse `InputStream` (siehe »Die Klasse InputStream«)?

5. Was tut die Methode `write()` in der Klasse OutputStream (siehe »Die Klasse OutputStream«)?
6. Nennen Sie die Standard-Streams von Java (siehe »Standard-Streams«).
7. Warum ist es in der Klasse `Keyin` wichtig, den Eingabestream zu leeren (siehe »Codieren der Klasse Keyin«)?

Samstagabend – Zusammenfassung

Teil 4

1. Beschreiben Sie den Hauptunterschied zwischen einem ADT, der als Array implementiert wird und einem ADT, der als verkettete Liste implementiert wird.

2. Nennen Sie die Invarianten der Klasse `IntNode`.

3. Welche Zugriffs- und Manipulationsmehtoden werden für die Daten- und Linkelemente der Klasse `IntNode` benötigt?

4. Nennen Sie die Invarianten, die für die Implementierung einer Klasse `IntList` benötigt werden, die eine Reihe von Knoten in der Liste und eine Referenz auf den ersten Knoten in der Liste speichert.

5. Nennen Sie die drei fundamentalen Methoden, die wir zur Manipulation einer verketteten Liste verwenden.

6. Nennen Sie die Namen der grundlegenden Operationen eines Stapels.

7. Wofür steht die Abkürzung LIFO?

8. Nennen Sie die Invarianten des ADT »Stapel«, die wir im Text entwickelt haben.

9. Welche Formeln können wir bei der Implementierung eines binären Baums mit Hilfe eines Array verwenden, um die linken und rechten Kinder eines Knotens zu finden?

10. Welche drei grundlegenden Fehlertypen gibt es?

11. Geben Sie ein Beispiel für einen algorithmischen Fehler.

12. Nennen Sie die drei Schritte, die mit dem Auslösen einer Ausnahme zu tun haben.

13. Welche drei grundlegenden Strukturen verwenden wir bei der Ausnahmebehandlung in Java?

14. Welches Java-Schlüsselwort verwenden wir, um eine Ausnahme anzukündigen?

15. Nennen Sie vier Sprachen, die vom Zeichensatz ISO Latin-1 unterstützt werden.

16. Was ist der Unterschied zwischen zeichenbasierter und bytebasierter I/O?

17. Welche grundlegenden Typen von Streams gibt es?

18. Was tut die Methode `read()` in der Klasse `InputStream`?

19. Was tut die Methode `write()` in der Klasse `OutputStream`?

20. Nennen Sie die Standard-Streams von Java.

Freitag
Samstag
Sonntag

Sonntagmorgen

Teil 5

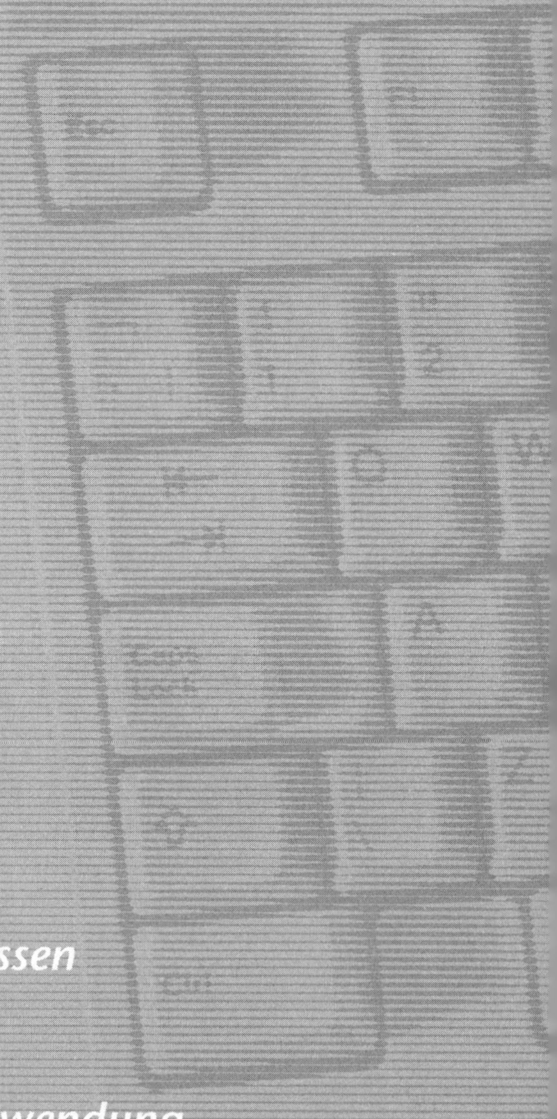

Lektion 21

Dateioperationen und I/O

Lektion 22

Text lesen und schreiben

Lektion 23

Operationen auf Blockdaten

Lektion 24

Computergrafik in Java

Lektion 25

Programmieren der AWT-Klassen

Lektion 26

Erzeugen einer grafischen Anwendung

Lektion 21

Dateioperationen und I/O

Checkliste

- ✔ Dateieigenschaften
- ✔ Dateinamen und Erweiterungen von Dateinamen
- ✔ Verzeichnisse und Pfade
- ✔ Die Klasse `File`: Felder, Konstruktoren und Methoden
- ✔ Klassen für Datei-I/O
- ✔ Eingabe- und Ausgabestreams
- ✔ Gefilterte Streams

30 Min.

Zusätzlich zu der Eingabe und Ausgabe über die Konsole, können Java-Streams auch an Dateien und Netzwerkverbindungen geknüpft werden. Dateien betreffend kann Code die Klassen `FileInputStream` und `FileOutputStream` aus dem Paket java.io verwenden. Beide Klassen sind konkrete Unterklassen von `java.io.InputStream` und `java.io.OutputStream`; letztere wurden in der vorangegangenen Lektion besprochen. Diese Lektion untersucht Operationen, die auf der Dateiebene durchgeführt werden. Diese Operationen besitzen Hilfscharakter und stehen entweder vor oder nach Operationen, die Dateien lesen oder schreiben. Wir müssen z.B. eine Datei erzeugen oder öffnen, herausfinden, ob eine Datei lesbar ist oder auch geschrieben werden kann, oder eine Datei schließen, nachdem die Zugriffsoperation abgeschlossen ist. Die Funktionalität für die Verwaltung von Dateien und die Manipulation der Metadaten von Dateien befindet sich hauptsächlich in der Klasse `java.io.File`.

21.1 Dateieigenschaften

Dateien sind maschinenabhängig. Die Struktur von Dateinamen, Attributen, Beziehungen und absoluten Pfaden und Dateieigenschaften unterscheiden sich stark auf den unterschiedlichen Plattformen. So benötigen Dateien auf einem Mehrbenutzersystem wie Unix Kontrollmechanismen, die auf einem System wie dem Macintosh, das für einen einzelnen Benutzer ausgelegt ist, nicht benötigt werden. Wir beginnen daher mit einem Überblick von Eigenschaften und Strukturen, die von der Plattform unabhängig sind.

21.1.1 Der Dateiname

Eine Datei wird durch ihren Dateinamen identifiziert, dessen Format durch das Betriebssystem bestimmt wird. In den meisten Betriebssystemen hat sich eine Spezifikation der Dateinamen über die verschiedenen Versionen entwickelt. Ein DOS-Dateiname beispielsweise enthält bis zu acht ASCII-Zeichen, die optional mit einer Namenserweiterung von drei Buchstaben versehen werden können.

Wenn eine Erweiterung vorhanden ist, wird ein Punkt verwendet, um die Erweiterung vom Namen zu trennen. Kontrollzeichen oder Interpunktionszeichen (`+=/[]";:,?*\<>|`) können nicht in Dateinamen verwendet werden. Seit Windows95 können Dateinamen bis zu 255 Zeichen lang sein. Einige Zeichen, die unter DOS nicht erlaubt waren, können in Windows95 und späteren Windows-Versionen verwendet werden. Insbesondere sind dies die Zeichen `+,;=[]`.

Dateinamen auf dem Macintosh können bis zu 31 Zeichen lang sein. Der Dateiname kann die Symbole / und \ enthalten, aber nicht den Doppelpunkt (`:`). In den USA verwendet Macintosh den Zeichensatz MacRoman. Die Software des Macintosh interpretiert einen Dateinamen, der mit einem Punkt beginnt, als einen Gerätetreiber. Um diese Unterschiede zu berücksichtigen, ist es eine gute Idee, die folgenden Regeln beim Erzeugen von Dateinamen zu beachten, damit sie auf unterschiedlichen Plattformen verwendet werden können:

1. Verwenden Sie nur ASCII-Zeichen. Punkt und Unterstrich sind erlaubt, sollten aber nicht das erste Zeichen des Namens sein.
2. Sonderzeichen sollten auf @ und _ begrenzt sein. Interpunktionszeichen sollten nach Möglichkeit vermieden werden. Eine Ausnahme bildet der Punkt, der als Trennzeichen verwendet werden kann.
3. Beginnen Sie jeden Dateinamen mit einem alphanumerischen Zeichen.
4. Groß- und Kleinbuchstaben können in Dateinamen beliebig verwendet werden. Sie sollten jedoch nicht annehmen, dass sich zwei Dateinamen nur aufgrund von Groß- und Kleinschreibung voneinander unterscheiden. Beispielsweise stellt `MyList.DAT` und `mylist.dat` in einigen Systemen die gleiche Datei dar.
5. Halten Sie Dateinamen kürzer als 32 Zeichen.

21.1.2 Die Erweiterungen von Dateinamen

Die Erweiterung eines Dateinamens stellt einen kurzen Code bereit, anhand dessen der Typ einer Datei erkannt werden kann. Die Erweiterung .txt kennzeichnet ASCII-Textdateien, .java kennzeichnet Java-Quelldateien und mit .class enden die Bytecode enthaltenden Dateien von

Java. Obwohl die Idee hinter diesen Erweiterungen vernünftig ist, besitzt sie dennoch ihre Grenzen. Das erste Problem besteht darin, dass es keinen formalen Standard für die Erweiterung von Dateinamen gibt.

Hinweis

Obwohl ein MIME-Standard existiert (Multipurpose Internet Mail Extension), findet dieser außerhalb des Web keine Anwendung.

Ein zweites Problem besteht darin, dass Benutzer die Dateinamen und ihre Erweiterungen mit Hilfe von Systemfunktionen leicht ändern können. Es gibt daher keine Sicherheit dafür, dass die ursprüngliche Erweiterung, mit der eine Datei erzeugt wurde, immer erhalten bleibt. Mit anderen Worten, es gibt keine Garantie dafür, dass eine Datei mit der Namenserweiterung .java tatsächlich Java-Quelltext enthält. Tabelle 21.1 listet einige der oft verwendeten Erweiterungen von Dateinamen in PC-Bereich auf.

Tabelle 21.1: Erweiterungen von Dateinamen auf dem PC

Erweiterung	Dateityp	Erweiterung	Dateityp
.txt	Text	**filegif**	GIF Bild
.jpg	JPEG Bild	**.asm**	Assembler Quelltext
.html	HTML Text	**.doc**	Microsoft Word Dokument
.class	Java-Klasse	**.java**	Quelltext Java
.c	Quelltext C	**.cpp**	Quelltext C++
.zip	ZIP-Archiv	**.bak**	Backup-Datei
.exe	Ausführbare Datei	**.dll**	Dynamisch gelinkte Bibliothek

Wie das Betriebssystem die verschiedenen Dateitypen behandelt, hängt auch von der Umgebung ab. So bringt ein Doppelklick unter Windows eine ausführbare Datei zur Ausführung, während ein Doppelklick auf eine Bilddatei dazu führt, dass die Bilddatei von dem für den Typ des Bildes registrierten Programm geöffnet wird. Auf dem Macintosh führt ein Doppelklick auf eine Bilddatei dazu, dass sie von der Anwendung geöffnet wird, die sie erzeugt hat, sofern diese vorhanden ist.

21.1.3 Verzeichnisse und Pfade

Betriebssysteme organisieren Dateien in einer hierarchischen Struktur aus Laufwerken, Verzeichnissen und Unterverzeichnissen. Verzeichnisse und Unterverzeichnisse besitzen Namen und Attribute, halten sich aber nicht notwendigerweise an die gleichen formalen Regeln wie die Dateinamen. Schließlich werden Laufwerke, Verzeichnisse und Unterverzeichnisse durch spezielle Zeichen voneinander getrennt, die von Betriebssystem zu Betriebssystem verschieden sein können. In DOS und Windows trennt ein Doppelpunkt das Laufwerk vom Rest der Pfadangabe und der Backslash trennt Verzeichnisse und Unterverzeichnisse voneinander. Auf dem Macintosh trennt der Doppelpunkt Verzeichnisse und Unterverzeichnisse, während in Unix der Slash zum Trennen von Verzeichnissen und Unterverzeichnissen verwendet wird. Hier einige Beispiele:

```
Windows         C:\myDir\myFile.txt
MacOS           Macintosh HD:mydir:myfile.txt
Unix            mydir/myfile.txt
```

In Java können Dateinamen relativ oder absolut sein. Ein absoluter Dateiname enthält den vollständigen Pfad von der Platte oder dem Wurzelverzeichnis bis zu der Datei. Ein relativer Dateiname enthält nur den Namen der Datei und berücksichtigt das aktuelle Verzeichnis.

Eine Schwierigkeit mit absoluten Pfaden hat mit den Unterschieden bei der Angabe von Wurzelverzeichnis und Laufwert zu tun. In DOS und Windows werden Laufwerke mit Buchstaben bezeichnet. Die Buchstaben A und B sind für Diskettenlaufwerke reserviert. Der Buchstabe C bezeichnet die primäre Festplatte des Computers. Andere Buchstaben können für zusätzliche Laufwerke oder Partitionen verwendet werden. Auch dem CD-Laufwerk und den ZIP-Laufwerk werden Buchstaben zugeordnet. In Unix werden alle gemounteten Laufwerke in einem virtuellen Dateisystem zusammengefasst, das Wurzelverzeichnis wird mit dem Symbol `/` bezeichnet und zwei Punkte (`..`) verweisen auf das Elternverzeichnis des aktuellen Verzeichnisses. Auf dem Macintosh wird jedes Laufwerk oder Partition mit einem symbolischen Namen versehen anstelle von Buchstaben. Die primäre Festplatte wird üblicherweise als Macintosh HD bezeichnet, aber der Benutzer kann auch einen anderen Namen vergeben. In den folgenden Abschnitten lernen wir kennen, wie Java systemunabhängige Zugriffe auf Dateien unterstützt.

Hinweis

Diese Unterschiede machen es schwierig, Code zu implementieren, der Plattenzugriffe ausführt und auf verschiedenen Plattformen eingesetzt werden kann. Es ist wahrscheinlich diese Schwierigkeit, die dazu geführt hat, dass Java-Applets nicht auf die Festplatte schreiben können.

21.2 Die Klasse File

Ein Objekt aus der Klasse `java.io.File` stellt eine einzelne Datei auf der Festplatte oder einen Verzeichnispfad dar. Der Sinn der abstrakten Klasse `File` besteht darin, die Operationen auf Dateien durch die Kapselung maschinenspezifischer Informationen zu vereinfachen. Ein Objekt aus der Klasse `File` kann eine noch nicht existierende Datei bezeichnen; das Objekt kann also instanziiert werden, bevor die Datei existiert. In diesem Sinne kann ein Objekt aus der Klasse ein

Platzhalter sein für eine bestimmte Datei. Das gleiche `File`-Objekt kann während der Programmausführung für unterschiedliche Dateien verwendet werden.

Die Klasse `File` verwendet ein abstraktes Konzept für einen Dateinamen, das vom System unabhängig ist. Die Abstraktion besteht aus zwei Komponenten:

1. Ein optionaler führender String, der vom System abhängt, wie z.B. der Bezeichner / für das Wurzelverzeichnis unter Unix, und
2. Eine Sequenz von keiner oder mehreren Zeichenketten, die Dateinamen enthalten.

Mit Ausnahme des letzten Namens im Pfad repräsentiert jeder Name ein Verzeichnis. Der letzte Name kann entweder auch ein Verzeichnis bezeichnen oder auf eine Datei verweisen.

21.2.1 Felder der Klasse File

Die Klasse `File` enthält Felder, auf die von Anwendungen zugegriffen werden kann. Die Felder sind in Tabelle 21.2 aufgelistet.

Tabelle 21.2: Felder der Klasse `File`

Feld	Funktion
`public static final String pathSeparator`	Das ist das Trennzeichen (dargestellt als String), das in Pfadangaben verwendet wird; hängt vom System ab.
`public static final char pathSeparatorChar`	Das ist das Trennzeichen, das in Pfadangaben verwendet wird; hängt vom System ab.
`public static final String separator`	Das ist das Trennzeichen (dargestellt als String), das in Namen verwendet wird; hängt vom System ab.
`public static final char separatorChar`	Das ist das Trennzeichen, das in Namen verwendet wird; hängt vom System ab.

Hinweis

Durch die Deklaration von öffentlichen Feldern bricht Java-Software das Prinzip der Kapselung. Es ist außerdem übliche Praxis, Konstanten vollständig in Großbuchstaben zu schreiben, woran sich Java in diesem Fall nicht hält.

Das Trennzeichen für Dateien wird verwendet, um zwei Dateien voneinander zu trennen. Das ist der Backslash (\) bei DOS und Windows, der Slash (/) in Unix und der Doppelpunkt (:) auf den Macintosh. Das Trennzeichen für Pfade trennt zwei Pfade voneinander. Das ist unter DOS und Windows das Semikolon (;) und der Doppelpunkt (:) unter Unix.

21.2.2 Konstruktoren der Klasse File

Bei der Verwendung der Konstruktoren der Klasse `File` ist es wichtig daran zu denken, dass `File`-Objekte nicht unbedingt tatsächlichen Dateinamen entsprechen. Die Klasse `File` erzeugt die Dateien nicht einfach; wir können also nicht davon ausgehen, dass ein `File`-Objekt eine tatsächlich vorhandene Datei darstellt.

Die Klasse `File` enthält drei Konstruktoren, die Sie in Tabelle 21.3 sehen:

Tabelle 21.3: Konstruktoren der Klasse `File`

Konstruktor	Funktion
`File(String pathname)`	Erzeugt eine Instanz der Klasse `File` durch Konvertierung des übergebenen Pfades in einen abstrakten Pfadnamen.
`File(String parent, String child)`	Erzeugt eine neue Instanz der Klasse `File` aus dem Elternpfad und einem Kindpfad.
`File(File parent, String child)`	Erzeugt eine neue Instanz der Klasse `File` aus dem abstrakten Elternpfad und einem Kindpfad.

Der erste Konstruktor, der auch der einfachste ist, hat ein einzelnes Argument. Das Argument kann ein absoluter oder ein relativer Pfad sein. Die Implementierungen von Java erlauben die Angabe von Dateien so, wie es im jeweiligen Betriebssystem zulässig ist. Auf einem Unix-System können wir z.B. wie folgt ein Objekt aus der Klasse `File` erzeugen:

```
File file1 = new File("/html/lesson7.doc");
```

In DOS und Windows wird ein äquivalentes Objekt durch die folgende Anweisung erzeugt:

```
File file1 = new File("C:\\html\\lesson7.doc");
```

Hinweis

Beachten Sie, dass der doppelte Backslash verwendet werden muss, weil der Backslash (\) als Steuerzeichen verwendet wird.

21.2.3 Methoden der Klasse File

Die aktuelle Implementierung der Klasse `File` enthält mehr als 30 Methoden, die Informationen über Dateien bereitstellen und `File`-Objekte manipulieren. Tabelle 21.4 zeigt einige der am häufigsten verwendeten Methoden. Beachten Sie hierbei bitte, dass Methoden mit dem Hinweis JDK 1.2 erst ab dieser Version des JDK verfügbar sind.

Java stellt ein reichhaltiges Sortiment von Klassen zur Verfügung, die Eingaben und Ausgaben mit Dateien ausführen. Wenn Sie mit der Programmierung von I/O in Java beginnen, kann die

Tabelle 21.4: Oft verwendete Methoden in `java.io.File`

Rückgabetyp	Name	Beschreibung
`boolean`	`canRead()`	Testet, ob die Anwendung das `File`-Objekt lesen kann.
`boolean`	`canWrite()`	Testet, ob die Anwendung in das `File`-Objekt schreiben kann.
`boolean`	`createNewFile()`	Erzeugt eine neue leere Datei, falls eine Datei mit diesem Namen nicht bereits existiert. JDK 1.2.
`boolean`	`delete()`	Entfernt das Datei- oder Verzeichnisobjekt, das als Argument übergeben wird.
`void`	`deleteOnExit()`	Veranlasst, dass das Datei- oder Verzeichnisobjekt bei Beendigung der virtuellen Maschine gelöscht wird. JDK 1.2.
`boolean`	`exists()`	Testet, ob das Dateiobjekt existiert.
`File`	`getAbsolute-File()`	Gibt den absoluten Pfad des abstrakten Pfadnamens zurück. JDK 1.2.
`String`	`getAbsolute-Path()`	Gibt den absoluten Pfadnamen des abstrakten Pfadnamens als String zurück.
`String`	`getName()`	Gibt den Namen der Datei oder des Verzeichnisses zurück.
`String`	`getPath()`	Konvertiert den abstrakten Pfadnamen in einen String, der den Pfadnamen darstellt.
`boolean`	`isAbsolute()`	Testet, ob der abstrakte Pfadname absolut ist.
`boolean`	`isDirectory()`	Testet, ob das Objekt, das durch den abstrakten Pfadnamen bezeichnet wird, ein Verzeichnis ist.
`boolean`	`isFile()`	Testet, ob das Objekt, das durch den abstrakten Pfadnamen bezeichnet wird, eine normale Datei ist.
`boolean`	`isHidden()`	Testet, ob das `File`-Objekt eine versteckte Datei repräsentiert.
`long`	`length()`	Gibt die Länge der Datei zurück.

Tabelle 21.4: Oft verwendete Methoden in `java.io.File`

`Rückgabetyp`	`Name`	**Beschreibung**
`String[]`	`list()`	Gibt ein Array von Strings zurück, das die Namen der Dateien und Verzeichnisse in dem Verzeichnis enthält, das durch den abstrakten Pfadnamen bezeichnet ist.
`boolean`	`mkdir()`	Erzeugt das angegebene Verzeichnis.
`boolean`	`mkdirs()`	Erzeugt das angegebene Verzeichnis einschließlich aller Zwischenverzeichnisse, die noch nicht existieren.
`boolean`	`renameTo(File dest)`	Weist der Datei einen neuen Namen zu.
`boolean`	`setReadOnly()`	Markiert die Datei oder das Verzeichnis so, dass nur Leseoperationen erlaubt sind.

Hinweis

Das Programm FileOps.java demonstriert einige Methoden der Klasse File. Die Quelldatei FileOps.java finden Sie im Verzeichnis Lektion 21 auf der beiliegenden CD.

Fülle der Methoden abschreckend wirken, insbesondere dann, wenn Methoden mehrfach überladen sind. Es gibt mehrere Gründe für diesen Überfluss an Methoden; ein Grund dafür ist die Tatsache, dass Java verschiedene Datencodierungen und Zeichensätze unterstützt, sowie das Design der Sprache, das auf Plattformunabhängigkeit ausgelegt ist. Vielleicht der wichtigste Grund ist der, dass die Verarbeitung von Dateien in Java Operationen enthält, die normalerweise nicht Teil einer Programmiersprache sind. Diese Operationen umfassen Datenverschlüsselung, Kompression und Dekompression, und Kommunikation zwischen Threads. Wir beschränken uns auf die elementaren Manipulationen von Dateien.

Vieles, was wir bereits über Eingabe und Ausgabe gesagt haben, gilt auch für Dateien. Die Notation eines Stream akzeptiert auch eine Datei als Quelle oder als Ziel. Operationen auf Dateien betreffend sind die Klassen `InputStream` und `OutputStream` durch Klassen erweitert, die Streams auf Dateien als Quelle oder Ziel definieren. Diese wiederum werden von anderen Klassen erweitert, die den Zugriff auf Dateien verbessern, indem sie gepufferte Eingabe und Ausgabe von Daten bereitstellen. Andere Unterklassen von `InputStream` und `OutputStream` unterstützen das Lesen und Schreiben getypter Daten auf eine maschinenunabhängige Weise. Andere Klassen in der Hierarchie stellen zusätzliche Funktionalität auf Dateien zur Verfügung. Abbildung 21.1 zeigt einen Teil der Klassenhierarchie von Java, die mit Datei-I/O befasst ist.

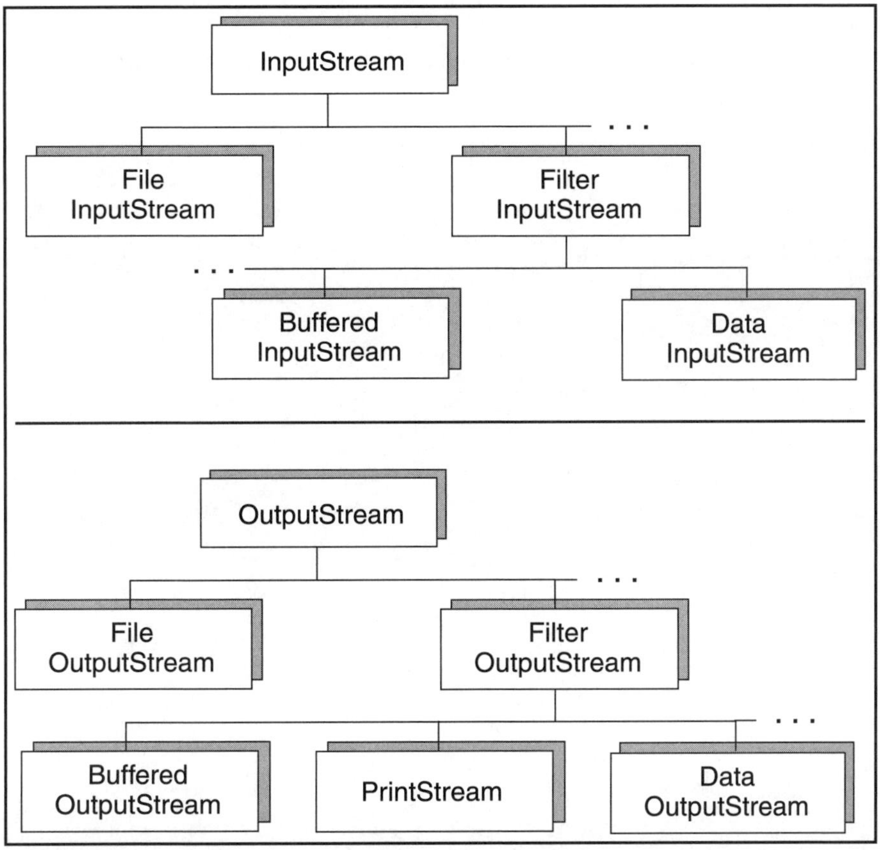

Abbildung 21.1: Teil der Klassenhierarchie von Java für Datei-I/O

21.3.1 Eingabe- und Ausgabestreams für Dateien

Die Klassen `FileInputStream` und `FileOutputStream` gestatten es, eine Datei mit dem Eingabe- oder Ausgabestream zu verbinden. Wie ihre Elternklassen `InputStream` und `OutputStream` unterstützen sie das Lesen und Schreiben auf Byt-Ebene. Abbildung 21.1 zeigt, dass andere Klassen `FileInputStream` und `FileOutputStream` nicht erweitern, wobei die Funktionalität ihrer Methoden auf die von `InputStream` und `OutputStream` beschränkt bleibt, wie in den Tabellen 20.2 und 20.3 zu sehen ist. Das bedeutet, dass die Methoden von `FileInputStream` und `FileOutputStream` nicht verwendet werden können, um getypte Daten auf die Festplatte zu schreiben mit Ausnahme von Bytes und Arrays von Bytes. Das Programm **InFile.java** erzeugt einen `FileInputStream` unter Verwendung des Namens seiner eigenen Quelldatei und zeigt den Inhalt auf der Konsole an.

Hinweis

Die Quelldatei InFile.java finden Sie im Verzeichnis Lektion 21 auf der beiliegenden CD.

```
//   Dateiname: InFile.java
//   Bezug: Lektion 21
//
//   Themen:
//      1. Lesen von Daten aus einer Datei mit Hilfe
//         der Klasse FileInputStream

import java.io.FileInputStream;

public class InFile
{
  public static void main(String[] args)
    throws java.io.IOException
  {
    int fileData;
    // Öffne Stream für eigene Quelldatei
    FileInputStream aFile = new FileInputStream("InFile.java");

    while((fileData = aFile.read()) > 0)
      System.out.print((char)fileData);

    aFile.close();
  }
}
```

21.3.2 Gefilterte Streams

Die Notation von Eingabe- und Ausgabefiltern bezeichnet einen Mechanismus, der Daten auf ihrem Weg zum Ziel transformiert oder weitere zusätzliche Funktionalität bereitstellt. Die Klassen `FilterInputStream` und `FilterOutputStream` überschreiben diese Methoden ihrer Elternklassen `InputStream` und `OutputStream` und stellen einige neue Methoden bereit. Die einzigen Konstruktoren dieser Klassen sind wie folgt definiert:

```
FilterInputStream(InputStream in)
FilterOutputStream(OutputStream out)
```

Die eigentlichen Filter befinden sich in Klassen, die `FilterInputStream` und `FilterOutputStream` erweitern. Die gepufferten Streamklassen stellen Funktionen für gepufferte Eingabe und Ausgabe bereit, und die Klassen für Datenstreams stellen Methoden für Eingabe und Ausgabe von getypten Daten bereit.

Zusammenfassung

Streams in Java können auch mit Dateien verbunden werden. Die Klassen `File`, `FileInputStream` und `FileOutputStream` im Paket java.io stellen einen Großteil der Funktionalität für die Manipulation und die I/O bereit. Die Eigenschaften der Dateien sind von der Plattform unabhängig. Diese Eigenschaften umfassen den Dateinamen, die Erweiterung des Namens, Verzeichnisse und Pfade. Ein Objekt aus der Klasse `File` repräsentiert eine einzelne Datei auf der Festplatte. Die Klasse `File` erlaubt die Behandlung von Dateien in einer Art und Weise, die von der Plattform unabhängig ist. Die Methoden der Klasse `File` stellen Informationen über eine Datei und ihre Attribute bereit und können einige davon manipulieren. Die Klassen für Datei-I/O werden verwendet, um Eingabe und Ausgabe von Dateien zu implementieren. Die Klassen `FileInputStream` und `FileOutputStream` gestatten es, Dateien an Eingabe- und Ausgabestreams zu binden. Zusätzliche Manipulationen sind mit gefilterten Streams möglich.

Selbsttest

1. An welche Objekte können Java-Streams außer an die Konsole noch gebunden werden (siehe »Dateioperationen und I/O«)?
2. Nennen Sie drei Regeln, um Dateinamen zu erzeugen, die auf allen Plattformen gültig sind (siehe »Der Dateiname«).
3. Nennen Sie vier der häufigsten Erweiterungen von Dateinamen unter DOS (siehe »Die Erweiterungen von Dateinamen«).
4. Beschreiben Sie den Unterschied zwischen dem Namen eines Verzeichnisses und einem Pfadnamen (siehe »Verzeichnisse und Pfade«).
5. Welche plattformunabhängige Information ist in den Feldern `pathSeparator` und `pathSeparatorChar` der Klasse `File` codiert (siehe »Die Klasse File«)?

Text lesen und schreiben

Lektion 22

Checkliste

- ☑ Leser und Schreiber
- ☑ Text schreiben: Die Klassen `FileWriter`, `OutputStreamWriter`, `PrintWriter` und `BufferedWriter`
- ☑ Streamklassen zusammensetzen
- ☑ Operationen zum Schreiben von Text programmieren
- ☑ Text lesen: Die Klassen `FileReader`, `InputStreamReader` und `BufferedReader`
- ☑ Operationen zum Lesen von Text programmieren

30 Min.

Als Leser und Schreiber werden die Klassen bezeichnet, die Operationen für Text zur Verfügung stellen. Leser und Schreiber sind das für Text, was Streams für Bytes sind. Das prinzipielle Feature von Lesern und Schreibern ist ihre Fähigkeit, eine beliebige von Java unterstützte Codierung von Zeichen zu verarbeiten, wie z.B. ASCII, ISO Latin-1 und Unicode.

22.1 Leser und Schreiber

Wenn Sie mit Streams vertraut sind, wird Ihnen die Verwendung von Lesern (Reader) und Schreibern (Writer) leicht fallen. Die Namen und die Signaturen der Methoden der Leserklassen sind den Methoden der Klassen für Streameingabe sehr ähnlich, und die Methoden der Schreiberklassen sind den Methoden der Klassen für Streamausgabe sehr ähnlich. Der Hauptunterschied besteht darin, dass Streamklassen auf Bytes arbeiten, und Leser und Schreiber auf Zeichen arbeiten. Die Basisklassen sind die abstrakten Klassen `java.io.Reader` und `java.io.Writer`. Abbildung 22.1 zeigt einen Teil der Klassenhierarchie von Lesern und Schreibern.

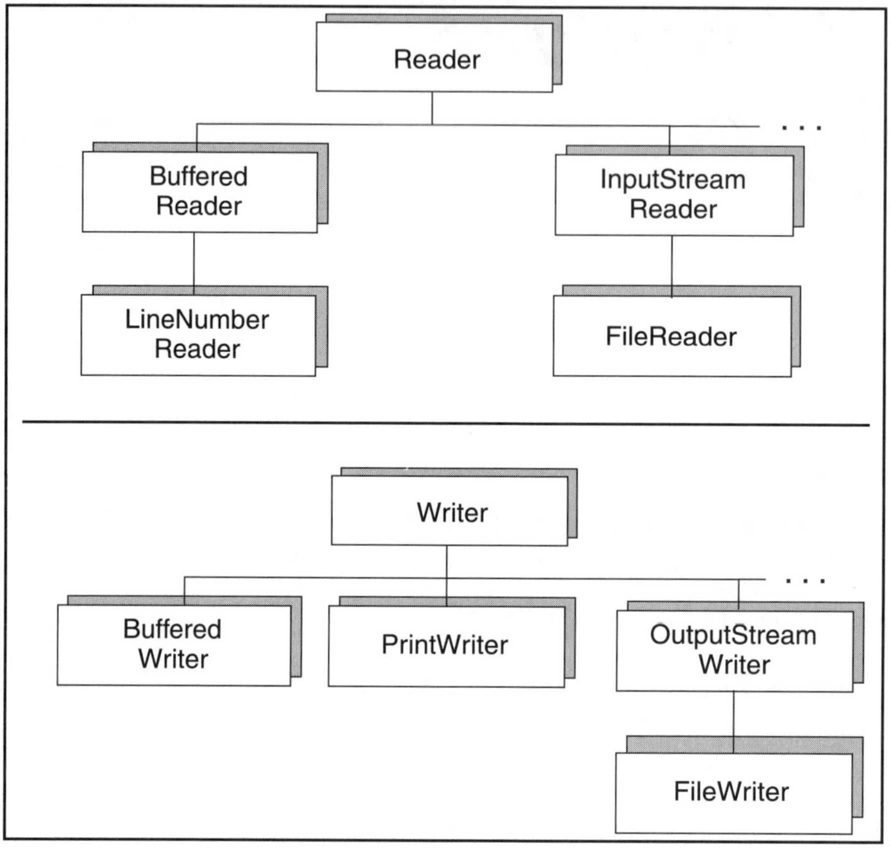

Abbildung 22.1: Teil der Klassenhierarchie von Lesern und Schreibern

`Reader` ist eine abstrakte Basisklasse, um Zeichenstreams zu lesen, und `Writer` ist eine abstrakte Klasse, um diese zu beschreiben. Die Methoden der Klasse `Reader` finden Sie in Tabelle 22.1.

Tabelle 22.1: Methoden der Klasse `java.io.Reader`

Rückgabetyp	Name	Beschreibung
`void`	`close()`	Schließt den Stream.
`void`	`mark(int readAheadLimit)`	Markiert die aktuelle Position im Stream.
`boolean`	`markSupported()`	Bestimmt, ob der Stream die Operation `mark()` unterstützt.
`int`	`read()`	Liest ein einzelnes Zeichen.

Tabelle 22.1: Methoden der Klasse `java.io.Reader`

Rückgabetyp	Name	Beschreibung
`int`	`read(char[] b)`	Liest Zeichen in ein Array.
`abstract`	`int read(char[] b, int o, int l)`	Liest ein Zeichen mit Offset `o` in Array `b`.
`boolean`	`ready()`	Stellt fest, ob der Stream gelesen werden kann.
`void`	`reset()`	Setzt den Stream zurück.
`long`	`skip(long n)`	Überspringt Zeichen.

Die überladenen Methoden `read()` der Klasse Reader besitzen die gleiche Signatur wie die überladenen Methoden `read()` der Klasse `InputStream`. Tabelle 22.2 zeigt die Methoden der Klasse `Writer`.

Tabelle 22.2: Methoden der Klasse `java.io.Writer`

Rückgabetyp	Name	Beschreibung
`void`	`close()`	Schließt den Stream.
`void`	`flush()`	Schreibt alle gepufferten Zeichen aus.
`void`	`write(char[] b)`	Schreibt ein Array von Zeichen.
`void`	`write(char[] b, int o, int l)`	Schreibt `l` Zeichen von Array `b`, beginnend bei Offset `o`.
`void`	`write(int c)`	Schreibt ein einzelnes Zeichen.
`void`	`write(String str)`	Schreibt einen String.
`void`	`write(String s, int o, int l)`	Schreibt `l` Zeichen von String `s`, beginnend bei Offset `o`.

22.2 Text schreiben

Wir können Text in eine Datei schreiben, indem wir die Funktionalitäten verschiedener `Writer`-Klassen von Java kombinieren.

22.2.1 Die Klasse FileWriter

Die Klasse `FileWriter`, die `OutputStreamWriter` erweitert, ist eine angenehme Klasse, um Zeichendaten in eine Datei zu schreiben. Das `FileWriter`-Objekt stellt einen Zeichenausgabestream dar und ist das textbasierte Äquivalent der Klasse `FileOutputStream`. Die Klasse `FileWriter` besitzt die folgenden Konstruktoren:

```
FileWriter(File file)
FileWriter(FileDescriptor fd)
FileWriter(String fileName)
FileWriter(String fileName, boolean append)
```

Der erste Konstruktor erhält ein `File`-Objekt als Argument. Die anderen Konstruktoren gestatten es, ein `FileWriter`-Objekt zu erzeugen unter Verwendung eines Pfadbezeichners oder eines Dateinamens, der als String gegeben ist. Die Option append im letzten der Konstruktoren ermöglicht es, Informationen ans Ende der Datei anzuhängen.

Hinweis

FileWriter deklariert keine eigenen Methoden, sondern erbt die Methoden der Klasse OutputStreamWriter.

22.2.2 Die Klasse OutputStreamWriter

Die Klasse `OutputStreamWriter` erweitert die Klasse `java.io.Writer`. `OutputStreamWriter` schreibt Zeichen in den Ausgabestream und übersetzt die Quellzeichen in Bytes, entsprechend der verwendeten Codierung. Daher dient die Klasse als Filter für die Konvertierung von Zeichenstreams in Bytestreams. Die Konstruktoren von `OutputStreamWriter` sehen wie folgt aus:

```
OutputStreamWriter(OutputStream out)
OutputStreamWriter(OutputStream out, String enc)
```

Der erste Konstruktor erhält einen Ausgabestream als Argument. In diesem Fall setzt die Konvertierung von Zeichen nach Bytes die Defaultcodierung voraus. Der zweite Konstruktor verwendet die Codierung, die durch die Zeichenkette angegeben ist. Die Klasse `OutputStreamWriter` implementiert die Methoden in Tabelle 22.3.

Tabelle 22.3: Methoden der Klasse `java.io.OutputStreamWriter`

Rückgabetyp	Name	Beschreibung
`void`	`close()`	Schließt den Stream.
`void`	`flush()`	Leert den Stream.
`String`	`getEncoding()`	Gibt den Namen der Zeichencodierung zurück, die von diesem Stream verwendet wird. Das ist die Defaultcodierung, die der Konstruktor mit nur einem Parameter verwendet.
`void`	`write(char[] b, int o, int l)`	Schreibt `l` Zeichen aus Array `b` beginnend bei Offset `o`.
`void`	`write(int c)`	Schreibt ein Zeichen.
`void`	`write(String s, int o, int l)`	Schreibt `l` Zeichen von String `s`, beginnend bei Offset `o`.

22.2.3 Die Klasse PrintWriter

Die Klasse `PrintWriter` erweitert `Writer` und stellt eine Implementierung der Methoden der Klasse `PrintStream`, die auf Bytes basiert, auf Zeichenebene bereit. Die Klasse deklariert die folgenden Konstruktoren:

```
PrintWriter(OutputStream out)
PrintWriter(OutputStream out, boolean autoFlush)
PrintWriter(Writer out)
PrintWriter(Writer out, boolean autoFlush)
```

Der erste Konstruktor erzeugt ein `PrintWriter`-Objekt für den angegebenen Ausgabestream. Der zweite Konstruktor unterstützt das automatische Leeren des Ausgabepuffers nach Aufruf der Methode `println()`. Die beiden letzten Konstruktoren sind den beiden ersten Konstruktoren sehr ähnlich, sie besitzen allerdings ein `Writer`-Objekt als erstes Argument. Tabelle 22.4 zeigt die Methoden der Klasse `PrintWriter`.

Tabelle 22.4: Methoden der Klasse `java.io.PrintWriter`

Rückgabetyp	Name	Beschreibung
`boolean`	`checkError()`	Leert den Stream und überprüft den Fehlerstatus.
`void`	`close()`	Schließt den Stream.
`void`	`flush()`	Leert den Stream.
`void`	`print(boolean b)`	Druckt einen Booleschen Wert.
`void`	`print(char c)`	Druckt ein Zeichen.
`void`	`print(char[] s)`	Druckt ein Array von Zeichen.
`void`	`print(double d)`	Druckt einen `double`-Wert.
`void`	`print(float f)`	Druckt einen `float`-Wert.
`void`	`print(int i)`	Druckt einen `int`-Wert.
`void`	`print(long l)`	Druckt einen `long`-Wert.
`void`	`print(Object o)`	Druckt ein Objekt.
`void`	`print(String s)`	Druckt einen String.
`void`	`println()`	Beendet die aktuelle Zeile durch Einfügen eines Zeilenumbruchs.
`void`	`println(boolean x)`	Druckt einen Booleschen Wert und beendet die Zeile.
`void`	`println(char x)`	Druckt ein Zeichen und beendet die Zeile.
`void`	`println(char[] x)`	Druckt ein Array von Zeichen und beendet die Zeile.
`void`	`println(double x)`	Druckt einen `double`-Wert und beendet die Zeile.
`void`	`println(float x)`	Druckt einen `float`-Wert und beendet die Zeile.
`void`	`println(int x)`	Druckt einen `int`-Wert und beendet die Zeile.
`void`	`println(long x)`	Druckt einen `long`-Wert und beendet die Zeile.
`void`	`println(Object x)`	Druckt ein Objekt und beendet die Zeile.
`void`	`println(String x)`	Druckt einen String und beendet die Zeile.

Tabelle 22.4: Methoden der Klasse `java.io.PrintWriter`

Rückgabetyp	Name	Beschreibung
`protected`	`void setError()`	Zeigt einen Fehler an.
`void`	`write(char[] b)`	Schreibt ein Array von Zeichen.
`void`	`write(char[] b, int o, int l)`	Schreibt `l` Zeichen aus Array `b`, beginnend bei Offset `o`.
`void`	`write(int c)`	Schreibt ein einzelnes Zeichen.
`void`	`write(String s)`	Schreibt einen String.
`void`	`write(String s, int o, int l)`	Schreibt `l` Zeichen von String `s`, beginnend bei Offset `o`.

Tipp

Die Reichhaltigkeit der Methoden in der Klasse `PrintWriter` macht diese Klasse zu einer sehr nützlichen Klasse, wenn es darum geht, Zeichen auszugeben.

22.2.4 Die Klasse BufferedWriter

20 Min.

Die Klasse `BufferedWriter` verbessert die Performance von Schreiboperationen, die auf Zeichenebene durchgeführt werden. Wenn wir gepufferte Schreiber verwenden, optimieren wir dadurch die Schreiboperationen unabhängig davon, wie oft wir `write()` im Code aufrufen. Die Klasse deklariert die folgenden Konstruktoren:

```
BufferedWriter(Writer out)
BufferedWriter(Writer out, int s)
```

Der erste Konstruktor erzeugt einen gepufferten Ausgabestream unter Verwendung einer Defaultgröße von 8K für den Ausgabepuffer. Der zweite Konstruktor erlaubt die Angabe der Puffergröße. Größere Puffer gestatten es, mehr Zeichen intern zu speichern, bevor der eigentliche Zugriff auf die Festplatte erfolgt.

Die einzige neue Methode, die `BufferedWriter` implementiert, ist die Methode `newLine()`. Diese Methode wird empfohlen, um systemunabhängig einen Zeilenumbruch einzufügen.

Tipp

Plattformabhängige Zeichen für den Zeilenumbruch in Zeichenketten oder Zeichenstreams einzubetten ist eine schlechte Programmierpraxis.

22.2.5 Streamklassen kombinieren

Die Klasse `BufferedWriter` fügt eine bestimmte Funktionalität zu `Writer`-Objekten hinzu. Die Konstruktoren der Klasse nehmen ein Objekt aus der Klasse `Writer` als erstes Argument entgegen. Weil `Writer` eine abstrakte Klasse ist, muss das übergebene Objekt aus einer davon abgeleiteten Klasse stammen. Die Möglichkeit, ein Objekt als Parameter an eine Methode (in diesem Fall handelt es sich um einen Konstruktor) zu übergeben, ist Thema von Lektion 12 und wird dort in Verbindung mit Objektkomposition durch Bekanntschaft behandelt. Wenn man all dies zusammennimmt, sehen wir, dass wir ein Objekt aus der Klasse `FileWriter` erzeugen können (die Writer erweitert) und dieses Objekt verwenden können, um ein Objekt aus der Klasse `BufferedWriter` zu erzeugen. Hier sehen Sie ein Beispiel:

```
File outFile = new File("demo.dat");
. . .
FileWriter fw = new FileWriter(outFile);
BufferedWriter bw = new BufferedWriter(fw);
```

Weil das `PrintWriter`-Objekt ein `Writer`-Objekt als Argument nimmt, können wir mit der Codierung wie folgt fortfahren:

```
PrintWriter pw = new PrintWriter(bw);
```

Wir können den Prozess kompakter machen, indem wir die Konstruktoren wie folgt kaskadieren:

```
PrintWriter pw =
                 new PrintWriter
                     (new BufferedWriter
                          (new FileWriter(outFile)));
```

Das Kaskadieren von Konstruktoren ist immer dann nützlich, wenn wir keinen Zugriff auf die temporären Objekte (in diesem Fall aus den Klassen `FileWriter` und `BufferedWriter`) benötigen. Wenn wir jedoch einige der Methoden der temporären Objekte verwenden möchten, müssen wir die Objekte separat deklarieren. Z.B. verwenden wir die Methode `newLine()` der Klasse `BufferedWriter`, um plattformunabhängig ein Zeichen für den Zeilenumbruch einzufügen. Um diese Methode verwenden zu können, müssen wir ein Objekt aus der Klasse `BufferedWriter` deklarieren.

22.2.6 Programmieren von Schreiboperationen für Text

Die Klasse `PrintWriter` enthält Methoden, die denjenigen Methoden sehr ähnlich sind, die wir zur Ausgabe getypter Daten auf der Konsole unter Verwendung von `System.out` verwenden. Der Konstruktor von `PrintWriter` erfordert jedoch entweder ein `OutputStream`-Objekt oder ein `Writer`-Objekt. Weil wir eine Datei auf der Festplatte ansprechen möchten, müssen wir zuerst ein `File`-Objekt erzeugen. Wir verwenden dieses Objekt als Argument, um ein `FileWriter`-Objekt zu erzeugen, das wir seinerseits für das Erzeugen eines `BufferedWriter`-Objekts und eines `PrintWriter`-Objekts wie beschrieben verwenden. Wir können das Ergebnis verwenden, um getypte Daten auf die Festplatte zu schreiben, weil die Methoden der Klasse `PrintWriter` (siehe Tabelle 22.4) zur Verfügung stehen.

Tipp

Im Programm FileWrite.java definieren wir Daten mit den Typen `int` und `double` und Zeichenketten. Wir schreiben diese Daten mittels der Funktion `println()` der Klasse `PrintWriter` auf die Festplatte. Die Quelldatei FileWrite.java finden Sie im Verzeichnis Lektion 22 auf der beiliegenden CD.

22.3 Text lesen

Das Lesen von Text aus einer Textdatei ist dem Schreiben sehr ähnlich. Die Klassen, die wir am häufigsten für das Schreiben von Dateitext verwenden, finden Sie im oberen Abschnitt von Abbildung 22.1.

22.3.1 Die Klasse FileReader

Die Klasse `FileReader` ist das Leseräquivalent der Klasse `FileWriter`, die wir zum Schreiben von Zeichen verwenden. `FileReader` definiert die folgenden Konstruktoren:

```
FileReader(File file)
FileReader(FileDescriptor fd)
FileReader(String fileName)
```

Der erste Konstruktor nimmt ein `File`-Objekt als Parameter entgegen. Der zweite Konstruktor enthält einen Dateibezeichner, und der dritte Konstruktor erwartet einen Dateinamen als String. `FileReader` deklariert keine eigenen Methoden sondern erbt die Methoden der Klasse `InputStreamReader`.

22.3.2 Die Klasse InputStreamReader

Die Klasse `InputStreamReader`, die die abstrakte Klasse `Reader` erweitert, liest Bytes aus dem Stream und konvertiert sie in einen Zeichenstream. Die Klasse besitzt zwei Konstruktoren, die wie folgt deklariert sind:

```
InputStreamReader(InputStream in)
InputStreamReader(InputStream in, String enc)
```

Beide Methoden besitzen ein `InputStream`-Objekt als erstes Argument. Die erste Methode verwendet die Defaultcodierung von Zeichen, und die zweite Methode gestattet die Angabe einer bestimmten Codierung in Form einer Zeichenkette. Tabelle 22.5 listet die Methoden der Klasse `InputStreamReader` auf.

Tabelle 22.5: Methoden in `java.io.InputStreamReader`

Rückgabetyp	Name	Beschreibung
void	close()	Schließt den Stream.
String	getEncoding()	Gibt den Namen der Zeichencodierung zurück, die von dem Stream verwendet wird.
int	read()	Liest ein einzelnes Zeichen.
int	read(char[] b, int o, int l)	Liest l Zeichen in Array b hinein, beginnend bei Offset o.
boolean	ready()	Überprüft, ob der Stream lesbar ist.

22.3.3 Die Klasse BufferedReader

Die Klasse `BufferedReader` gestattet es uns, Text aus einer zeichenbasierten Eingabe zu lesen und Zeichen zu puffern, um eine besserer Performance zu erreichen. Die Klasse definiert die beiden folgenden Konstruktoren:

```
BufferedReader(Reader in)
BufferedReader(Reader in, int s)
```

Der erste Konstruktor erzeugt einen gepufferten Leser mit einer Defaultgröße des Puffers von 8K. Der zweite Konstruktor erlaubt uns die Angabe einer Puffergröße.

Tabelle 22.6 zeigt die Methoden der Klasse `BufferedReader`.

Tabelle 22.6: Methoden der Klasse `java.io.BufferedReader`

Rückgabetyp	Name	Beschreibung
void	close()	Schließt den Stream.
void	mark(int readAheadLimit)	Markiert die aktuelle Position im Stream.
boolean	markSupported()	Testet, ob der Stream die Operation mark() unterstützt.
int	read()	Liest ein einzelnes Zeichen.
int	read(char[] b, int o, int l)	Liest l Zeichen in Array b hinein, beginnend bei Offset o.

Tabelle 22.6: Methoden der Klasse `java.io.BufferedReader`

Rückgabetyp	Name	Beschreibung
`String`	`readLine()`	Liest eine Zeile Text. Als Zeilenende werden `lf`, `cr`, und `lf + cr` akzeptiert.
`boolean`	`ready()`	Testet, ob der Stream lesbar ist.
`void`	`reset()`	Setzt den Stream auf die letzte Markierung zurück.
`long`	`skip(long n)`	Überspringt `n` Zeichen.

Die Klasse `LineNumberReader` erweitert `BufferedReader`. Diese Klasse erlaubt es uns, die Zeilennummer im Stream zu verfolgen.

22.3.4 Programmieren von Leseoperationen für Text

Die Klasse `BufferedReader` enthält eine gute Auswahl von Methoden für das Lesen von Zeichendaten, wie in Tabelle 22.6 zu sehen ist. Die Konstruktoren der Klasse `BufferedReader` erwarten ein `Reader`-Objekt. Weil `FileReader` die Klasse `InputStreamReader` erweitert, die ihrerseits `Reader` erweitert, können wir ein `FileReader`-Objekt als Argument im Konstruktor von `BufferedReader` verwenden.

Wir können mit Hilfe eines `FileReader`-Objekts aus einer Datei lesen, das in ein `BufferedReader`-Objekt verpackt wurde. Wir rufen den Konstruktor der Klasse `FileReader` mit der Zieldatei als Parameter auf und verwenden die Methoden von `BufferedReader`, um auf die Datei zuzugreifen, wie im folgenden Code zu sehen ist:

```
File thisFile = new File("FileRead.java");
. . .
FileReader fr = new FileReader(thisFile);
BufferedReader br = new BufferedReader(fr);
```

Alternativ dazu können wir die Konstruktoren auch kaskadieren wie in der folgenden Anweisung:

```
BufferedReader br
               = new BufferedReader
                   (new FileReader(thisFile));
```

Anwendungen müssen oft Daten, die aus Dateien auf der Festplatte stammen, manipulieren und verarbeiten. In diesem Fall liest ein Code oft eine Datei, oder einen Teil einer Datei, in ein

Die Datei FileRead.java verwendet ein `BufferedReader`-Objekt, um Daten von der Festplatte zu lesen. Das Programm liest seine eigene Quelldatei und zeigt sie auf der Konsole. Die Quelldatei FileRead.java finden Sie im Verzeichnis Lektion 22 auf der beiliegenden CD.

Array vom Typ `char`. Die Klasse `BufferedReader` besitzt keine Methode, um Daten in ein Array einzulesen. Aber die Klasse `Reader` verfügt über eine solche Methode. Weil ein `FileReader`-Objekt die öffentlichen Elemente von `Reader` erbt, kann ein Objekt der Klasse `FileReader` die überladene Methode `read(char[] b)` verwenden.

Das Programm ArrayRead.java liest eine Datei vollständig in ein Array vom Typ `char`. Die Verarbeitung ist ähnlich wie die im Programm FileRead.java, das wir gerade angesprochen haben. Die Quelldatei ArrayRead.java finden Sie im Verzeichnis Lektion 22 auf der beiliegenden CD.

Zusammenfassung

Die Java-Klassen, die für Textoperationen gedacht sind, heißen Leser (Reader) und Schreiber (Writer). Die Klassen `FileWriter`, `OutputStreamWriter`, `PrintWriter` und `BufferedWriter` enthalten viel der nötigen Funktionalität, die typischerweise für das Schreiben von Text benötigt wird. Normalerweise wird ein `FileWriter`-Objekt erzeugt, das in ein `BufferedWriter`-Objekt verpackt wird, das wiederum an ein `PrintWriter`-Objekt übergeben wird. Wir verwenden Methoden der Klasse `BufferedWriter`, um Daten auf die Festplatte zu schreiben. Oft führen wir das Lesen von Text mit Hilfe der Klassen `FileReader`, `InputStreamReader` und `BufferedReader` durch. Programmiert wird damit oft so, dass ein `FileReader`-Objekt in ein BufferedReader-Objekt verpackt wird und die Methoden der Klasse `BufferedReader` verwendet werden, um Daten aus der Datei zu lesen.

Selbsttest

1. Was ist das grundlegende Feature von Lesern und Schreibern (siehe »Leser und Schreiber«)?
2. Nennen Sie drei Java-Klassen, die oft beim Schreiben von Text verwendet werden (siehe »Text schreiben«).
3. Worin liegt der Vorteil in der Verwendung von gepufferten Lesern und Schreibern (siehe »Die Klasse BufferedWriter«) ?
4. Welche Vor- und Nachteile hat das Kaskadieren von Konstruktoren (siehe »Streamklassen kombinieren«)?
5. Nennen Sie drei Java-Klassen, die beim Lesen von Text oft verwendet werden (siehe »Text lesen«).

Operationen auf Blockdaten

Lektion 23

Checkliste

- ☑ Schreiben und Lesen von Blockdaten
- ☑ Textfelder begrenzen
- ☑ Parsen
- ☑ Numerische Daten konvertieren
- ☑ Schreiben und Lesen numerischer Typen

30 Min.

Normalerweise muss eine Anwendung, die Dateien auf die Festplatte schreibt, unterschiedliche Typen von Daten verarbeiten können. Ein typisches Programm für die Lohnbuchhaltung z.B. definiert mehrere Felder, die Informationen für alle Angestellten enthalten. Typischerweise speichern diese Felder den Namen, die Adresse und die Sozialversicherungsnummer des Angestellten als String, die Anzahl der Untergebenen als `int`, das Grundgehalt als ein `double` und weitere Daten des Angestellten mit den entsprechenden Datentypen. In dieser Lektion untersuchen wir, wie wir Daten blocken können, wie Blockdaten auf die Festplatte geschrieben werden können und wie wir sie von der Festplatte lesen können.

23.1 Schreiben und Lesen von Blockdaten

Wir bezeichnen die Organisation von Daten in Datenfelder als *Blocken von Daten*. Wenn wir erst einmal Blöcke definiert haben, kann Code Informationen speichern und laden entsprechend den Typen in der Datenstruktur. Hier ein erstes Beispiel:

```
class Employee
{
  private String firstName;
  private String lastName
```

```
  private String aAddress;
  private String SSN; /* social security number */
  private int    dependents;
  private double baseSalary;
. . .
```

23.1.1 Textfelder begrenzen

Blockdaten im Textformat zu speichern erfordert es, dass einige Zeichen als Trennzeichen reserviert werden. Wenn wir keine Trennzeichen reservieren, können die einzelnen Datenfelder nicht mehr auseinandergehalten werden. Ein Angestellter mit 12 Untergebenen und einem Grundgehalt von 14.95/Stunde würde in der Datei dann z.B. so erscheinen:

```
1214.95
```

Wenn wir diese Daten wieder aus der Datei lesen, können wir nicht feststellen, ob der Angestellte einen Untergebenen und ein Grundgehalt von 214.95 besitzt, 12 Untergebene und ein Grundgehalt von 14.95 oder 121 Untergebene und ein Grundgehalt von 4.95. Um Ausgabefelder zu begrenzen, wählen wir ein Zeichen, das sonst nicht im Text verwendet wird. Normalerweise wird dieses Zeichen als *Token* bezeichnet. Wenn wir den vertikalen Strich (|) als Trennzeichen verwenden, dann speichern wir den eben erwähnten Mitarbeiter wie folgt:

```
12|14.95
```

Die verarbeitende Software kann dadurch das Feld zur Speicherung der untergeordneten Mitarbeiter und das Feld zur Speicherung des Grundgehaltes voneinander unterscheiden. Das folgende Programm **BlockedFile.java** zeigt, wie Blockdaten auf die Festplatte geschrieben werden können:

```
//   Dateiname: BlockedFile.java
//   Bezug: Lektion 23
//
//   Themen:
//      1. Schreiben von Blockdaten auf die Festplatte

import java.io.BufferedWriter;
import java.io.File;
import java.io.FileWriter;
import java.io.PrintWriter;

public class BlockedFile
{
  public static void main(String[] args)
```

```
    throws java.io.IOException
{
    // Datenfelder
    char delim = '|';
    String firstName = "Josef";
    String lastName = "Schmitt";
    String address = "Musterst. 12, Musterstadt";
    String ssn = "263-87-9870";
    int dependents = 2;
    double baseSalary = 16.22;

    // Initialisiere die Ausgabedatei.
    File outFile = new File("employee.dat");
    if(!outFile.exists() || outFile.canWrite())
    {
      // Erzeuge gepufferten Ausgabestream, verpackt
      // in ein PrintWriter-Objekt.
      PrintWriter fos = new PrintWriter
        (new BufferedWriter
          (new FileWriter(outFile)));

      // Schreibe Daten auf die Festplatte.
      fos.print(firstName);
      fos.print(delim);
      fos.print(lastName);
      fos.print(delim);
      fos.print(address);
      fos.print(delim);
      fos.print(ssn);
      fos.print(delim);
      fos.print(dependents);
      fos.print(delim);
      fos.print(baseSalary);
      fos.flush();
      fos.close();
    }
    else
    {
```

```
            System.out.println("Fehler beim Erzeugen der Ausgabedatei");
            return;
        }
        System.out.println("\nBlockdaten geschrieben ");
        System.out.println("in Datei employee.dat\n");
        return;
    }
}
```

Die Quelldatei des Programms BlockedFile.java finden Sie im Verzeichnis Lektion 23 auf der beiliegenden CD.

23.2 Parsen

20 Min.

Grammatikalisch besteht das Parsen eines Satzes aus dem Zerlegen in seine Teile, dem Zuordnen der grammatikalischen Form und Funktion für jedes Teil und dem Erklären, wie diese Teile zusammenhängen. In der Informatik besitzt Parsen eine ähnliche Bedeutung. Das Bearbeiten eines Textes besteht aus dem Parsen einzelner Felder beim Erkennen des Token.

Wir parsen, indem wir die Datei in einen Puffer einlesen und dann den Text nach den Zeichen absuchen, die als Feldbegrenzung bestimmt wurden. Wenn wir ein Token finden, verarbeiten wir das Textfeld den Blockdaten entsprechend. Wir können Daten für einen Angestellten z.B. wie folgt speichern:

```
Josef|Schmitt|Musterstr. 12, Musterstadt|263-87-9870|2|16.22\n
```

Weil die Textzeile mit einem Zeichen für den Zeilenumbruch endet (`\n`) können wir die Methode `readLine()` in der Klasse `BufferedReader` (siehe Tabelle 22.6) verwenden, um jede einzelne Zeile in ein lokales Array einzulesen. Jetzt kann die Logik die Daten in die geblockten Felder wie folgt einlesen:

```
Josef
Schmitt
Musterstr. 12, Musterstadt
263-87-9870
2
16.22
```

Alternativ können wir das Parsen durch eine der Java-Klassen `StreamTokenizer` oder `StringTokenizer` erledigen. Später in diesem Abschnitt werden wir die Klasse `StringTokenizer` besprechen.

23.3 Numerische Konvertierungen

Wir können numerische Daten im Speicher darstellen und können sie entweder als Text oder binär auf der Festplatte speichern. Die Java-Bibliotheken bieten eine Vielzahl von Methoden an, um numerische binäre Codierungen und Zeichenketten ineinander zu konvertieren. In diesem Abschnitt entwickeln wir ein Programm namens **TokenRead.java**, das als Eingabe eine Datei namens `employee.dat` nimmt, die vom Programm `BlockedFile.java` erzeugt wurde, das wir früher in dieser Lektion besprochen haben. Um Textdarstellungen von numerischen Daten in binäre Java-Primitiven zu konvertieren, verwendet das Programm `TokenRead.java` verschiedene Klassen aus der Java-Bibliothek: `NumberFormat`, `StringTokenizer`, `Integer` und `Double`. Diese Klassen sind umfangreich und gehen über die im Programm **TokenRead.java** dargestellte Funktionalität weit hinaus.

Die Klasse NumberFormat

Die Klasse `java.text.NumberFormat` erweitert Format. Die Klasse ist abstrakt und stellt ein Interface von Methoden zur Verfügung, mit denen Zahlen formatiert und geparst werden können, und Informationen über numerische Felder erfragt werden können.

Hinweis

Java verwendet den Begriff locale in Bezug auf die Formatierung von Zahlen wie es in der lokalen Kultur, Sprache, Schrift oder Gruppe üblich ist. In den USA z.B. wird ein Punkt verwendet, um den Dezimalteil einer Gleitkommazahl abzutrennen, Kommas gruppieren Ziffern zu Dreierblöcken und das Zeichen $ ist für die Währung reserviert. In anderen Ländern ist die Verwendung von Punkt und Komma genau entgegengesetzt, und es werden andere Währungssymbole verwendet.

Im Programm **TokenRead.java**, dessen Listing wir später in diesem Abschnitt sehen werden, verwenden wir zwei Methoden der Klasse `NumberFormat`: `getInstande()` und `parse()`. Die Methode `getInstance()` der Klasse `java.text.NumberFormat` ist zweifach überladen. Die erste Version besitzt keine Parameter und gibt ein Defaultformat für das aktuelle `locale` zurück. Die zweite Version nimmt einen `locale`-Parameter entgegen und gibt ein Zahlenformat zurück. Die Methode `parse()` der Klasse `NumberFormat` ist ebenfalls zweifach überladen. Beide Versionen nehmen einen String als Argument entgegen. Die Methode parst den String in eine numerische Variable. Die parameterlose Version nimmt an, dass das Parsen am Anfang des Strings beginnt und am Ende des Strings aufhört. Die zweite Version von `parse()` gestattet die Angabe von Positionen von Angang und Ende des Parsens. In beiden Fällen gibt `parse()` ein `Long` zurück, wenn der String keinen gebrochenen Anteil enthält, in allen anderen Fällen ein `Double`.

Die Klasse StringTokenizer

Diese Klasse, die sich im Paket `java.util` befindet, erlaubt es dem Code einer Anwendung, einen String in Blockfelder aufzubrechen unter Verwendung von einem oder mehreren Token. In der Java-Literatur wird jeder Teilstring, der von dieser Methode zurückgegeben wird, als Token bezeichnet. Die Klasse deklariert drei Konstruktoren:

```
StringTokenizer(String str)
StringTokenizer(String str, String delim)
StringTokenizer(String str, String delim, boolean returnTokens)
```

Alle drei Konstruktoren besitzen den zu zerlegenden String als ihren ersten Parameter. Der erste Konstruktor nimmt als Trennzeichen die Zeichen des Defaultstring `" \t\n\r\f"` an. Das bedeutet, dass Leerzeichen, Tabulatoren, Zeilenumbruch, Return und Formfeed als terminierende Zeichen interpretiert werden. Der zweite Konstruktor erlaubt es uns, einen String zu definieren, der ein oder mehrere Grenzzeichen enthält. Der dritte Konstruktor enthält auch ein Flag, das festlegt, ob die Trennzeichen als Token zurückgegeben werden. Die Trennzeichen fungieren nur dann als Trennzeichen, wenn dieses Flag false ist.

Tabelle 23.1 zeigt die Methoden in der Klasse `StringTokenizer`.

Tabelle 23.1: Methoden der Klasse `java.util.StringTokenizer`

Rückgabetyp	Name	Beschreibung
`int`	`countTokens()`	Gibt die Anzahl der Male zurück, die `nextToken()` aufgerufen werden kann, bevor eine Ausnahme ausgelöst wird.
`boolean`	`hasMoreElements()`	Gibt den gleichen Wert wie `hasMoreTokens()` zurück.
`boolean`	`hasMoreTokens()`	Gibt true zurück, wenn weitere Token im String verfügbar sind.
`Object`	`nextElement()`	Gibt den gleichen Wert wie `nextToken()` zurück, aber der Rückgabetyp ist als Object und nicht als String deklariert.
`String`	`nextToken()`	Gibt das nächste Token im String zurück.

Die Klassen Double und Integer

Diese Klassen in `java.lang` stellen Methoden bereit, um die primitiven Datentypen `int` und `double` in einen String, und eine Zeichenkette in ein `int` oder `double` zu konvertieren. Diese Klassen enthalten viele nützliche Methoden für die Manipulation von Daten in die entsprechenden primitiven Typen. Der folgende Code zeigt die Verwendung der Klassen `NumberFormat`, `StringTokenizer`, `Double` und `Integer` beim Parsen und Konvertieren numerischer Daten auf der Festplatte:

```
// Erzeuge Tokenizer für String unter Angabe eines
// Puffers und eines Token.
String aLine;
StringTokenizer tk =
                    new StringTokenizer(aLine, "|");
// Erzeuge ein NumberFormatter-Objekt.
NumberFormat nf
               = NumberFormat.getInstance();
. . .
// Lies numerische Daten aus Text im String aline
// und speichere Ergebnis in lokalen Variablen vom
// Typ int und double.
int dependents = nf.parse(tk.nextToken()).intValue();
double baseSalary = nf.parse(tk.nextToken()).doubleValue();
```


Das Programm TokenRead.java liest die im Programm BlockedFile.java erzeugte Datei ein. Die Quelldatei TokenRead.java finden Sie im Verzeichnis Lektion 23 auf der beiliegenden CD.

23.3.1 Schreiben und Lesen numerischer Typen

In diesem Anschnitt untersuchen wir, wie numerische Daten im Binärformat auf der Festplatte gespeichert und wieder in die entsprechenden Typen geladen werden können. Wir haben in dieser Lektion das Programm **BlockedFile.java** entwickelt, in dem wir die Methode `print()` der Klasse `PrintWriter` verwendet haben, um numerische Daten in Strings zu konvertieren und diese auf der Festplatte zu speichern. Numerische Daten als Strings zu speichern hat jedoch seine Grenzen. Eine mögliche Begrenzung besteht darin, dass Genauigkeit bei der Konvertierung in einen String verlorengeht. Eine weitere Begrenzung liegt darin, dass die Darstellung als String mehr Speicherplatz benötigt als ein binäres Format. Schließlich ist die Konvertierung von binären Codierungen in Strings, die oftmals wieder in binäre Codierungen eingelesen werden, ein unnötiger Aufwand.

Die meisten Anwendungen, die numerische Daten manipulieren, speichern ihre Daten in binärer Form. Java unterstützt den Standard ANSI-IEEE 754 für binäre Gleitkommaarithmetik. Die Gleitkommaprimitiven `float` und `double` sind im Format dieses Standards codiert.

Die Streamklassen `DataInputStream` und `DataOutputStream` erlauben das Lesen und Schreiben von getypten Daten. Die Klasse `DataOutputStream` z.B. enthält die Methode `writeDouble()`, die eine `double`-Variable in die acht Ziffern konvertiert, durch die sie im Standard ANSI-IEEE 754 dargestellt wird. Das folgende Programm namens **WriteDouble.java** verwendet die Methode `sqrt()` der Klasse `java.lang.Math`, um die Quadratwurzel von Integerzahlen im Bereich von 0 bis 19 zu berechnen. Wir speichern die Ergebniswerte in einer Datei namens **doubles.dat** unter Verwendung der Methode `writeDouble()` der Klasse `DataOutputStream`.

CD-ROM

Die Quelldatei** `WriteDouble.java` **finden Sie im Verzeichnis Lektion 23 auf der beiliegenden CD.

```
//   Dateiname: WriteDouble.java
//   Bezug: Lektion 23
//
//   Themen:
//      1. Schreiben von Gleitkommazahlen auf Festplatte
//         im Format des Standards ANSI-IEEE 754.

import java.io.DataOutputStream;
import java.io.FileOutputStream;

public class WriteDouble
{
  public static void main(String[] args)
    throws java.io.IOException
  {
    FileOutputStream fos = new FileOutputStream("doubles.dat");
    DataOutputStream dostr = new DataOutputStream(fos);

    // Schleife für 20 Quadratwurzeln
    for(int i = 0; i < 20; i++)
      dostr.writeDouble(Math.sqrt(i));
    dostr.flush();
    dostr.close();

    System.out.println("\nFertig!");
    System.out.println("Ergebnis wurde in Datei");
    System.out.println("\"doubles.dat\" geschrieben");
    return;
  }
}
```

Wenn Sie dieses Programm ausführen und sich dann die Datei **double.dat** ansehen (z.B. mit dem Befehl `type` unter DOS), sehen Sie, dass die gespeicherten Zahlen nicht auf dem Bildschirm erscheinen. Stattdessen sehen Sie eine Reihe scheinbar bedeutungsloser Zeichen. Das liegt daran, dass die berechneten Quadratwurzeln im binären Format codiert werden; jede Gleitkommazahl wird durch acht Bytes gemäß der durch ANSI-IEEE 754 definierten Codierung dargestellt.

Code kann diese binären Werte in Variablen vom Typ double unter Verwendung der Methode `readDouble()` der Klasse `DataInputStream` einlesen

Das folgende Programm **ReadDouble.java** liest die 20 binäre kodierten Zahlen in der Datei **doubles.dat** ein und zeigt das Ergebnis auf der Konsole:

CD-ROM

Die Quelldatei ReadDouble.java finden Sie im Verzeichnis Lektion 23 auf der beiliegenden CD.

```
//  Dateiname: ReadDouble.java
//  Bezug: Lektion 23
//
//  Themen:
//      1. Lesen einer Datei, die Gleitkommazahlen
//      im Binärformat enthält (ANSI-IEEE 754).
//
//  Voraussetzung: Die Datei "doubles.dat", die vom Programm
//                 WriteDouble.java im aktuellen Verzeichnis
//                 erzeugt wurde

import java.io.FileInputStream;
import java.io.DataInputStream;

public class ReadDouble
{
  public static void main(String[] args)
    throws java.io.IOException
  {
    FileInputStream fis = new FileInputStream("doubles.dat");
    DataInputStream dis = new DataInputStream(fis);

    for(int x = 0; x < 20; x++)
    {
      System.out.println(dis.readDouble());
    }
    dis.close();
    return;
  }
}
```

Zusammenfassung

0 Min.

Anwendungen verwenden oft mehrere verschiedene Datentypen zum Speichern einer logischen Dateneinheit. Wir bezeichnen das Trennen von einzelnen Datenelementen zur Organisation oder Speicherung als das Blocken von Daten. Wir begrenzen geblockte Felder oft durch Trennzeichen. Verarbeitende Software kann anhand der Trennzeichen die Blöcke erkennen. In diesem Sinne parsen wir Blockdaten in die originalen Felder, indem wir die Feldbegrenzungen erkennen.

Wir können numerische Daten in Textform oder mit Hilfe einer binären Codierung speichern. In Java bezieht sich der Begriff *locale* auf die Formatierung von Zahlen, die von der lokalen Kultur, Sprache oder Gruppe bestimmt wird. Die Klasse `StringTokenizer` im Paket java.util erlaubt es dem Code, mittels eines Trennzeichens (Token) einen String in geblockte Felder aufzutrennen. Die Klassen `Double` und `Integer` im Paket java.lang enthalten mehrere Methoden, um primitive Datentypen und Strings ineinander zu konvertieren. Die Klassen `DataInputStream` und `DataOutputStream` erlauben das Lesen und Schreiben von getypten Daten.

Selbsttest

1. Definieren Sie Datenfelder und erzeugen Sie Blockdaten um ein einzelnes Buch in einer Bibliothek zu identifizieren. (siehe »Schreiben und Lesen von Blockdaten«).
2. Schreiben Sie die Logik zum Parsen von Blockdaten aus Frage 1 auf (siehe »Parsen«).
3. Was bedeutet der Java-Begriff `locale` (siehe »Die Klasse NumberFormat«)?
4. Wofür wird die Klasse `StringTokenizer` verwendet und worin besteht ihr Nutzen (siehe »Die Klasse StringTokenizer«)?

Computergrafik in Java

Lektion 24

Checkliste

- ☑ Einführung in die Computergrafik
- ☑ GUI, textbasierte und grafische Programme
- ☑ Programmiermodell: Ereignisgesteuerte Programmierung
- ☑ Elemente einer grafischen Anwendung: Das Hauptfenster und Programmkontrollelemente
- ☑ Grafik in Java: Applets und Anwendungen
- ☑ Die Java Foundation Classes

30 Min.

Bis jetzt haben wir Programme entwickelt, die auf der Systemkonsole ausgeführt wurden. Wegen der Einfachheit ist das Programmieren auf der Konsole hilfreich beim Erlernen der Grundlagen der Sprache Java. Die meisten kommerziellen Anwendungen verfügen jedoch über ein grafisches Benutzerinterface. Die textbasierte Programmierung ist fast schon anachronistisch.

In dieser Lektion führen wir die Grafikprogrammierung in Java ein. Wir beginnen mit einer Einführung in die Computergrafik und in die Programmiermodelle in diesem Bereich. Grafikprogramme basieren auf einem Paradigma, das sich von den textbasierten Anwendungen stark unterscheidet. Grafikprogrammierer müssen dieses Modell verwenden und es entsprechend anpassen. Dann besprechen wir die grundlegenden Komponenten einer grafischen Anwendung in Java. Diese Lektion wird mit einem Überblick über die Ressourcen abgeschlossen, die wir bei der Programmierung von grafischen Anwendungen in Java verwenden können.

24.1 Computergrafik

Die Betriebssysteme der erstem Computergeneration erforderten die Eingabe über eine Reihe binärer Schalter (wobei jeder Schalter typischerweise mit einer Lampe versehen war). In der ersten Generation der Computer bestand die Programmierung hauptsächlich aus dem Umlegen von Schaltern und dem Drücken von Knöpfen.

Hinweis

Um damals ein guter Programmierer zu sein, mussten Sie schon zu den binär sprechenden Experten mit hexadezimalem Gehirn gehören, die ihre ganze Zeit auf die geheimnisvollen Mysterien der Hardware und der Software verwendeten.

Während der späten fünfziger Jahre und den frühen sechziger Jahren vereinfachten viele Erfindungen die Verwendung und die Programmierung von Computern. Die IBM Corporation, die Lochkarten für ihre Maschinen entwickelte, wendete diese Technologie bei den ersten Computern an. Zu dieser Zeit waren TTY-Maschinen in der Kommunikationsbranche sehr verbreitet, die über eine Tastatur ähnlich einer Schreibmaschine verfügten und einen Ausdruck auf Papier erzeugten. Außerdem produzierten die TTY-Maschinen einen Streifen oder ein Band, auf dem die Zeichen in Reihen von ausgestanzten Löchern codiert waren. Die gelochten Bänder stellten einen bequemen Weg dar, um Daten und Programme vom TTY auf den Computer zu transportieren. Als die Programmierer TTY als Eingabegerät das Computers verwenden konnten, endete damit die Zeit der Eingabe mit Hilfe von Schaltern. Nicht lang danach entwickelten Programmierer die Cathode Ray Tube (CRT), die bereits im Fernsehen verwendet wurde, um Computertext darzustellen. Ein weiterer Vorteil war, dass die CRT auch Bilder darstellen konnte.

Einige Geräte, die in diesen Jahren entwickelt wurden, sind zu Standardelementen in der Computertechnologie geworden, andere sind wieder verschwunden. Die geläufigsten dieser Geräte sind z.B. CRT, der Lichtstift, der Touchscreen, das Grafiktablett, der Joystick und die Maus. All diesen Geräten ist gemein, dass sie eine visuelle Interaktion zwischen Mensch und Maschine ermöglichen. Die Idee eines interaktiven Eingabegerätes stammt aus den Arbeiten von Allan Kay am Xerox Palo Alto Research Center in den frühen siebziger Jahren. Dr. Kay versuchte, einen Computer zu entwerfen, den Vorschulkinder verwenden konnten, also Kinder, die zu jung waren, um Kommandos in Textform zu lesen und zu schreiben. Ein möglicher Ansatz war die Verwendung keiner Bildschirmobjekte, die als Icons bezeichnet werden und die ein Objekt darstellten, mit dem die Kinder vertraut waren. Ein mechanisches Gerät (das heute als Maus bezeichnet wird) erlaubte es dem Anwender, diese grafischen Objekte auf dem Bildschirm zu bewegen. Interaktive Grafik und das grafische Benutzerinterface sind das Ergebnis.

Hinweis

Steve Wozniak, einer der Gründer von Apple Computers, besuchte Xerox PARC und sah dort die Maus und das grafische Benutzerinterface in Aktion. Er sah sofort, dass das interaktive Computerinterface die Zukunft war. Zurück bei Apple begann Wozniak mit der Entwicklung eines Betriebssystems, das grafische, mausgesteuerte und iconsbasierte Interaktion mit dem Benutzer unterstützte. Nach ein oder zwei vergeblichen Versuchen wurde der Macintosh Computer herausgebracht. Nicht lang danach begann Microsoft mit der Entwicklung eines grafischen Betriebssystems für den PC; dieses System nennen wir heute Windows.

24.1.1 Das GUI

Viele Wissenschaftler sahen den Vorteil in einer einfacheren Interaktion mit dem Computer. Douglas Engelbart entwickelte 1968 ein Mausinterface, obwohl die Maus erst 15 Jahre später zu einer gängigen Computerkomponente wurde. Um ein grafisches Benutzerinterface zu implementieren, oder auch GUI (Gu-ii gesprochen), war es nicht nur nötig, ein Gerät zum Zeigen zu haben, sondern auch einen grafikfähigen Bildschirm. Außerdem sollte die Systemsoftware grafische Dienste unabhängig vom Gerät bereitstellen.

Hinweis

In der Welt des PC benötigte die Evolution von Hardware- und Softwarekomponenten zu einem grafisches Betriebssystem fast ein Jahrhundert. Die ersten Versionen von Windows waren recht einfach und fanden nur wenig Akzeptanz. Erst mit Windows 95 wurde Windows zum Standard.

24.1.2 Textbasierte und grafische Programme

Wir können die Betriebssysteme grob in zwei Klassen einteilen: Systeme für einzelne Benutzer und einzelne Tasks, die mit Kommandos betrieben werden, wie z.B. DOS, und Mehrbenutzersysteme, die mit einem GUI ausgerüstet sind, wie z.B. X Windows, Windows oder das Mac OS. Systeme für einzelne Benutzer und einzelne Tasks gestatten unbeschränkten Zugriff auf die Ressourcen der Maschine. Wenn der Code der Anwendung die Kontrolle wünscht, kann er diese bekommen, wann immer er möchte. Der Code unterliegt nur den Beschränkungen der Hardware und den Fähigkeiten des Programmierers. Obwohl die Entwickler von DOS-ähnlichen Betriebssystemen oft Regeln aufstellen, an die sich ein gutes Programm halten sollte, gibt es keine Möglichkeit, die Einhaltung dieser Regeln zu erzwingen. Ob nun beabsichtigt oder nicht können diese Programme durch das Löschen oder Modifizieren von Dateien doch das System durcheinanderbringen, oder sogar die Hardware beschädigen. Eine DOS-ähnliche Anwendung hat die Kontrolle über sämtliche Ressourcen des Systems. Sie kann den gesamten Speicher allozieren, kann einen beliebigen Bildschirmmodus wählen, den Drucker kontrollieren und die Kommunikationsleitungen belegen sowie die Maus und die Tastatur verwalten. Ressourcen werden nicht geteilt, weil das Betriebssystem schläft, solange die Anwendung die Kontrolle besitzt. In dieser Umgebung wird zu jedem Zeitpunkt nur eine Anwendung ausgeführt.

Systeme, die über Multitasking verfügen, teilen Ressourcen untereinander und mit dem Betriebssystem. Solche Systeme teilen sich den Speicher, die CPU, den Bildschirm, Kommunikationsgeräte, die Maus, die Tastatur und die Festplatte. Jedes Programm arbeitet in seinem eigenen privaten Adressraum und hat nur begrenzten Zugriff auf andere Bereiche des Speichers. Code kann die Hardware nicht direkt ansprechen sondern muss dies über Dienste des Betriebssystems tun, die normalerweise als API (Appication Program Interface) bezeichnet werden.

Im Modell des Multitasking behält das Betriebssystem die Kontrolle über alle Geräte und Ressourcen, eingeschlossen den Speicher, den Bildschirm, die Kommunikationsgeräte und Ein- und Ausgabe. Abbildung 24.1 zeigt, wie Programme bei Multitasking und bei Singletasking auf die Systemressourcen zugreifen.

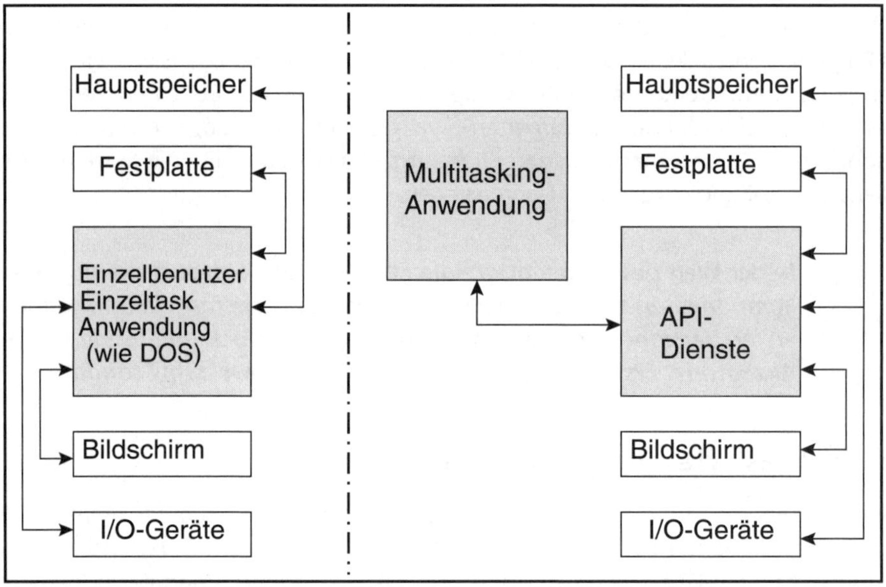

Abbildung 24.1: Zugriff von Anwendungen auf Systemressourcen

Ein Betriebssystem, das Multitasking unterstützt, kann ein textbasiertes oder ein grafisches Benutzerinterface besitzen. Wenn das System ein textbasiertes Interface besitzt, wird es mittels Kommandos gesteuert und wir greifen auf die Dienste und Funktionen des Systems über Kommandos zu, die wir über die Konsole eingeben. Wenn das System ein grafisches Interface besitzt, greifen wir auf die Dienste und Kommandos über ein grafisches Benutzerinterface (GUI) zu.

24.2 Programmiermodelle

Die Natur des Betriebssystems bestimmt das Programmiermodell. In einem Betriebssystem, das durch Kommandos gesteuert und nur einen Benutzer und einen Task unterstützt wie z.B. DOS, ist das Programm »Herr der Maschine«. Der laufende Code hat unbeschränkten Zugriff und Kontrolle. Er führt sich selbständig aus, implementiert seine Funktionalität und ruft das Betriebssystem nur auf, um bestimmte Dienste anzufordern. Es teilt die Maschine mit keinem anderen

Programm. Das Programmiermodell für eine solche Maschine besteht aus einer Folge von sequenziellen Instruktionen und Programmkonstrukten. Die Kontrolle kehrt erst wieder zum Betriebssystem zurück, wenn die Anwendung beendet wird. Diese Art der Interaktion zwischen Anwendung und Betriebssystem liefert das sequenzielle Programmiermodell.

Das konzeptionelle Modell eines grafischen, auf Multitasking ausgelegten Programms ist davon recht verschieden. Der Code hat keinen direkten Zugriff auf die Geräte und Ressourcen und muss die Maschine mit anderen Anwendungen und mit dem Betriebssystem teilen. Bei präemptivem Multitasking kann das Betriebssystem den Vordergrundprozess, der Zugriff auf die CPU hat, von einer Anwendung auf die nächste Anwendung weitergeben. Wenn eine Anwendung einen Fehler verursacht, kann das Betriebssystem diese Anwendung einfach beenden. In diesem Modell ist das Betriebssystem »Herr der Maschine« und nicht ein laufendes Programm.

24.2.1 Ereignisgesteuerte Programmierung

Wir benötigen ein Programmiermodell, das völlig anders ist als das Programmiermodell eines durch Kommandos gesteuerten Einbenutzersystems, um diese Art der Interaktion zwischen Anwendung und System bereitzustellen. Manchmal nennen wir dieses Modell *ereignisgesteuerte Programmierung*. In der ereignisgesteuerten Programmierung geschieht die Synchronisation zwischen Betriebssystem und der Anwendung in Form von Ereignissen. Wenn wir z.B. die Größe des Programmfensters verändern (ein Ereignis durch den Benutzer), führt das Betriebssystem die entsprechende Aktion aus und benachrichtigt dann den Anwendungscode (ein Ereignis durch das System). Die Anwendung ihrerseits kann sich dazu entschließen, eigene Aktionen auszuführen, um eigene Fenster neu zu zeichnen, kann aber auch einfach gar nichts selber unternehmen. In jedem Fall geht die Kontrolle an das Betriebssystem über.

Das ereignisgesteuerte Modell ist einfach und effektiv. Wir implementieren es durch Nachrichten, die zwischen dem Benutzer und dem System versendet werden. Ereignisse in der Umgebung erzeugen diese Nachrichten. Z.B. klicken wir auf den Fensterrahmen und ziehen dann daran, um die Größe des Fensters zu verändern. Dadurch wird ein Ereignis in der Hardware ausgelöst, wodurch das Betriebssystem über die Aktion der Maus informiert wird. Das Betriebssystem antwortet auf dieses Ereignis durch die Veränderung der Fenstergröße. Dann informiert es die Anwendung, dass die Größe des Fensters verändert wurde, damit der Code der Anwendung die Anzeige updaten kann, sofern dies nötig ist. Diese Interaktion zwischen Hardware, dem Benutzer und dem System, basiert auf Ereignissen und den zugehörigen Nachrichten, dem Multitasking und der GUI-basierten Architektur. Abbildung 24.2 zeigt ein ereignisgesteuertes Modell in Aktion.

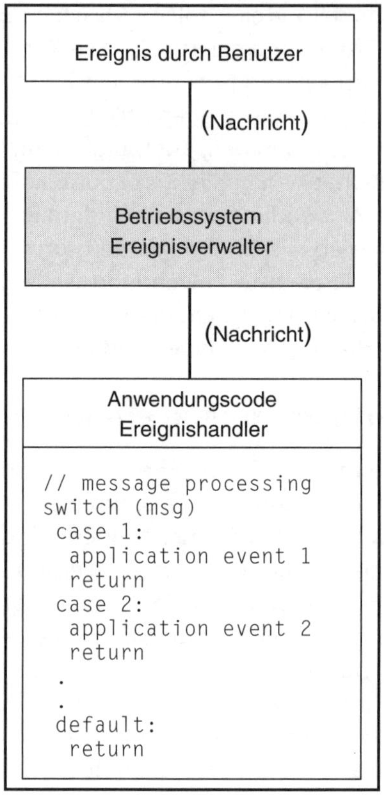

Abbildung 24.2: Ereignisgesteuertes Programmiermodell

24.3 Elemente einer grafischen Anwendung

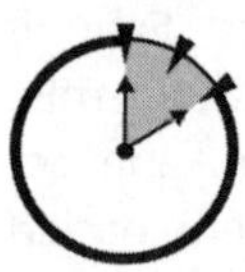

10 Min.

Eine grafische Anwendung hat ein charakteristisches Aussehen, durch das es sich sehr von textbasierten Programmen unterscheidet. Die charakteristischen Elemente eines grafischen Programms haben entweder mit dem Hauptfenster der Anwendung oder mit den Kontrollelementen für Eingabe und Ausgabe zu tun, die wir verwenden, um das grafische Interface zu implementieren, wie z.B. Buttons, Scrollbars, Checkboxen und Listen.

24.3.1 Das Hauptfenster des Programms

Das Hauptfenster einer Anwendung ist der Hauptpunkt, an dem Eingabe und Ausgabe stattfindet und es ist die einzige Möglichkeit der Anwendung, auf den Bildschirm zuzugreifen. In Java meint *Rahmen* das Hauptfenster des Programms.

Im Folgenden finden Sie die Bausteine, aus denen ein Programmfenster aufgebaut ist:

- Das Hauptfenster besitzt eine Titelleiste. Diese Leiste kann einen Titel tragen oder leer sein.

- Auf der rechten Seite der Titelleiste stehen Buttons zur Verfügung, mit denen das Fenster maximiert oder minimiert werden kann oder das gesamte Programmfenster geschlossen werden kann. Die Anwendung kann entscheiden, welche dieser Buttons angezeigt werden.
- Die optionale Menüleiste befindet sich unterhalb der Titelleiste. Eine typische Menüleiste enthält ein oder mehrere Menüs. Jedes Menü enthält Kommandos, die mit einem Mausklick aktiviert werden können oder alternativ über eine Tastenkombination ausgelöst werden können. Ein Menüpunkt kann ein Untermenü enthalten.
- Das Hauptfenster des Programms kann, wie die Eingabe- und Ausgabeelemente auch, vertikale oder horizontale Scrollbars besitzen. Das Betriebssystem teilt Ihrer Anwendung mit, welche Aktion auf den Scrollbars ausgeführt wurde, aber die Anwendung muss dafür sorgen, dass entsprechende Verarbeitungen ausgeführt werden.
- Jedem Programm ist ein Bildschirmbereich zugeordnet. Die Dimension und die grafischen Attribute dieses Bereichs können vom Betriebssystem erfragt werden.

24.3.2 Kontrollelemente

Ein Programmfenster enthält verschiedene Kontrollelemente: Buttons in der Titelleiste, Menüeinträge und Menükommandos und Scrollbars. Das sind nur einige der möglichen Kontrollkomponenten, die in einer grafischen Anwendung verwendet werden können.

Allgemein bezeichnen wir eine Komponente, die wir zur Eingabe oder Ausgabe verwenden und mit der wir Manipulationen auslösen können, als *Kontrollelement*.

Hinweis

Einige der Kontrollelemente gibt es seit den ersten Betriebssystemen, die über ein GUI verfügten.

24.4 Grafik in Java

Vielleicht die größte Herausforderung für die Entwickler der Sprache Java war die Implementierung eines GUI, das von der Plattform unabhängig sein sollte. Die speziellen Umgebungen wir MAC OS, X Windows und die verschiedenen Versionen von Microsoft Windows implementieren Features, die es in den anderen Umgebungen nicht gibt. Die Designer von Java mussten die Elemente bestimmen, die von allen Plattformen unterstützt wurden und alle Elemente ignorieren, die nur in bestimmten Systemen oder Versionen verfügbar sind. Ihre erste Aufgabe bestand also darin, eine gemeinsame Grafikfunktionalität zu bestimmen, und die zweite Aufgabe darin sicherzustellen, dass die virtuelle Maschine von Java die unvermeidlichen Unterschiede ausgleicht.

Hinweis

Diese Aufgabe ist gewaltig und die bisherigen Lösungen sind nicht frei von Problemen.

Das Ereignismodell, das ursprünglich in Java verwendet wurde, basierte auf Vererbung. Die Nachteile einer Ereignisverarbeitung, die auf Vererbung basiert, führte dazu, dass in Java ein Ereignismodell integriert wurde, das auf Delegieren basiert. Dieses Modell löst einige der Probleme, allerdings zum Preis einer höheren Komplexität. Aus Gründen der Kompatibilität unterstützen die aktuellen Versionen von Java weiterhin das vererbungsbasierte Modell. Java 1.2 besitzt zwei verschiedene Implementierungen ereignisbasierter Programmierung, die manchmal im Konflikt zueinander stehen.

Die erste Implementierung des GUI war das AWT (Java Abstract Windowing Toolkit). In der Java-Literatur findet man den Hinweis, dass die erste Version innerhalb von sechs Wochen implementiert wurde. Es verwundert daher nicht, dass AWT lästige Bugs enthält und große Beschränkungen besitzt. Die neuen Versionen lösen einige dieser Probleme.

24.4.1 Applets und Anwendungen

In Lektion 1 haben wir erwähnt, dass sich das World Wide Web im Herzen von Java befindet und eines der grundlegenden Anwendungsfelder der Sprache bleiben wird. Java wurde berühmt durch seine Anwendung im Word Wide Web, das auch weiterhin ein sehr wichtiges Einsatzgebiet von Java bleibt.

Kleine Java-Programm, die Applets genannt werden, können in einem Web-Browser ausgeführt werden wie dem Netscape Navigator oder dem Internet Explorer. Diese Java-Programme erweitern die Funktionalität des Browsers, indem Sie Logik und die Fähigkeiten zur Verarbeitung von Daten in Java hinzufügen. Obwohl Applets einen Browser benötigen, der Java unterstützt, sollten wir erwähnen, dass es zur Zeit sehr schwierig ist einen Browser zu finden, der Java nicht unterstützt.

Einen Hauptteil der grafischen Unterstützung, die auf der Ebene der Applets verlangt wird, wird vom Browser geleistet. Das bedeutet, dass der Browser alle plattformabhängigen Dinge lösen muss. Java-Anwendungen hingegen sind vollwertige Java-Programme, die vom Java-Interpreter ausgeführt werden. Alle bisher entwickelten Programme in diesem Buch waren Anwendungen.

24.4.2 Die Java Foundation Classes

Wir verwenden für die Programmierung von Grafik in Java eine Menge Pakete, die wir die Java Foundation Classes (JFC) nennen. In Java 1.3 enthalten die JFC die folgenden APIs:

- Abstract Window Toolkit, kurz AWT
- Swing-Komponenten
- Java 2D
- Java Accessibility

AWT

Das AWT ist das Grundpaket für Grafik. Das AWT enthält Klassen für das Erzeugen und Betreiben eines GUI und für die Durchführung von Zeichenoperationen. Außerdem unterstützt die aktuelle Version des AWT Transfer über das Clipboard, die Manipulation von Images, Fonts, Drucken, geometrische Operationen in 2D und Eingabe; die aktuelle Version stellt auch einen Mechanismus für die Verarbeitung von Ereignissen bereit.

Eine der nützlichsten Klassen im AWT ist `java.awt.Component`. In Java ist eine Komponente ein Button, ein Menü, eine Scrollbar oder ein anderes grafisches Element, das auf dem Bildschirm angezeigt wird und mit dem der Benutzer in Interaktion treten kann. Unter Windows nennen wir diese Komponenten Kontrollelemente. Bisher erweitern mehr als 60 Klassen die Klasse Component. In der folgenden Lektion lernen wir einige dieser Klassen kennen.

Swing

Die Entwickler des AWT entschlossen sich dazu, die Funktionalität des zugrunde liegenden Betriebssystems zu verwenden und das Toolkit nicht von Grund auf neu zu schreiben. Das AWT ist daher in Wahrheit eine dünne Softwareschicht, die Zugriff auf die APIs des Systems gibt. *Peer-Klassen* sind die darunterliegenden Klassen, die die grafischen Funktionen bereitstellen. Wenn eine Java-Anwendung z.B. das AWT zum Erzeugen eines Button verwendet, ist die resultierende Komponente ein Button unter Windows, ein Macintosh-Button, ein Motif-Button, je nach dem System, auf dem die Anwendung gerade ausgeführt wird.

Hinweis

In der Dokumentation werden Elemente, die darunterliegende APIs verwenden, als schwere (heavyweight) Komponenten bezeichnet. Elemente, die wir in Java implementieren, werden leichte (lightweight) Komponenten genannt. In diesem Sinne besteht das AWT aus schweren Komponenten. Die meisten Komponenten in Swing hingegen sind leicht.

Peer-Klassen waren für die Entwicklung der ursprünglichen Toolkits von Java nötig und gaben den Anwendungen ein zum Betriebssystem passendes Aussehen und Verhalten. Die Verwendung von Peer-Klassen bringt jedoch Einbußen bei der Performance mit sich, macht die Anwendungen anfällig für Bugs und untergräbt die von Java angestrebte Unabhängigkeit vom Betriebssystem. Java 1.2 kümmert sich um diese Problematik, indem es Swing einführt, eine neue Menge von APIs.

Im Gegensatz zu den Komponenten im AWT sind die Komponenten in Swing so entwickelt, dass sie sich auf allen Plattformen gleich verhalten. Die Architektur von Swing versucht die folgenden Anwendungsebenen abzudecken:

- Das Hinzufügen neuer Komponenten, die im AWT neue Funktionalitäten verfügbar machen. Die Klassen, die diese Komponenten implementieren, beginnen mit dem Buchstaben »J«.
- Die Möglichkeit, ein Look-And-Feel für eine Anwendung auszuwählen. Eine Swing-Komponente kann wie unter Win32, Motif oder Mac aussehen.
- Die Implementierung einer Architektur, die auf Model-View-Controller (MVC) basiert. Jede Komponente hat eine zugehörige `Model`-Klasse und ein Interface, das sie verwendet.
- Die Möglichkeit, Ereignisse der Tastatur in geschachtelten Komponenten zu verarbeiten.
- Swing wurde so entworfen, dass es geschachtelte Container verwalten kann. Wir können praktisch jede Komponente in einer anderen Komponente unterbringen. Wir können z.B. eine grafische Komponente in einer Liste in einer Combobox in einer Toolbar unterbringen.
- Die Unterstützung eines Interface für Mehrfachdokumente basierend auf virtuellen Desktops.
- Wir können Zwischenraum zwischen den Kanten einer Komponente und der Zeichenfläche

der Komponente definieren (Inset); dieser Zwischenraum wird als leerer Rahmen dargestellt. Außerdem werden verschiedene Rahmentypen bereitgestellt, die zu zusammengesetzten Rahmen kombiniert werden können.

- Unterstützung von Nachrichtendialogen und Dialogen für Auswahl durch den Benutzer in unterschiedlichen Formaten. Die dargestellte Nachricht im Dialog kann ein String sein, ein String-erzeugendes Objekt oder eine beliebige Komponente.
- Unterstützung von Klassen für Standarddialoge.
- Unterstützung von strukturierten Tabellen und Bäumen.
- Erweiterte Manipulation von Text. Swing stellt ein Feld bereit für verdeckte Eingaben und eine Klasse zur Anzeige von Text, in dem verschiedene Fonts verwendet werden. Außerdem werden Features bereitgestellt, um solche Texte mit verschiedenen Fonts zu editieren.
- Das Undo-Paket stellt generische Fähigkeiten für das Aufheben von Aktionen bereit, die in verschiedensten Situationen verwendet werden können.
- Eingebaute Unterstützung für Produkte, die den Zugriff für behinderte Personen erleichtern.

Java 2D

Die Java 2D-API ist die Bezeichnung einer Erweiterung des AWT, die fortgeschrittene Grafik, Textoperationen, Behandlung von Images, Definition und Komposition von Farben, Erkennen von Kollisionen, und geräteunabhängiges Drucken unterstützt. Die Klasse `Graphics2D`, die die AWT-Klasse Graphics erweitert, ist die grundlegendste Klasse im Java 2D.

0 Min.

Die Klasse `Graphics2D` wurde so entwickelt, dass sie die Rückwärtskompatibilität mit java.awt.Graphics gewährleistet. Anwendungen, die die Funktionalität von Java 2D verwenden möchten, beginnen damit, dass Sie ein Objekt aus der Klasse `Graphics` erzeugen, das dann in eine der `Graphics2D`-Klassen gecastet wird. Dadurch werden die Methoden von `Graphics` und `Graphics2D` verfügbar für den Code. In der folgenden Lektion sehen wir, wie wir `Graphics` und `Graphics2D` verwenden können.

Zusammenfassung

Bei der ersten Generation der Computer war das Drücken von Knöpfen und das Umlegen von Schaltern nötig, um Daten und Programme in binärer oder hexadezimaler Darstellung einzugeben. In den vierziger und fünfziger Jahren führte IBM die Lochkarten ein, um Daten und Programme darauf zu speichern. Später kamen die TTY-Maschinen (teletype), die mit einer Tastatur ähnlich einer Schreibmaschine ausgestattet waren und gelochte Bänder als Ausgabe generierten. Die Cathode Ray Tube (CRT), die sich bereits im Fernsehen im Einsatz befand, und die Tastatur kamen Ende der sechziger Jahre auf. Zu dieser Zeit demonstrierte Doug Englebart ein mausbetriebenes Interface, aber es dauerte viele Jahre, bis dieses Interface in der Industrie eingesetzt werden konnte.

Das grafische Benutzerinterface, kurz GUI, machte die Entwicklung eines neuen Programmiermodells erforderlich, das auf Ereignissen basierte. Ereignisgesteuerte Programmierung eignet sich für Betriebssysteme, die mehrere Benutzer und Multitasking unterstützen. Das Modell basiert auf dem Versenden von Nachrichten zwischen Ereignis-Managern (Betriebssystem) und Ereignis-Handlern (Anwendungscode).

Die Grafik von Java war wegen der Anforderung der Plattformunabhängigkeit schwierig zu entwickeln. Ein Java-Applet ist ein kleines Programm, das innerhalb eines Browsers ausgeführt wird, der Java unterstützt. Wir haben vollwertige grafische Anwendungen in Java entwickelt, die die Bibliotheken der JFC (Java Foundation Classes) verwenden. Diese Klassen umfassen das AWT (Abstrakt Window Toolkit), Swing und Java 2D.

Selbsttest

1. Wofür steht die Abkürzung GUI (siehe »Das GUI«)?
2. Wie greifen Anwendungen in einer Umgebung, die Multitasking unterstützt, auf Systemressourcen zu (siehe »Textbasierte und grafische Programme«)?
3. Nennen Sie vier verschiedene Kontrollelemente (siehe »Kontrollelemente«).
4. Was ist der Unterschied zwischen einem Applet und einer Anwendung in Java (siehe »Applets und Anwendungen«)?

Programmieren der AWT-Klassen

Lektion 25

Checkliste

- ✓ Die AWT-Klassen
- ✓ Die Klasse `Frame`
- ✓ Die Klasse `Window`
- ✓ Die Klasse `Container`
- ✓ Die Klasse `Component`

30 Min.

Java behauptet von sich, eine portable Sprache zu sein, aber die grafischen Plattformen stellen die größte Herausforderung dieser Portabilität dar. Die unterschiedlichen Hardwarekonfigurationen und die Besonderheiten der einzelnen Betriebssysteme führen zu GUIs mit grundlegenden Unterschieden. Windows, Macintosh, X Windows und Motif, um nur einige zu nennen, enthalten individuelle Besonderheiten, an die sich Java nur sehr schwer anpassen kann. Das AWT von Java stellt Möglichkeiten für die Manipulation von Images und das Erzeugen von Grafik auf allen unterstützten Plattformen bereit. Die Ergebnisse sind nicht immer perfekt, aber oft für den Zweck ausreichend. Hinsichtlich portabler Grafik ist Java jedenfalls einzigartig.

25.1 AWT-Klassen

In der Terminologie der Grafik in Java ist ein Rahmen ein Top-Level-Fenster. Das Konzept des Rahmens in Java umfasst den Bereich, in dem gezeichnet wird, die Titelleiste des Fensters und den Rahmen. Das `Frame`-Objekt kann selbst seine Größe verändern, wenn Sie an den Kanten oder Ecken des Fensters ziehen, um die Fenstergröße zu verändern. Sie können einen Rahmen auch an eine andere Position auf dem virtuellen Desktop verschieben. Ein Rahmen kann andere grafische Objekte enthalten, wie z.B. Textfelder, Buttons und andere Kontrollelemente.

Das AWT stellt eine Klasse `Frame` bereit, die viel von der Funktionalität enthält, die zur Implementierung eines typischen Anwendungsfensters benötigt wird. Der Defaultrahmen besitzt eine Titelleiste und einen Rahmen. Von der Anwendung wird jedoch erwartet, dass sie Code für die Verarbeitung von Veränderungen am Rahmen bereitstellt wie dem Schließen oder Verändern der Rahmengröße. Das bedeutet, dass Sie ein Fenster nur über die Tastenkombination Ctrl-Alt-Del schließen können, wenn Sie keinen Code zum Schließen des Fensters bereitstellen. Die Verwendung der Tastenkombination zum Schließen ist jedoch nicht nur unbequem, sondern kann auch zum unerwarteten Neustart des Systems führen und damit einen Datenverlust verursachen. In Lektion 26 behandeln wir das Problem, einen Rahmen zu erzeugen, den Sie vom Programm aus schließen können.

Die Java-Klasse `Frame` steht in einer Klassenhierarchie, in der die Klasse `Component` ganz oben steht. Obwohl alle Klassen in dieser Hierarchie wichtig für die Programmierung von Grafik sind, konzentrieren wir uns in dieser Lektion auf die grundlegenden Klasse `Frame`, `Window`, `Container` und `Component`. Abbildung 25.1 zeigt die Klassen dieser Hierarchie.

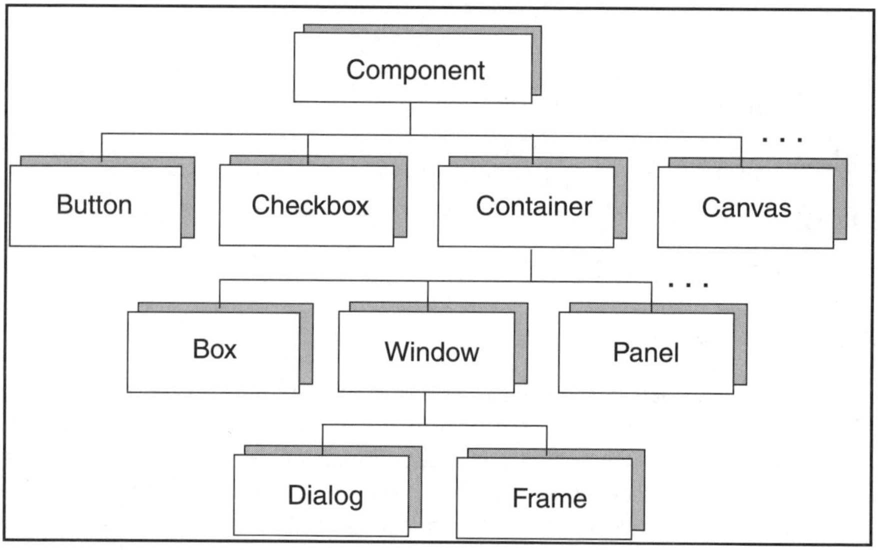

Abbildung 25.1: Ausgewählte Klassen der AWT-Hierarchie

Hinweis

Die Programmierung von Grafik ist eine komplizierte Kunst. Diese Lektion enthält Tabellen mit den Methoden der folgenden AWT-Klassen: *`Frame`, `Window`, `Container`* ***und*** *`Component`*. ***Obwohl diese Tabellen nur eine Auswahl oft verwendeter Methoden sind, sind einige von ihnen recht umfangreich. Wir wollen damit nur einen Überblick über die Funktionalität des AWT geben, der auch als Referenz dienen kann. Durch Überfliegen dieser Tabellen sollten Sie die erforderliche Vertrautheit mit deren Inhalt erreichen, die in den folgenden Lektionen benötigt wird.***

25.1.1 Die Klasse Frame

Wir verwenden die Klasse `Frame`, um ein Fenster mit einer Titelleiste, einem Rahmen und einer optionalen Menüleiste zu erzeugen. Ein Rahmen kann weitere Elemente wir Buttons enthalten, um die Größe des Fensters zu verändern, zu minimieren oder zu maximieren. Die Klasse `Frame`, die `Window` erweitert, stellt Methoden für die Konfiguration und die Manipulation von Rahmen zur Verfügung. Tabelle 25.1 listet einige der oft verwendeten Methoden der Klasse `Frame` auf.

Tabelle 25.1: ***Ausgewählte Methoden von*** `java.awt.Frame`

Rückgabetyp	Name	Beschreibung
`void`	`addNotify()`	Macht den Rahmen darstellbar, indem er mit der Bildschirmressource verknüpft wird.
`static Frame[]`	`getFrames()`	Gibt ein Array zurück, das alle Rahmen der Anwendung enthält.
`Image`	`getIconImage()`	Zeigt das Image in dem minimierten Icon.
`MenuBar`	`getMenuBar()`	Gibt die Menüleiste des Rahmens zurück.
`int`	`getState()`	Gibt den Zustand des Rahmens zurück.
`String`	`getTitle()`	Gibt den Titel des Rahmens zurück.
`boolean`	`isResizable()`	Gibt an, ob die Rahmengröße verändert werden kann.
`String`	`paramString()`	Gibt den Parameterstring dieses Rahmens zurück.
`void`	`remove(MenuComponent m)`	Entfernt die angegebene Menükomponente.
`void`	`removeNotify()`	Macht den Rahmen nicht darstellbar, indem seine Verbindung zur Bildschirmressource entfernt wird.
`void`	`setIconImage(Image image)`	Setzt das Image, das in dem minimierten Icon angezeigt werden soll.
`void`	`setMenuBar(MenuBar mb)`	Setzt die Menüleiste des Rahmens auf die angegebene Menüleiste.
`void`	`setResizable (boolean resizable)`	Definiert, ob die Rahmengröße verändert werden kann.
`void`	`setState(int state)`	Setzt den Zustand des Rahmens.
`void`	`setTitle(String title)`	Setzt den Titel des Rahmens.

25.1.2 Die Klasse Window

Normalerweise muss eine grafische Anwendung die Funktionalität der Klasse `Window` verwenden. Ein `Window`-Objekt repräsentiert ein Top-Level-Fenster ohne Rahmen oder Menü. Wenn wir ein Window-Objekt erzeugen, müssen wir einen Rahmen, einen Dialog oder ein anderes Window-Objekt als Besitzer angeben. Window-Objekte erzeugen Ereignisse, um anzuzeigen, dass das Fenster geöffnet oder geschlossen ist. Tabelle 25.2 listet die am häufigsten verwendeten Methoden der Klasse Window auf:

Tabelle 25.2: *Ausgewählte Methoden von* java.awt.Window

Rückgabetyp	Name	Beschreibung
void	addNotify()	Macht das Fenster darstellbar, indem eine Verbindung zur Bildschirmressource erstellt wird.
void	addWindowListener (WindowListener l)	Fügt einen Listener hinzu, der die Ereignisse dieses Fensters mitgeteilt bekommt.
void	dispose()	Gibt alle von diesem Fenster verwendeten Ressourcen frei.
Locale	getLocale()	Gibt das verwendete Locale-Objekt zurück, falls ein solches Objekt existiert.
indow[]	getOwnedWindows()	Gibt ein Array aller Fenster zurück, die diesem Fenster gehören.
Window	getOwner()	Gibt den Besitzer des Fensters zurück.
void	hide()	Macht dieses Fenster unsichtbar.
boolean	isShowing()	Überprüft, ob das Fenster sichtbar ist.
void	pack()	Passt das Fenster an seine bevorzugt Größe und das Layout der in ihm enthaltenen Komponenten an.
void	processEvent (AWTEvent e)	Verarbeitet Ereignisse des Fensters.
void	processWindowEvent (WindowEvent e)	Verarbeitet Ereignisse des Fensters durch Weitergabe an alle registrierten WindowListener-Objekte.
void	removeWindow-Listener (WindowListener l)	Entfernt den angegebenen Listener.
void	setCursor(Cursor cursor)	Setzt das Image des Cursors wie angegeben.
void	show()	Macht das Fenster unsichtbar.
void	toBack()	Bringt das Fenster in den Hintergrund.
void	toFront()	Bringt das Fenster in den Vordergrund.

25.1.3 Die Klasse Container

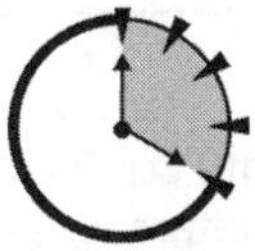

20 Min.

Die Klasse `java.awt.Container` definiert ein generisches Containerobjekt, das Container und andere Komponenten enthalten kann. In Java ist ein Containerobjekt ein konzeptionelles Element mit einer rechteckigen Fläche, in dem andere Programmelemente angeordnet werden können. Die Klasse `Container` ist eine Unterklasse von `Component`. Das bedeutet, dass Sie Containerobjekte ineinander schachteln können. Abbildung 25.2 zeigt einen Rahmen mit zwei Containern.

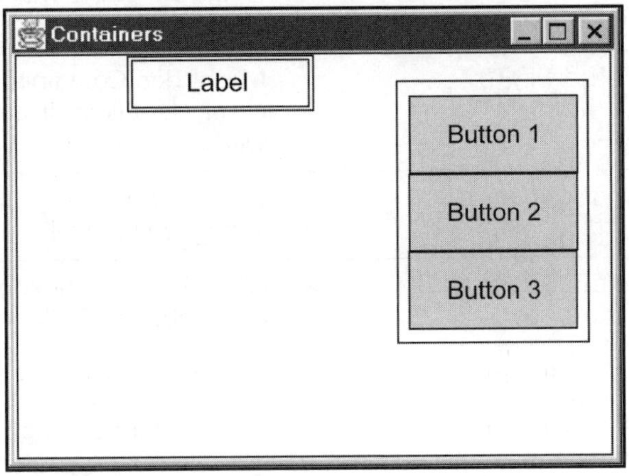

Abbildung 25.2: Containerobjekte in Java

Das Objekt mit dem Titel »Containers« in Abbildung 25.2 enthält einen String »Label«, der in einem Textfeld dargestellt wird, und einen weiteren Container, der seinerseits drei Buttons enthält. Tabelle 25.3 listet einige der oft verwendeten Methoden der Klasse `Container` auf.

Tabelle 25.3: Ausgewählte Methoden von `java.awt.Container`

Rückgabetyp	Name	Bezeichnung
`Component`	`add(Component comp)`	Fügt die angegebene Komponente in den Container ein.
`Component`	`add(Component comp, int index)`	Fügt die angegebene Komponente an der angegebenen Position in den Container ein.
`void`	`add(Component comp, Object constraints)`	Fügt die angegebene Komponente ans Ende des Containers ein mit dem gegebenen Constraint.

Teil 5 – Sonntagmorgen
Lektion 25

Tabelle 25.3: Ausgewählte Methoden von `java.awt.Container`

Rückgabetyp	Name	Bezeichnung
`void`	`add(Component comp, Object constraints, int index)`	Fügt die angegebene Komponente an der angegebenen Position in den Container ein mit dem gegebenen Constraint.
`void`	`addContainerListener (ContainerListener l)`	Fügt den angegebenen Listener ein, der Ereignisse des Containers mitgeteilt bekommt.
`void`	`addNotify()`	Macht den Container darstellbar, indem er mit der Bildschirmressource verknüpft wird.
`Component`	`findComponentAt (int x, int y)`	Lokalisiert die Kindkomponente an der angegebenen Stelle.
`Component`	`findComponentAt (Point p)`	Lokalisiert die Kindkomponente an der angegebenen Stelle.
`float`	`getAlignmentX()`	Gibt die Ausrichtung in x zurück.
`float`	`getAlignmentY()`	Gibt die Ausrichtung in y zurück.
`Component`	`getComponent(int n)`	Gibt eine Komponente im Container zurück.
`Component`	`getComponentAt (int x, int y)`	Findet die direkte Kindkomponente an der durch die Koordinaten angegebenen Stelle.
`Component`	`getComponentAt (Point p)`	Findet die direkte Kindkomponente an der durch den Punkt angegebenen Stelle.
`int`	`getComponentCount()`	Gibt die Anzahl der Komponenten im Container zurück.
`Compo-nent[]`	`getComponents()`	Gibt alle Komponenten im Container zurück.
`Insets`	`getInsets()`	Gibt die Größe des inneren Rahmens des Container zurück.
`Layout-Manager`	`getLayout()`	Gibt den Layout-Manager des Container zurück.
`Dimension`	`getMaximumSize()`	Gibt die maximale Größe des Container zurück.
`Dimension`	`getMinimumSize()`	Gibt die minimale Größe des Container zurück.

Tabelle 25.3: Ausgewählte Methoden von `java.awt.Container`

Rückgabetyp	Name	Bezeichnung
`Dimension`	`getPreferredSize()`	Gibt die bevorzugte Größe des Container zurück.
`void`	`invalidate()`	Invalidiert den Container.
`boolean`	`isAncestorOf (Component c)`	Überprüft, ob die Komponente in der Komponentenhierarchie des Container vorkommt.
`void`	`list (PrintStream out, int indent)`	Druckt ein Listing des Container in den angegebenen Ausgabestream.
`void`	`list (PrintWriter out, int indent)`	Druckt ein Listing mit der angegebenen Einrückung in den angegebenen `PrintWriter`.
`void`	`paint (Graphics g)`	Zeichnet den Container.
`void`	`paintComponents(Graphics g)`	Zeichnet jede Komponente im Container.
`String`	`paramString()`	Gibt den Parameterstring des Container zurück.
`void`	`print(Graphics g)`	Druckt den Container.
`void`	`printComponents (Graphics g)`	Druckt jede Komponente im Container.
`void`	`processContainerEvent (ContainerEvent e)`	Verarbeitet Ereignisse des Container durch Weitergabe an alle registrierten `ContainerListener`-Objekte.
`void`	`processEvent (AWTEvent e)`	Verarbeitet Ereignisse des Container.
`void`	`remove (Component comp)`	Entfernt die angegebene Komponente aus dem Container.
`void`	`remove(int index)`	Entfernt die Komponente mit dem angegebenen Index.
`void`	`removeAll()`	Entfernt alle Komponenten aus dem Container.
`void`	`removeContainerListener (ContainerListener l)`	Entfernt den angegebenen `ContainerListener`.

Tabelle 25.3: Ausgewählte Methoden von `java.awt.Container`

Rückgabetyp	Name	Bezeichnung
`void`	`removeNotify()`	Macht den Container nicht darstellbar, indem seine Verbindung zur Bildschirmressource entfernt wird.
`void`	`setCursor (Cursor cursor)`	Setzt das Image des Cursor.
`void`	`setFont(Font f)`	Setzt den Font des Container.
`void`	`setLayout (LayoutManager mgr)`	Setzt den Layout-Manager des Container.
`void`	`update(Graphics g)`	Führt ein Update für den Container aus.
`void`	`validate()`	Validiert den Container.

25.1.4 Die Klasse Component

0 Min.

An der Spitze der Hierarchie steht die Klasse `Component`. Diese Klasse definiert Objekte, die auf dem Bildschirm angezeigt werden können und mit denen wir in Interaktion treten können. Die Notation einer Komponente ist der Notation von Windows, bei der von Kontrollelementen gesprochen wird, sehr ähnlich. Beispiele von Komponenten sind Buttons, Checkboxen, Scrollbars und Menüs. Wir implementieren ein GUI mit Hilfe von Komponenten. Die Klasse `Component` ist die umfangreichste Klasse des AWT. Informationen zu der Klasse `Component` finden Sie im JDK.

Zusammenfassung

Das AWT von Java stellt Funktionalitäten für die Manipulation von Images und die Erzeugung von Grafik auf allen unterstützten Plattformen bereit. Die plattformunabhängige Grafik ist eine der größten Herausforderungen in Java. Ein Rahmen ist ein Top-Level-Fenster. Das Konzept des Rahmens in Java umfasst die Titelleiste des Fensters und den Rahmen. Die Klasse `Component` steht an der Spitze einer Klassenhierarchie, die die grafische Funktionalität des AWT enthält. Andere Klassen in dieser Hierarchie sind z.B. `Container`, `Window` und `Frame`.

Wir verwenden die Klasse `Frame`, um ein Fenster mit einer Titelleiste, einem Rahmen und einer optionalen Menüleiste zu erzeugen. Die Klasse `Frame`, die die Klasse `Window` erweitert, stellt Methoden für die Konfiguration und die Manipulation von Rahmen bereit.

Wir verwenden die Klasse `Window`, um Objekte zu erzeugen, die ein Top-Level-Fenster ohne Rahmen und Menüs darstellen. Ein `Window`-Objekt muss einen Rahmen, einen Dialog oder ein anderes `Window`-Objekt als Besitzer haben. `Window`-Objekte erzeugen Ereignisse, wenn das Fenster geöffnet oder geschlossen wird.

Ein `Container`-Objekt ist ein konzeptionelles Element mit einer rechteckigen Fläche, in dem andere Programmelemente platziert werden können. Die Klasse `Container` ist eine Unterklasse von `Component`. Wir können `Container`-Objekte ineinander schachteln.

Wir können ein `Component`-Objekt auf dem Bildschirm anzeigen und wir können damit in Interaktion treten. Die Notation ist der Notation der Kontrollelemente unter Windows sehr ähnlich. Beispiele für Komponenten sind Buttons, Checkboxen, Scrollbars und Menüs. Wir implementieren ein GUI mit Hilfe von Komponenten. Die Klasse `Component` ist die umfangreichste Klasse des AWT.

Selbsttest

1. Was ist die größte Herausforderung bei der Portabilität von Java (siehe »Checkliste«)?
2. Welche Elemente enthält ein `Frame`-Objekt in Java (siehe »AWT-Klassen«)?
3. Was sind die charakteristischen Merkmale eines Objekts aus der Klasse `Window` (siehe »Die Klasse `Window`«)?
4. Nennen Sie drei Elemente, die in einem `Container`-Objekt enthalten sein können (siehe »Die Klasse `Container`«).
5. Nennen Sie drei `Component`-Objekte, mit denen der Benutzer in Interaktion treten kann (siehe »Die Klasse `Component`«).

Erzeugen einer grafischen Anwendung

Lektion 26

Checkliste

- ☑ Das Problem des schließbaren Rahmens
- ☑ Verwenden der Klasse `ActiveFrame`
- ☑ Die Grafikklassen von Java
- ☑ Die Methoden `update()` und `paint()`
- ☑ Fonts manipulieren und Text anzeigen

30 Min.

Grafik ist einer der wichtigsten und schwierigsten Bereiche in der Programmierung. Aus diesem Grunde bekommen Grafikprogrammierer traditionell sehr gute Gehälter in der Industrie. In den Lektionen 26 und 27 geben wir einen Überblick über die Grafikprogrammierung in Java. Seien Sie bitte vorgewarnt – viele wichtige Themen werden nur gestreift oder sogar völlig ausgelassen. Wir möchten Ihnen nur einen Eindruck davon vermitteln, wie Grafikprogrammierung in Java funktioniert.

26.1 Das Problem des schließbaren Rahmens

In Lektion 25 haben wir erwähnt, dass Java-Anwendungen Ereignisse wie das Verschieben, Skalieren oder Schließen von Fenstern verarbeiten müssen. Wenn das Programm die dazu notwendige Logik nicht bereitstellt, dann können wir nur Kommandos auf der Systemebene verwenden, um das Fenster zu schließen. Unter Windows kann die Tastenkombination Ctrl+Alt+Del dazu verwendet werden. Aber die Verwendung von Systemkommandos zum Schließen eines Fensters ist nicht nur unbequem, sondern kann auch zu einem unbeabsichtigten Neustart des Computers führen.

Die Erzeugung eines Rahmens, den wir mit Hilfe eines entsprechenden Buttons in der Titelleiste schließen können, erfordert das Implementieren eines Handler für die Events und die Verwendung des Codes, der die Behandlung der Ereignisse durchführt. In älteren Versionen des AWT war diese Aufgabe leicht zu lösen, weil das Modell zur Behandlung von Ereignissen einfach und intuitiv erfassbar war. Das ursprüngliche Ereignismodell, das auf Vererbung basierte, hatte jedoch große Beschränkungen, was Anlass dazu gab, in Java ein komplexes auf Delegation basierendes Modell zu integrieren. Obwohl der ältere Code auch unter Java 1.3 funktioniert, wird diese Unterstützung in zukünftigen Versionen wegfallen.

Um einen Rahmen schließbar zu machen, verwenden wir die Klasse `ActiveFrame`. Später in dieser Lektion entwickeln wir diese Klasse. Weil `ActiveFrame` die Klasse `Frame` erweitert, stehen die Methoden der Klasse `Frame` unserem Code zur Verfügung.

Im Folgenden finden Sie die Defaulteigenschaften eines Objekts aus der Klasse `ActiveFrame`:

- Die Defaultgröße ist 300 x 200 Pixel.
- Die Defaultposition ist die obere linke Ecke des Bildschirms.
- Die Titelleiste des Fensters zeigt den Namen der Klasse.

26.2 Verwenden der Klasse ActiveFrame

Um das Problem mit dem Schließen eines Rahmens zu vermeiden, entwickeln wir eine Klasse, die Code für die Behandlung von Fensterereignissen enthält. Dazu muss ein `WindowListener`-Objekt implementiert werden im Sinne der Klasse `WindowAdapter`, die im Paket java.awt.event zu finden ist. Die Methode `windowClosing()` der Klasse `WindowAdapter` nimmt ein `WindowEvent`-Objekt als Parameter. Wir rufen diese Methode auf, wenn wir das Fenster der Anwendung schließen und stellen so eine Implementierung eines durch den Benutzer schließbaren Fensters bereit. Die folgende Klasse `ActiveFrame` erweitert die Java-Klasse `Frame` und stellt den nötigen Code bereit, um das Programmfenster zu schließen. Wir definieren die Klasse `ActiveFrame` wie folgt:

```
import java.awt.Frame;
import java.awt.event.WindowAdapter;
import java.awt.event.WindowEvent;

public class ActiveFrame extends Frame
{
  //*************************
  //     Konstruktor
  //*************************
  public ActiveFrame()
  {
    addWindowListener(new WindowAdapter()
    {
      public void windowClosing(WindowEvent e)
      {
        System.exit(0);
      }
    });
    setSize(300, 200);
```

```
    setTitle(getClass().getName());
  }
}
```

Zusätzlich dazu, dass die Klasse `ActiveFrame` ein schließbares Fenster erzeugt, setzt sie die Fenstergröße auf 300x200 Pixel und zeigt den Namen der treibenden Klasse in der oberen Fensterleiste an. Code kann diese Defaultwerte nach Bedarf ändern.

CD-ROM

Das Programm GFrame.java verwendet die Klasse `ActiveFrame`***, um ein Programmfenster zu erzeugen. Die Quelldatei GFrame.java finden Sie im Verzeichnis Lektion 26 auf der beiliegenden CD.***

Das resultierende Fenster überschreibt die Defaultgröße (300x200 Pixel), die in der Klasse `ActiveFrame` definiert ist. Auch der Titel des Fensters wird verändert. Weil wir `ActiveFrame` erweitern, können wir die konventionellen Kontrollmechanismen zum Schließen des Programmfensters verwenden. Unter Windows aktivieren wir das Schließen des Fensters durch Klicken auf den Button in der Knopfleiste, der das X zeigt, oder durch Auswahl des Kommandos Schließen im Systemmenü. Abbildung 26.1 zeigt das resultierende Programmfenster.

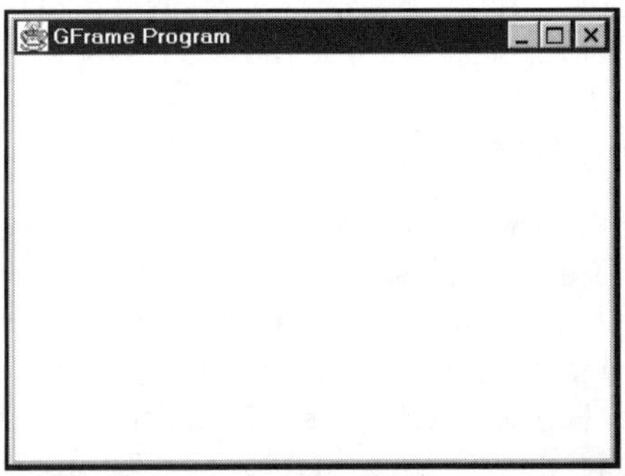

Abbildung 26.1: Screenshot des Programms GFrame

Das Programm `GFrame.java` zeigt einen einfachen Weg, um die Klasse `ActiveFrame` zur Erzeugung eines Grafikfensters zu verwenden. In Ihren eigenen Programmen müssen Sie das Fenster sicherlich entsprechend anpassen. Ihr Programm benötigt vielleicht eine andere Fenstergröße als in unserem Beispielcode, oder das Fenster soll an einer anderen Position auf dem Bildschirm angezeigt werden. Das Fenster hat bestimmt auch seinen eigenen Titel. Sie können alle diese Eigenschaften durch Aufruf der entsprechenden Methoden in den Superklassen aufrufen, wie in Lektion 25 besprochen wurde: `Component`, `Container`, `Window` und `Frame`. Wir können z.B. die Größe des Programmfensters durch Aufrufen der Methode `setSize()` in der Klasse `Component` verändern, wie wir es im Programm `GFrame.java` getan haben.

26.3 Anzeigekontext und die Grafikklassen von Java

20 Min.

Unter Windows bezeichnen wir eine Struktur, die Informationen über ein Gerät speichert wie z.B. einen Bildschirm oder einen Drucker als *Gerätekontext*. Das Gegenstück dazu in Java ist die Klasse `Graphics`. Das `Graphics`-Objekt enthält alle nötigen Informationen zum Durchführen von Zeichenoperationen, wie die folgenden:

- Das Objekt, das Ziel der Zeichenoperation ist. Das ist normalerweise ein Objekt aus der Klasse `Component`, aber es kann auch ein Bild sein, das gerade nicht auf dem Bildschirm angezeigt wird.
- Ein Modell für die Transformationen von Koordinaten, mit dem die Position von Objekten auf dem Bildschirm gesteuert wird.
- Ein Rechteck zum Begrenzen des sichtbaren Bereichs.
- Eine Farbe zum Zeichnen.
- Ein Font, der zur Anzeige von Text verwendet wird.

Jedes Java-Pogramm, das Text oder Grafik in einem Rahmen darstellt, muss ein `Graphics`-Objekt besitzen. Die Klasse `Graphics`, die Teil des AWT ist, enthält mehr als 35 Methoden zum Zeichnen von Linien, Bögen, Rechtecken, Zeichen, Bytes, Bitmaps (die in Java als Image bezeichnet werden), Ellipsen, Polygone, um nur einige zu nennen. Die Klasse `Graphics` ist eine abstrakte Klasse, Sie können daher kein Objekt unmittelbar aus dieser Klasse instanziieren.

26.3.1 Die Methoden update() und paint()

10 Min.

Ein grafisches Java-Programm, das auf dem AWT basiert, ist ereignisgesteuert. Der Programmcode zum Zeichnen enthält alle Anweisungen zum Zeichnen, aber das Zeichnen an sich wird vom Programm nicht veranlasst. Stattdessen wartet der Code auf ein Ereignis, das entweder vom System oder vom Anwender erzeugt wurde, um dann das Fenster zu zeichnen. Ein solches Ereignis kann das erstmalige Darstellen des Fensters sein, oder das erneute Sichtbarmachen, das Verändern der Fenstergröße oder sonst irgend eine Veränderung am Fenster. Wenn der Ereignishandler von Java ein Fenster neu zeichnen muss, wird die Methode `update()` in der Klasse `Component` aufgerufen. Die Methode `update()` löscht den Hintergrund des Fensters und ruft die Methode `paint()` aus der Klasse `Canvas` auf. Eine Anwendung überschreibt typischerweise die Methode `paint()`, damit die neue Implementierung immer dann die Kontrolle erhält, wenn das Programm ein Update nötig hat. Die Methode `paint()` erhält als einzigen Parameter ein `Graphics`-Objekt, z.B.:

```
public void paint(Graphics g)
{
  g.drawString("Hello World!!!", 50, 100);
}
```

In diesem Fall definiert der Code die Methode `paint()` auf seine Weise und erhält immer dann die Kontrolle, wenn der Bildschirm ein Update nötig hat. Die einzige Ausgabeoperation verwendet die Methode `drawString()` der Klasse `Graphics`, um eine Meldung auf dem Bildschirm auszugeben. Der zweite und der dritte Parameter der Methode `drawString()` sind die x- und die y-Koordinate in der Zeichenfläche.

26.3.2 Fonts manipulieren

Ein Font ist eine Menge von Zeichen mit dem gleichen Typ, Stil und der gleichen Größe. Im AWT sind die Typen SansSerif, Serif, Monspace, Dialog und DialogInput verfügbar. Als Stil stehen BOLD, ITALIC, BOLD/ITALIC und PLAIN zur Verfügung. Wir drücken die Größe der Buchstaben eines Fonts in so genannten Punkten aus, wobei jeder Punkt 1/72 Inch groß ist.

In Java enthält ein Attribut des `Graphics`-Objekts den Defaultfont, der für das Zeichnen von Text auf dem Bildschirm verwendet wird. Anwendungen können andere Fonts und Größen auswählen, indem Sie ein Objekt aus der Klasse `Font` instanziieren. Die Klasse `Font` stellt den folgenden Konstruktor bereit:

```
public Font(String name, int style, int size)
```

Hierbei gilt:

`String name` kann SansSerif, Serif, Monospaced, Dialog oder DialogInput sein.

`int style` kann BOLD, ITALIC, BOLD/ITALIC oder PLAIN sein.

`int size` ist die Punktgröße.

Eine Anwendung kann wie folgt ein `Font`-Objekt erzeugen:

```
Font f = new Font("SansSerif", Font.BOLD, 14);
```

Unter Verwendung der Methode `setFont()` in der Klasse `Component` kann eine Anwendung wie folgt den Font in Grafikkontext installieren:

```
g.setFont(f);
```

CD-ROM

Das Programm WindowText.java demonstriert die fundamentalen Manipulationen, die von einer Grafikanwendung in Java benötigt werden, die Text auf dem Bildschirm ausgibt. Die Quelldatei WindowsText.java finden Sie im Verzeichnis Lektion 26 auf der beiliegenden CD.

Abbildung 26.2 zeigt das vom Programm **WindowText.java** geöffnete Fenster.

0 Min.

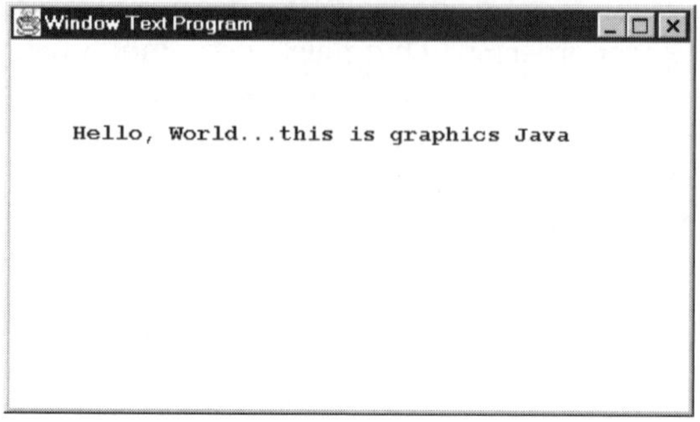

Abbildung 26.2: Fenster, das von `WindowText`***.java geöffnet wurde.***

Zusammenfassung

Grafische Anwendungen in Java müssen Logik bereitstellen, um das Programmfenster mit einem Kommando auf Programmebenen zu schließen. Ein Weg, das im AWT zu tun, ist die Verwendung der Methode `windowClosing()` der Klasse `WindowAdapter`. Die Klasse `ActiveFrame`, die wir entwickelt haben, stellt das Schließen des Fensters auf diese Weise bereit.

Die Klassen, die wir in Lektion 25 beschrieben haben (`Component, Container, Window und Frame`) stellen viel der Funktionalität bereit, die von einer grafischen Anwendung in Java verlangt wird. Die Methode `setSize()` erlaubt es, die Größe eines Fensters zu verändern. Wir verwenden die Methode `setLocation()`, um das Programmfenster auf dem Desktop zu platzieren. Die Methode `setTitle()` setzt den Namen in der Titelleiste des Fensters.

Der Anzeigekontext ist eine Struktur, die Informationen über das grafische Gerät wie z.B. den Bildschirm enthält. In Java ist dies ein Objekt aus der Klasse `Graphics`. AWT-Programme werden durch Ereignisse gesteuert. Die Methode `update()` der Klasse `Component` löscht den Hintergrund und ruft die Methode `paint()` der Klasse `Canvas` auf. Anwendungen überschreiben im Allgemeinen die Methode `paint()`.

Ein Font ist ein Java-Objekt, das die Anwendung manipulieren kann. Wenn wir ein `Font`-Objekt konstruieren, setzen wir seinen Typ, seinen Stil und seine Punktgröße. Wir können dann das `Font`-Objekt in einem Gerätekontext mittels der Funktion `setFont()` der Klasse `Component` aktivieren.

Selbsttest

1. Stellt das AWT eine Unterstützung bereit, um ein Fenster von der Anwenderebene aus zu schließen (siehe »Das Problem des schließbaren Rahmens«)?
2. Welche Java-Klassen werden bei der Implementierung des schließbaren Rahmens verwendet (siehe »Verwenden der Klasse `ActiveFrame`«)?

3. Was ist das Äquivalent in Java, das dem Gerätekontext in Windows entspricht (siehe »Anzeigekontext und die Grafikklassen von Java«)?
4. Enthält ein Gerätekontext in Java einen Defaultfont (siehe »Anzeigekontext und die Grafikklassen von Java«)?
5. Schreiben Sie Java-Code, der einen Font verwendet, der gleiche Abstände verwendet, fett gedruckt und 12 Punkte groß ist (siehe »Fonts manipulieren«).

Sonntagmorgen – Zusammenfassung

Teil 5

1. *An welche anderen Objekte können wir Java-Streams außer an die Konsole noch binden?*
2. *Nennen Sie drei Regeln zum Erzeugen von Dateinamen, die auf allen Plattformen verwendet werden können.*
3. *Nennen Sie drei gängige Erweiterungen von Dateinamen unter DOS.*
4. *Was ist das prinzipielle Feature von Lesern und Schreibern?*
5. *Nennen Sie drei Java-Klassen, die wir oft bei Schreiboperationen verwenden.*
6. *Worin besteht der Vorteil in der Verwendung von gepufferten Lesern und Schreibern?*
7. *Nennen Sie die Vorteile und die Nachteile vom Kaskadieren von Konstruktoren.*
8. *Was bedeutet der Java-Begriff »*`locale`*«?*
9. *Wofür wird die Klasse* `StringTokenizer` *verwendet?*
10. *Wofür steht die Abkürzung GUI?*
11. *Wie greifen Anwendungen auf Systemressourcen zu in einer Umgebung, die Multitasking unterstützt?*
12. *Nennen Sie vier Kontrollelemente.*
13. *Was ist in Java der Unterschied zwischen einem Applet und einer Anwendung?*
14. *Was ist die größte Herausforderung bei der Plattformunabhängigkeit von Java?*
15. *Welche Elemente enthält ein* `Frame`*-Objekt?*
16. *Unterstützt das AWT das Schließen eines Fensters durch ein Benutzerkommando?*
17. *Mit Hilfe welcher Klassen können wir einen schließbaren Rahmen erzeugen?*
18. *Was entspricht in Java dem Gerätekontext unter Windows?*
19. *Enthält der Gerätekontext in Java einen Defaultfont?*

Sonntag-nachmittag

Teil 6

Lektion 27

Vektor- und Rastergrafik

Lektion 28

Entwickeln einer Java-Anwendung

Lektion 29

Techniken für die Anwendungsentwicklung

Lektion 30

Testen und Debuggen von Programmen

Vektor- und Rastergrafik

Lektion 27

Checkliste

- ☑ Verschieben des Rahmenursprungs
- ☑ Farbe in Java-Grafik: Das RGB-Format
- ☑ Verwenden der Grafikklassen von Java: Vektororientierte Methoden und geometrische Transformationen
- ☑ Rastergrafik in Java: Das Image-Objekt erzeugen und die Bitmap anzeigen

30 Min.

Wir verwenden zwei Technologien, um Bilder zu erzeugen und auf dem Bildschirm anzuzeigen: *Vektor-* und *Rastergrafik*. Vektorgrafik basiert auf mathematischen Beschreibungen des Bildes. Ein Beispiel hierfür ist eine Linie, die durch ihre Start- und Endpunkte gegeben ist. Ein komplexes grafisches Objekt besteht aus Beschreibungen aller Komponenten, die zu dem Objekt gehören. Wir können vektorbasierte Objekte dadurch manipulieren, dass wir die Werte, die die Koordinatenpunkte darstellen, transformieren. Auf diese Weise können wir solche Objekte verschieben, skalieren und auf dem Bildschirm rotieren lassen. Rastergrafik hingegen wird auf der Basis einzelner Punkte auf dem Bildschirm beschrieben. Diese Punkte sind in Zeilen und Spalten angeordnet und jedem Punkt ist ein eigenes Farbattribut zugeordnet. AWT und andere Grafikpakete von Java unterstützten sowohl Vektorgrafik als auch Rastergrafik.

27.1 Verschieben des Rahmenursprungs

Wir müssen uns erst mit einem geometrischen Problem befassen, bevor wir versuchen, grafische Objekte zur Anzeige zu bringen. In Abbildung 26.2 in der vorangegangenen Lektion sehen wir einen typischen Java-Rahmen. Beachten Sie, dass der Rahmen die Titelleiste und den Fensterrahmen umfasst. Weil Anwendungen nicht in die Titelleiste oder in den Rahmen zeichnen können, ist es sinnvoll, den Ursprung des Rahmens in die obere linke Ecke der Zeichenfläche zu verlagern, in der die Anwendung zeichnen kann. Abbildung 27.1 zeigt den Rahmenursprung und den Ursprung der Zeichenfläche.

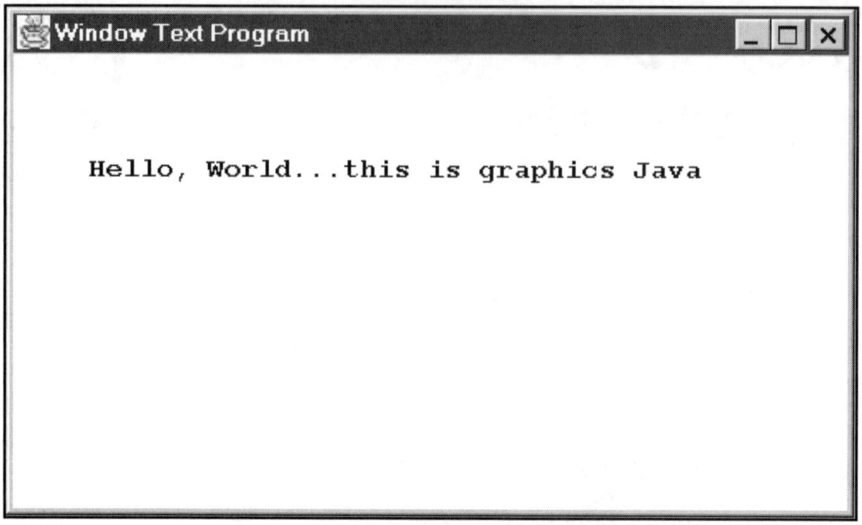

Abbildung 27.1: Der Rahmenursprung und der Ursprung der Zeichenfläche

Um den Ursprung vom Rahmen auf die Zeichenfläche zu verlegen, verwenden wir die Methode `translate()` der Klasse `graphics`. Die Methode besitzt zwei Parameter, die den x-Wert und den y-Wert angeben, an die der Ursprung verlegt werden soll. Wir können die Größe der Titelleiste und des Fensterrahmens durch die Methode `getInsets()` der Klasse `Container` erfragen wie im Folgenden zu sehen ist:

```
getInsets().left --> Breite des Rahmens
getInsets().top   --> Breite der Titelleiste
```

Der Aufruf von `translate()` wird wie folgt ausgeführt:

```
g.translate(getInsets().left, getInsets().top);
```

Nachdem dieser Aufruf ausgeführt wurde, befindet sich der Ursprung zum Zeichnen in der linken oberen Ecke der Zeichenfläche. In den meisten Fällen vereinfacht dies die Programmierung.

27.2 Farbe in Java-Grafik

Heute können die meisten Bildschirme Farbe anzeigen. In diesen Systemen ist die Farbe ein grafisches Attribut, das einem `Graphics`-Objekt zugeordnet ist. Wenn wir die Farbe gesetzt habe, wird sie für alle folgenden Zeichenoperationen verwendet. Wenn sie mit mehreren Farben arbeiten wollen, müssen sie diese nacheinander auswählen.

Die Klasse `Color` des AWT kapselt Farben. Es stehen verschiedene Methoden zur Verfügung um Farben zu definieren. Die einfachste besteht darin, die vordefinierten Farben zu verwenden. Java definiert die folgenden Standardfarben:

black	green	red	pink
blue	light-gray	white	
cyan	magenta	yellow	
dark-gray	orange	gray	

27.2.1 RGB-Farbformat

Alternativ können wir eine Farbe durch Angabe ihrer Komponenten für rot, grün und blau definieren. Wir bezeichnen dies als *RGB-Format*. Die Konstruktoren der Klasse `Color` gestatten es uns, eigene Farben über Angabe der entsprechenden Farbkomponenten zu definieren. Ein Konstruktor spezifiziert RGB-Werte im Bereich von 0.0 bis 1.0. Ein anderer Konstruktor gestattet die Verwendung von Werten im Bereich von 0 bis 255 zur Angabe von RGB-Werten. Letzterer spiegelt die Architektur der meisten grafischen Geräte wider, die Bytes verwenden, um jede RGB-Komponente darzustellen.

Wir können Objekte aus der Klasse `Color` wie folgt erzeugen:

```
Color myRed = new Color(200, 0, 0);
Color skyBlue = new Color(0, 0, 180);
Color pinkish = new Color(200, 50, 50);
Color darkest = new Color(0, 0, 0);
Color brightest = new Color(255, 255, 255);
```

Wenn wir eine Farbe definiert haben, können wir sie als Attribut für ein `Graphics`-Objekt verwenden, indem wir die Methode `setColor()` aus der Klasse `Graphics` verwenden. Diese Methode erwartet als Parameter ein `Color`-Objekt, das wir entweder selber erzeugt haben oder das von Java vordefiniert wurde. Hier ein Beispiel:

```
g.setColor(myRed);
g.setColor(Color.orange);
```

Wir können auch in einer einzigen Anweisung eine eigene Farbe erzeugen und als Attribut einem `Graphics`-Objekt zuweisen:

```
g.setColor(new Color(0, 128, 128));
```

27.3 Verwenden der Klasse Graphics

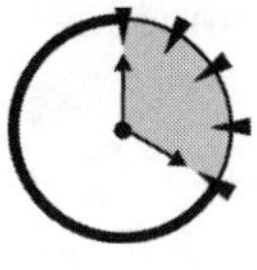
20 Min.

Die Klasse `Graphics` ist eine abstrakte Klasse, die es Anwendungen erlaubt, auf unterschiedlichen Geräten Ausgaben zu zeichnen, und ebenso auch in Images, die gerade nicht angezeigt werden. Ein `Graphics`-Objekt enthält Informationen, die die elementaren Grafikoperationen definieren. Diese Zustandsinformation, die äquivalent ist zum Gerätekontext von Windows, enthält die folgenden Eigenschaften:

- das `Component`-Objekt, auf dem gezeichnet wird
- ein Verschiebungsursprung zum Zeichnen und Clippen von Koordinaten

- das aktuelle Clipping-Rechteck
- die aktuelle Farbe
- der aktuelle Font
- die aktuelle logische Operation auf Pixeln
- die aktuelle für XOR verwendete Farbe

Wir haben bereits einige der Attribute kennen gelernt, wie z.B. die `Component`, den Verschiebungsursprung, die Farbe, und den Font. In Java manipulieren Zeichenoperationen nur die Pixel, die in der aktuellen Clipping-Region liegen, die ein Attribut von `Graphics` ist. Tabelle 27.1 zeigt einige Methoden der Klasse `Graphics`.

Tabelle 27.1: *Oft verwendete Methoden von* `java.awt.Graphics`

Rückgabetyp	Name	Beschreibung
`abstract void`	`clearRect(int x, int y, int width, int height)`	Löscht das angegebene Rechteck durch Füllen mit der aktuellen Hintergrundfarbe.
`abstract void`	`clipRect(int x, int y, int width, int height)`	Schneidet die aktuelle Clipping-Region mit dem angegebenen Rechteck oder definiert die Clipping-Region erstmalig.
`abstract void`	`copyArea(int x, int y, int width, int height, int dx, int dy)`	Kopiert einen Teil der Komponente um die durch `dx` und `dy` angegebenen Werte.
`abstract Graphics`	`create()`	Erzeugt ein neues `Graphics`-Objekt, das eine Kopie des aufrufenden Objekts ist.
`Graphics`	`create(int x, int y, int width, int height)`	Erzeugt ein neues `Graphics`-Objekt aber ohne Verschiebung und Clipping-Rechteck.
`abstract void`	`dispose()`	Beseitigt das `Graphics`-Objekt und gibt alle belegten Ressourcen frei.
`abstract void`	`drawArc(int x, int y, int width, int height, int startAngle, int arcAngle)`	Zeichnet den Rand eines kreisförmigen oder elliptischen Bogens in das angegebene Rechteck.
`void`	`drawBytes(byte[] data, int offset, int length, int x, int y)`	Verwendet die aktuelle Farbe und den aktuellen Font, um den durch das Bytearray angegebenen Text zu zeichnet.

Tabelle 27.1: *Oft verwendete Methoden von* `java.awt.Graphics`

Rückgabetyp	Name	Beschreibung
`void`	`drawChars(char[] data, int offset, int length, int x, int y)`	Verwendet die aktuelle Farbe und den aktuellen Font, um den durch das Zeichenarray angegebenen Text zu zeichnet.
`abstract void`	`drawLine(int x1, int y1, int x2, int y2)`	Verwendet die aktuelle Farbe, um eine Linie zwischen den Punkten (x1, y1) und (x2, y2) zu zeichnen.
`abstract void`	`drawOval(int x, int y, int width, int height)`	Zeichnet den Umriss eines Ovals in das definierte umschließende Rechteck.
`abstract void`	`drawPolygon(int[] xPoints, int[] yPoints, int nPoints)`	Zeichnet ein geschlossenes Polygon, das durch Arrays von x- und y-Koordinaten definiert wird.
`void`	`drawPolygon(Poly-gon p)`	Zeichnet den Umriss eines Polygons, das durch das gegebenen `Polygon`-Objekt definiert wird.
`abstract void`	`drawPolyline(int[] xPoints, int[] yPoints, int nPoints)`	Zeichnet eine Reihe von verbundenen Linien, die von den angegebenen x- und y-Arrays definiert werden.
`void`	`drawRect(int x, int y, int width, int height)`	Zeichnet den Umriss des angegebenen Rechtecks.
`abstract void`	`drawRoundRect(int x, int y, int width, int height, int arcWidth, int arcHeight)`	Zeichnet den Umriss eines Rechtecks mit abgerundeten Ecken in der aktuellen Farbe.
`abstract void`	`drawString(String str, int x, int y)`	Zeichnet den angegebenen String an die angegebenen Stelle unter Verwendung der aktuellen Farbe und des aktuellen Fonts.
`void`	`fill3DRect(int x, int y, int width, int height, boolean raised)`	Füllt ein 3-D Rechteck mit der aktuellen Farbe.

Tabelle 27.1: ***Oft verwendete Methoden von*** `java.awt.Graphics`

Rückgabetyp	Name	Beschreibung
abstract void	fillArc(int x, int y, int width, int height, int startAngle, int arcAngle)	Füllt einen kreisförmigen oder elliptischen Bogen, der durch das umschließende Rechteck definiert wird.
abstract void	fillOval(int x, int y, int width, int height)	Füllt ein Oval, das durch das umschließende Rechteck definiert wird, in der aktuellen Farbe.
abstract void	fillPolygon(int[] xPoints, int[] yPoints, int nPoints)	Füllt ein geschlossenes Polygon, das durch x- und y-Arrays gegeben ist.
void	fillPolygon (Polygon p) /	Füllt das durch das Polygon-Objekt gegebene Polygon in der aktuellen Farbe.
abstract void	fillRect(int x, int y, int width, int height)	Füllt das angegebene Rechteck.
abstract void	fillRoundRect(int x, int y, int width, int height, int arcWidth, int arcHeight)	Füllt das angegebene Rechteck mit abgerundeten Kanten mit der aktuellen Farbe.
void	finalize()	Gibt den Kontext frei, wenn er nicht weiter verwendet wird.
abstract Shape	getClip()	Gibt die aktuelle Clipping-Region zurück.
abstract Rectangle	getClipBounds()	Gibt das umschließende Rechteck der Clipping-Region zurück.
abstract Color	getColor()	Gibt die aktuelle Farbe zurück.
abstract Font	getFont()	Gibt den aktuellen Font zurück.
boolean	hitClip(int x, int y, int width, int height)	Gibt true zurück, wenn das angegebene Rechteck das umhüllende Rechteck der Clipping-Region schneidet.
abstract void	setClip(int x, int y, int width, int height)	Setzt die Clipping-Region auf das angegebene Rechteck.

Tabelle 27.1: ***Oft verwendete Methoden von*** `java.awt.Graphics`

Rückgabetyp	Name	Beschreibung
`abstract void`	`setClip(Shape clip)`	Setzt die Clipping-Region auf eine beliebige Form.
`abstract void`	`setColor(Color c)`	Setzt die aktuelle Farbe.
`abstract void`	`setFont(Font font)`	Setzt den aktuellen Font.
`abstract void`	`setPaintMode()`	Setzt den Zeichenmodus so, dass ein Zielort mit der aktuellen Farbe überschrieben wird.
`abstract void`	`setXORMode(Color c1)`	Setzt den Zeichenmodus so, dass zwischen der aktuellen Farbe und der neuen Farbe alterniert wird.
`String`	`toString()`	Gibt ein `String`-Objekt zurück, das dieses `Graphics`-Objekt repräsentiert.
`abstract void`	`translate(int x, int y)`	Verschiebt den Ursprung an den Punkt (x,y) im aktuellen Koordinatensystem.

27.4 Vektorbasierte Methoden

Einige Methoden der Klasse `Graphics` erlauben es, gerade Linien und Kurven zu zeichnen. Zum Füllen eines Ovals können Sie z.B. die Methode `fillOval()` verwenden, die einen einfarbigen Kreis oder Ellipse wie folgt zeichnet:

```
g.fillOval(50, 60, 200, 100);
           --  --  ---  ---
           |   |   |    |__ Höhe umschließendes Rechteck
           |   |   |_______ Breite umschließendes Rechteck
           |   |___________ y linke obere Ecke
           |_______________ x linke obere Ecke
```

Hierbei sind:

`50` = x der oberen linken Ecke

`60` = y der oberen linken Ecke

`200` = Breite des umschließenden Rechtecks

`100` = Höhe des umschließenden Rechtecks

Andere Methoden, die mit ähnlichen Parametern aufgerufen werden, sind die folgenden:

```
fillPolygon()
fillRect()
fillRoundRect()
```

Methoden, die mit dem Wort `draw` beginnen, füllen nicht das Innere einer geometrischen Figur. Hier zwei Beispiele:

```
drawRect()
drawOval()
```

Die Methode `drawLine()` erlaubt es uns, eine Linie zu zeichnen, die durch ihre Endpunkte gegeben ist. Die Attribute zum Zeichnen der Linie sind im `Graphics`-Kontext definiert. Hier ein Beispiel:

```
    drawLine(int x1, int y1, int x2, int y2)
             --------------  ---------------
                   |                |___ x/y Endpunkt
                   |____________________ x/y Startpunkt
```

Hierbei gilt:

`int x1, int y1` = x/y des Startpunktes

`int x2, int y2` = x/y des Endpunktes

Einige Methoden der Klasse `Graphics` zum Zeichnen von Grafik besitzen Koordinatenarrays als Parameter. Hier einige Beispiele dafür:

```
  int[] xCoords = {350, 500, 500, 350};
  int[] yCoords = {50, 150, 50, 150};

  ...
  g.drawPolygon(xCoords, yCoords, 4);
                ------- -------  --
                   |       |      |__ Anzahl Puntkte
                   |       |__________ Array von x-Koordinaten
                   |__________________ Array von y-Koordinaten
```

Hierbei gilt:

`xCoords` = Array von x-Koordinaten

`yCoords` = Array von y-Koordinaten

`4` = Anzahl der Punkte

Andere Methoden, die ähnliche Argumente erwarten, sind die folgenden:

```
drawPolyline()
fillPolygon()
```

Wir verwenden die Methode `drawArc()`, um einen Bogen einer Ellipse zu zeichnen, wie im folgenden Beispiel zu sehen ist:

```
g.drawArc( 50,          // x des Zentrums
           280,         // y des Zentrums
           150,         // Breite
           100,         // Höhe
           45,          // Startwinkel
           180);        // Endwinkel
```

Alle Methoden, die Linien zeichnen, verwenden als Breite ein Pixel. Das ist eine große Einschränkung bei der Programmierung mit AWT, die in späteren Versionen sicher aufgehoben wird.

27.5 Geometrische Transformationen

10 Min.

Eines der mächtigsten Features der Vektorgrafik ist die Möglichkeit, ein Bild durch die Manipulation seiner Koordinatenpunkte zu manipulieren. Nehmen Sie an, Sie haben ein rechteckiges Polygon, das durch die Koordinaten seiner vier Ecken gegeben ist. Wenn wir zu jeder x-Koordinate einen konstanten Wert addieren, verschieben wir das Image entlang der x-Achse. Auf die gleiche Weise können wir konstante Werte von den x-Koordinaten und/oder von den y-Koordinaten abziehen oder dazu addieren. Abbildung 27.2 zeigt die Verschiebung eines rechteckigen Polygons, wobei positive Konstanten zu den x- und den y-Koordinaten addiert wurden.

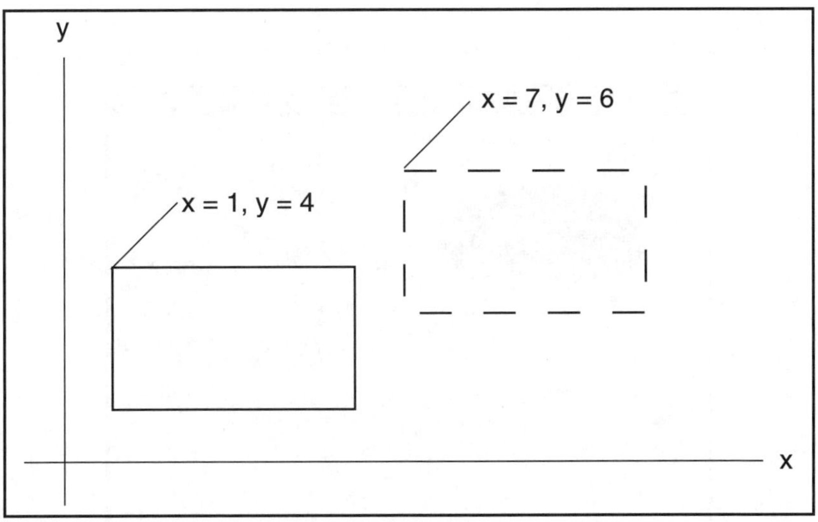

Abbildung 27.2: Verschiebung eines vektorbasierten Polygons

In Abbildung 27.2 manipulieren wir die Koordinaten des Rechtecks, das mit durchgezogenen Linien dargestellt ist, durch Verschiebung so, dass wir das Rechteck erhalten, das mit gestrichelten Linien dargestellt ist. In diesem Fall addieren wir 6 zu jeder x-Koordinate und den Wert 2 zu jeder y-Koordinate.

Andere geometrische Transformationen, die wir auf Vektorbildern ausführen können, sind *Skalieren* und *Rotieren*. Beim Skalieren multiplizieren wir jede Punktkoordinate mit einem Skalierungsfaktor, der entlang jeder Koordinatenachse verschieden sein kann. Bei der Rotation bewegen wir vektorbasierte Objekte entlang eines Bogens, indem wir trigonometrische Funktionen auf jeden Koordinatenpunkt anwenden.

Die geometrische Transformation ist eines der interessantesten Themen in der Computergrafik. Durch die Anwendung von Translation (Verschiebung), Skalierung und Rotation können wir Objekte größer oder kleiner erscheinen lassen, schrumpfen und dehnen, und sogar animieren. Wir können z.B. die vektorbasierten Zeiger einer grafischen Uhr bewegen, indem wir eine Folge von Rotationstransformationen ausführen. Wir können ein Objekt diagonal über den Bildschirm bewegen, indem wir Translationen hintereinander ausführen. In jedem Fall muss die Anwendung einem Kreislauf aus Zeichnen, Transformation, Löschen und Neuzeichnen jedes Bildes folgen.

CD-ROM

Das Programm VectorGraphics.java zeigt eine der grundlegenden Manipulationen in der Vektorgrafik von Java. Die Quelldatei finden Sie im Verzeichnis Lektion 27 auf der beiliegenden CD.

Abbildung 27.3 zeigt einen Screenshot bei der Ausführung des Programms **VectorGraphics.java**.

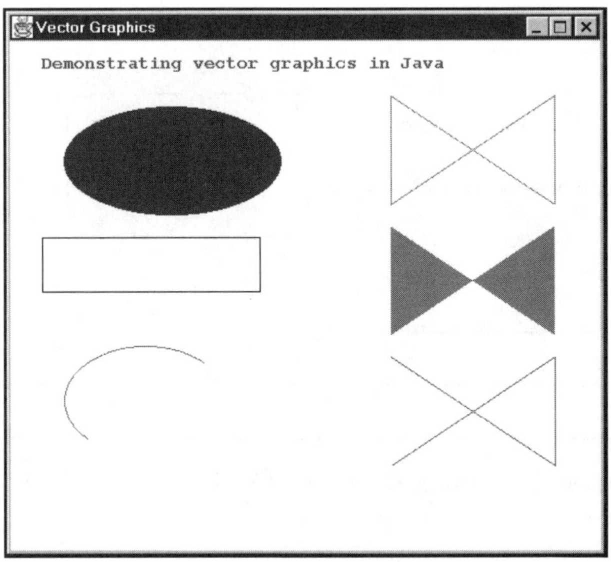

Abbildung 27.3: Screenshot des Programms VectorGraphics.java

27.6 Rastergrafik in Java

Raster- oder Bitmapgrafik basieren nicht auf geometrischen Figuren, sondern auf Images, die Punkt für Punkt gespeichert sind. In diesem Fall bildet ein Rechteck aus farbigen Punkten ein Bild. Wir können eine Fotografie oder ein anderes Rasterbild in einem Bildformat wie GIF oder JPEG speichern und dieses Bild in Java-Programmen anzeigen.

27.6.1 Erzeugen eines Image-Objekts

Um ein Image anzuzeigen, das in einem Format gespeichert ist, das von Java gelesen werden kann, muss die Anwendung zuerst ein `Image`-Objekt erzeugen. Wir erreichen dies, indem wir die Methode `getImage()` für das Default-`Toolkit` des AWT aufrufen. Wenn Sie z.B. ein Bild anzeigen möchten, das in einer Datei namens `stars.gif` gespeichert ist, erzeugen Sie wie folgt ein `Image`-Objekt:

```
Image hstImage =
  Toolkit.getDefaultToolkit().getImage("stars.gif");
```

27.6.2 Anzeigen des Bitmap-Image

Wir können das Objekt `hstImage` (aus der Klasse `Image`) auf dem Bildschirm anzeigen, indem wir die Methode `drawImage()` aus der Klasse `Graphics` verwenden, wie im Folgenden zu sehen ist:

```
g.drawImage(hstImage, 120, 350, 200, 200, this);
            --------- --------  --------  ----
                |        |         |       |___ Bild-Observer
                |        |         |___________ skalierendes Rechteck
                |        |_____________________ x/y Ort
                |______________________________ Image-Objekt
```

Hierbei sind:

`hstImage`	=	Image-Objekt
`120, 350`	=	x/y Ort
`200, 200`	=	Skalierung
`this`	=	Observer des Bildes

Hinweis

Der fünfte Parameter im Aufruf von `drawImage()` ***ist ein Objekt aus einer Klasse, die das Interface*** `ImageObserver` ***implementiert. Wenn die Methode*** `drawImage()` ***aufgerufen wird, startet Java einen neuen Thread, um das angeforderte Image zu lagen. Wenn Java das Image geladen hat, wird der*** `ImageObserver` ***darüber benachrichtigt. Weil die Klasse*** `Component` ***das Interface*** `ImageObserver` ***implementiert, können wir im Aufruf von*** `drawImage()` ***den Operator*** `this` ***als*** `ImageObserver` ***verwenden.***

Abbildung 27.4 zeigt einen Screenshot des Programms **RasterGraphics.java**.

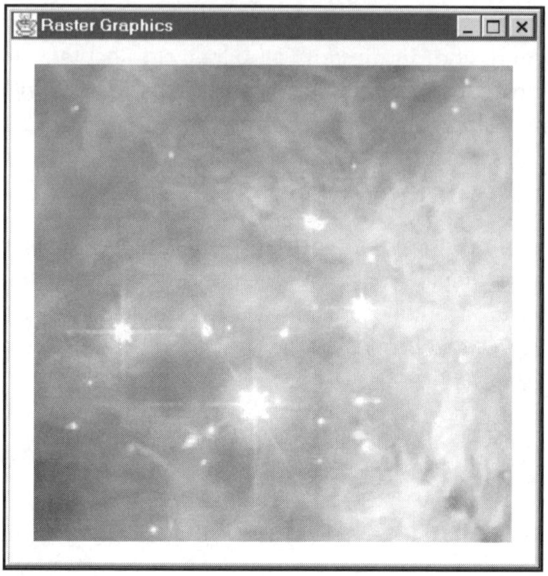

Abbildung 27.4: Screenshot des Programms RasterGraphics.java.

0 Min.

Das Programm RasterGraphics.java demonstriert die Anzeige einer Bitmapdatei in Java. Die Quelldatei finden Sie im Verzeichnis der Lektion 27 auf der beiliegenden CD.

Zusammenfassung

Vektor- und Rastergrafik sind die beiden prinzipiellen Technologien, die wir zur Erzeugung und zum Anzeigen von Bildern auf einem Bildschirm verwenden. Vektorgrafik beschreibt Images mathematisch. Wir können vektorbasierte Objekte dadurch manipulieren, indem wir die Werte seiner Koordinatenpunkte transformieren. Rastergrafik besteht aus der Definition eines Image durch die einzelnen Punkte, aus denen das Bild aufgebaut ist. Die Punkte sind in Zeilen und Spalten geordnet. Jedem Punkt ist ein Farbattribut zugeordnet.

Java platziert den Zeichenursprung in die obere linke Ecke des Programmrahmens. Es ist daher normalerweise bequemer, diesen Punkt in die obere linke Ecke der Zeichenfläche zu bewegen. Wir tun dies durch Aufruf der Methode `translate()` in der Klasse `Graphics`. Wir definieren Farben entweder durch standardisierte symbolische Namen oder durch Komponenten für rot, grün und blau. Wir bezeichnen diese Methode als RGB-Format.

Die Klasse `Graphics` stellt Methoden bereit, um Ausgaben auf grafischen Geräten und in nicht dargestellten Images zu erzeugen. Vektorbasierte Methoden erlauben es uns, Linien, Rechtecke, Polygone und Ovale zu zeichnen. Einige Zeichenmethoden zeichnen nur den Umriss der geometrischen Figur, andere Methoden füllen auch das Innere der Figur. Wir können die geometrischen Transformationen Translation, Skalierung und Rotation verwenden, um ein Vektorbild auf dem Bildschirm zu verändern. Java unterstützt die Manipulation und das Anzeigen von rasterbasierten Bildern in den Formaten GIF und JPEG.

Selbsttest

1. Erklären Sie den Unterschied zwischen Vektor- und Rastergrafik (siehe »Checkliste«).
2. Schreiben Sie eine Java-Anweisung, die den Rahmenursprung von der oberen linken Ecke des Rahmens in die ober linke Ecke der Zeichenfläche verschiebt (siehe »Verschieben des Rahmenursprungs«).
3. Schreiben Sie einen Ausdruck, der im RGB-Format eine hellgraue Farbe erzeugt (siehe »Farbe in Java-Grafik«).
4. Nennen Sie drei vektorbasierte Methoden in der Klasse `Graphics` (siehe »Vektorbasierte Methoden«).
5. Schreiben Sie einen Java-Ausdruck, um eine Linie von x = 50, y = 75 nach x = 200, y = 250 zu zeichnen (siehe »Vektorbasierte Methoden«).

Lektion 28

Entwickeln einer Java-Anwendung

Checkliste

- ☑ Softwareentwicklung: Der Programmierer als Künstler
- ☑ Softwarecharakteristiken und Qualitäten
- ☑ Prinzipien der Softwareentwicklung

30 Min.

Das Entwickeln einer Softwareanwendung erfordert mehr als nur die Kenntnis, wie in einer bestimmten Programmiersprache codiert wird. Tatsächlich wird die Phase der Codierung von vielen Entwicklern als die einfachste Phase des gesamten Entwicklungsprozesses angesehen. Wir müssen ein Programm analysieren und designen, bevor wir es codieren können. Außerdem müssen wir die Software testen, korrigieren und installieren. In diesem Sinne diskutieren wir Technologien, die die Entwicklung von Software unterstützen.

28.1 Softwareentwicklung

Softwareentwicklung befasst sich mit der oft frustrierenden Aufgabe, Computerprogramme zu entwerfen und zu entwickeln. Mit der Zeit sah sich die Programmierung verstärkt mit dem Problem konfrontiert, dass Softwareprojekte oft über dem Budget und hinter dem Zeitplan lagen. Der Begriff *Softwarekrise* sollte andeuten, dass die Entwicklung von Software der Flaschenhals beim Einsatz von Computern ist.

In den ersten Jahren der Informatik wurden bei der Softwareentwicklung Methoden angewendet, die aus anderen Bereichen menschlicher Bemühungen stammten oder einfach nur allgemein anerkannt waren. So wurde z.B. angenommen, dass eine Programmieraufgabe, für die ein einzelner Programmierer ein Jahr benötigen würde, von vier Programmierern innerhalb von ungefähr drei Monaten erledigt werden könnte. Es wurde weiterhin folgendes Qualitätsprinzip angenommen: Wenn ein Programmierer in der Lage ist, ein Softwareprodukt mit einer Qualität mit Wert 25 zu erstellen, dann sind 4 Programmierer in der Lage, ein Produkt mit Qualität 100 zu erstellen. Allgemein sollten diese Ingenieurtechnologien zu einer wissenschaftlichen Methodik für die Entwicklung von Softwareprodukten führen, wo sie ja schon bei der Entwicklung von Organisationswerkzeugen und beim Bau von Brücken und Flugzeugen verwendet wurden.

Es stellte sich jedoch heraus, dass diese Probleme nicht so einfach zu lösen waren, wie angenommen wurde. In erster Linie hat das damit zu tun, dass die Programmierung nicht einfach in Teile aufgeteilt werden kann, die unabhängige Funktionen enthalten und daher getrennt voneinander entwickelt werden können. Die unterschiedlichen Teile eines Computerprogramms stehen in Kontakt miteinander und ihre Kommunikation ist oft komplex und schwer vorhersagbar. Es muss ein großer Aufwand bei der Aufteilung eines Programms getrieben werden. Und dann stellt sich heraus, dass es sehr schwer ist, die Qualität eines Softwareproduktes sicherzustellen oder zu messen. Normalerweise funktionieren Produkte auch dann noch, wenn sie Fehler haben. Wir können z.B. einen Geschirrspüler immer noch verwenden, selbst dann, wenn er nicht mehr perfekt trocknet. Wir können immer noch mit dem Auto zur Arbeit fahren, auch wenn das Parken schwierig ist. Eine Textverarbeitung, die Wörter falsch trennt, oder plötzlich den gesamten Text löscht ist wertlos und nicht verwendbar, selbst dann, wenn sie andere gute Qualitäten besitzt. Wenn ein Computerprogramm einen katastrophalen Fehler begeht, dann fällt es dem Benutzer schwer, dem Programm einen gewissen Restnutzen zuzugestehen.

28.1.1 Der Programmierer als Künstler

Donald Knuth hat eine Buchreihe mit dem Titel *The Art of Computer Programming* geschrieben. Im Vorwort finden Sie das Folgende:

> »The process of preparing programs for a digital computer is especially attractive, not only because it can be economically and scientifically rewarding, but also because it can be an aesthetic experience much like composing poetry or music.«

Hier die Übersetzung des Textes:

> »Der Prozess, Programme für einen Computer aufzubereiten ist besonders spannend, nicht nur weil es damit wirtschaftliche und wissenschaftliche Lorbeeren zu verdienen gibt, sondern auch, weil es eine ästhetische Erfahrung sein kann wie das Dichten oder das Komponieren von Musik.«

Wenn die Computerprogrammierung eine Kunst ist, dann ist der Versuch, strenge und wissenschaftlich fundierte Regeln aufzustellen, wahrscheinlich zum Scheitern verurteilt. Das stellt allerdings nicht den Nutzen von systematischen und wissenschaftlichen Regeln bei der Ausübung dieser Kunst in Frage. Die Entwicklung von Software ist nicht der Versuch, die Erzeugung von Programmen zu einem mechanischen Prozess zu machen; sie ist vielmehr eine Studie aller Teile der Programmierung, die wir technisch behandeln können und der Mechanismen, die wir zur Vereinfachung der Programmierung einsetzen können.

28.1.2 Softwarecharakteristiken

Aus der Sicht der Entwicklung ist ein Softwaresystem ein Produkt, das einen bestimmten Zweck erfüllt. Ein Attribut unterscheidet ein Computerprogramm jedoch von anderen Produkten wie z.B. Brücken und Flugzeugen: Programme können leichter geändert werden. Die Elastizität von Software ist gleichzeitig ein Vorteil und ein Gefahr. Sie ist ein Vorteil, weil wir den Fehler in einer Software viel leichter beheben können als den Fehler in einem Flugzeug oder einen Auto. Sie ist aber auch eine Gefahr, weil wir durch die Veränderung des Programms unbeabsichtigte Seiteneffekte erzeugen können, die zu einer Beeinträchtigung von Programmteilen führen können, die vor der Änderung korrekt funktionierten.

Ein weiteres charakteristisches Merkmal von Programmen ist die Anforderungen an die Ressourcen, die zu ihrer Entwicklung benötigt werden. Ein Softwareprodukt ist im Prinzip eine intellektuelle Ware. Eine grundlegende Ressource, die zur Entwicklung von Software benötigt wird, ist die menschliche Intelligenz. Die tatsächliche Ausführung von Programmen ist einfach und wenig kostenintensiv im Vergleich zum Design, Codieren, Testen und Dokumentieren der Software. Software unterscheidet sich hierin von vielen anderen Produkten, bei denen die zur Entwicklung verwendeten Ressourcen wesentlich stärker an den Gesamtkosten beteiligt sind. Ein beachtlicher Teil des Preises eines Autos z.B. entfällt auf den Prozess der eigentlichen Produktion des Autos, aber ein geringerer Teil entfällt auf die Kosten für Design und Entwicklung. Im Fall eines typischen Computerprogramms sind die Verhältnisse genau umgekehrt.

28.2 Softwarequalitäten

Normalerweise meinen wir mit Qualitäten von Produkten Eigenschaften, die deren Nützlichkeit beschreiben. Eine Brücke trägt ein vordefiniertes Gewicht und hält einer bestimmten Windbelastung stand. Ein Flugzeug ist in der Lage, eine gewisse Tonnage mit einer bestimmten Geschwindigkeit bei einer bestimmten Flughöhe zu transportieren. Die prinzipiellen Ziele der Softwareentwicklung ist die Definition, die Spezifikation und das Messen von Softwarequalitäten und die Beschreibung von Prinzipien, wie diese Qualitäten der Software erreicht werden können.

Wir können die Klassifizierung von Softwarequalitäten auf ihren Beziehungen mit dem Softwareprodukt aufbauen. In diesem Sinne sprechen wir von Qualitäten für den Benutzer, für den Entwickler oder für den Manager. Tabelle 28.1 zeigt einige Qualitäten, aufteilt nach dieser Klassifizierung.

Tabelle 28.1:Softwarequalitäten

Benutzer	Entwickler	Manager
zuverlässig	verifizierbar	produktiv
leicht zu verwenden	pflegbar	kontrollierbar
effizient	erweiterbar	lukrativ
	portierbar	

Wir können von Softwarequalitäten sprechen, die innerhalb und außerhalb des Produktes liegen. Innere Qualitäten sind für die Entwickler und die Manager sichtbar. Äußere Qualitäten sind für den Benutzer sichtbar. Es ist leicht zu sehen, dass die Zuverlässigkeit für den Benutzer die Verifizierbarkeit auf der Seite des Entwicklers impliziert. Auf der anderen Seite ist diese Unterscheidung oft so nicht durchführbar. Im Folgenden finden Sie einige der wichtigsten Qualitäten, die es bei Softwareprodukten gibt.

Korrektheit

Korrektheit bedeutet, dass sich ein Programm wie erwartet verhält. Technisch gesagt bezeichnen wir ein Programm als korrekt, wenn es sich gemäß seiner funktionellen Spezifikation verhält (die wir später in dieser Lektion beschreiben). Wir können die Korrektheit experimentell oder analytisch verifizieren. Bestimmte Programmierwerkzeuge und Techniken tragen zu einer Verbesserung der Korrektheit bei, andere verschlechtern sie.

Zuverlässigkeit

Zuverlässigkeit meint, dass man auf ein Programm vertrauen kann. Technisch gesagt bezeichnet die Zuverlässigkeit die statistische Wahrscheinlichkeit, mit der ein Programm wie erwartet in einer bestimmten Zeitspanne ausgeführt werden kann. Wir können sagen, dass Zuverlässigkeit ein Maß für die Korrektheit eines Programms ist.

Stabilität

Stabilität versucht, das Verhalten eines Programms in Umständen zu messen, die über die normalen Anforderungen hinausgehen. In anderen Worten ist die Stabilität ein Maß für die Reaktion des Programms auf unerwartete Situationen. Ein mathematisches Programm z.B. kann annehmen, dass der Benutzer keine negative Zahl einer Methode zur Berechnung der Quadratwurzel übergeben wird, weil dies nicht definiert ist. Ein stabileres Programm fängt diesen Fehler ab, gibt eine Fehlermeldung aus und fordert erneut zur Eingabe einer Zahl auf; ein weniger stabiles Programm kann z.B. in einer solchen Situation abstürzen.

Effizienz

Effizienz ist ein Maß dafür, wie ökonomisch das System die Ressourcen verwendet. Ein effizientes System ist ein System, das die Ressourcen sinnvoll und maßvoll einsetzt. In der Softwareentwicklung wird Effizienz oft mit Performance gleichgesetzt. Eine langsame Anwendung oder eine Anwendung, die zu viel Plattenplatz benötigt, reduziert die Produktivität und erhöht die operationalen Kosten. Oft ist die Bestimmung der Effizienz schwierig und mit hohen Kosten verbunden. Konventionelle Methoden basieren auf Messung, Analyse und Simulation.

Verifizierbarkeit

Verifizierbarkeit meint die Möglichkeit, bestimmte Eigenschaften einer Software durch analytische Methoden oder Tests nachzuweisen. Oft ist die Verifizierbarkeit nur als innere Qualität von Interesse, in der Hauptsache für die Entwickler. Manchmal jedoch muss der Benutzer feststellen, dass die Software sich wie erwartet verhält, wie es bei Sicherheitsprogrammen der Fall ist. Einige Techniken der Programmierung unterstützen die Verifizierbarkeit, andere tun das nicht.

Pflegbarkeit

Pflegbarkeit bezieht sich darauf, wie leicht es ist, ein Programm zu pflegen. Programmierer entdecken gleich zu Beginn ihrer Karriere, dass ein Softwareprodukt nie fertig ist. Einige behaupten sogar, dass ein fertiges Programm einfach nicht existiert. Programme entwickeln sich weiter im

Rahmen ihrer Lebensspanne, weil Änderungen bestehende Fehler beseitigen oder Veränderungen des Programms neue Funktionalitäten implementieren. In diesem Sinn ist die Pflege einer Software eine Operation, um sie am Leben zu halten. Je einfacher es ist, die Software zu pflegen, desto höher ist ihre Pflegbarkeit.

Benutzerfreundlichkeit

Benutzerfreundlichkeit ist ein Maß für die Verwendbarkeit und ist die vielleicht am wenigsten greifbare Eigenschaft von Software. Das Hauptproblem besteht darin, dass zwei unterschiedliche Benutzer ein und dasselbe Feature hinsichtlich seiner Benutzerfreundlichkeit unterschiedlich bewerten. Softwareentwickler stufen oft das Benutzerinterface als das wichtigste Element für die Benutzerfreundlichkeit eines Programms ein, aber die Vorlieben der Benutzer hängen oft von deren Erfahrung ab. Viele weitere Attribute haben einen Einfluss auf die Benutzerfreundlichkeit eines Programms. Wir können ein System, das sich nicht korrekt und nicht zuverlässig verhält, nur schwer als benutzerfreundlich bezeichnen.

Wiederverwendbarkeit

Wiederverwendbarkeit charakterisiert die Reife einer Ingenieurleistung. Wir können z.B. den gleichen elektrischen Motor verwenden, um eine Waschmaschine oder einer Holzsäge zu betreiben. Beachten Sie jedoch, dass im Fall des elektrischen Motors die Wiederverwendbarkeit nur durch ein hohes Maß an Standardisierung gegeben ist. So gibt es z.B. verschiedene Treibriemen und Rollen, um den Motor in verschiedene Geräte einzubauen. Auch die Stromversorgung ist standardisiert, so dass der Motor die gleiche Kraft und die gleiche Anzahl Umdrehungen pro Minute in ganz unterschiedlichen Anwendungen erzeugt.

Der wichtigste Grund dafür, die Wiederverwendung von Software zu fördern, liegt in der Reduktion von Produktionskosten. Auf der anderen Seite ist die Wiederverwendung von Softwarekomponenten oft schwer zu erreichen, weil es wenig Standardisierung gibt. Die Suchmaschine in einer Textverarbeitung z.B. kann nicht unmittelbar in anderen Programmen verwendet werden, weil ganz verschiedene Datenstrukturen zum Speichern und Formatieren von Textdateien verwendet werden. Auch eine mathematische Routine zur Berechnung von Quadratwurzeln kann möglicherweise nicht in anderen Programmen verwendet werden, weil eine andere Genauigkeit oder ein anderes numerisches Datenformat verlangt wird.

Portabilität

Portabilität hat mit dem englischen Wort *port* (Hafen) zu tun, wobei man sich hierbei auf die reale Welt außerhalb des Computers bezieht. Wir nennen eine Software portierbar, wenn Sie über einen Port verschickt werden kann, üblicherweise an eine andere Maschine. Allgemeiner gesagt ist ein Programm oder ein Teil eines Programms portierbar, wenn die Ausführbarkeit auf verschiedenen Hardwareplattformen und Softwareumgebungen gegeben ist. Portabilität ist ein wichtiges ökonomisches Thema, weil wir oft Programme auf andere Maschinen oder in andere Softwareumgebungen bringen müssen. Die Portabilität von Java macht diese zu einer sehr populären Programmiersprache.

28.2.1 Softwarequalitäten messen

Eine der großen Herausforderungen der Softwareentwicklung ist das Messen von Softwareattributen. Es ist relativ leicht zu sagen, dass ein Programm robust und zuverlässig sein muss. Hingegen ist es sehr schwierig, die Stabilität und die Verlässlichkeit in vordefinierten Einheiten zu messen. Wenn wir für die Messung einer Softwarequalität keine exakte Methode besitzen, ist es schwierig festzustellen, ob ein bestimmter Grad erreicht ist, oder welcher Qualitätsgrad konkret vorliegt. Bevor wir eine Softwarequalität genau messen können, müssen wir sie erst einmal genau definieren, was nicht immer eine leichte Aufgabe ist.

In den meisten Ingenieurfeldern gibt es Standardmetriken für das Messen der Produktqualität. Wir können z.B. die Qualität zweier Autobatterien miteinander vergleichen, indem wir den von ihnen gelieferten Strom messen. Andere Produkte hingegen besitzen keine Möglichkeit, ihre Qualität zu messen. In diesem Sinne können wir von der Aufschrift auf einer Videokassette nicht auf den Unterhaltungswert des darauf gespeicherten Filmes schließen, noch gibt es Informationseinheiten, mit denen der Inhalt eines technischen Buchs gemessen werden könnte. Software ist auch ein Bereich, in dem es keine universellen Metriken zur Messung von Qualität gibt, obwohl intensiv in dieser Richtung gearbeitet wird. Die Verifizierung der Korrektheit von Programmen steht in direkter Verbindung zu Qualitätsmetriken von Software.

28.3 Prinzipien der Softwareentwicklung

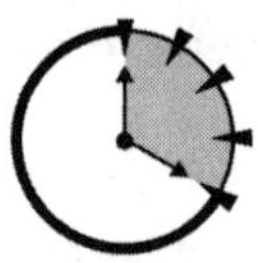

20 Min.

Wir haben diese Lektion mit der Annahme begonnen, dass Softwareentwicklung eine kreative Tätigkeit und dass Programmierung keine exakte Wissenschaft ist. Aus diesem Blickwinkel können wir den Begriff der Softwareentwicklung als nicht zutreffend bezeichnen, weil wir von Techniken in der Softwareentwicklung sprechen können, was nicht zu einem streng formalen Ansatz eines Ingenieurs passt.

Softwareentwicklung ist der gängige Name, unter dem die technischen und die wissenschaftlichen Aspekte der Programmentwicklung zusammengefasst sind. In diesem Sinne müssen wir unterscheiden zwischen Prinzipien, Techniken und Werkzeugen der Softwareentwicklung.

- Prinzipien sind generelle Richtlinien, die auf jeden Schritt im Produktionsprozess eines Programms angewendet werden können. Es handelt sich hierbei um abstrakte Aussagen, die benötigte Eigenschaften beschreiben aber in der praktischen Entwicklung von Software nur wenig nützen. Das Prinzip, auf die Verlässlichkeit von Programmen zu achten, erzählt uns nichts darüber, wie man Programme verlässlich machen kann.
- Techniken oder Methoden beziehen sich auf einen bestimmten Ansatz, um ein Problem zu lösen. Techniken helfen dabei, bestimmte Eigenschaften eines Produktes sicherzustellen.
- Werkzeuge sind bestimmte Ressourcen, die bei der Implementierung einer Technik verwendet werden.

Wir können ein Prinzip aufstellen, dass Gleitkommazahlen in einem bestimmten Format im Rechner dargestellt werden. Wir können auch festlegen, dass die Technik der Gleitkommazahlen, wie sie im ANSI-Standard 754 festgelegt ist, für unsere Anwendung passend ist und wir diese verwenden wollen. Schließlich können wir festlegen, dass eine bestimmte Bibliothek von Routinen auf Gleitkommazahlen, die auf ANSI 754 basiert, ein angemessenes Werkzeug für die

Implementierung der mathematischen Funktionen unserer Anwendung ist. Abbildung 28.1 zeigt die Beziehung zwischen Prinzipien, Techniken und Werkzeugen in der Softwareentwicklung.

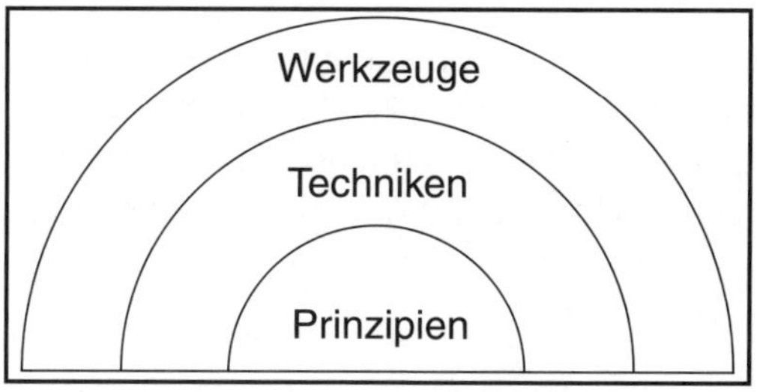

Abbildung 28.1: Beziehung von Prinzipien, Techniken und Werkzeugen

Mit den Jahren wurden verschiedene Prinzipien der Softwareentwicklung identifiziert. Die bemerkenswertesten dieser Prinzipien sind Strenge, Trennung von Interessen, Modularisierung, Abstraktion, Elastizität, maximale Generalisierung, inkrementelle Entwicklung und gleichzeitige Dokumentation.

28.3.1 Strenge

Einer der Nachteile davon, wenn wir ein Programm als ein Kunstwerk betrachten ist der, dass wir Inspiration auf Kosten von Genauigkeit und Präzision betonen. Programmierung ist aber eher eine angewandte und weniger eine reine Kunst. Wir finden es vielleicht amüsant, dass Michelangelo seine David-Statue nur grob geplant hatte und zur Modellierung der Füße nicht mehr ausreichend Marmor zur Verfügung hatte. Ein Kunde wird jedoch nicht bereit sein, einem künstlerisch veranlagten Programmierer zu vergeben, dass er keine Inspiration für die Implementierung von Worttrennung in einer Textverarbeitung finden konnte.

Es ist möglich, verschiedene Grade von Strenge zu unterscheiden. Der höchste Grad, der als *formale Spezifikation* bezeichnet wird, verlangt, dass wir Programme gemäß mathematischer und logischer Regeln erstellen. Ein logischer Formalismus erlaubt die exakte Spezifikation einer Software. Mathematische Ausdrücke, die üblicherweise auf Prädikaten basieren, erlauben die Darstellung vollständiger Programme oder von Programmfragmenten. In symbolischen Ausdrücken können wir nach mathematischen Gesetzen Manipulationen vornehmen.

In der Praxis müssen wir uns oft für einen Grad der Strenge entscheiden, der hinter dem Anspruch einer formalen Spezifikation zurückbleibt. Dieser Ansatz, der manchmal als *semiformale Spezifikation* bezeichnet wird, ist eine Methodik für die Entwicklung von Programmen, die auf einer Sequenz wohldefinierter Schritte basiert. In diesem Buch verwenden wir Invarianten im Zusammenhang mit abstrakten Datentypen. Wir können Invarianten als eine Form einer semiformalen Spezifikation betrachten.

28.3.2 Trennung von Interessen

Wenn wir mit komplexen Dingen zu tun haben, müssen wir jede Facette analysieren. Weil die Entwicklung von Software inhärent komplex ist, wird die Trennung von Interessen zu einer praktischen Notwendigkeit. In jedem Projekt, bei dem es um Konstruktion geht, sehen wir sofort drei solcher Interessen und Aktionsebenen: Technik, Management und Finanzen. Technik bezieht sich auf die technischen und die wissenschaftlichen Teile des Projekts. Das Management befasst sich mit der Administration des Projekts und die Finanzen umfassen alles, was mit Geld und Steuern zu tun hat.

Wir müssen feststellen, dass die Trennung von Interessen einen bequemen Blick auf verschiedene Aspekte eines Projekts bietet. Trennung ist ein analytisches Werkzeug, das nicht notwendigerweise eine Trennung von Entscheidungsbefugnis impliziert. Die Trennung von Interessen meint die Trennung von Verantwortung und der Spezialisierung von Arbeit.

28.3.3 Modularisierung

Modularisierung ist ein allgemeiner Mechanismus zur Reduktion von Komplexität. Sie übersteigt die Programmiersprache und die Programmierumgebung. Die Konzeption von Modulen als Programmeinheiten ist nicht notwendigerweise äquivalent mit Unterroutinen, Unterprogrammen oder Dateien auf der Festplatte.

Modularisierung ist ein effektives Werkzeug zur Organisation. Üblicherweise unterscheiden wir zwei Methoden der Modularisierung: Die erste Methode, *von-oben-nach-unten* (*top down*) zerlegt ein Problem in Teilprobleme, die unabhängig voneinander behandelt werden können. Die zweite Methode, *von-unten-nach-oben* (*bottom up*) baut ein System beginnend bei elementaren Komponenten auf. Der Hauptvorteil von Modularisierung ist der, dass das System dadurch besser verstanden werden kann. Wir gelangen jedoch normalerweise durch die Schritte während der Entwicklung des Programms zum Verständnis des Systems.

Modulare Kohäsion bezeichnet die Beziehung zwischen den Elementen eines Moduls. Ein Modul z.B., in dem Methoden und Datenstrukturen für die Verarbeitung von Text eng miteinander verknüpft sind, besitzt eine hohe Kohäsion. Das Einfügen einer Funktion in ein Modul, nur weil wir keinen besseren Platz gefunden haben, reduziert die Kohäsion des Moduls, weil die Funktion mit dem Rest des Moduls nichts zu tun hat. *Modulare Bindung* bezeichnet die Beziehung von Modulen im gleichen Programm. Wenn ein Modul z.B. stark von den Prozeduren oder Daten in einem anderen Modul abhängig ist, dann sind die Module eng verbunden. Module, die eng verbunden sind, sind schwer zu verstehen, zu analysieren und getrennt voneinander wiederzuverwenden. Daher wird das enge Verbinden von Modulen oft als unerwünscht angesehen. Es ist ein generelles Prinzip. dass eine gute modulare Struktur eine hohe Kohäsion und eine lockere Bindung besitzt.

28.3.4 Abstraktion

Es ist eine einzigartige Eigenschaft des Gehirns, dass es die Komplexität eines Problems dadurch reduzieren kann, dass es sich auf bestimmte Features isoliert konzentriert, wobei die restlichen Details ignoriert werden. Wir können z.B. ein Auto in seine Bestandteile zerlegen: Motor, Antrieb, Fahrgestell, Karosserie und Räder. Diese funktionelle Abstraktion, die auf der Aufgabe jeder einzelnen Komponente basiert, ignoriert die Details aller anderen Teile in der Abstraktion.

28.3.5 Elastizität

Wir sollten ein Programm nie als fertiges Produkt ansehen, sondern eher als eine Stufe oder Phase in einem nie endenden Entwicklungsprozess. Wir können von einem Programm sprechen, wenn bestimmte Bedingungen erfüllt sind oder wenn das Programm marktreif ist. Für einen Softwareentwickler gibt es kein fertiges Programm. Bei einem fertigen Programm müssten wir annehmen, dass es keine Fehler enthält, dass alle derzeitigen und zukünftigen Anforderungen des Benutzers perfekt erfüllt sind und dass keine Verbesserungen oder Modifikationen nötig sind. Weil wir keine dieser Bedingungen mit Sicherheit feststellen können, muss jedes Programm als nicht fertig angesehen werden.

Die Tatsache, dass Softwareprodukte zerbrechlich sind, ermutigt uns dazu, elastische Software zu entwickeln, was bedeutet, dass wir Änderungen im Voraus berücksichtigen. Änderungen kommen durch zwei Gründe zustande: Korrekturen und Weiterentwicklung. Ein naiver Softwareentwickler weiß nicht, dass Programmfehler nach der Fertigstellung des Software-Release auftauchen und kann nicht vorhersehen, dass neue Anforderungen gestellt oder alte Anforderungen geändert werden. Vielleicht ist es diese Zerbrechlichkeit, die Software von vielen anderen industriellen Produkten unterscheidet.

28.3.6 Maximale Generalisierung

10 Min.

Je allgemeiner ein Softwareprodukt ist, desto größer ist das Spektrum, in dem es angewendet werden kann. Je allgemeiner eine Programmroutine oder Prozedur geschrieben ist, desto eher kann sie wiederverwendet werden. Das bedeutet, dass eine maximale Generalisierung auf der Ebene des Anwendungsdesigns und bei Routinen, Prozeduren und Modulen von größtem Nutzen ist. Hierbei basiert der Ansatz der maximalen Generalisierung auf dem Versuch, ein allgemeineres Problem zu finden, das das zu lösende Problem enthält, oder eine allgemeinere Lösung anzugeben.

28.3.7 Inkrementelle Entwicklung

Software betreffend bezeichnet inkrementelle Entwicklung die Erzeugung von Teilprodukten, die an den Kunden ausgeliefert werden können, um eine frühe Evaluierung und ein Feedback vom Kunden zu erhalten. In der Realität können nur sehr wenige Softwareprojekte direkt zu Beginn vollständig definiert werden. Es ist daher sinnvoll, ein Programm in aufbauende Stufen zu unterteilen, wobei gegebenenfalls jeder Stufe eine Testversion des endgültigen Produktes zugeordnet ist. Ein Vorteil dieser Methode besteht darin, dass der Kunde mehrere Prototypen untersucht und evaluiert.

Die Methode der inkrementellen Entwicklung wirft jedoch neue organisatorische Probleme auf, weil wir das Projekt selbst »so nebenbei« definieren. Ein Punkt, auf den wir achten müssen, ist die Verwaltung der Dokumentation jedes Entwicklungsschrittes und der zugehörigen Prototypen. Ein schlecht verwaltetes inkrementelles Softwareprojekt kann leicht in Unordnung und Chaos enden.

28.3.8 Gleichzeitige Dokumentation

Eine der wichtigsten Lektionen der Softwareentwicklung ist die Notwendigkeit, einer angemessenen und strengen Dokumentation des Projekts. Der größte Unterschied zwischen einem korrekt abgewickelten Entwicklungsprojekt und einer zufälligen Anstrengung ist die Dokumentation. Allzu oft denken Programmierer, die Dokumentation sei ein zweitrangiges Problem, das nach Beendigung des Projekts behandelt werden könne. Dieses Denken kann auf den gleichen Trugschluss zurückgeführt werden, der Programmierer dazu verleitet zu glauben, sie könnten nach Beendigung der Programmierung Kommentare in den Code einfügen. Wie das Schreiben von Kommentaren ein Bestandteil der Programmierung ist, ist auch die Dokumentation ein Teil der Programmentwicklung. Kommentare und Dokumentation können nicht nachträglich erstellt werden.

Wir können die folgenden Typen von Dokumentation unterscheiden:

- Schriftliche Berichte, die eine Phase eines Entwicklungszyklus beschreiben. Wir nennen diese Dokumente manchmal *Deliverables*, weil sie oft dem Kunden präsentiert werden, wenn eine Phase abgeschlossen ist. Typische Deliverables sind die Machbarkeitsstudie, Dokumente zur Analyse und Anforderungen und die detaillierten Designdokumente.
- Benutzerhandbuch und Anleitungsrichtlinien, die in gedruckter Form oder online zur Verfügung stehen.
- Operationale Dokumente, oft in großen Computerumgebungen, wie Zeitpläne; Eingabe- und Ausgabeformen und Medien; Diagramme zu Lieferung, Routen und Verteilung; Spezifikationen von Datendateien; Zeitpläne für Updates; Prozeduren zur Fehlerbeseitigung; Sicherheitsmechanismen.
- Das Projektbuch, das wir verwenden, um Memos, Zeitpläne, Treffen und andere Korrespondenz während des Projekts festzuhalten.

0 Min.

Das wichtigste Prinzip in Bezug auf die Projektdokumentation ist die Gleichzeitigkeit. Dokumentation muss ein substanzieller Teil der Entwicklungsleistung sein und in jeder Phase der Entwicklung geschehen. Die Dokumentation ist jedoch der Teil der Entwicklung, der von den Entwicklern und Programmierern am ehesten hinten angestellt oder sogar gestrichen wird. Wenn der Zeitplan eng ist, liegt die Versuchung nahe, die Dokumentation zu vernachlässigen. An diesem Punkt muss der Projektmanager darauf achten, dass die Dokumentation nicht ihre Aktualität verliert, weil sie sonst einen großen Teil ihres Nutzens einbüßt.

Zusammenfassung

Softwareentwicklung ist der Versuch, die Softwarekrise dadurch zu lösen, dass wir eine wissenschaftliche Methode für die Entwicklung von Programmen angeben. Obwohl wir die Programmierung oft als eine Kunst ansehen, können wir Programme durch Anwenden von strenger Methodik entwickeln. Softwarequalitäten können außerhalb oder innerhalb sein. Diese Qualitäten sind Korrektheit, Verlässlichkeit, Effizienz, Verifizierbarkeit, Pflegbarkeit, Benutzerfreundlichkeit, Wiederverwendbarkeit und Portierbarkeit.

Es gibt verschiedene Prinzipien in der Softwareentwicklung. Diese Prinzipien sind Strenge, Trennen von Interessen, Modularisierung, Abstraktion, Elastizität, maximale Generalisierung, inkrementelle Entwicklung und gleichzeitige Dokumentation.

Selbsttest

1. Nennen Sie zwei Trugschlüsse, die oft aus der Anwendung eines konventionellen Ansatzes auf die Softwareentwicklung entstehen (siehe »Softwareentwicklung«).
2. Welche Vorteile und welche Nachteile ergeben sich aus der Elastizität von Software (siehe »Softwarecharakteristiken«)?
3. Beschreiben Sie vier Softwarequalitäten (siehe »Softwarequalitäten«).
4. Was ist der Unterschied zwischen Prinzipien, Techniken und Werkzeugen in der Softwareentwicklung (siehe »Prinzipien der Softwareentwicklung«)?
5. Welche Kohäsion und welche Bindung sind ideal in einem Modul eines Programms (siehe »Modularisierung«)?

Lektion 29

Techniken für die Anwendungsentwicklung

Checkliste

- ☑ Objektorientierte Analyse
- ☑ Modellieren des Problems und Verantwortlichkeiten des Systems
- ☑ Komplexität verwalten
- ☑ Zerlegung in Klassen und Objekte
- ☑ Suche nach Objekten
- ☑ Saubere und unsaubere Klassen

30 Min.

In Lektion 11 haben wir die Grundlagen der Objektorientierung und Werkzeuge zur Modellierung von Klassen und Objekten besprochen. Ausgerüstet mit diesen Werkzeugen, einem Grundverständnis der Programmiersprache Java und den Grundlagen der Softwareentwicklung versuchen wir nun, alles zusammenzusetzen und Anwendungen in Java zu entwickeln. Seien Sie vorgewarnt, das ist keine leichte Aufgabe. Objektorientierte Analyse ist ein komplexes Teilgebiet der objektorientierten Programmierung. Sie können prinzipiell Ihre gesamte berufliche Laufbahn diesem Spezialgebiet widmen. Unsere Darstellung hier gibt nur einen Überblick über die Grundlagen.

29.1 Objektorientierte Analyse

Beide Paradigmen der Programmierung (strukturierte Programmierung und objektorientierte Programmierung) begannen mit der Entwicklung von Programmiersprachen. Später wurden diese Modelle auf den Entwurf von Software und schließlich auf die Analyse ausgedehnt. Das bedeutet, dass die Mehrheit der Programmiermodelle gleichzeitig mit dem Auftreten einer Methodik zur Systemanalyse entstanden sind. Bei objektorientierten Systemen waren voll ausgebaute Programmiersprachen bereits in den späten siebziger und frühen achtziger Jahren verfügbar. Die Diskussionen über das Systemdesign begannen zu dieser Zeit, aber die objektorientierte Analyse ist ein Produkte der späten achtziger und der frühen neunziger Jahre.

Die objektorientierte Analyse stellte eine praktische Methodik für das Modellieren eines Projekts bereit, die während der Analysephase angewendet wird. In dieser Phase lotet der Systemanalytiker aus, ob ein Projekt vom objektorientierten Ansatz profitieren kann. Es ist allgemein anerkannt, dass mit der Objektorientierung die größten Erfolge erzielt werden, wenn die Methode im gesamten Entwicklungsprozess verwendet wird. Mit anderen Worten erzielen wir dann die besten Ergebnisse, wenn wir die Anwendung mit objektorientierten Werkzeugen analysieren und entwerfen und die Implementierung der Anwendung mit einer objektorientierten Sprache vornehmen. Die Entscheidung, die objektorientierte Analyse zu verwenden, impliziert die Verwendung von Objektorientierung beim Design und beim Codieren des Programms in einer objektorientierten Programmiersprache. Das Mischen von Programmierparadigmen ist im Allgemeinen keine gute Idee, wenn dies auch theoretisch möglich ist.

29.1.1 Modellieren des Problems

Die Verwendung von Objektorientierung ist hauptsächlich dadurch gerechtfertigt, dass sie einen vernünftigen Ansatz bietet, um ein Problem zu modellieren. Weitere Vorteile der Objektorientierung bestehen darin, dass das Modellieren komplexer Systeme möglich wird, das Erzeugen von Systemen flexibler unterstützt wird und die Wiederverwendung gefördert wird. Objektorientierte Analyse ist ein Modellierwerkzeug, das auf die Problemmenge angewendet wird.

Es ist eine missliche Lage in der Softwareentwicklung, dass ein Programmierer Experte im Feld der Anwendung sein muss. Ein Entwickler, der Systeme im Bereich Luftfahrt entwickeln soll, muss etwas über die Themen Radar, Luft-Boden-Kommunikation, Notfallsysteme und Flugpläne wissen und über einige Themen, mit denen er immer zu tun hat. Wie viel Wissen der Analytiker wirklich besitzen muss und wie weit sein technisches Wissen gehen muss, ist schwer zu sagen. Viele Projekte führen nicht zum Erfolg, weil die Entwickler wichtige Details der Problemmenge nicht bemerkt haben. Der Drang, zum Codieren zu kommen, arbeitet in dieser Stufe des Projekts gegen uns.

Ein Werkzeug, das uns in der Phase eines Entwicklungsprojekts unterstützt, in der die Informationen gesammelt werden, ist tatsächlich sehr hilfreich. Wenn Analytiker die nötigen Informationen zusammengetragen haben, können sie diese an andere Mitglieder des Entwicklungsteams weitergeben. Am Ende muss der Analytiker das Modell der Lösungsmenge dem Kunden, dem Benutzer oder einem Manager präsentieren, um eine Validierung des Modells und ein Feedback zu bekommen. Ein Modell, das diese Kommunikation zwischen Kunden und Entwicklern unterstützt, ist ein weiterer Vorteil.

Verantwortlichkeiten des Systems

Normalerweise beginnen wir die objektorientierte Analyse mit der Definition der Verantwortlichkeiten des Systems, also damit, was das System leisten soll. Die Analyse eines Kontrollsystems für die Luftfahrt beginnt mit der Bestimmung, welche Funktionen und Operationen vom System ausgeführt werden sollen. Ist es Aufgabe des Kontrollsystems, die Luftlinien über Verspätungen bei Ankunft und Abflug zu informieren oder nicht? Welche Schnittstelle besteht zwischen dem Kontrollsystem und den Notfallmechanismen des Flughafens? An welchem Punkt wird ein Flugzeug von einem bestimmten Kontrollsystem übernommen und wann endet diese Verantwortlichkeit wieder? Die Verantwortlichkeiten eines Systems beschreiben, was das System tun soll.

Diese Frage zu beantworten ist eine fundamentale Aufgabe der objektorientierten Analyse. Die Frage, wie das System dann funktionieren wird, ist den Phasen Design und Codieren überlassen.

29.1.2 Komplexität verwalten

Die Phase der Analyse ist notwendig, weil natürliche Systeme oft ausgefeilt und kompliziert sind, wodurch sie schwer zu verstehen und zu verwalten sind. Die objektorientierte Analyse stellt eine Menge von Werkzeugen bereit, um Komplexität zu verwalten. Diese Menge von Werkzeugen basiert auf den Themen, mit denen Sie bereits vertraut sind: Abstraktion, Kapselung, Vererbung und dem Senden von Nachrichten. Wir wiederholen diese Konzepte hier kurz.

Abstraktion

Abstraktion besteht in der Eliminierung all dessen, was überflüssig oder trivial ist, um sich auf die wesentlichen Aspekte zu konzentrieren. Eine Definition ist quasi eine Übung einer Abstraktion. Wir abstrahieren, wenn wir sagen, dass ein Füllfederhalter ein in der Hand gehaltenes Instrument zum Schreiben ist, das flüssige Tinte verwendet, einen Mechanismus zum Entladen der Tinte und eine feine Spitze an seiner Feder besitzt. Diese Beschreibung versucht, alle wesentlichen Eigenschaften eines Füllfederhalters zu sammeln, die ihn von einem Kugelschreiber oder einem Bleistift unterscheiden. Die weniger wichtigen Features wie die Farbe des Füllfederhalters, die Farbe der Tinte, die genaue Größe des Instruments und sein Design werden ignoriert.

In der objektorientierten Analyse bezieht sich Abstraktion auf den Klassenmechanismus, der gleichzeitig prozedurale Abstraktion und Abstraktion von Daten unterstützt. In anderen Worten ist die objektorientierte Notation einer Klasse eine Abstraktion, die sowohl Operationen als auch Datenelemente einer Problemmenge darstellt.

Kapselung

Im objektorientierten Ansatz bezieht sich Kapselung auf die Notation von Attributen und Methoden, die wir zusammenfassen in Form des Klassenkonstrukts. Die Methoden, die außerhalb der Klasse sichtbar sind, werden als ihr Interface bezeichnet. Der prinzipielle Sinn von Kapselung ist das Verbergen von Details der Implementierung und das Betonen des Interface.

Vererbung

Vererbung bezieht sich auf die Möglichkeit, dass eine Klasse auf die öffentlichen Elemente einer Superklasse Zugriff haben kann. Vererbung von Klassen stellt das höchste Level von Abstraktion bereit, reduziert die Größe des Codes und vereinfacht die Programmierung. Das Ergebnis ist eine Klassenhierarchie, die von allgemeinen Klassen zu den spezifischen Klassen reicht. Typischerweise enthält eine abgeleitete Klasse alle Features der Elternklasse und fügt weitere eigene Features hinzu.

Nachrichten senden

Objektorientierte Systeme greifen auf Funktionen über einen Mechanismus zu, der als Senden von Nachrichten bezeichnet wird. Ein Nachteil von hartcodierten Programmstrukturen wie z.B. Sprungtabellen, geschachtelten `if`-Anweisungen, oder `case`-Konstrukten besteht darin, dass wir sie bei jeder Modifikation des Programms updaten müssen. Der Mechanismus den Nachrichtensendens gibt die Ausführung automatisch an die richtige Elementfunktion weiter. Diese

Funktionalität hat zwei Hauptvorteile: Erstens werden keine neuen Fehler in den Code eingebaut, den wir bereits getestet und fertiggestellt haben. Und zweitens können wir ein System dadurch erweitern, dass wir relativ kleine Module hinzufügen, die neue Funktionen enthalten.

29.2 Zerlegen in Klassen und Objekte

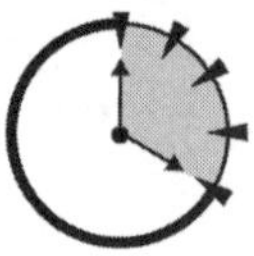

20 Min.

Damit man ein objektorientierter Analytiker werden kann, muss man anfangen, in Klassen und Objekten zu denken. Wir müssen unser Gehirn von Dingen, wie Algorithmen, Programmstrukturen und anderen Themen der Implementierung befreien. Unsere Aufgabe während der Analyse ist das Modellieren des Problems und die Definition der Verantwortlichkeiten des Systems. Wir erreichen beides durch die Zerlegung in Klassen und Objekte.

Betrachten Sie ein Objekt als eine Abstraktion eines diskreten Elements in der Problemmenge. Ein Objekt wird durch eine Identität charakterisiert, die vom System bereitgestellt wird. Jedes Objekt muss eindeutig identifiziert werden können. Jedes Objekt gehört zu einer Klasse von Objekten.

Eine Klasse ist eine Beschreibung einer Menge von eindeutigen Attributen und Methoden, die mit einem Objekttyp verbunden sind. In diesem Sinne ist ein Objekt eine Instanz einer Klasse. Eine abstrakte Klasse ist eine Beschreibung eines Interface, der die Implementierung fehlt. Ihr grundlegender Sinn besteht darin, einen Vererbungspfad zu definieren. Wir können keine Objekte aus einer abstrakten Klasse instanziieren.

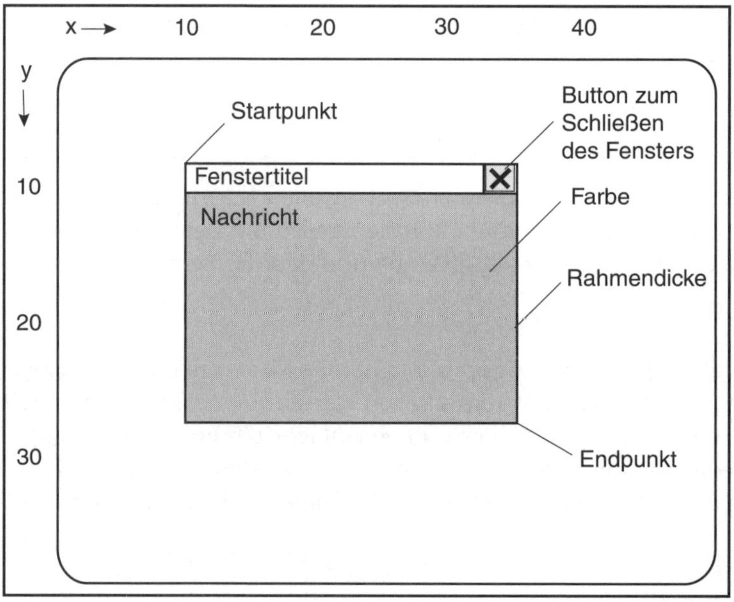

Abbildung 29.1: Darstellung eines Textfensterobjekts

Beginnen wir im Prozess des Modellierens mit Objekten oder mit Klassen? Das ist eine Frage der Semantik, aber streng genommen ist ein Objekt ein Konstrukt zur Laufzeit und eine Klasse ist eine Abstraktion, die gemeinsame Attribute und Methoden für einen Objekttyp zusammenfasst. Daher scheint es vernünftig zu sein, dass wir mit Objekttypen oder Klassen beginnen, bevor wir uns mit möglichen Instanzen befassen. Auf der anderen Seite erfordert das Konzept einer Klasse von Objekten, dass wir ein typisches Objekt darstellen können. Nehmen Sie an, wir versuchen ein System zu modellieren, das ein Fenster zum Anzeigen von Textnachrichten verwendet. Um den Typ des Fensters zum Anzeigen der Nachrichten zu definieren, müssen wir uns erst einmal vorstellen, wie dieses Objekt aussieht. Abbildung 29.1 zeigt, wie unsere erste Darstellung eines solchen Textfensterobjekts aussehen könnte.

Wenn wir das Objekt erst einmal dargestellt haben, können wir die Attribute und die Methoden des Objekts und seiner Klasse ableiten. Die Koordinaten des Startpunktes und die des Endpunktes definieren den Ort auf den Bildschirm und die Größe des Objekts. Das Objekt besitzt auch eine Rahmendicke und eine Farbe. Seine Textattribute sind der Titel des Fensters und der angezeigte Text. Ein Button in der oberen rechten Ecke gestattet es, das Fenster zu schließen. Wir können diesem Objekt drei Methoden zuweisen: eine Methode, um das Fenster anzuzeigen, eine Methode um den aktuellen Zustand zu berichten und eine weitere Methode, um das Fenster zu schließen. Mit Hilfe von Klassendiagrammen können wir den Objekttyp `TextWindow` mit einer beliebigen Genauigkeit darstellen. Das linke Diagramm in Abbildung 29.2 zeigt ein Klassenobjekt `TextWindow`, das noch keine Attribute oder Methoden enthält. Die Abbildung auf der rechten Seite zeigt die Attribute und Methoden.

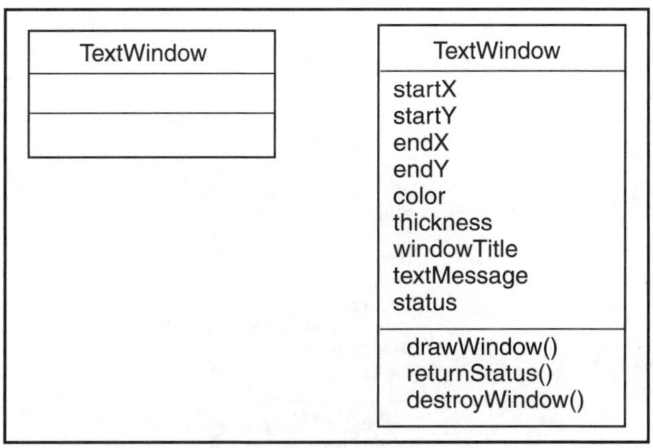

Abbildung 29.2: Klassendiagramm für ein Textfensterobjekt

Es ist gängige Praxis, als Klassennamen ein Nomen oder ein Adjektiv gefolgt von einem Nomen zu verwenden. Es ist ebenfalls eine gute Idee, das Vokabular des Kunden zu verwenden, um Namen für die Klassen zu finden. Während der Analysephase können wir den Klassennamen mit belieben Zwischenräumen und beliebiger Groß- und Kleinschreibung angeben. Wenn unsere Klassen aber nicht kompatibel sind mit der Syntax, die wir im Design und der Codierung verwenden, müssen wir diese Namen zu einem späteren Zeitpunkt ändern. Weil jede Änderung potenziell zu Fehlern führen kann, ist es besser, Klassen, Attribute und Methoden nach einem Stil zu verwenden, der mit der Programmierumgebung konsistent ist.

Vereinfachte Klassendiagramme, in denen Attribute und Methoden nicht explizit aufgelistet sind, sind hilfreich, wenn es um die Klassenbeziehungen und Vererbungsstrukturen geht, wie in einem System mit zwei Typen von Fensterobjekten: Ein Fenster, das nur Text darstellen kann und ein zweites Fenster, das eine Bitmap (Grafik) darstellen kann. Wir bezeichnen den ersten Typ als `TextWindow` und den zweiten Typ als `GraphicWindow`. Wir können die Klassenstruktur, wie in Abbildung 29.3 zu sehen ist, darstellen.

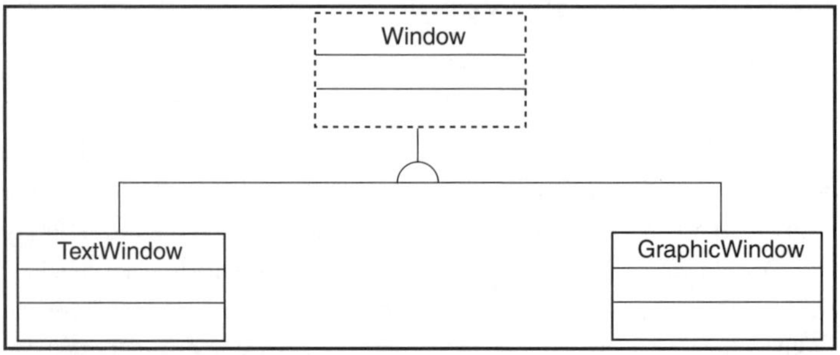

Abbildung 29.3: Vererbungsdiagramm von Fensterklassen

In Abbildung 29.3 sind `TextWindow` und `GraphicWindow` Unterklassen von `Window`. `Window` ist eine abstrakte Klasse. Wir können Objekte aus den Klassen `TextWindow` und `GraphicWindow` instanziieren, aber nicht aus der Klasse `Window`, weil diese Klasse abstrakt ist. Ein detaillierteres Diagramm dieser Klassen finden Sie in Abbildung 29.4.

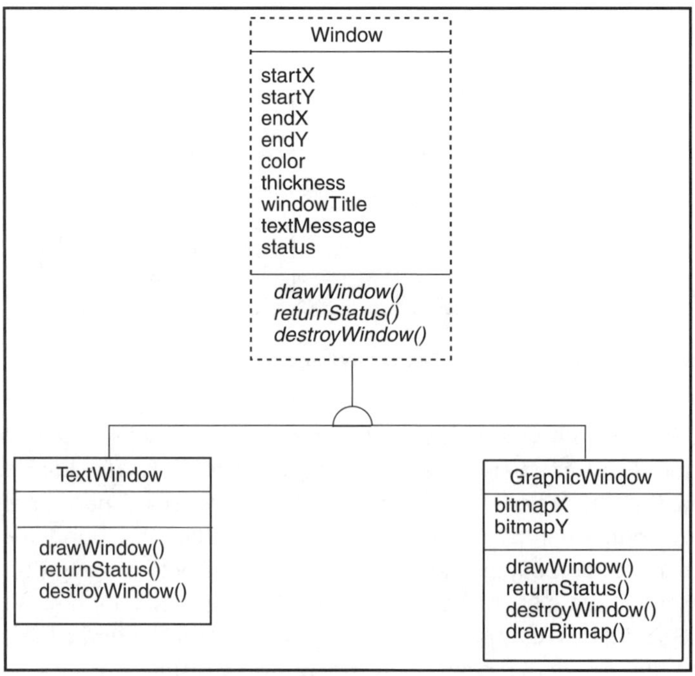

Abbildung 29.4: Verfeinertes Diagramm der Fensterklassen

Hinweis

Wir verwenden in Abbildung 29.4 Kursivschrift um abstrakte Methoden darzustellen. Das ist konsistent mit der Notation von Coad und Yourdon.

In Abbildung 29.4 ist eine Klasse `GraphicWindow` eine Unterklasse von `Window`, die zusätzliche Funktionalität hinzufügt. Diese neue Funktionalität befindet sich in den zwei neuen Attribute, die den Ort der Bitmap angeben, und einer neuen Methode zum Zeichnen der Bitmap. Der Programmierer definiert die grundlegenden Koordinaten und Merkmale eines Fensters in der Basisklasse, weil diese Attribute für alle `Window`-Objekte vorhanden sind.

29.2.1 Objekte suchen

10 Min.

Die Suche nach Objekten sollte nicht beginnen, bevor wir uns vollständig mit der Problemmenge vertraut gemacht haben. Es ist unsinnig, in einer Technologie nach Objekten und Klassen zu suchen, in der man sich nicht auskennt. Im Folgenden finden Sie die Hauptquellen, um Informationen über eine Problemmenge zu erhalten:

- Veröffentlichungen und Internet
- Untersuchungen aus erster Hand
- Beratungen mit Experten
- Dokumentationen von Kunden

Untersuchungen aus erster Hand bestehen darin, dass Sie sich durch eigenes Arbeiten mit dem System vertraut machen. Um z.B. ein Kontrollsystem für die Luftfahrt zu analysieren, könnten wir z.B. damit beginnen, mehrere Tage in einem Kontrollturm der Flugüberwachung zu verbringen und den Fluglotsen bei der Arbeit zuzusehen. Experten im betreffenden Gebiet geben oft wertvolle und einzigartige Tipps. Viele Systeme sind vollständig oder teilweise unveröffentlicht, teilweise aus Gründen des Marketings oder wegen Geheimhaltung durch die Regierung. In diesen Fällen sind Veröffentlichungen oft nicht sehr nützlich. Unsere einzige Möglichkeit ist es dann, Einzelne mit entsprechendem Wissen und Erfahrung zu finden, die uns das System beschreiben können. Auch Dokumentationen von Kunden können eine wertvolle Quelle für Informationen sein.

29.2.2 Saubere und unsaubere Klassen

0 Min.

Manchmal ist die Klassifizierung ein klarer und sauberer Prozess, aber nicht immer. Wenn konzeptionelle Objekte eine Entsprechung in der realen Welt besitzen, dann ist der Prozess der Klassifizierung einfach und geradlinig. Um z.B. ein kleines CAD-Programm zu definieren, kann eine unkomplizierte Klassifizierung verwendet werden. In einem solchen Fall definieren die Objekte auf dem Bildschirm die Klassen, wie z.B. Linien, Kurven, geometrische Figuren und Text. Auf der anderen Seite können Klassifizierungen manchmal viel weniger klar sein, wenn es z.B. darum geht, ein Programm zur Textverarbeitung zu schreiben. In diesem Fall können wir z.B. damit beginnen, die Operationen des Programms als Objekte zu betrachten. Aber ist es vernünftig, Operationen wie das Einfügen, Ersetzen und Löschen von Text als Objekte zu betrachten? Und was ist mit der Textdatei des Benutzers? Andere Projekte sind vielleicht noch viel schwieriger zu klassifizieren. Betrachten Sie z.B. die Aufgabe, ein Programm zum Schutz vor Viren zu entwerfen und zu codieren. Können wir einen Virus als ein Objekt betrachten? Bedeutet dies, dass das Programm ohne Instanziierung ausgeführt wird, wenn kein Virus gefunden wird? Ist die Suche nach einem Virus bereits selbst ein Objekt? In vielen Fällen ist jede Klassifizierung, die wir entwerfen, in mancher Hinsicht unbefriedigend, und die Klassen selbst sind unordentlich und nicht real. Vielleicht können wir einen solchen Fall besser außerhalb der Objektorientierung behandeln.

Zusammenfassung

Objektorientierte Analyse ist ein Modellierungswerkzeug, das wir bei der Entwicklung großer Softwaresysteme verwenden. Der Prozess beginnt normalerweise mit der Definition der Verantwortlichkeiten des Systems. Die Analyse verwaltet die Komplexität im Sinne von Abstraktion, Kapselung, Vererbung und Senden von Nachrichten.

Die Hauptaufgabe des Analytikers besteht darin, Klassen und Objekte in der Problemmenge zu lokalisieren. Der erste Schritt besteht darin, sich mit der Problemmenge vertraut zu machen unter Verwendung der folgenden Ressourcen: Veröffentlichungen, Untersuchungen aus erster Hand, Beratung mit Experten und Dokumentationen des Kunden. Das Finden von Klassen und Objekten besteht normalerweise in der Suche nach Klassenbeziehungen, Mechanismen, Devices, verwandten Systemen, Daten, gespielten Rollen und organisatorischen Einheiten.

Wenn wir ein Modell definiert haben, ist es eine gute Idee, dessen Gültigkeit anhand der folgenden Bedingungen zu überprüfen: Für ein Objekt müssen Informationen gespeichert werden; die Klasse stellt Verarbeitungsoperationen bereit; es gibt mehrere Attribute; es wird mehr als ein Objekt aus der Klasse instanziiert; die Attribute und Methoden können immer angewendet werden; die Objekte haben etwas mit der Problemmenge zu tun; die Verarbeitung ist keine einfache Rechnung. Subsysteme dienen dazu, noch komplexere Projekte durchzuführen. Es ist oft möglich, ein Subsystem einem Programmodul gleichzusetzen.

Selbsttest

1. Wie schöpfen wir die Vorteile der objektorientierten Analyse am besten aus (siehe »Objektorientierte Analyse«)?
2. Was ist einer der größten Trugschlüsse, dem Programmierer oft erliegen (siehe »Modellieren des Problems«)?
3. Was sind Verantwortlichkeiten eines Systems (siehe »Verantwortlichkeiten des Systems«)?
4. Nennen Sie drei Themen im Zusammenhang mit der Verwaltung von Komplexität (siehe »Komplexität verwalten«).
5. Nennen Sie drei Informationsquellen über eine Problemmenge (siehe »Objekte suchen«).

Lektion 30

Testen und Debuggen von Programmen

Checkliste

- ☑ Die Kunst des Softwaretests: Formale Ansätze
- ☑ Testmethoden: Testfälle entwerfen; Blackbox und Whitebox
- ☑ Java-Programme und konsolenbasierte Programme debuggen
- ☑ Der JDB-Debugger und die JDB-Kommandos
- ☑ Ein Beispiel für das Debuggen

30 Min.

Unglücklicherweise gibt es nur eine sichere Tatsache bei Computerprogrammen, nämlich die, dass sie manchmal einen Fehler machen. Unwillkürlich unterschätzen wir oft angesichts der inhärenten Zerbrechlichkeit von Software, die Wichtigkeit einer soliden Verifizierung, Berichtigung und Methoden für die Pflege. Im PC-Bereich wird die Verifizierung und der Test oft dem eigentlichen Entwicklungsprozess nachgeschaltet, wodurch Programme mit geringer Qualität und Verlässlichkeit ausgeliefert werden. In dieser Lektion besprechen wir kurz die Methoden, um Softwarequalität sicherzustellen, Werkzeuge zum Debuggen und die in Java verfügbaren Methoden.

30.1 Die Kunst des Softwaretests

Der Nachweis der Korrektheit eines Programms ist eines der schweren Themen in der Softwareentwicklung. Softwarequalität ist das Ergebnis des Anwendens von verlässlichen Entwicklungstechniken bei Analyse, Design, Codierung und Test. Sie ist auch das Ergebnis der Anwendung einer Entwicklungsmethodik, in der die Sicherstellung von Softwarequalität eine zentrale Rolle spielt. Wir können die Qualität von Software nicht als selbstverständlich voraussetzen. Um Qualität sicherzustellen, muss eine Entwicklungsmethodik die folgenden Elemente enthalten:

- die Anwendung von technischen Betrachtungen an kritischen Stellen im Entwicklungsprozess
- mehrarmige Teststrategien, bei denen auf verschiedene Weisen die Features des Programms getestet werden

- ein strenger Ansatz für die Dokumentation der Software, die detailliert Informationen über Programmänderungen und Korrekturen bereitstellt
- die Anwendung verlässlicher Methoden der Programmentwicklung

Zusammenfassend können wir sagen, dass wir Softwarequalität erreichen, indem wir verlässliche Methoden und Techniken der Softwareentwicklung verwenden und dadurch, dass wir hinreichende Tests durchführen, bevor die Software ausgeliefert wird. Im Folgenden finden Sie die goldenen Regeln für das Sicherstellen von Softwarequalität:

- Es ist einfacher, einen Softwarefehler zu vermeiden, als ihn zu beheben.
- Es ist billiger, einen Fehler bei der Entwicklung des Programms zu beheben als nach der Auslieferung des Programms.

30.1.1 Formale Ansätze

Es sind verschiedene Formale Ansätze zur Sicherstellung von Softwarequalität in der Literatur zu finden. Die Verfechter formaler Spezifikationsmethoden argumentieren, dass ein Programm ein mathematisches Objekt ist und dass die Semantik und die Syntax einer Programmiersprache die strenge Spezifikation der Programmfunktion ermöglichen. Wenn wir ein Programm formal spezifiziert haben, können wir seine Korrektheit mathematisch beweisen.

Ein anderer formaler Ansatz für die Sicherstellung von Softwarequalität basiert auf Statistik. Bei diesem Ansatz werden zuerst die Softwarefehler eines Produktes gesammelt und kategorisiert. Dann wird jeder Fehler auf seine Ursache zurückgeführt (z.B. Fehler beim Design, Inkompatibilität mit Standards, oder Fehler in der Spezifikation). Wenn dann die wichtigsten Fehlerursachen identifiziert sind, die als die *vitalen Fehlerursachen* bezeichnet werden, werden entsprechende Maßnahmen in der Entwicklungsmethodik eingeleitet, dass diese Defekte in zukünftigen Produkten nicht mehr enthalten sind.

Formale Spezifikationen und Methoden zur Verifizierung und der statistische Ansatz zur Sicherstellung von Softwarequalität werden von einigen Autoren zu einem Prozess kombiniert, den wir als den *Reinraumprozess* bezeichnen. In diesem Modell verwenden Entwickler mathematische Beweise für die Korrektheit anstatt das Programm zu debuggen. Sie bestimmen die Softwarequalität statistisch und identifizieren die Ursachen von Fehlern. Sie wiederholen diesen Prozess bis die Anzahl der Fehler auf ein akzeptables Maß reduziert ist.

30.1.2 Techniken für den Test

Das prinzipielle Werkzeug, um Softwarequalität sicherzustellen, ist das Testen des Programms. Die meisten Programmierer unterschätzen zu Beginn die Wichtigkeit des Softwaretests ebenso wie den damit verbundenen Zeitaufwand. Es ist normal, dass in einem kommerziellen Softwareprojekt 40 Prozent der gesamten Zeit auf den Test und die Verifizierung verwendet wird. In kritischen und möglicherweise gefährlichen Anwendungen kann das Testen und die Verifizierung schnell dreimal so viel Zeit und Ressourcen in Anspruch nehmen wie alle anderen Phasen der Entwicklung zusammen.

Es wird oft übersehen, dass auch die Psyche des Entwicklers im Softwaretest eine Rolle spielt. Programmierer sind kreative Menschen; einen Fehler in ihrer Software zu entdecken, bedeutet in gewisser Hinsicht, ihre Schöpfung zu vernichten. Daher wird der Test instinktiv gemieden.

Wenn Programmierer ihre eigene Software testen, tun sie das normalerweise in einer Art, die nur wenig Möglichkeiten für das Auftreten von Fehlern bietet. Weil es beim Test aber genau um das Finden von Fehlern geht, ist das Testen von Software so etwas wie ein Angriff gegen sich selber. Von allen möglichen Testern für ein Softwareprodukt ist der Programmierer bzw. sind die Programmierer am wenigsten geeignet.

Beim Design einer Teststrategie sollten Sie immer im Gedächtnis behalten, dass der Sinn des Tests das Finden von bisher unentdeckten Fehlern im Programm ist. Ein erfolgreicher Test ist daher kein Test, in dem wir keine Fehler gefunden haben, sondern ein Test, in dem wir möglichst viele Fehler in möglichst kurzer Zeit mit möglichst geringem Aufwand gefunden haben.

Wir sollten die Tests gemäß der Programmspezifikation entwerfen, weil ihr prinzipieller Sinn im Nachweis besteht, dass sich die Software wie in der Spezifikation festgelegt verhält. Ein üblicher Prozess folgt einem spiralförmigen Muster:

- Wir entwerfen Tests und wenden sie an.
- Wir korrigieren Fehler und evaluieren die Qualität des Programms. Der Test wird dann bei Schritt eins fortgesetzt.
- Wenn wir keine Fehler finden, dann sind die Qualität und die Verlässlichkeit des Programms akzeptabel oder die Tests sind unpassend entworfen.

30.1.3 Entwerfen der Testfälle

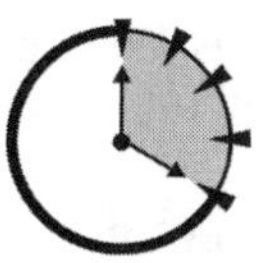

20 Min.

Der wichtigste Punkt beim Entwurf der Testfälle ist der, dass Sie einen systematischen Ansatz wählen, der keine Annahmen hinsichtlich der Korrektheit des Programms macht. Es ist gefährlich anzunehmen, dass eine Programmfunktion oder ein Ausführungspfad aufgrund seiner Einfachheit oder Durchsichtigkeit keine Tests erfordert. Wir können Testfälle nach zwei Ansätzen entwickeln: Blackbox und Whitebox. In den meisten Fällen werden beide Methoden angewandt.

Blackbox

Bei einem Blackbox-Test entwickeln wir den Test unter Berücksichtigung der Funktionen, für die das Programm entwickelt wurde. Der Begriff Blackbox weist darauf hin, dass bei diesem Test die Interna des Programms vollständig ignoriert werden. Das Testprotokoll des Blackbox-Tests basiert normalerweise auf der Spezifikation des Programms und auf den Details des Benutzerinterface. Der Zugriff auf den Quellcode ist beim Blackbox-Text nicht erforderlich.

Die Testfälle beim Blackbox-Testen sind eine Menge von Eingabebedingungen, die alle Programmfunktionen ausprobieren und alle funktionalen Anforderungen testen. Der Blackbox-Test deckt normalerweise die folgenden Fehlertypen auf:

- fehlerhaft implementierte oder fehlende Programmfunktion
- Fehler im Benutzerinterface
- Fehler in der Datenverwaltung, in Datenstrukturen oder in den Funktionen zur Datenspeicherung
- Fehler in der Performance
- Fehler in den Funktionen zur Initialisierung und zum Beenden des Programms
- typographische Fehler bei der Codierung

Typischerweise wenden wir den Blackbox-Test in einem späten Zustand der Programmentwicklung an.

Whitebox

Whitebox-Tests basieren auf den internen Abläufen des Softwareprodukts. In diesem Fall erhalten wir das Testprotokoll, indem wir die Operationen des Programms beobachten und indem wir uns den Quellcode ansehen. Softwaretester entwerfen Testfälle, um die folgenden optimalen Bedingungen zu erreichen:

1. Wir haben jeden Ausführungspfad mindestens einmal betreten.
2. Wir haben für alle logischen Entscheidungen den Zweig für true und den Zwei für false getestet.
3. Wir haben alle Schleifen innerhalb ihrer operationalen Grenzen ausgeführt.
4. Wir haben alle internen Datenstrukturen validiert.

In der Theorie führen Whitebox-Test zu Programmen, die hundertprozentig korrekt sind. Wenn wir alle möglichen logischen Pfade der Ausführung eines Programms ausprobieren und die Ergebnisse als korrekt bewerten, dann ist die Programmlogik fehlerlos. In der Wirklichkeit ist es jedoch selbst bei einfachen Rechenroutinen praktisch unmöglich, alle möglichen Optionen zu testen. Pressman sagt in seinem Buch *Softwareentwicklung: Ein praktischer Zugang* dazu: »Eine einfache Rechenroutine mit fünf Entscheidungen in einer Schleife, die nie mehr als 20 mal durchlaufen wird, ergibt schon so viele Pfade, dass ein vollständiger Test 3170 Jahre dauern würde, selbst wenn wir jede Option in einer Millisekunde bearbeiten könnten« (Buchtitel und Zitat übersetzt).

Auf der anderen Seite decken Whitebox-Tests oft Fehler auf, die Blackbox-Tests entgehen. Blackbox-Tests folgen in der Regel dem Mainstream eines Programms. Programmfehler treten jedoch häufig auf, wenn ungewöhnliche oder unerwartete Fälle auftreten. Der Programmfluss ist nicht immer intuitiv erfassbar. Unbewusste Annahmen beim Blackbox-Test führen oft dazu, dass einige Pfade nicht getestet werden, in denen katastrophale Fehler verborgen sein können.

30.2 Java-Programme debuggen

In der Literatur wird oft davon gesprochen, dass in den frühen Tagen der Computer Grace Hopper versuchte, einen Fehler im Programm zu finden und dann einen Käfer zwischen den Kontakten eines elektromechanischen Relais fand. Seit dieser Zeit verwenden wir das Wort *Bug* (Käfer), um Fehler in der Software oder in der Hardware zu bezeichnen. Aus dem gleichen Grund bezeichnen wir das Finden und Beheben von Bugs als *Debugging*. Ein *Debugger* ist ein Werkzeug, das uns bei der Suche nach Programmfehlern hilft.

Debuggen ist eine Kunst, die jeder erfolgreiche Programmierer beherrschen muss, und das eher früher als später, weil Bugs bereits zu Beginn des Codierens auftreten. In den einfachen Programmen, die wir bisher in diesem Buch entwickelt haben, können wir oft ein erfolgreiches Debuggen durchführen, indem wir uns den Quellcode ansehen. Viele Bugs sind das Ergebnis von Tippfehlern und wir können sie direkt beheben. Zusätzlich findet der Compiler syntaktische Fehler im Code. Wir verwenden die Fehlermeldungen des Compiler, um diese Fehler zu korrigieren. Außerdem sollte ein gut entworfenes Programm Ausnahmehandler enthalten, die übliche Fehlerbedingungen während Eingabe und Ausgabe abfangen und auch grundlegende Probleme bei der Verarbeitung behandeln. In diesem Sinne debuggen die Ausnahmehandler unseren Code.

Wir wollen uns hier aber nicht mit einfachen Programmfehlern wie Tippfehlern, vom Compiler entdeckten grundlegenden Programmfehlern oder elementaren Fehlerbedingungen unserer Ausnahmehandler befassen. Richtiges Debuggen findet dann statt, wenn sich der Fehler unterhalb dieser elementaren Ursachen befindet. In vielen Fällen kann ein Programm, das korrekt kompiliert werden kann und auch keine Ausnahme auslöst, dennoch falsche Ergebnisse liefern. Wir können jede Zeile Code mehrmals ansehen und doch den Grund für den Fehler nicht finden. Das ist der Ort, an dem sich Werkzeuge und Techniken zum Debuggen beweisen müssen.

30.2.1 Debuggen von Konsolenanwendungen

Oft können wir Programme, die Ausgaben auf der Konsole erzeugen, durch die bewährte Methode der Ausgabeanweisungen debuggen, bei der Werte von lokalen Variablen und Klassenfeldern ausgegeben werden. Die Methode ist so einfach wie nützlich. Nehmen Sie an, ein Programm manipuliert die Variablen x, y und z in Form einer Berechnung. Wir können uns diese Variablen an jeder Stelle im Code durch Einfügen der folgenden Anweisungen ansehen:

```
System.out.println("x = " + x);
System.out.println("y = " + y);
System.out.println("z = " + z);
```

Wir können ähnlichen Code verwenden, um den Inhalt eines gesamten Array oder aller Felder einer Klasse anzuzeigen. Der Hauptnachteil bei dieser Methode besteht darin, dass wir fortwährend Änderungen am Quellcode vornehmen müssen und dass wir die Ausgabeanweisung nach Beenden des Debuggen entweder herausnehmen oder auskommentieren müssen. Außerdem sind private Felder nur innerhalb der Klasse sichtbar, wodurch wir nicht an jeder Stelle im Programm auf alle Daten Zugriff haben.

30.2.2 Der JDB-Debugger

10 Min.

Ausgabeanweisungen zur Anzeige von lokalen Variablen und von Klassenfeldern sind nicht das geeignete Mittel zum Debuggen von grafischen Anwendungen. Außerdem können wir das Debuggen auch von konsolenbasierten Anwendungen durch den Einsatz von Werkzeugen vereinfachen, die das Inspizieren von Variablenwerten, das Unterbrechen von Programmen an bestimmten Punkten (Haltepunkten) und das zeilenweise Ausführen von Java-Code unterstützen. Das sind die fundamentalen Funktionen, die ein kommerzieller Debugger ausführt.

Java enthält einen Debugger namens JDB. Die Abkürzung JDB besitzt zwei Bedeutungen. In erster Linie bezeichnet JDB einen Debugger, den wir verwenden können, um Variablen anzusehen, Haltepunkte zu setzen, Programme schrittweise auszuführen, um nur einige Funktionen zu nennen. Zusätzlich enthält das Paket sun.tools.debug des JDB Klassen, um eigene Debugger zu entwickeln. In dieser Lektion besprechen wir JDB nur als Werkzeug zum Debuggen. Das Schreiben eines eigenen Debuggers geht über dieses Buch hinaus.

JDB verwenden

JDB ist ein Debugger, der über die Kommandozeile gesteuert wird, wie der populäre Debugger DBX unter UNIX. Der JDB ist eine Anwendung, die wir von der Kommandozeile ausführen müssen. Wir müssen Anwendungen, die wir mit JDB debuggen möchten, mit der Option `-g` kompilieren. Um z.B. das Programm **VectorGraphics.java**, das wir in Lektion 27 entwickelt haben, so zu kompilieren, dass wir es mit JDB debuggen können, geben wir das folgende Kommando ein:

```
javac -g VectorGraphics.java
```

Die resultierende Klassendatei enthält Informationen für den JDB-Debugger. Jetzt können wir den Debugger starten und dabei das zu debuggende Programm angeben oder Sie starten den JDB-Debugger und laden dann die Klassendatei. Im ersten Fall geben Sie das folgende Kommando ein:

```
jdb VectorGraphics
```

Im JDB ist ein Haltepunkt ein Ort im Quellcode, an dem wir die Ausführung des Programms unterbrechen können. Haltepunkte sind ein mächtiges Werkzeug zum Debuggen, weil sie uns die Untersuchung von Variablen an kritischen Punkten im Code gestatten. Das schrittweise Ausführen eines Programms oder eines Programmteils kann verwendet werden, um Probleme im Code aufzuspüren.

Kommandos des JDB

Die aktuelle Version des JDB besitzt mehr als 30 Kommandos, die Sie auf der Konsole eingeben. Tabelle 30.1 zeigt einige dieser Kommandos:

Tabelle 30.1: Oft verwendete Kommandos des JDB

Kommando	Funktion
`help (oder ?)`	Zeigt die Dokumentation der Kommandos des JDB an.
`exit (oder quit)`	Beendet das Debuggen.
`memory`	Zeigt die Größe des belegten und des freien Speichers in einer virtuellen Maschine an.
`!!`	Wiederholt das letzte Kommando.
`load`	Lädt eine Klasse in den Debugger.
`run`	Beginnt mit der Ausführung einer geladenen Klasse.
`use`	Zeigt oder ändert den Quellpfad.
`classes`	Listet alle Klassen auf, die dem JDB bekannt sind.

Tabelle 30.1: Oft verwendete Kommandos des JDB

Kommando	Funktion
`dump`	Zeigt alle Informationen über einen Thread, eine Variable, eine Klasse, ein Feld oder ein Argument.
`list`	Zeigt Zeilen im Quellcode an.
`locals`	Druckt alle derzeitigen lokalen Variablen.
`print`	Druckt Informationen über einen Thread, eine Variable, eine Klasse, ein Feld oder ein Argument.
`methods`	Listet die Methoden einer Klasse auf.
`stop in class.method`	Setzt einen Haltepunkt auf den Anfang der Methode.
`stop at class:line`	Setzt einen Haltepunkt in einer Zeile der Klasse.
`clear`	Entfernt alle existierenden Haltepunkte.
`clear class:line`	Entfernt einen bestimmten Haltepunkt.
`where`	Zeigt den Stapel der Aufrufe an.
`step`	Führt die aktuelle Zeile aus.
`next`	Führt die nächste Zeile aus. Methodenaufrufe werden nicht in Einzelschritten ausgeführt.
`cont`	Führt die Ausführung vom Haltepunkt aus fort.
`gc`	Ruft den Garbage-Collector auf und gibt unbenutzte Objekte frei.

Hinweis

Wir lassen alle Kommandos des JDB weg, die mit Threads zu tun haben, weil wir Threads in diesem Buch nicht besprechen.

Ein Beispiel für das Debuggen

Man sollte beim Debuggen einen Editor verwenden, der Informationen über Zeilennummern zur Verfügung stellt. Dadurch können bestimmte Zeilen im Quellcode leicht gefunden werden. Der Shareware-Editor, den Sie auf der beiliegenden CD finden, vereinfacht das Finden von Zeilen sehr. Die Nummerierung der Zeilen beginnt bei der ersten Zeile mit Nummer eins. Alle Zeilen werden nummeriert, auch die Kommentarzeilen. Die vom Editor angezeigte Zeile ist normalerweise die Zeile, in der sich der Cursor des Editors gerade befindet.

Meistens werden beim Debuggen mehrere Fenster gleichzeitig offen gehalten. Ein Fenster enthält normalerweise den Editor, in den die zu debuggende Quelldatei geladen wurde. Ein zweites Fenster enthält den JDB-Debugger. Während des Debuggen müssen wir das zu debuggende Programm ausführen. Dies erzeugt ein drittes Fenster auf dem Bildschirm. Das Arbeiten mit mehreren Fenstern beim Debuggen ist eine leicht zu bewältigende Aufgabe.

Tipp

Eine fortgeschrittenere Technik des Debuggen besteht darin, den JDB in einem Fenster laufen zu lassen und die Java-Klasse in einem anderen Fenster. Dazu verwenden wir die Option `-debug`***, wenn wir die virtuelle Maschine von Java (JVM) starten.***

Der erste Schritt, damit wir ein Programm debuggen können, ist es, das Programm mit der Option `-g` zu übersetzen. Diese Option erzeugt eine Datei, die vom Programm JDB verwendet wird und die Informationen über Variablennamen und Zeilennummern enthält.

Nachdem wir die Klasse für das Debuggen präpariert haben, wird als Nächstes der JDB ausgeführt. Wir können die Klassendatei als ein Argument im Kommando übergeben oder den Debugger starten und dann mit dem Kommando `load` die Klasse laden (siehe Tabelle 30.1). Abbildung 30.1 zeigt einen Screenshot der Kommandos, die wir eingegeben haben, um das Debuggen zu starten.

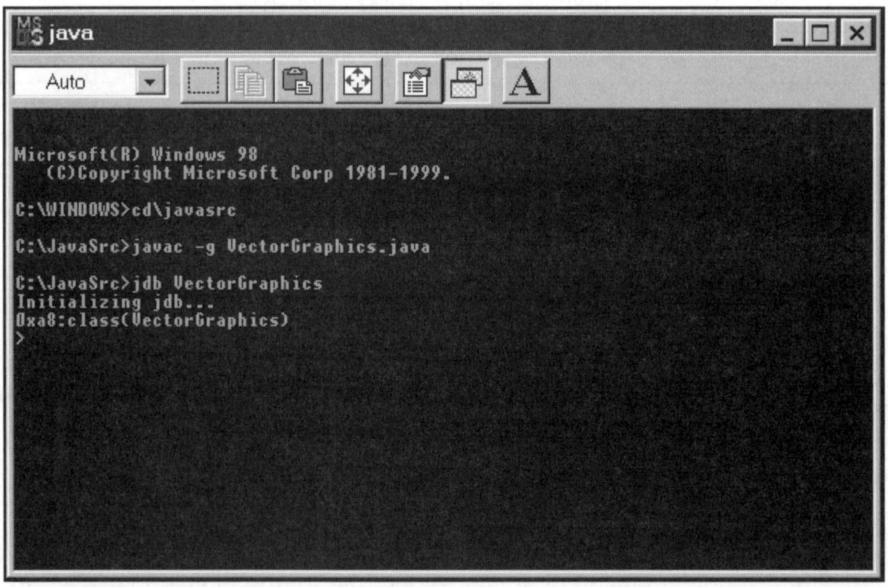

Abbildung 30.1: Screenshot des Debuggen mit JDB

Die häufigste Technik beim Debuggen besteht aus dem Platzieren von Haltepunkten in Zeilen des Quellcodes, an denen wir den Zustand von Variablen analysieren oder die Ausgaben auf den Bildschirm begutachten möchten. Um einen Haltepunkt zu setzen, müssen wir erst eine JDB-Sitzung mit der zu untersuchenden Java-Klasse erzeugen. Wir platzieren dann einen Haltepunkt in einer Zeile des Quellcodes. Der JDB erzeugt einen Fehler, wenn wir versuchen, einen Haltepunkt in einer Kommentarzeile zu definieren.

Wenn wir z.B. das Programm **VectorGraphics.java** aus Lektion 27 debuggen, können wir einen Haltepunkt in Zeile 43 setzen. Ein Teil der Quelldatei, der die Zeile 43 enthält, sieht wie folgt aus:

```
. . .
// Erzeuge blaue Farbe und verwende sie.
Color aBlue = new Color(0, 0, 255);
g.setColor(aBlue);
// Zeichne gefülltes Oval.
g.fillOval(50, 60, 200, 100);

// Zeichne schwarzen Rahmen eines Rechtecks.
Color aBlack = new Color(0, 0, 0);
g.setColor(aBlack);                    // <= Zeile 43
g.drawRect(30, 180, 200, 50);

// Zeichne grünes Polygon.
Color aGreen = new Color(0, 180,0);
g.setColor(aGreen);
g.drawPolygon(xCoords, yCoords, 4);

// Verschiebe das Polygon durch Addition von
// 120 zu den y-Koordinaten des Polygons.
for(int x = 0; x < 4; x++)
    yCoords[x] = yCoords[x] + 120;

// Fülle das verschobene Polygon.
g.fillPolygon(xCoords, yCoords, 4);
. . .
```

Das Kommando zum Setzen des Haltepunktes in Zeile 43 sieht wie folgt aus:

```
stop at VectorGraphics:43
```

Darauf antwortet der JDB mit der Meldung:

```
Breakpoint set at VectorGraphics:43
```

Nachdem wir den Haltepunkt gesetzt haben, führt der Debugger das Programm so lange aus, bis die markierte Zeile des Quellcodes erreicht wird. Wir erreichen das durch Ausführen des Kommandos `run`, wie im Folgenden zu sehen ist:

```
run VectorGraphics
```

Der Debugger führt die Klassendatei `VectorGraphics` so lange aus, bis der Haltepunkt erreicht wird. An diesem Punkt wird der Programm-Thread angehalten und die Kontrolle geht wieder an den Debugger über. Wir können jetzt die Kommandos des Debugger verwenden, um uns Variablen oder andere Datenelemente anzusehen. Wir können uns auch die grafischen Ausgaben des Programms ansehen um festzustellen, ob sie unseren Erwartungen entsprechen. Um z.B. den Wert eines Farbobjekts mit dem Namen `aBlue` herauszufinden, geben wir ein:

```
print aBlue
```

Der JDB antwortet damit, den Wert des Objekts an dieser Stelle des Codes auszugeben. In diesem Falle erhalten wir die folgende Ausgabe:

```
aBlue = java.awt.Color[r=0,g=0,b=255]
```

Wir können das Kommando `print` auch verwenden, um den Wert einer lokalen oder globalen Variable anzuzeigen. Um z.B. den aktuellen Wert des Eintrags im globalen Array `xCoords[]` mit Index 1 zu erfahren, geben wir das Folgende ein:

```
print xCoords[1]
```

Darauf antwortet der JDB mit der folgenden Ausgabe:

```
xCoords[1] = 500
```

0 Min. Wir können das Kommando `locals` verwenden, um die Werte aller lokalen Variablen gleichzeitig anzuzeigen.

Zusammenfassung

Eine der wichtigsten Phasen bei der Entwicklung von Software ist es sicherzustellen, dass die Anwendung sich korrekt verhält und die Funktionen so ausführt, wie es in der Spezifikation festgelegt ist. Es ist ein Erfahrungswert der Softwareentwicklung, dass es leichter ist, Programmfehler zu verhindern als sie zu beheben und dass es besser ist, ein Problem während der Entwicklung als nach der Auslieferung der Software zu beheben. Formale Ansätze zur Sicherstellung von Softwarequalität nehmen an, dass ein Programm ein mathematisches Objekt ist, das wir streng spezifizieren können. Wenn das so ist, können wir die Korrektheit eines Programms logisch beweisen. Der statistische Ansatz basiert auf dem Finden der wichtigsten Ursachen für Programmfehler und dem Durchführen der nötigen Korrekturen. Formale Methoden und der statistische Ansatz werden im *Reinraumprozess* kombiniert.

Das Testen erfordert die Entwicklung von Teststrategien und das Entwerfen von Testfällen. Beim *Blackbox*-Test wählen wir die Testfälle aufgrund des Designs und der Spezifikation des Programms aus. In diesem Fall ist der Rückgriff auf den Quellcode nicht erforderlich. *Whitebox*-Tests basieren darauf sicherzustellen, dass die Routinen und die Algorithmen des Programms sich wie erwartet verhalten. Whitebox-Teste erfordern den Zugriff auf den Quellcode. Eine gute Teststrategie kombiniert in der Regel beide Testtechniken miteinander.

Effektives Debuggen ist eine Fähigkeit, die von jedem Programmierer beherrscht werden muss. Manchmal können wir konsolenbasierte Java-Programme durch das Einfügen von `print`-Anweisungen in den Quellcode debuggen. Diese Anweisungen zeigen die Werte von lokalen Variablen und Objekten und erlauben es auf diese Weise, Fehler im Programm zu entdecken. Mit dieser Methode können grafische Anwendungen nur sehr schwer debuggt werden. JDB ist ein Debugger, der über die Kommandozeile gesteuert wird und Teil des Java-JDK ist. Wir können JDB verwenden, um ein Programm unter der Kontrolle des Debugger auszuführen. Wir können dann Haltepunkte setzen, um Programmdaten an bestimmten Stellen im Programm zu inspizieren.

Selbsttest

1. Nennen Sie drei Elemente, die Softwarequalität sicherstellen helfen (siehe »Die Kunst des Softwaretests«).
2. Was sind die goldenen Regeln bei der Sicherstellung von Softwarequalität (siehe »Die Kunst des Softwaretests«)?
3. Was ist der Hauptvorteil einer formalen Spezifikation hinsichtlich der Sicherstellung von Softwarequalität (siehe »Formale Ansätze«)?
4. Beschreiben Sie den Unterschied zwischen den beiden Testmethoden Blackbox und Whitebox (siehe »Entwerfen der Testfälle«).
5. Nennen Sie drei optimale Bedingungen, die ein Whitebox-Test sicherstellen sollte (siehe »Whitebox«).

Teil 6

Sonntagnachmittag – Zusammenfassung

1. *Erklären Sie den Unterschied zwischen Vektorgrafik und Rastergrafik.*
2. *Schreiben Sie eine Java-Anweisung, die den Ursprung zu einem anderen Punkt als die obere linke Ecke der Zeichenfläche verschiebt.*
3. *Schreiben Sie einen Ausdruck im RGB-Format, der eine hellgraue Farbe erzeugt.*
4. *Nennen Sie drei Methoden für Vektorgrafik in der Klasse* `Graphics`.
5. *Schreiben Sie eine Java-Anweisung, um eine gerade Linie von x = 50, y = 75 nach x = 200, y = 250 zu zeichnen.*
6. *Nennen Sie zwei Trugschlüsse, die oft aus der Anwendung eines konventionellen Ansatzes auf die Softwareentwicklung resultieren.*
7. *Nennen Sie einige Vorteile und Nachteile, die sich aus der Formbarkeit von Software ergeben.*
8. *Nennen Sie vier Softwarequalitäten.*
9. *Worin bestehen die Unterschiede zwischen Prinzipien, Techniken und Werkzeugen in der Softwareentwicklung?*
10. *Wie sollten die Kohäsion und die Verbindung in einem Modul eines Programms idealerweise sein?*
11. *Wann erzielen wir den größten Nutzen mit der objektorientierten Analyse?*
12. *Worin besteht die größte Zwangslage für einen Programmierer?*
13. *Was verstehen Sie unter den Verantwortlichkeiten eines Systems?*
14. *Nennen Sie drei Themen, die mit der Verwaltung von Softwarekomplexität zu tun haben.*
15. *Nennen Sie drei Quellen für Informationen über eine Problemmenge.*
16. *Nennen Sie drei Elemente, um Softwarequalität sicherzustellen.*
17. *Was sind die goldenen Regeln beim Erreichen von Softwarequalität?*
18. *Was ist der Hauptvorteil einer formalen Spezifikation hinsichtlich der Sicherstellung von Softwarequalität?*
19. *Beschreiben Sie den Unterschied zwischen den beiden Testmethoden Blackbox und Whitebox.*
20. *Nennen Sie drei optimale Bedingungen, die ein Whitebox-Test sicherstellen sollte.*

Antworten zu den Zusammenfassungen

Anhang A

Anworten Freitagabend

1. Weil sie zur rechten Zeit kam und wegen ihrer Portierbarkeit.
2. Dass Anwendungen maschinenunabhängig sein würden.
3. a. Beide Sprachen verwenden eine gemeinsame Syntax und sind streng getypt.
   b. C++ besitzt Zeiger. Objekte werden in Java immer als Referenz übergeben.
4. Unterschiedliche Antworten sind möglich.
5. Unterschiedliche Antworten sind möglich.
6. Unterschiedliche Antworten sind möglich.
7. Unterschiedliche Antworten sind möglich.
8. Unterschiedliche Antworten sind möglich.
9. Unterschiedliche Antworten sind möglich.
10. Ja.
11. Im Allgemeinen ignoriert Java Leerraumzeichen.
12. Zum Gruppieren {}, für Kommentare // und /*...*/
13. Unterschiedliche Antworten sind möglich.
14. Jede Ziffernspalte besitzt ein bestimmtes Gewicht.
15. a.11001111 = CF hexadezimal
    b.00111100 = 3C hexadezimal
    c. 00001101 = 0D hexadezimal
16. acht
    zwei
    1024
17. Es gibt zwei Darstellungen für die Null und die Maschinenarithmetik ist kompliziert.
18. 12,3344 = 1.23344 E1
    0,0000456 = 4.56 E-5
    12345 = 1.2345 E4
19. Das Semikolon (;).

20. Der Name des Programms, der Name des Autors, bzw. die Namen der Autoren, und das Datum der Erzeugung des Programms.

Anworten Samstagmorgen

1. `int`, `short`, `long`, `byte`, `float`, `double`, `char` und `boolean`.
2. Groß- und Kleinschreibung werden unterschieden, das erste Zeichen muss ein Buchstabe sein, es dürfen keine Sonderzeichen (außer `$` und _) verwendet werden, und es darf kein Leerraum enthalten sein.
3. Numerische Typen, Zeichentypen und Boolesche Typen.
4.
```
double decNumber = 1.2233;
int wholeValue = (int) decNumber;
```
5. Siehe Programm **Excercise6-1.java** im Verzeichnis Lektion 6 auf der beiliegenden CD.
6. Siehe Programm **Excercise6-2.java** im Verzeichnis Lektion 6 auf der beiliegenden CD.
7. Siehe Programm **Excercise6-3.java** im Verzeichnis Lektion 6 auf der beiliegenden CD.
8. Weist den Wert auf der rechten Seite des Gleichheitszeichens (=) der Variable auf der linken Seite des Gleichheitszeichens zu.
9. Nur ein Variablenname.
10. Die Operatoren sind +, -, * und /. Der Restoperator gibt den Rest der Integerdivision zurück.
11. Der Operator +.
12. `x++;`
13. Ein Computer kann einfache Entscheidungen treffen.
14. So könnte der Code aussehen:

```
if(age > 12 && age < 20)
    System.out.println("is a teenager");
```

15. Durch Schachteln der beiden `if`-Anweisungen ineinander.
16. Um eine Alternative für den Fall bereitzustellen, dass die Bedingung der `if`-Anweisung false ist.
17. Die `do-while`-Schleife stellt sicher, dass die Schleife immer mindestens einmal durchlaufen wird.
18. `float average(double a, double b, double c double d);`
19. Der Modifier gibt die Eigenschaften der Methoden an.
20. Ja.

Anworten Samstagnachmittag

1. Aus den Arbeiten von Nygaard und Dahl am Norwegian Computing Center. Die Bedeutung ist *objektorientiert*.

2. Nein.
3. Die Attribute.
4. Vererbung.
5. In der treibenden Klasse.
6. Indem Sie feststellen, ob die Variable außerhalb von Methoden deklariert ist. Variablen, die außerhalb aller Methoden deklariert sind, sind Feldvariablen. Variablen, die innerhalb von Methoden deklariert sind, werden als lokale Variablen bezeichnet.
7. Numerische Variablen werden auf den Wert null gesetzt, Strings auf null und Boolesche Variablen auf false.
8. Überladen erzeugt statische Polymorphie und Überschreiben erzeugt dynamische Polymorphie.
9. Wenn die Methoden den gleichen Namen besitzen.
10. `abstract`.
11. Ja.
12. a. Eine Klasse kann die öffentlichen Elemente einer anderen Klasse ansprechen.
    b. Ein Objekt kann ein Element einer anderen Klasse sein.
    c. Eine Klasse kann ein Objekt aus einer anderen Klasse instanziieren.
13. Die Teil-von-Beziehung.
14. Ja.
15. Prolog, Pascal und C.
16. Die Aktivierungsliste.
17. Rekursive Beschreibung der Exponentialfunktion:

```
if y = 0 then x^y = 1
x^y = x + x^(y-1)
```

18. Nein.
19. Es gibt keinen Operator in Java zum Clonen. Sie müssen die Metode `clone()` der Klasse `Object` verwenden.
20. Die Invarianten eines ADT sind die Regeln, die festlegen, wie die Instanzvariablen verwaltet werden.

Anworten Samstagabend

1. In einer verketteten Liste enthält jedes Element einen Verweis auf das nächste Element der Liste.
2. a. Die Integervariable `data` speichert das Datenelement des Knotens.
   b. Die Komponente `link` ist null für den letzten Knoten der Liste; ansonsten verweist `link` auf den nächsten Knoten.
3. Zugriffsmethoden auf die Elemente `data` und `link` und Methoden zum Ändern dieser Daten.

4. a. Ein `IntNode head` speichert den ersten Knoten der Liste. Alle Methoden der Klasse müssen dieses Objekt aktualisieren.
   b. `numNodes` ist ein Zähler aus Bequemlichkeit, damit der Code nicht die gesamte Liste traversieren muss, um die Anzahl der Elemente in der Liste zu bestimmen.
5. Methoden zum Traversieren der Liste, zum Einfügen von Elementen in die Liste und zum Löschen von Elementen aus der Liste.
6. `push()` und `pop()`.
7. Last-In-First-Out.
8. a. Der `IntNode top` speichert den obersten Knoten des Stapels. Alle Methoden der Klasse müssen dieses Objekt aktualisieren.
   b. `stackSize` bezeichnet die Anzahl der Elemente im Stapel. Alle Methoden der Klasse müssen diese Variable aktualisieren.
9. Wenn wir einen Knoten bei Offset `[i]` speichern, befindet sich das linke Kind (falls es existiert) bei Offset `[2i+1]` und das rechte Kind (falls es existiert) bei Offset `[2i+2]`.
10. Fehler in der Hardware, in der Software oder algorithmische Fehler.
11. Fehler bei der Konvertierung von Gleitkommazahlen in binäre Darstellung.
12. a. Ein Fehler tritt auf.
    b. Der Fehler wird erkannt und eine Ausnahme wird ausgelöst.
    c. Ein Ausnahmehandler stellt eine Anwort auf den Fehler bereit.
13. `throw`, `try` und `catch`.
14. `throws`.
15. Englisch, Spanisch, Französisch und Italienisch.
16. Bytebasierte I/O bezieht sich auf Eingabe und Ausgabe mit Streams. Zeichenbasierte I/O steht in Beziehung zu Lesern und Schreibern.
17. Eingabestreams und Ausgabestreams.
18. Sie erhält ein Byte Daten aus den aktuellen Eingabestream.
19. Sie schreibt ein Byte Daten in den aktuellen Ausgabestream.
20. Eingabe, Ausgabe und Fehler.

Anworten Sonntagmorgen

1. An Dateien und Netzwerkverbindungen.
2. a. Verwenden Sie nur ASCII-Zeichen.
   b. Beginnen Sie einen Dateinamen mit einem alphanumerischen Zeichen.
   c. Verwenden Sie nicht mehr als 32 Zeichen pro Dateinamen.
3. .exe, .com, .txt, .c, .bat und .h.
4. Leser und Schreiber sind zeichenbasiert.
5. `FileWriter`, `OutputStreamWriter` und `PrintWriter`.
6. Bessere Performance.

7. Das Kaskadieren vereinfacht das Codieren, aber verbirgt temporär verwendete Objekte.
8. Bezeichnet die Formatierung von Zahlen abhängig von der lokalen Kultur, Sprache oder sozialen Gruppe.
9. Zum Aufbrechen eines String in Blockfelder unter Verwendung eines oder mehrerer Trennzeichen.
10. Graphical User Interface.
11. Über Dienste des Betriebssystems.
12. Buttons, Scrollbars, Auswahllisten und Menüs.
13. Applets werden von einem Browser ausgeführt, Anwendungen werden vom Java-Interpreter ausgeführt.
14. Grafik in einer GUI-basierten Umgebung.
15. Die Zeichenfläche, die Titelleiste und den Fensterrahmen.
16. Nein.
17. Mit Hilfe der Klassen `WindowAdapter` und `ActiveFrame`.
18. Ein Objekt aus der Klasse `Graphics`.
19. Ja.

Anworten Sonntagnachmittag

1. In der Vektorgrafik wird ein Image mathematisch beschrieben. In der Rastergrafik wird ein Image durch einzelne Bildpunkte beschrieben.
2. Beispielsweise `g.translate(100,100)`.
3. `g.setColor(new Color(80, 80, 80));`
4. a. `fillPolygon()`
   b. `drawRect()`
   c. `drawOval()`
5. `drawLine(50, 75, 200, 250);`
6. a. Eine Aufgabe, für die ein Programmierer ein Jahr benötigt, kann von vier Programmierern in ungefähr drei Monaten erledigt werden.
   b. Wenn ein einzelner Programmierer ein Softwareprodukt mit einer Qualität von 25 erzeugt, dann erzeugen vier Programmierer ein Produkt mit einem Qualitätswert von 100.
7. Fehler sind leichter zu beheben, aber das Verändern des Programms schafft die Möglichkeit, neue Fehler einzubauen.
8. Korrektheit, Verlässlichkeit, Stabilität und Effizienz.
9. Ein Prinzip ist eine generelle Richtlinie. Eine Technik ist ein Ansatz zum Lösen eines Problems. Ein Werkzeug ist eine bestimmte Ressource.
10. Ein Modul sollt eine hohe Kohäsion und eine geringe Bindung besitzen.
11. Wenn wir ein komplexes System modellieren, das in einer objektorientierten Sprache codiert werden soll.

12. Der Programmierer muss Experte in einem Anwendungsbereich werden.
13. Was das System tun soll.
14. Abstraktion, Kapselung und Vererbung.
15. Veröffentlichungen, eigene Untersuchungen und Beratungen mit Experten im jeweiligen Gebiet.
16. a. Technische Berichte an kritischen Punkten im Entwicklungsprozess.
    b. Mehrarmige Teststrategien.
    c. Eine strenge Dokumentation.
17. a. Es ist leichter, einen Fehler zu vermeiden, als ihn zu beheben.
    b. Es ist billiger, einen Programmfehler während der Entwicklung zu beheben als nach der Auslieferung des Produktes.
18. Wenn ein Programm formal spezifiziert ist, kann seine Korrektheit mathematisch nachgewiesen werden.
19. Bei einem Blackbox-Test werden die Testfälle auf der Grundlage der Funktionen entwickelt, für deren Ausführung das Programm entwickelt wurde. Der Whitebox-Test untersucht die internen Abläufe des Produkts.
20. a. Dass alle Ausführungspfade mindestens einmal betrachtet wurden.
    b. Dass alle logischen Entscheidungen in ihren Zweigen für true und false getestet wurden.
    c. Dass alle Schleifen in ihren operationalen Grenzen ausgeführt wurden.

Inhalt der CD

Anhang B

Die dem Buch beiliegende CD enthält das Folgende:

- Die Beispielprogramme, die im Text entwickelt oder besprochen wurden.
- Einen Shareware-Editor, den Sie für das Editieren von Quellcode verwenden können.

Systemvoraussetzungen

Ihr System sollte die folgenden Voraussetzungen erfüllen:

- Mindestens ein 486/DX-Prozessor oder schneller.
- Windows 95/98/2000 oder Windows NT 4.0 oder Linux installiert.
- Mindestens 32 MB Hauptspeicher.
- Mindestens 350 MB auf der Festplatte, um das JDK und die Beispielprogramme zu installieren.
- Ein CD-Laufwerk.
- Ein Bildschirm mit mindestens 256 verschiedenen Farben.

Die Software in diesem Buch ist nicht kompatibel mit anderen als den genannten Betriebssystemen wie z.B. Mac OS. Die Quelldateien (Erweiterung **.java**) und die Bytecodes (Erweiterung **.class**) sollten jedoch mit jeder Java-Implementierung funktionieren.

Installationsanweisungen

Die Installationsanweisungen für das JDK finden Sie in Lektion 2.

Die Beispielprogramme befinden sich in den jeweiligen Verzeichnissen für die einzelnen Lektionen auf der CD. Sie können die einzelnen Verzeichnisse auf die Festplatte kopieren oder Programme nach Bedarf auswählen.

Die Dateien auf der CD können nur gelesen und nicht geschrieben werden. Diese Information kann beim Kopieren der Dateien auf ihre Festplatte erhalten bleiben. Um die Java-Quelldateien editieren zu können, verfahren Sie bitte wie folgt:

Windows

- Unter Verwendung des Windows Explorer selektieren Sie die Datei oder die Dateien. Sie können mit Hilfe der Ctrl-Taste mehr als eine Datei auswählen.
- Drücken Sie die rechte Maustaste und wählen Sie den Menüpunkt »Eigenschaften« aus.
- Entfernen Sie das Attribut »Schreibgeschützt« und drücken Sie den Button »Übernehmen«.

Linux

- Gehen Sie in einer Konsole in das Verzeichnis, in dem Sie die Zugriffsrechte gerne so setzen möchten, dass sie die Dateien auch editieren können.
- Führen Sie das Kommando `chmod -R u+rw *` aus.

Was Sie auf der CD finden

Sie finden für jede einzelne Lektion ein Verzeichnis. Diese sind:

Lektion 3

Lektion 6

Lektion 7

Lektion 8

Lektion 9

Lektion 10

Lektion 12

Lektion 13

Lektion 14

Lektion 15

Lektion 16

Lektion 17

Lektion 18

Lektion 19

Lektion 20

Lektion 21

Lektion 22

Lektion 23

Lektion 26

Lektion 27

Jedes Verzeichnis ist selbstenthaltend und enthält alle Software und Hilfsdateien, um die Beispiele ausführen zu können.

Hinweis

Die Namen der Verzeichnisse wurden aus Gründen der Übersichtlichkeit gewählt. Unter DOS werden Dateinamen mit mehr als acht Zeichen verstümmelt. Wenn Sie unter DOS mit den Verzeichnissen arbeiten möchten, sollten Sie vorher kürzere Namen vergeben. Sie könnten z.B. das Verzeichnis Lektion 10 in L10 umbenennen, damit es auch unter DOS korrekt angezeigt wird.

TextPad

TextPad ist ein einfacher Texteditor, mit dem Sie Programmtexte ansehen, editieren und abspeichern können. Sie finden die deutsche Version von Textpad auf der CD im Verzeichnis TextPad. Zur Installation von TextPad führen Sie einen Doppelklick auf der Datei txpdeu442.exe aus und folgen den Anweisungen des Installationsprogramms.

Index

B

C

D

E

F

G

H

I

J

K

L

M

N

O

P

R

S

W

X

Z

Erlernen Sie HTML und C++ in nur 15 Stunden!

HTML 4.01

Wochenend Crashkurs

HTML in nur 15 Stunden lernen!
Der Kurs beginnt am **Freitagabend** mit einer grundsätzlichen Einführung in die Programmierung von Webseiten und den ersten eigenen Versuchen. Am **Samstag** erlernt der Leser alles über Browser, Frames, dynamische Webseiten und dem Design von Homepages. Sie erhalten einen Überblick über alle Gestaltungsmöglichkeiten von HTML.
Am **Sonntagabend** werden Sie in der Lage sein, eigene Webseiten zu programmieren, die sich nicht von professionellen Seiten unterscheiden.

Greg Perry
49,90 DM; 25,51€
330 Seiten, mit CD
ISBN 3-8266-0691-4**Greg Perry**
49,90 DM; 25,51€
330 Seiten, mit CD

C++

Wochenend Crashkurs

C++ in nur 15 Stunden lernen!
Der Kurs beginnt am **Freitagabend** mit einer grundsätzlichen Einführung in die Programmierung und dem ersten eigenen Programm. Am **Samstag** lernen Sie alles über Algorithmen, Datenstrukturen und logische Operationen, Variablen und Zeiger und die Grundzüge der objektorientierten Programmierung (Objekte, Klassen, Vererbung usw.). Der **Sonntag** ist der Programmierung unter C++ gewidmet. Am Sonntagabend werden Sie in der Lage sein, einfache C++-Programme selbst zu programmieren.

Stephen R. Davis
49,90 DM; 25,51€
428 Seiten, mit CD
ISBN 3-8266-0758-9

Java 2 Ge-Packt

Die wichtigsten Befehle zum Nachschlagen – vom bekannten Autor Herbert Schildt in Zusammenarbeit mit Joe O'Neil detailliert erläutert.
Alles, was Sie zur Programmierung mit Java brauchen, finden Sie in dieser praktischen Referenz. Sie finden präzise und klar verständliche Erläuterungen aller Befehle. Praktische Beispiele ergänzen den Nutzen. Jedes der Kapitel behandelt einen Themenbereich, in dem die relevanten Befehle alphabetisch sortiert sind.

Herbert Schildt, Joe O'Neil
14,95 €; 29,24 DM
554 Seiten
ISBN 3-8266-0716-3

Java 2 Ent-Packt

Alles, was Sie zur Programmierung in Java brauchen, finden Sie in dieser "ent-packten" Referenz. Sie dient als hilfreiche Ressource für alle speziellen Fragen zu Java 2.
Sie finden umfangreiche Erläuterungen der gesamten Java-Syntax, Befehle, Funktionen und Klassenbibliotheken. Zahlreiche Tipps für effizienteres und produktives Programmieren sowie viele Beispiele aus erfahrener Hand machen dieses Werk zu einem unverzichtbaren Begleiter für alle Java-Programmierer.

Herbert Schildt
44,95 €; 87,91 DM
832 Seiten
ISBN 3-8266-0736-8